평신도를 위한
쉬운 출애굽기 1권

평신도를 위한 쉬운 출애굽기 1

저자 양형주

초판 1쇄 발행 2021. 5. 7.

발행처 도서출판 브니엘
발행인 권혁선

등록번호 서울 제2006-50호
등록일자 2006. 9. 11.

서울특별시 송파구 백제고분로28길 25 B101호 (05590)
마케팅부 02)421-3436
편집부 02)421-3487
팩시밀리 02)421-3438

ISBN 979-11-90308-47-2 04230
　　　　979-11-90308-46-5 (세트)

독자의견 02)421-3487
이메일 editorkhs@empal.com

북카페 주소 cafe.naver.com/penielpub.cafe
인스타그램 @peniel_books

도서출판 브니엘은 독자들의 원고를 설레는 마음으로 기다리고 있습니다.
위의 이메일로 간단한 기획 내용 및 원고, 연락처 등을 보내주십시오.

도서출판 브니엘은 갓구운 빵처럼 항상 신선한 책만을 고집합니다.

평신도를 위한

야곱과 함께 각각 자기 가족을 데리고
애굽에 이른 이스라엘 아들들의 이름은 이러하니
르우벤과 시므온과 레위와 유다와 잇사갈과 스불론과
베냐민과 단과 납달리와 갓과 아셀이요
야곱의 허리에서 나온 사람이 모두 칠십이요 요셉은 애굽에
있었더라 요셉과 그의 모든 형제와 그 시대의 사람은 다 죽었고
이스라엘 자손은 생육하고 불어나 번성하고 매우 강하여
온 땅에 가득하게 되었더라 요셉을 알지 못하는
새 왕이 일어나 애굽을 다스리더니 그가 그 백성에게 이르되
이 백성 이스라엘 자손이 우리보다 많고 강하도다
자 우리가 그들에 대하여 지혜롭게 하자
모세가 여호와께 아뢰되 주께서 우리에게 명령하여 이르시기를
산 주위에 경계를 세워 산을 거룩하게 하라 하셨사온즉
백성이 시내산에 오르지 못하리이다 여호와께서
그에게 이르시되 가라 너는 내려가서 아론과 함께 올라오고
제사장들과 백성에게는 경계를 넘어 나 여호와에게로
올라오지 못하게 하라 내가 그들을 칠까 하노라 모세가
백성에게 내려가서 그들에게 알리니라

쉬운
출애굽기

양형주 | 지음

브니엘

출애굽기는 성경 내용 중 가장 극적이며 흥미진진하다. 그래서 구약성경 중에서 영화로 가장 많이 제작되는 성경 이야기다. 출애굽기를 주제로 한 영화는 대부분 이집트에 내린 놀라운 열 가지 재앙과 홍해가 갈라지는 기적의 내용이다. 그러다 보니 출애굽기의 내용을 신앙생활을 하지 않는 이들도 꽤나 많이 알고 있기는 하지만 출애굽기 전체를 다 알고 있는 독자는 생각보다 적다. 그도 그럴 것이 대부분의 영화가 홍해를 건너는 부분까지만 다루기 때문이다. 출애굽기의 총 40장 중에서 15장까지만 다룬 것이다. 나머지 광야를 지나가며 성막을 세우는 꽤나 긴 내용은 대부분 잘 모른다.

특히 성막 제작을 다루는 25~40장의 내용은 전체의 60% 이상을 차지함에도 지루하게 느껴지는 진술방식 때문에 그 의미를 제대로 파악하지 못하고 지나치는 경우가 많다. 성경통독을 할 때도 이스라엘 백성이 시내산에 도착할 때(19장)까지는 재미있게 읽다가 이후 언약조항의 체결(20-24장)과 성막 제작(25-40장)에 이르러서는 거의 졸려 쓰러지는 역사(?)를 체험한다. 아직도 많은 성도에게 출애굽기의 절반은 잃어버린 성경이다. 더 나아가 출애굽기가 모세오경 가운데 어떤 위치를 차지하고 있는가는 더더욱 이해하기 쉽지 않다.

「평신도를 위한 쉬운 출애굽기」는 출애굽기의 본래 의미를 추적하여 출애굽기가 오늘날의 독자들에게 어떤 메시지를 전해주는가를 탐색한 책이다. 우리에게 익숙한 내용뿐 아니라 익숙하지 않은 잃어버린 절반의 내용도 충실하게 추적하여 그 안에 담긴 풍성한 보화를 발견하려 애썼다. 본서는 두 권으로 출간된다. 제1권은 출애굽기의 절반(1-19장)에 해당하는 내용으로, 부제는 '출애굽으로의 부르심'이다. 여기에서는 하나님이 그의 백성을 어떻게 부르시고, 어떻게 구원하시며, 어떻게 인도하시는지를 세밀히 추적하였다. 특히 출애굽 과정을 단순한 기적이 아닌 애굽 신들과 벌이는 하나님의 영적 전쟁, 세계관 전쟁의 관점에서 분석하며 다루었다.

제2권은 출애굽기의 나머지 절반(20-40장)에 해당하는 내용으로 '언약, 성막, 그리고 하나님의 영광'이란 부제를 갖고 있다. 이는 출애굽이 단순히 애굽의 압제로부터 벗어나는 것으로 끝나는 게 아니라 하나님의 언약백성이 되어 하나님을 예배하는 영광의 자리로 부름받았음을 뜻한다. 그 영광의 부르심과 언약이 어떻게 이스라엘을 인도하고 변화시켜가는지를 함께 따라가다 보면 잃어버린 절반에 담긴 풍성하고 놀라운 보화를 발견하게 될 것이다. 이로써 독자들은 출애굽기가 애굽으로부터의 구원과 예배의 영광으로 들어가는 내용이 함께 균형을 이루어야 함을 깨닫게 될 것이다. 이는 우리의 신앙생활에도 중요한 시사점을 준다. 더 나아가 출애굽기의 전체적인 개관과 구조, 신학적 의미, 모세오경과의 관계에 대해서는 1권 부록에 실린 〈출애굽기는 이런 책이다〉를 참고하면 유익한 도움을 얻을 수 있다.

「평신도를 위한 쉬운 창세기」 이후 출애굽기 편을 기다리는 독자가 꽤나 있었다. 창세기 에필로그에 「평신도를 위한 쉬운 출애굽기」 편을 예고했기 때문이다. 이제 그 약속을 드디어 지킬 수 있게 되었다. 기다려준 독자들께 감사드린다. 나는 그동안 출애굽기를 다룰 기회가 여러 차례 있었다. 새벽기도회 시간 강해를 통해 출애굽기를 수차례 다루었을 뿐만 아니라 내가 섬기는 대전도안교회 주일 강단에서도 성도들과 함께 출애굽기 강해를 나눈 바 있다. 또한 말씀묵상잡지인 〈생명의 삶〉과 〈큐티진〉 등에 출애굽기에 대한 묵상을 기고하기도 하였다.

이 책은 많은 신학자와 설교자들의 연구물을 기초로 하였다. 주요한 신학적인 통찰을 일일이 각주로 표시하는 것이 도리겠지만 너무 세세한 인용은 도리어 독자들의 자연스러운 읽기에 방해가 될 수 있을 것 같아 특별한 몇몇 부분을 제외하고는 각주를 생략하였다. 대신 궁금해하는 이들을 위해 참고문헌을 제2권 뒷부분에 올려두었다. 시사성 있는 일반도서나 기사는 가능한 출처를 밝혀두었다.

이 책이 나오기까지 함께 기도로 돕고 격려하며 배려해준 사랑하는 아내에게 감사드린다. 또한 하나님의 말씀으로 씨름하는 부족한 종을 격려하고 중보해준 대전도안교회의 몸 된 성도들과 함께 섬기는 교역자들께도 감사드린다. 비록 출애굽기 안에 담긴 풍성한 의미를 다 담아내기에는 턱없이 부족하지만 출애굽기의 세계에 빠져드는 마중물이 된다면 그것만으로도 감사하다. 끝으로 이 책이 나올 수 있도록 인도하고 붙들어주신 하나님께 감사와 찬송과 모든 영광을 올려드린다. 그리고 이 책이 하나님 나라의 확장에 기여하고 하나님의 영광을 위하여 쓰임받는다면 더는 바랄 게 없겠다.

글쓴이 양형주

C·O·N·T·E·N·T·S
차 례

프롤로그 ··· 004

Part 1.
애굽제국 아래 신음하는 하나님의 백성

01. 하나님의 복이 가져온 고통 　출 1:1-14 ··· 015
02. 무엇을 두려워하는가? 　출 1:15-22 ··· 029
03. 최선을 다하는 믿음 　출 2:1-10 ··· 041
04. 먼저 듣고 행동하라 　출 2:11-25 ··· 055

Part 2.
모세를 부르시는 하나님

05. 불타는 인생을 붙드시는 하나님 　출 3:1-12 ··· 071
06. 나는 누구인가? 하나님은 누구이신가? 　출 3:13-22 ··· 084
07. 힐링은 끝났다, 자존감 회복이 관건이다 　출 4:1-17 ··· 097
08. 하나님의 때에 원하시는 방법으로 　출 4:18-31 ··· 113

09. 제국의 논리에 함몰되지 말라 출 5:1-6:1   ⋯ 127

10. 패배의식이 몰려올 때 출 6:1-12   ⋯ 141

11. 부족해도 쓰임받을 수 있다 출 6:13-27   ⋯ 153

Part 3.
열 가지 재앙, 완악한 바로

12. 실패 가운데 계속되는 은혜 출 6:28-7:13   ⋯ 167

13. 첫째 재앙 : 눈속임으로 대체할 수 없다 출 7:14-25   ⋯ 180

14. 둘째, 셋째 재앙 : 부르신 자리를 힘써 지키라 출 8:1-19 ⋯ 194

15. 넷째 재앙 : 위기 가운데 선명하게 드러나는 은혜 출 8:20-32 ⋯ 208

16. 다섯째, 여섯째 재앙 : 무너지는 제국의 성공신화 출 9:1-12 ⋯ 222

17. 일곱째 재앙 : 신앙의 단계 출 9:13-35   ⋯ 238

18. 여덟째 재앙 : 어느 때까지? 출 10:1-20   ⋯ 252

19. 아홉째 재앙 : 당당하게 걸어나오라 출 10:21-29   ⋯ 266

20. 열째 재앙 : 끝이 아니다, 플랜 B가 있다 출 11:1-10   ⋯ 278

Part 4.

유월절 : 어린 양의 피로 얻은 구원

21. 오직 어린 양의 피로 출 12:1-20   ⋯ 293
22. 고역이냐 소명이냐 출 12:21-36   ⋯ 306
23. 소망 안에 버팀목으로 서라 출 12:37-51   ⋯ 320
24. 소중한 은혜를 잘 지켜내려면 출 13:1-16   ⋯ 333

Part 5.

홍해를 건너다

25. 돌아가는 데는 이유가 있다 출 13:17-22   ⋯ 349
26. 막다른 길로 인도하시는 하나님 출 14:1-14   ⋯ 360
27. 위기 속에 감추어진 하나님의 능력 출 14:15-31   ⋯ 374
28. 고난을 통과한 찬송이 주는 울림 출 15:1-18   ⋯ 387

Part 6.

홍해를 통과한 이스라엘, 광야에 서다

29. 홍해 구원, 이후가 중요하다 출 15:19-27   ⋯ 405
30. 은혜의 유효기간을 관리하라 출 16:1-12   ⋯ 418

31. 하늘 양식으로 살라   출 16:13-20   ··· 433
32. 노력 중독의 한계에서 벗어나라   출 16:21-36   ··· 446
33. 계속되는 원망과 짜증, 어떻게 할까   출 17:1-7   ··· 460
34. 함께 기도의 두 손을 들라   출 17:8-16   ··· 474
35. 못자리 인생을 꿈꾸라   출 18:1-12   ··· 488
36. 은혜를 담을 그릇이 있는가   출 18:13-27   ··· 502

Part 7.

시내산에서의 언약 체결

37. 언약백성으로의 부르심   출 19:1-15   ··· 517
38. 하나님을 직접 만난다면?   출 19:16-25   ··· 530

부록.

출애굽기는 이런 책이다

··· 541

애굽제국
아래

하나님의 복이 가져온 고통

무엇을 두려워하는가?

최선을 다하는 믿음

먼저 듣고 행동하라

신음하는
하나님의 백성

하나님의 복이
가져온 고통

야곱과 함께 각각 자기 가족을 데리고 애굽에 이른 이스라엘 아들들의 이름은 이러하니 르우벤과 시므온과 레위와 유다와 잇사갈과 스불론과 베냐민과 단과 납달리와 갓과 아셀이요. 야곱의 허리에서 나온 사람이 모두 칠십이요 요셉은 애굽에 있었더라. 요셉과 그의 모든 형제와 그 시대의 사람은 다 죽었고 이스라엘 자손은 생육하고 불어나 번성하고 매우 강하여 온 땅에 가득하게 되었더라.

요셉을 알지 못하는 새 왕이 일어나 애굽을 다스리더니 그가 그 백성에게 이르되 이 백성 이스라엘 자손이 우리보다 많고 강하도다. 자, 우리가 그들에게 대하여 지혜롭게 하자. 두렵건대 그들이 더 많게 되면 전쟁이 일어날 때에 우리 대적과 합하여 우리와 싸우고 이 땅에서 나갈까 하노라 하고 감독들을 그들 위에 세우고 그들에게 무거운 짐을 지워 괴롭게 하여 그들에게 바로를 위하여 국고성 비돔과 라암셋을 건축하게 하니라.

그러나 학대를 받을수록 더욱 번성하여 퍼져나가니 애굽 사람이 이스라엘 자손으로 말미암아 근심하여 이스라엘 자손에게 일을 엄하게 시켜 어려운 노동으로 그들의 생활을 괴롭게 하니 곧 흙 이기기와 벽돌 굽기와 농사의 여러 가지 일이라. 그 시키는 일이 모두 엄하였더라.

다음 영화의 공통점은 무엇일까?

- 〈십계〉 찰턴 헤스턴, 율 브리너 주연, 1956년 파라마운트 배급.
- 〈이집트 왕자〉 1998년 드림웍스 애니메이션 제작, 배급.
- 〈엑소더스: 신들과 왕들〉 크리스천 베일 주연, 2014년 20세기 폭스사 배급.

모두 '출애굽기'를 배경으로 한 영화다. 많은 관객을 끌어 모았을 뿐 아니라 상영 후에도 국내에서 수차례 방영되었다. 특히 처음 두 영화는 모두 아카데미상을 수상하며 유명세를 탔다. 〈십계〉는 아카데미 시각효과상을, 〈이집트 왕자〉는 주제가상을 수상하였다. 게다가 〈이집트 왕자〉의 주제곡 〈When you believe〉는 머라이어 캐리와 휘트니 휴스턴 같은 정상급 가수가 열창해서 더욱 알려지게 되었다. 영화에 관심이 없다 하더라도 출애굽기는 그 어떤 성경보다 모든 세대에 걸쳐 많이 알려졌고 친숙하다.

그러나 성경 출애굽기의 말씀 자체에 대해서는 상대적으로 잘 모르는 게 사실이다. 〈이집트 왕자〉나 〈십계〉 같은 영화를 보고 출애굽기가 궁금하다고 성경을 찾아 읽는 사람은 거의 없을 것이기 때문이다. 단지 영화의 스펙터클한 특수효과를 보고 감탄할 뿐이다. 홍해가 갈라지는 장면을 보고 멋있다고 생각하지만 거기서 멈춘다. 게다가 영화 대부분은 보통 극적으로 홍해를 건너는 장면에서 끝난다. 출애굽기로 따지면 14장이나 15장에서 끝나기 때문에 총 40장으로 되어 있는 전체 내용으로까지는 이어지지 않는다. 그래서 출애굽기는 친숙하기만 할 뿐 여전히 알쏭달쏭한 말씀이다.

그렇다면 우리는 출애굽기를 어떻게 읽고 이해해야 할까? 출애굽기를 풍성하게 이해하기 위해 사전에 알아두어야 할 것이 있다. 출애굽기는 내용과 구조에 있어 창세기와 긴밀하게 연결되어 있다는 점이다. 몇 가지 특징을 살펴보면 다음과 같다.

먼저, 출애굽기 1장 1절은 이렇게 시작한다.

"야곱과 함께 각각 자기 가족을 데리고 애굽에 이른 이스라엘
아들들의 이름은 이러하니."

이 말씀은 창세기의 내용을 그대로 이어받고 있다. 창세기 끝부분은 야곱이 자기 가족을 데리고 애굽에 온 내용을 진술하는데, 창세기 끝 절은 애굽과의 연결성을 다음과 같이 진술한다. "요셉이 백십세에 죽으매 그들이… 애굽에서 입관하였더라"(창 50:26). 영어성경

에 보면 제일 끝이 "in Egypt"(애굽에서)라고 되어 있다.

둘째, 본문 1절 후반부의 "이스라엘 아들들의 이름은 이러하니"라는 표현은 창세기 46장 8절과 동일하다. "애굽으로 내려간 이스라엘 가족의 이름은 이러하니라." 히브리어 원문으로 보면 여기서 사용된 여섯 개의 단어가 동일하다. 한글로도 여섯 구절이다.

셋째, 본문 2~4절까지 제시하는 야곱의 아들들 순서도 창세기와 긴밀하게 연결되어 있다. 본문에 등장하는 순서는 먼저 야곱의 첫 번째 아내인 레아의 여섯 아들의 이름이다.

르우벤, 시므온, 레위, 유다(2절),
잇사갈, 스불론(3절).

그다음이 두 번째 아내이자 야곱이 사랑했던 아내 라헬의 아들 베냐민이다. 여기서 라헬의 첫째 아들 요셉은 애굽에 있었기 때문에 포함되지 않는다. 세 번째는 라헬의 여종 빌하의 두 아들 단과 납달리가 등장한다. 넷째가 레아의 여종 실바의 두 아들인 갓과 아셀이다. 이런 순서는 출애굽기에 갑작스럽게 등장한 것이 아니다. 이미 창세기 35장 23~26절에서 야곱의 열두 아들을 요약 정리할 때 제시한 순서이다. 이상으로 살펴본 바에 따르면 지금 출애굽기는 창세기의 신앙적 유산을 긴밀하게 연결하여 고스란히 계승하고 있음을 보여준다.

하지만 출애굽기는 창세기에서 볼 수 없었던 신앙의 새로운 차원이 등장한다. 창세기에서는 사건의 중심이 주로 하나님께서 선택하신 믿음의 선조 한 사람을 통해서 진행되었다. 창세기에서 하나님은 아브라함 한 사람을 부르시고 그가 익숙했던 곳을 떠나 하나님이 장차 주실 새로운 땅으로 가라고 말씀하신다. 아브라함은 이 약속을 붙들고 모험을 떠난다. 아브라함 한 개인의 순종을 통해 마침내 하나님의 약속을 성취하기 위한 첫걸음이 시작되었고, 한 개인의 순종을 통해 많은 이가 복을 받는다. 한 개인으로부터 시작하는 신앙의 분투와 모험은 믿음의 족장 아브라함, 이삭, 야곱으로 이어지고, 요셉을 통해서도 드라마틱하게 드러난다.

그러나 출애굽기에서는 이것이 한 개인의 신앙 차원을 넘어 신앙 공동체의 차원으로 확장된다. 본문 5절은 야곱의 허리에서 나온 사람이 모두 70명이었다고 말씀한다. 70이란 숫자는 완전수 7에 많음을 의미하는 10이 곱해진 숫자다. 물론 70이란 숫자는 이들이 들어간 애굽제국의 인구에 비해 매우 적은 숫자다. 그러나 하나님이 온전한 구원을 이루시는 데 있어서는 충분함을 나타내는 공동체의 숫자다. 70은 하나님의 부르심을 따라 애굽에 온 이스라엘 공동체에 온전한 하나님의 섭리와 역사가 나타남을 보여준다.

출애굽기부터 본격적으로 등장하는 것이 '애굽'이라는 최강 대제국이다. 출애굽기는 제국의 압제와 핍박 가운데 하나님의 약속을 붙든 공동체가 개인을 넘어 공동체 차원의 놀라운 구원을 경험하는 이야기다. 공동체 차원의 구원은 우리가 잘 아는 홍해가 갈라지는 극적인 구원에만 머물지 않는다. 하나님은 이스라엘 백성을 생존의 여건이 결여된 광야로 인도하여 사막에 길을 내시고, 샘물과 만나를 주시며, 공동체로 살아가는 데 필요한 것은 떡이 아니라 오직 여호와의 입에서 나오는 말씀임을 알아가게 하시며, 믿음의 공동체, 믿음의 교회를 형성하여 생육하고 번성하는 더 큰 차원으로 인도하신다.

이는 우리 신앙생활에도 큰 도전을 준다. 성도들은 저마다 하나님이 살아계심을 알고 나를 구원해주심도 안다. 그런데 믿음의 공동체로 함께 구원의 대열에 참여하는 것, 함께 믿음의 공동체를 경험하며 하나님의 구원을 새로운 차원으로 경험하는 일에는 약한 사람들이 있다. 물론 원인은 여러 가지가 있을 수 있다. 그러나 오늘도 여전히 우리에게는 개인뿐 아니라 공동체의 구원과 성화의 차원에까지 나아가야 하는 부르심이 분명 존재한다.

때로 상황은 변한다. 지도자도 변한다. 그래도 이 부르심은 멈추지 않고 계속된다. 오늘 본문을 보면 공동체의 지도자 격이었던 요셉이 죽고, 요셉의 형들도 죽었으며, 그 시대의 사람들은 다 죽었다. 이뿐만이 아니다. 이스라엘 공동체에 우호적이던 이전의 애굽 왕 바로도 죽었다. '바로'는 '큰 집'이라는 뜻으로 애굽 왕의 공식 칭호다. 로마 황제를 '시저' 혹은 '가이사'라고 하는 것과 같다.

요셉과 야곱에게 우호적이었던 예전의 애굽 왕 바로가 죽자 요셉을 알지 못하는 새 왕이 일어나 애굽을 다스렸다(출 1:8). 요셉시대에 애굽 전역을 다스렸던 애굽 왕조는 17대 힉소스 왕조로 알려져 있다. '힉소스'라는 이름은 '외국 땅의 통치자'라는 뜻으로, 원래 애굽 주변 셈족 계열의 유목민족을 가리키는 이름이었다. 이름에서 알 수 있는 것처럼 힉소스 왕조는 애굽 사람이 아닌 이민족이 세운 왕조였다. 애굽 역사상 처음으로 애굽 민족이 이민족 힉소스의 통치 아래로 들어간 것이다. 왕조는 이민족의 왕조였기 때문에 외국인을 등용하고 활용하는 데 상당히 적극적이었다. 이런 정책의 일환으로 요셉도 감

옥에 있던 히브리 노예에서 일약 제국의 총리로 올라갈 수 있었던 것이다.

힉소스 왕조는 그렇게 150년을 다스렸는데 애굽인이 반란을 일으켜 이들을 몰아내고 제18대 왕조를 세웠다. 이때 혁혁한 공을 세워 초대 왕으로 등극한 이가 아모세 1세였고, 그다음이 아멘호텝 1세, 그다음이 투트모세 1세였다. 이 투트모세가 모세의 양아버지가 된다. 본문 8절의 "요셉을 알지 못하는 새 왕"은 힉소스 왕조가 아닌 자민족 중심주의의 기치를 들고 일어난 애굽 사람 '아모세 1세'를 말한다. 자민족 중심주의를 들고 나왔으니 얼마나 이방민족을 무시하고 억압하려 했겠는가? 그런데 여기서 주목할 점이 있다. 이러한 왕조가 일어나는 본문 8절 전후에 매우 기이한 진술이 흐르고 있다는 것이다. 먼저 7절 말씀이다.

"이스라엘 자손은 생육하고 불어나 번성하고 매우 강하여 온
    땅에 가득하게 되었더라"(출 1:7).

7절 말씀은 5개의 단어로 표현한다. '생육하고' '불어나' '번성하고' '매우 강하여' '온 땅에 가득하였다.' 이것은 창세기 1장 28절의 말씀을 생각나게 한다. "하나님이 그들에게 복을 주시며 하나님이 그들에게 이르시되 생육하고 번성하여 땅에 충만하라. 땅을 정복하라. 바다의 물고기와 하늘의 새와 땅에 움직이는 모든 생물을 다스리라 하시니라."

지금 작은 이스라엘 공동체를 통해 무엇이 성취되고 있는가? 하

나님이 창세기에서 선포하신 인류 공동체에 대한 축복이 성취되고 있다. 창세기에서 선포된 축복이 출애굽기에서 본격적으로 성취되고 있는 것이다. 이것은 창세기 15장 5절에서 하나님께서 아브라함에게 약속하신 것과도 일맥상통한다. 하나님은 아브라함에게 "네 후손이 하늘의 별과 같이 많아질 것"이라고 약속하셨다. 이러한 하나님의 약속이 애굽에서 힘 있게 성취되고 있었던 것이다.

그러던 와중에 새 왕조가 세워지고 새 왕이 일어났다. 이 왕은 이전에 애굽을 구했던 전설 같은 총리 요셉을 몰랐다. 이전 왕조를 부인하고 무너뜨렸으니, 이전 이민족의 왕조에서 활동했던 총리를 기억할 리가 없었다. 기억한다 해도 이방 히브리 민족이었던 그의 후손을 호의로 대할 리가 만무했다. 하지만 왕이 바뀌었어도 애굽에서 이스라엘을 향한 하나님의 복은 계속되었다. 이 놀라운 역사는 새롭게 일어난 왕의 입을 통해 고백된다.

"그가 그 백성에게 이르되 이 백성 이스라엘 자손이 우리보다 많고 강하도다"(출 1:9).

하나님께서 이스라엘을 얼마나 생육하고 번성하게 하시는지, 어느덧 인구가 대제국 애굽 사람보다 많아졌다. 그런데 하나님을 모르는 새 왕에게 이것은 축복이 아니라 위협으로 다가왔다.

"자, 우리가 그들에게 대하여 지혜롭게 하자. 두렵건대 그들이 더 많게 되면 전쟁이 일어날 때에 우리 대적과 합하여 우리와 싸우고 이 땅에서 나갈까 하노라"(출 1:10).

이미 쿠데타를 일으켜 왕조를 뒤엎었던 아모세 1세는 히브리 사람이 이렇게 많아지면 나중에 제국을 무너뜨릴 치명적인 위협이 된다고 여겼다. 그래서 그가 생각한 것이 '지혜로운 대처'였다(10절). 그렇다면 제국이 말하는 지혜로운 대처란 무엇일까?

"감독들을 그들 위에 세우고 그들에게 무거운 짐을 지워 괴롭게 하여 그들에게 바로를 위하여 국고성 비돔과 라암셋을 건축하게 하니라"(출 1:11).

'감독들'을 두었다는 말은 이스라엘 백성을 노예처럼 부리기 시작했다는 것이다. 제국은 이들에게 무거운 짐을 강제로 지우고 괴롭게 하였다. 제국의 지혜는 바로 제국이 동원할 수 있는 폭력과 억압이었다. 제국의 힘 앞에 꼼짝하지 못할 것을 알고 노골적으로 제국의 힘으로 짓누르는 것이었다. 이런 강제적인 폭력과 착취로 제국은 무엇을 달성하려 했을까? 제국의 번영이었다. 이들로부터 착취한 노동력으로 제국은 국고성 비돔과 라암셋을 우뚝 건설하고자 했다. 국고성은 제국에 부와 식량을 비축하고 공급하는 심장과 같은 역할을 하는 시설을 말한다.

이스라엘의 번영과 축복을 두려워하며 이들을 제국의 힘으로 강제하여 제국의 번영을 위해 이용하려는 것이었다. 여기에 하나님 백성의 고난이 있다. 하나님의 백성은 잘못해서 고난받는 경우도 있지만 하나님의 복을 너무 많이 받아서 고난받는 경우도 있다. 복 많이 받기를 원하는가? 그렇다면 이와 함께 따라오는 제국의 실력 행사로 인해 고난받을 각오도 해야 한다.

우리나라가 해마다 세계 1위를 지키는 통계가 하나 있다. 그것은 죄 없는 사람을 옭아매어 법적인 처분을 받게 할 목적으로 허위사실을 날조해서 고발하는 무고사건의 발생비율이다. 2013년에 8,816건이었던 것이 2014년에는 9,862건, 2015년에는 1만 156건으로 해마다 급증하고 있다.[1] 무고사건이 일어나는 이유가 무엇인가? 상대방을 국가가 가진 법적 강제력을 동원해서 골탕 먹이고 난처하게 만들고 싶어서 그런 것이다. 아니면 말고 식으로 고소와 고발을 하는데 이렇게 되면 수만 명에서 수십만 명이 법원을 들락거리며 어려움을 겪는다. 갈수록 교묘한 무고사건이 늘어난다. 이렇게 국가적인 강제력을 동원하는 것도 제국이 행하는 지혜 중 하나로 볼 수 있다. 오늘날 개개인이 너무 쉽게, 그리고 빈번하게 제국의 힘을 동원하도록 제도적인 장치가 마련됐다.

교회가 부흥하고 성장하면 주변에서 싫어한다. 미워한다. 심술을 낸다. 그래서 보이게, 또는 보이지 않게 온갖 민원을 동원한다. 어떨 때 보면 민원을 위해 역사적 사명을 띠고 태어난 사람이 있는 것 같다. 왜 그런가? 추구하는 방향이 다르기 때문이다. 하나님의 백성이 추구하는 방향과 세상이 추구하는 방향이 다르고, 하나님의 백성이 추구하는 가치관과 세상이 추구하는 가치관이 다르다.

그런데 제국이 아무리 누르려 해도 통제되지 않는 것이 하나 있다. 바로 하나님이 복주시는 것이다. 하나님이 복주시기로 작정하면 제국이 이런저런 방법과 수단을 아무리 동원한다 해도 이것이 억눌러지지 않는다.

　"그러나 학대를 받을수록 더욱 번성하여 퍼져나가니…"(출 1:12a).

　여기 놀라운 단어가 있다. '퍼져나간다'(spread)라는 단어다. 번성하는 것과 퍼져나가는 것은 차원이 다르다. 번성하는(multiply) 것이 몇 곱절로 늘어가는 것이라면 퍼져나가는 것은 잉크가 물에 퍼져나가는 것처럼, 향기가 주변에 퍼져나가는 것처럼 순식간에 급속도로 사방에 확대되어 가는 것을 말한다. 제국이 하나님의 복을 누를수록 이 복은 제국에 얽매이지 않고 계속해서 퍼져나간다.

　하나님의 복이 퍼져나가는 것을 보는 제국의 심정은 어떠할까?

　"…애굽 사람이 이스라엘 자손으로 말미암아 근심하여"(출 1:12b).

　근심한다. 두려워한다. 이대로 방치했다가는 큰일 날 수 있겠다는 위기감이 팽배하다. 그래서 제국은 자신이 동원할 수 있는 온갖 수단과 방법을 다 동원한다.

　"이스라엘 자손에게 일을 엄하게 시켜"(출 1:13).

이것을 영어성경은 "애굽인이 부역을 무자비하게(ruthless) 부과했다"(NRSV)라고 번역한다. 아무리 아프고 힘들다고 호소해도 이들에게 통하지 않는다. 그렇다면 애굽이 시키는 무자비한 노동은 무엇일까?

"어려운 노동으로 그들의 생활을 괴롭게 하니 곧 흙 이기기와 벽돌 굽기와 농사의 여러가지 일이라. 그 시키는 일이 모두 엄하였더라"(출 1:14).

애굽에서 발굴된 문서 중에 〈직업에 대한 풍자〉라는 문서가 있다. 여기에 보면 이렇게 진술한다. "매일 만들도록 할당된 벽돌의 분량은 2천 개였고, 이것을 40명의 남자가 만들어내야 했는데, 실제로는 너무 벅차 거의 만들어내지 못했다." 이스라엘 백성이 이랬다. 매일 감당할 수 없는 작업 할당량을 부과받고, 거기에 또 목축과 농사도 해야 했고, 이런저런 제국의 행사에 동원되어야 했다. 그야말로 죽을 지경이었다. 그러나 이들은 이런 가운데서도 하나님이 약속하신 복을 넘치도록 받는다.

하나님의 복이 부어지는데도 죽을 지경이다. 우리는 여기서 성도가 고난받는 상황을 잘 이해해야 한다. 이들이 복을 받는 이유가 무엇인가? 제국 한가운데 살아가라는 하나님의 약속에 순종해서다. 이 약속은 아브라함에게 주셨고 야곱과 요셉을 통해서도 주셨다. 그런데 그 약속에 순종해서 제국에 자리 잡고 있으며 복을 받으니 제국이 가만히 두지 않는다. 어떻게든 그 복을 **빼앗으려고** 하는 것이다.

성도가 이 세상을 살아갈 때도 이 두 가지가 항상 겹쳐서 우리를 에워싼다. 성령이 주시는 평강과 기쁨, 감사와 응답이 있다. 하늘과 땅의 신령한 복을 받는다. 그러나 세상은 이런 우리를 미워하고 시기한다. 왜? 성도는 제국이 추구하는 방향과 다른 삶으로 부름받았기 때문이다. 이렇게 환란이 올 때 우리는 어떻게 해야 하는가? 어떤 이는 재빨리 고난을 거두어달라고 발버둥을 친다. 그런데 그렇게 고난을 제거해버리기 위해 발버둥치다 보면 나도 모르게 어느덧 제국의힘에 순응하고 제국의 논리를 따르면서 하나님 백성의 정체성을 잃어버린다. 그래서 성도에게 고난은 내가 주님의 인도하심을 따라 제대로 가고 있다는 신호가 된다. 성도의 삶에 세상과 부딪치는 고난은성도가 하나님의 복을 제대로 경험하며 살고 있다는 신호탄이 된다. 이럴 때 우리는 주변을 기웃거리지 말고 더 깊이 하나님께로 나아갈수 있어야 한다.

설립한 지 90년이 지나도록 부동의 세계 1위를 지키는 일본의 화학섬유 회사가 하나 있다. 바로 도레이라는 회사다. 화학섬유 산업은경기에 상당히 민감하다. 보통 신흥국이 경제 부흥을 위한 디딤돌로많이 선택한다. 그러나 어느 정도 지나면 섬유산업은 사양산업이 된다. 그래서 일본에서는 1990년부터 국가적인 차원에서 탈섬유화를진행했다. 주변에서도 업종을 바꿔야 한다는 자문이 많았다. 시대의흐름을 타고 변화하지 않으면 도태된다고 했다. 그러나 도레이는 다른 것은 쳐다보지도 않고 오직 섬유산업을 더 깊이 파면서 이곳에서기회와 가능성을 발견했다.[2] 이들이 가진 확신이 하나 있다. 새로움은 깊이에서 온다는 것이다. 깊이가 곧 새로움인 것이다. 그래서 이들은 섬유를 깊이 파다가 탄소섬유 소재를 개발했다. 탄소섬유가 쓰이는 곳이 어딘가? 바로 항공기다. 이 회사가 탄소섬유를 개발하고 상용화하여 보잉에 납품하기까지 50년이 걸렸다. 지금은 누구도 따라올 수 없는 독점상품이 되었다. 깊이 파다 보니 새로움이 나온 것이다.

성도의 고난이 깊어질 때 성도는 무엇을 보아야 하는가? 깊은 고난 가운데 우리에게 복주시고 붙드시는 하나님을 바라볼 수 있어야 한다. 고난 자체에 집중할 것이 아니라 고난 배후에 복주시는 하나님을 더 깊이 만나야 한다. 이 깊이 속에 우리를 새롭게 하시는 하나님의 능력을 경험할 것이다.

[1장 각주]

1) 심은지 외, "'무고 범죄' 세계 1위… 부끄러운 자화상", 한국경제, 2016. 8. 19.
2) 이혜운, "글로벌 경제 위기 때마다 더 성장했다", 조선일보 위클리비즈, 2016. 8. 20.

무엇을
두려워하는가?

애굽 왕이 히브리 산파 십브라라 하는 사람과 부아라 하는 사람에게 말하여 이르되 너희는 히브리 여인을 위하여 해산을 도울 때에 그 자리를 살펴서 아들이거든 그를 죽이고 딸이거든 살려두라. 그러나 산파들이 하나님을 두려워하여 애굽 왕의 명령을 어기고 남자 아기들을 살린지라.

애굽 왕이 산파를 불러 그들에게 이르되 너희가 어찌하여 이같이 남자 아기들을 살렸느냐. 산파가 바로에게 대답하되 히브리 여인은 애굽 여인과 같지 아니하고 건장하여 산파가 그들에게 이르기 전에 해산하였더이다 하매 하나님이 그 산파들에게 은혜를 베푸시니 그 백성은 번성하고 매우 강해지니라.

그 산파들은 하나님을 경외하였으므로 하나님이 그들의 집안을 흥왕하게 하신지라. 그러므로 바로가 그의 모든 백성에게 명령하여 이르되 아들이 태어나거든 너희는 그를 나일강에 던지고 딸이거든 살려두라 하였더라.

2016년 여름 극장가를 강타한 영화가 있다. 관객을 무려 1천 2백만 명이나 동원했다. 바로 〈부산행〉이라는 영화다. 이 영화는 좀비를 소재로 한 영화다. 좀비(Zombie)란 죽었다 살아난 시체를 일컫는 단어로 부두교에서 유래했다. 내용은 특별한 것이 없다. 서울에서 출발한 KTX 열차에 좀비가 타서 사람들을 물어뜯고, 물어뜯긴 사람도 좀비가 되어 점점 더 많은 사람을 물어뜯고, 결국은 우리나라 최남단인 부산까지 살아서 가려고 좀비들과 사투를 벌이는 이야기다.

처음부터 끝까지 수많은 좀비한테 쫓기다가 끝난다. 사실 좀비 영화는 새로울 것이 없다. 이전에 미국 할리우드에서 좀비를 다룬 영화가 꽤 많았다. 2013년 여름에는 브래드 피트가 주연한 〈월드워 제트(Z)〉가 전 세계적으로 큰 인기를 끌었다. 그러나 관객을 많이 동원했다고 해도 영화 플롯은 새로운 것이 없었다. 특히 〈부산행〉은 처음부터 끝까지 계속 좀비들한테 쫓기는 이야기다. 그런데도 이 영화가 개봉된 지 19일 만에 무려 천 만이 넘는 관객이 보고 열광한 이유가 무엇일까? 그것은 많은 관객이 영화에 공감하는 바가 있어서 그렇다. 이 좀비 영화 이야기가 바로 자신이 살아가는 이야기와 비슷하게 느껴진 것이다.[3]

경쟁 사회에서 내 주변을 둘러싸고 있는 사람이 더 이상 사람으로 여겨지지 않을 때 이들은 수많은 좀비가 된다. 짓밟아야 하고 뛰어넘어야 하며 제거해야 하는 대상이 되는 것이다. 이런 좀비의 특징이 있다. 어둠 가운데서는 보지 못하고 가만히 있다가 보이면 벌떼처럼 달려든다는 것이다. 우리나라 사람들을 보라. 평소에는 가만히 있다가 "뭐가 뜬다, 뭐가 대세다"라고 하면 너도나도 벌떼처럼 달려들지 않는가? 영화 속 주인공 중 하나가 했던 명대사가 있다. "좀비보다 열차 칸에 살아남은 사람들이 더 무서워!"라는 말이다. 좀비한테 쫓기면서도 자기만 살겠다고 서로를 잔인하게 짓밟는 모습이 좀비보다 더 무섭다는 것이다. 결국 이렇게 좀비보다 더 무서운 세상에서 살아가는 게 우리네 삶이라는 것이다.

영화 속에서 국민들이 좀비에게 쫓겨다니며 고생하는데 정부에서는 뭐라고 발표하는가? "국민 여러분의 안전에는 이상이 없을 것입니다." 무슨 이상이 없는가? 온 나라가 좀비 때문에 다 쑥대밭이 되었다. 정부 발표는 믿지 못하겠고, 그런 위기 가운데 그나마 의지할 게 하나 있는데 바로 스마트폰이다.[4] 이것 외에는 의지할 것이 없다. 외롭다. 내 주변 사람이 좀비같이 느껴질 때 우리에게 찾아오는 감정이 무엇인가? 무서움, 두려움이다.

얼마 전, 다음소프트가 지난 7월 10일부터 8월 10일까지 SNS의 데이터를 조사해서 인간관계를 표현하는 키워드를 분석했다. 여기에 보면 인간관계를 묘사하는 단어 1위가 '무섭다'는 단어이다. 그다음 2위가 '허전하다', 3위가 '힘들다', 4위가 '스트레스'다. 주변 사람이 무섭고, 만나도 사람을 만나는 것 같지 않게 허전하고 공허하며, 게

다가 스트레스를 받는다는 것이다. 결국 내 주변이 좀비로 득실대는 것이다. 우리나라에도 보면 '인맥'을 상당히 중요하게 여기는 사람이 많다. 한 언론사의 취재팀이 조사한 바에 따르면 한국 성인남녀 모바일 메신저에 저장된 연락처는 남자가 평균 235명이고 여자가 156명이란다. 상당히 많지 않은가? 왜 이렇게 많은가? 인맥도 경쟁력이라는 생각 때문이다.

그런데 그렇게 많은 사람 중에서 내가 아무 때나 믿고 연락할 수 있는 사람은 얼마 되지 않는다. 그중에 정말 내 마음을 털어놓고 함께 아파해줄 수 있는 사람은 더더욱 적다. 결국 남는 것은 가족밖에 없다고 응답하는데, 문제는 이 가족도 보면 나중에는 마음이 갈라지고 좀비균에 전염돼서 좀비로 변하고 만다. 그러니 갈수록 사람에 대한 피로감과 두려움이 커지고, 자꾸 혼자만의 세계로 피하게 된다. 그래서 혼밥, 혼방, 혼술 같은 문화가 퍼지고 있다. 혼밥이 무엇인가? 혼자 밥 먹기다. 혼방은 혼자 노래방 가기, 혼술은 혼자 술 마시기다. 우리 사회는 점점 관계를 맺지 않는 관계 프리(free) 사회로 가고 있다.

결국 〈부산행〉은 우리나라 사회를 무서운 좀비가 가득한 세계로 규정하고, 이 무서운 좀비 사이에서 사투하는 주인공의 모습을 통해 앞으로는 각자 도생하는 시대가 올 것임을 알리는 신호탄 역할을 한다. 이 분위기와 암묵적인 메시지에 수많은 사람이 열광한 것이다.

우리 주변에도 정말 무서운 사람이 많다. 좀비 같은 사람이 수두룩 빽빽하게 둘러싸고 있어서 뭐라고 말해도 통하지 않는다. 그냥 막무가내로 물어뜯으려고 덤벼든다. 도망가고 싶은데 제대로 도망가기도 쉽지 않다. 그래서 불안과 두려움 가운데 극심한 스트레스를 받고 살아가는 경우가 참 많다. 다니엘 길버트 하버드대 심리학과 교수는 대학 일간지 〈하버드 크림슨〉에서 "사람들을 행복하게 만드는 가장 중요한 요소 중 하나가 인간관계"라고 말한 바 있다. 그런데 사람을 행복하게 해야 할 인간관계가 죄성과 탐욕으로 인해 어느덧 좀비로 가득하게 되었다.

이번 장의 본문에는 이런 좀비 중의 좀비 왕 같은 인물이 등장한다. 바로 애굽 제국을 다스리는 바로다. 바로는 처음부터 좀비같이 잔인무도하고 말이 통하지 않는 왕은 아니었다. 처음에 애굽의 새 왕이 돼서 나라를 멋지게 이끌어가고 싶은 나름의 비전과 선한 의도가 있었을 것이다. 그러나 그는 점점 좀비처럼 변해가기 시작했는데 그 이유가 무엇인가? 바로 두려움 때문이다. 어떤 두려움인가? 하나님께서 이스라엘 백성을 생육하고 번성하게 해주시자 이것을 보고 점점 두려워지기 시작했다. 눈에 보이는 두려움이다. 그래서 일을 엄하게 시키고 이스라엘 백성을 노예처럼 부리며 학대하기 시작했다. 그런데 이렇게 짓눌러도 이스라엘 백성은 계속해서 생육하고 번성했다. 낮에 그렇게 시달리며 지쳐 쓰러지게 일하다가 비틀거리며 집으로 돌아와도, 하나님이 은혜를 주시자 한밤중에 코 골고 자야 하는데도 갑자기 몸이 회복되면서 쌩쌩해지고, 아내와 격정적이고도 아름다운 사랑을 나눌 수 있게 되었다. 또 잠자리만 가지면 왜 그렇게 임신이 잘되는지 여기서 낳고 저기서 낳고 계속 낳는데, 그 불어나는 속도를 헤아리기 어려울 정도다.

바로는 자기 힘으로 이스라엘 백성이 늘어나는 것을 통제할 수 있다고 생각했지만, 그것이 제국 최고 통치자의 힘으로도 되지 않자 서서히 이성을 잃어갔다. 그러더니 아주 잔인하고 비열한 방법으로 하나님 백성들의 생육하고 번성함을 짓누르기 시작했다.

> "애굽 왕이 히브리 산파 십브라라 하는 사람과 부아라 하는 사
> 람에게 말하여 이르되 너희는 히브리 여인을 위하여 해산을
> 도울 때에 그 자리를 살펴서 아들이거든 그를 죽이고 딸이거
> 든 살려두라"(출 1:15-16).

애굽 왕이 히브리 산파를 불렀다. 이름이 십브라와 부아다. '십브라' 하면 '아름다움'이라는 뜻이고, '부아' 하면 '영화로움'이라는 뜻이다. 이름 자체가 상당히 품위 있다. 이 두 여인은 히브리 민족 가운데 있는 많은 산파를 대표하는 리더격에 해당한다. 이스라엘에 아이가 얼마나 많이 태어나는데 산파 둘이서 감당할 수 있겠는가? 훨씬 더 많은 산파가 있었을 것이다. 그렇기에 십브라와 부아를 산파의 대표로 보아도 무관할 것이다.

산파는 산모가 아이를 낳을 때 아이를 받고 산모를 도와주는 일을 직업으로 하는 여인이다. 지금이야 산부인과가 있지만 예전에는 산모가 출산할 때 산파가 아이를 받아주었다. 바로는 산파들에게 히브리 여인이 아이를 낳을 때 그 자리를 살펴서 아들이거든 죽이고 딸이거든 살려두라고 명령한다.

여기 '자리'라는 것은 히브리어로 '아브나임'인데, 이것은 '돌'을 뜻하는 히브리어 '에벤'의 복수형이다. 문자적으로는 '돌들' 또

는 '두 개의 돌'이라는 뜻인데 산모가 분만할 때 눕는 '분만대' 또는 분만을 돕는 출산도구를 가리킨다. 이것을 표준새번역은 '사타구니'로 번역한다. 이는 산모의 두 다리를 뜻하는데, 아이가 세상에 처음으로 나오는 지점을 강조하는 표현이다. 바로는 산모가 분만대에 누워 아이를 낳으려 할 때 처음 나오는 모습을 보고서 아들이면 죽이고, 딸이면 살려두라는 지독한 명령을 한다. 이 얼마나 무서운 말인가? 동족의 아들을 죽이라니! 바로는 그래야만 급속도로 불어나는 히브리 자손들을 막을 수 있다고 생각했다. 바로의 이런 계획은 두려움에서 나온 것이다.

우리가 계획하고 준비하는 많은 일이 두려움 때문에 시작하는 경우가 있다. 두려움의 관점에서 볼 때 우리가 준비하는 일은 반드시 해야 할 타당한 계획이라고 생각한다. 그러나 이러한 두려움에서 나온 준비는 나중에 아무것도 아닌 일이 되는 경우가 많다.

자, 바로가 두려움에 사로잡혀 말도 안되는 잔인한 명령을 내린다. 산파 입장에서 바로가 내리는 명령은 복종해야 할 명령이다. 여기에 토를 달거나 명령을 거부하면 감히 살아남지 못한다. 눈앞에는 좀비보다 더 무서운 광기어린 바로가 있다. 어떻게 이 명령을 거부하겠는가?

그러나 히브리 산파들은 바로의 명령을 용기 있게 거부하고 저항했다. 그 이유가 무엇인가?

"그러나 산파들이 하나님을 두려워하여 애굽 왕의 명령을 어기고 남자 아기들을 살린지라"(출 1:17).

산파들은 눈에 보이는 바로보다 살아계신 하나님이 더 두려웠다. 온 애굽을 통치하는 바로는 분명 무섭고 두려운 존재였다. 그러나 산파들은 하나님을 온 세상을 다스리실 뿐만 아니라 이스라엘을 능히 구원하실 수 있는 분임을 믿고 있었다. 이들은 그동안 바로 왕의 압제 가운데서도 생육하고 번성하게 하시는 하나님의 놀라운 역사를 현장에서 생생하게 보고 느꼈다. 그래서 바로의 부당한 명령에 순종할 수 없었다. 이들은 왕의 명령을 어기고 사내 아기들을 살렸다. 자, 바로가 가만히 있겠는가? 곧바로 산파들을 소환하여 추궁한다.

"애굽 왕이 산파를 불러 그들에게 이르되 너희가 어찌하여 이
같이 남자 아기들을 살렸느냐"(출 1:18).

두려움에 사로잡힌 사람의 특징이 있다. 불안해서 늘 감시한다. 명령을 내리고서 잘하나 못하나 늘 민감하게 예의주시한다. 잔인한 명령을 내려놓고 조금만 이상한 조짐이 있으면 당장에 덤벼든다. 〈부산행〉에도 보면 좀비들이 뭔가 이상한 것을 보면 내는 소리가 있다. "컥, 컥컥컥." 자, 바로가 이런 소리를 낸다. "컥, 컥컥컥." "너희들 지금 뭐하는 거야?" "왜 남자 아기들을 살려주는 거야?" 그러자 산파들이 뭐라고 대답하는가?

"산파가 바로에게 대답하되 히브리 여인은 애굽 여인과 같지
아니하고 건장하여 산파가 그들에게 이르기 전에 해산하였더
이다 하매"(출 1:19).

애굽 여인들이 출산하게 생겼다고 불러서 가면 그때 도와주어 아이를 출산하는데, 히브리 여인들은 너무나도 건강해 불러서 가보면 이미 아이를 낳았다는 것이다. 이것은 변명일 수도 있고 진실일 수도 있다. 하나님이 은혜를 주셔서 정말로 산파가 이르기 전에 이렇게 출산하는 일이 비일비재할 수 있다. 그러나 성경은 그 사실 여부에 대해서는 말씀하지 않는다. 다만 산파들의 대답만을 기록한다. 만약 이 것이 사실이라면 산파들은 바로의 무서운 명령 아래서도 살아 역사하시는 하나님의 놀라운 능력과 은혜를 경험한 것이 틀림없다. 이것을 본문 20절은 다음과 같이 진술한다.

"하나님이 그 산파들에게 은혜를 베푸시니 그 백성은 번성하고 매우 강해지니라"(출 1:20).

우리 성경에 '베푸시니'는 원인과 결과처럼 나오지만 원문은 '그리고'(히. 와우)라는 대등접속사로 연결되어 있다. 이렇게 볼 때 하나님이 그 산파들에게 은혜를 베푸셨다. 그리고 그 백성은 번성하고 매우 강해졌다. 그렇지 않아도 민감하게 예의 주시하고 있던 바로가 이런 결과를 보고 가만히 있겠는가? 바로는 이전보다 더한 광기를 부리기 시작한다.

"그러므로 바로가 그의 모든 백성에게 명령하여 이르되 아들이 태어나거든 너희는 그를 나일강에 던지고 딸이거든 살려두라 하였더라"(출 1:22).

이제는 바로가 히브리 산파에게 내렸던 명령을 그의 모든 백성, 즉 모든 애굽 사람에게 내린다. "너희 주변에 히브리 사람들이 사느냐? 아이를 낳을 산모가 있느냐? 예의주시하고 있다가 아이를 낳으면 가보고, 아들이면 나일강에 던져 죽여버리고 딸이면 놔두어라!" 이제 바로는 혼자만 좀비가 되는 것으로 만족하지 못하고 모든 애굽 백성을 좀비처럼 만들기 시작한다. 히브리 남자 신생아들을 죽이도록 모두 다 전염시킨다. 분위기는 갈수록 험악해지고 제국은 갈수록 더한 압제와 폭력으로 이스라엘을 짓누른다. 그런데 놀라운 점은 이 가운데서도 하나님께서는 그의 백성을 여전히 자유롭게 복주시고, 그를 경외하는 이에게 은혜를 베푸신다는 것이다.

"그 산파들은 하나님을 경외하였으므로 하나님이 그들의 집안
  을 흥왕하게 하신지라"(출 1:21).

이 말씀에는 하나님의 보이지 않는 손길이 드러난다. 그분의 감추어진 손길이 산파를 붙드신다. 바로가 두려움에 사로잡혀 모든 애굽 백성을 동원했지만 결국 많은 자원을 허비하고도 아무런 결과도 얻지 못한다.

전에 독일의 쾰른전문대학의 볼프강 슈테그만 교수와 빈프리트 판제 교수가 '비용요소, 두려움'이라는 논문을 발표한 적이 있다. 이 논문은 독일인이 두려움 때문에 지출하는 경제비용을 계산한 것이다. 이 주장에 따르면 독일 사람들은 적게는 300억 마르크(약 20조 원)에서 많게는 1,000억 마르크(80조 원)정도를 두려움 때문에 지출

하는 것으로 추산했다.[5] 두려움을 잊기 위해 마신 술로 30조 원, 수면제 등 약품비용이 15조 원, 불안과 두려움으로 인해 떨어진 능률로 인한 손해가 20조 원, 두려움으로 생긴 병으로 인한 치료비용 8조 원. 이처럼 두려움이라는 바이러스의 영향력은 대단히 크다. 바로를 보라. 이스라엘을 어떻게든 짓누르려고 애굽의 모든 자원을 다 동원하지 않는가?

우리 삶에 많은 고난이 있는 이유 중 하나는 바로 이런 두려움에 떨고 있는 좀비 같은 사람들 때문이다. 두려워서, 비록 눈에 보이지는 않지만 살아계신 하나님을 의지하지 못하고 눈에 보이는 것만 잡으려고 성도들에게 달려든다. 아무리 말해도 소용없다. 좀비처럼 알아듣지도 못한다. 이런 두려움 때문에 가만히 있는 우리에게 사방에서 덤벼들며 물어뜯고 괴롭히고 못살게 구는 이가 참 많다.

이럴 때 우리는 눈에 보이는 좀비를 두려워할 것이 아니라 눈을 들어 믿음의 주요 온전하게 하시는 우리 주님을 바라볼 수 있어야 한다. 주님이 더 크게 보여야 좀비 같은 바로의 말에 휘둘리지 않는다. 그리고 하나님의 백성을 위해, 하나님의 나라를 위해 내 삶의 방향을 온전히 붙들며 나아갈 수 있다. 이럴 때 우리는 늘 은밀히 도우시는 하나님의 손길을 경험할 수 있다.

지금 나는 무엇을 두려워하는가? 두려워도 그 가운데 나를 붙드시는 하나님의 손길을 확신하고 있는가? 시간이 갈수록, 세월이 갈수록 하나님이 더욱 크게 보일 수 있어야 한다. 하나님을 더욱 두려워할 수 있어야 한다. 왜? 결국 하나님께서 이 모든 일을 주관하실 것이기 때문이다. 이것을 믿고 두려움의 한가운데서도 꿋꿋이 버티며 주님을 바라보는 성도로 서자. 그럴 때 하나님께서도 우리를 붙드시고 더욱 풍성하게 복주실 것이다.

[2장 각주] ···

3) 후지타 나오야, 선정우 역, 「좀비 사회학: 현대인은 왜 좀비가 되었는가」(서울: 요다, 2018) 참조.
4) 박돈규, "[박돈규의 극장傳] '부산행' '터널' 흥행의 속사정", 조선일보, 2016. 8. 16.
5) 정영교, "[겨자씨] 두려워하지 말라", 국민일보, 2016. 2. 21.

최선을
다하는 믿음

레위 가족 중 한 사람이 가서 레위 여자에게 장가들어 그 여자가 임
신하여 아들을 낳으니 그가 잘 생긴 것을 보고 석 달 동안 그를 숨겼
으나 더 숨길 수 없게 되매 그를 위하여 갈대상자를 가져다가 역청과
나무 진을 칠하고 아기를 거기 담아 나일 강가 갈대 사이에 두고 그
의 누이가 어떻게 되는지를 알려고 멀리 섰더니 바로의 딸이 목욕하
러 나일강으로 내려오고 시녀들은 나일 강가를 거닐 때에 그가 갈대
사이의 상자를 보고 시녀를 보내어 가져다가 열고 그 아기를 보니 아
기가 우는지라.

그가 그를 불쌍히 여겨 이르되 이는 히브리 사람의 아기로다. 그의
누이가 바로의 딸에게 이르되 내가 가서 당신을 위하여 히브리 여인

중에서 유모를 불러다가 이 아기에게 젖을 먹이게 하리이까. 바로의 딸이 그에게 이르되 가라 하매 그 소녀가 가서 그 아기의 어머니를 불러오니 바로의 딸이 그에게 이르되 이 아기를 데려다가 나를 위하여 젖을 먹이라. 내가 그 삯을 주리라.

여인이 아기를 데려다가 젖을 먹이더니 그 아기가 자라매 바로의 딸에게로 데려가니 그가 그의 아들이 되니라. 그가 그의 이름을 모세라 하여 이르되 이는 내가 그를 물에서 건져내었음이라 하였더라.

요즘 정부와 국민 모두의 걱정 중 하나가 출산율이 낮아지고 있다는 것이다. 우리나라 신생아 출생비율은 2019년 기준, 한 가구당 1명 미만(0.94명)으로 OECD 가입국 중 최저 수준으로 나타났다. 참고로 우리나라는 1970년에 가구당 출생비율이 4.53명이었다. 이것이 해마다 급격히 줄어 1971년생이 102만 명인데, 2020년에 출생한 아이들은 30만 명 미만으로 추정된다. 이런 통계에 충격을 받고 정부는 천문학적 예산을 쏟아부으며 난임치료를 지원하고 출산휴가 제도를 장려하는 등 다양한 정책을 강구하고 있다. 정부가 출산 장려를 위해서 쏟아부은 예산이 2006년부터 13년간 153조 원이다. 2018년 한 해만 30조 6,002억 원을 썼다. 신생아 한 명당 9,360만 원에 해당하는 비용을 지출한 셈이다. 이 정도면 어느 정도 효과가 있어야 하지 않을까? 하지만 효과는커녕 출산율은 계속 떨어지고 있다.

사회 각층에서는 이런 지원책이 얼마나 효과가 있을지 의문을 제기하고 있다. 그 이유는 저출산문제가 단순한 시술비용 지원의 문제가 아니라 비전의 문제이기 때문이다. 아이를 출산하고 그려지는 그림이 어떠한가의 문제라는 것이다. 얼마 전 국회에서 저출산 극복 연구포럼이 열렸다. 여기서 국회의원들이 청년과 신혼부부들에게 물었다. "왜 아이를 낳지 않으려 합니까?" 그러자 이들은 "지금 이렇게 힘든 나의 삶을 내 아이에게 물려주고 싶지 않기 때문입니다"라고 대답했다. 무슨 말인가? 아이를 낳지 않는 이유가 아이의 멋진 삶이 그려지지 않기 때문이라는 것이다. 아이에 대한, 다음세대에 대한 비전이 그려지지 않는 것이다.

사람은 끝이 보이지 않을 때 아예 시작 자체를 포기한다. 그렇다면 멋진 끝이 보이면 괜찮을까? 다들 괜찮다고 생각하지만 꼭 그렇지만도 않다. 우리가 생각할 때 멋진 끝이 멋진 그림이 아닐 때가 종종 있다. 우리나라의 자기계발서 작가 중에 이지성 씨가 있는데, 그의 저서로 베스트셀러 목록에 오른 「꿈꾸는 다락방」이란 책이 있다. 이 책의 핵심적인 내용이 무엇인가? 꿈을 꾸면 잠도 많이 자지 말고 미친 듯이 몰입해서 반드시 꿈을 이루라는 것이다. 그렇게 해서 그는 정말 자기 꿈을 이루었다. 그런데 얼마 전 이지성 작가가 당시의 심정을 고백한 인터뷰 기사가 나왔다.[6] 자기계발 작가로 크게 성공하고 자기가 원하던 꿈을 마침내 이루었지만 정작 그렇게 꿈을 이룬 자신은 "딱 죽고 싶었다"라는 것이었다. 강연회에 초대받으면 꿈을 이루라고 강하게 권고하였지만 막상 꿈을 이룬 자기는 죽고 싶었다는 것이다. 이유가 무엇일까? 꿈을 이루고 나니 마음이 텅 비고 공허해지더라는 것이다. 그렇게 꿈꾸던 것인데 그 꿈이 오히려 자기를 더 공허하게 만들더라는 것이다. 그래서 "자신의 마음이 썩어들어가는 것을 경험했노라"고 고백한다.

끝이 보이지 않을 때는 시작에 대한 두려움이 있다. 하지만 끝이 보이고 마침내 열심히 경주하여 그 끝에 도달했다고 하더라도 이후에 몰려오는 공허함과 파괴적인 후폭풍은 인생의 갈피를 잡지 못하게 하는 힘이 있다. 사실 우리 인생은 이 둘 사이에서 갈피를 잡지 못하고 헤매는 경우가 많다.

이처럼 우리는 무엇인가를 시작하고 싶어도 암울한 분위기에 눌려 괜히 시작했다가 나만 손해보는 게 아닌가 하는 생각이 들어 용기를 내지 못한다. 또 손에 잡히는 분명한 결과가 보여서 열심히 달려갔지만 막상 얻은 결과가 생각만큼 의미와 보람을 주지 않고, 그다지 중요하지 않은 경우도 많다. 헛걸음, 헛고생만 한 것이다.

우리가 무엇인가를 시작하려 할 때 끝이 보이는 것을 중요하게 여기는 이유가 무엇인가? 그것은 눈에 보이면 나의 통제 아래 들어온다고 착각하기 때문이다. 내 힘과 내 능력으로 다룰 수 있다고 생각한다. 그러나 이것은 한편으로 내가 내 인생의 주인이 되려 했던 아담에게서 유래한 죄의 본성에서 시작된 태도이다. 이를 간파한 전도서의 지혜자는 이렇게 진술한다. "형통한 날에는 기뻐하고 곤고한 날에는 되돌아보아라. 이 두 가지를 하나님이 병행하게 하사 사람이 그의 장래 일을 능히 헤아려 알지 못하게 하셨느니라"(전 7:14).

끝이 보이지 않을 때 우리 인생은 곤고하고 끝이 보이면 형통한 것 같다. 그러나 하나님께서는 우리 인생에 이 두 가지를 마구 섞으셔서 우리로 장래 일을 좀처럼 헤아려볼 수 없게 하신다. 도저히 앞이 헤아려지지 않을 때 우리는 어떻게 해야 하는가? 이것이 바로 주어진 순간에 최선을 다하는 믿음이다. 보이든 보이지 않든 최선을 다하는 믿음인 것이다.

이번 장의 본문은 레위 지파의 한 남녀가 결혼한 이야기로 시작한다.

"레위 가족 중 한 사람이 가서 레위 여자에게 장가들어 그 여자
가 임신하여 아들을 낳으니"(출 2:1-2a).

이 말씀을 표면적으로만 보면 '레위 지파의 선남선녀가 만나 결혼해서 서로 간에 많이 사랑해서 임신하고 자녀도 낳았나 보다'고 생각할 수 있다. 하지만 지금 이 말씀 배후의 애굽제국의 분위기를 보면 도저히 결혼해서 아이를 낳을 수 있는 분위기가 아니다. 1장 22절을 보라.

"그러므로 바로가 그의 모든 백성에게 명령하여 이르되 아들
이 태어나거든 너희는 그를 나일강에 던지고 딸이거든 살려두
라 하였더라."

우리나라 젊은이들을 한때 3포세대라고 했다. 연애, 결혼, 출산을 포기했다는 뜻이다. 이제는 5포, 7포를 너머 N포세대라고 한다. 이렇게 계속 포기하는 지배적인 이유가 무엇인가? '헬(hell)조선'이라는 인식 때문이다. 나라의 분위기가 도저히 젊은이들이 연애하고

결혼해서 살 만한 분위기가 아니라는 것이다.

애굽은 헬조선보다 훨씬 더 심각한 헬애굽이었다. 너무나도 과중한 육체의 노역으로 쓰러져가는 상황에서 결혼하고 아이를 낳으면 바로의 명령으로 주변의 모든 애굽 사람이 아이를 잡아 나일강에 던져 죽이는 끔찍한 시대가 찾아온 것이다. 여기저기 아이들이 죽고 집집마다 통곡과 탄식소리가 끊이지 않았다. 자, 이런 상황에서 이스라엘의 젊은이들은 어떻게 해야 하는가? N포세대처럼 연애와 출산과 결혼을 포기해야 하는가? 생육하고 번성하라고 하나님이 명령하신 것은 안다. 그러나 사회적 분위기가 도저히 출산할 수 있는 상황이 아니다. 자칫하면 낳자마자 아이를 죽여야 하는 형편이다. 아이를 낳아도 미래의 그림이 제대로 그려지지 않는다. 설사 딸을 낳는다고 해도 그림이 암울하기는 마찬가지다. 딸도 이렇게 계속되는 강제노역 아래 장성하여 나중에 결혼하고 아들을 출산하면 자녀를 잃어버릴 각오를 해야 한다. 끝이 뻔히 보이는데 이런 고통스러운 삶을 자녀에게 물려주어야 하나? 우리 같으면 아예 결혼 자체를 포기할지도 모른다. 결혼해도 앞이 보이지 않는데, 이런 상황에서 무슨 결혼인가? 혹 결혼했다 하더라도 자녀는 낳지 말자고 할 수 있다.

얼마 전에 어떤 부부가 유모차를 밀며 올라가는 것을 보았다. 쌍둥이 유모차였다. 속으로 '아이 키우느라 힘들겠네'라고 생각했다. 그런데 그 속에서 "멍멍" 하는 소리가 나는 것이 아닌가? 깜짝 놀라 가까이 가봤더니 유모차 안에는 사랑스러운 '애완견'이 있었다. 자녀를 키우는 것이 힘드니까, 현재의 삶을 유지하는 데 지장되니까 차라리 애완견으로 만족하겠다는 것이다. 만약 본문의 레위인 부부가 우리 사회에 산다면, 우리는 이구동성으로 "참 대책 없이 결혼하고 대책 없이 아이를 낳았다"라고 손가락질할지 모른다. 그러나 이 부부는 하나님이 창조하신 창조질서에 순종했고 이스라엘에 복주시는 하나님을 의지하여 자녀를 낳았다. 그야말로 정말 힘들고 어려운 상황에서도 최선을 다해 순종한 것이다.

그런데 아이를 낳고 보니 아들이었다. 아들은 물에 빠져 죽게 될 운명이다. 그러나 이들 부부는 탄식하지 않았다. 끝났다고 절망하지도 않았다. 이들은 하나님이 주신 아이임을 믿고 자신들이 할 수 있는 최선을 다했다. 본문은 "그가 잘 생긴 것을 보았다"(출 2:2)고 말씀한다. 여기 '잘 생겼다'는 말은 히브리어로 '토브'다. 이는 창세기 1장에서 하나님이 세상을 창조하면서 보시기에 '좋았더라'고 할 때 사용된 단어이다. 이는 이 아기가 단순히 준수하게 생겼다는 차원이 아니라 이 아이의 외모에서 하나님의 손길, 하나님의 형상을 느낄 수 있었다는 것이다. 그래서 유대인들은 모세의 유대식 이름을 '토브'에서 따와서 준수한 소년, 하나님이 보시기에 좋았던 소년이란 뜻으로 '토비야'라 한다.

아이를 볼 때마다 하나님이 보실 때 얼마나 아름다울까 하는 생각이 드는데 어떻게 죽일 수 있겠는가? 이 레위인 부부는 생명은 하나님의 손에 있는 것이니 만큼 자신들이 할 수 있는 최선을 다해 어떻게든 아이의 울음소리가 들리지 않도록 숨겼다. 다행히 석 달간은 아이의 존재를 숨길 수 있었다. 하지만 아이가 커 가면서 울음소리도 더 커지고 젖을 달라고 울면서 보채니 더는 아이의 존재를 주변에 숨기기가 어려워졌다. 지나가던 사람들이 묻는다.

"혹시 그 집에 아이 있어요?"

"예? 왜요?"

"아니, 아기 소리가 들리길래."

"아, 아니에요… 어제 친척이 새로 딸을 낳았다고 놀러왔어요."

"그래요? 요 며칠 계속되던데?"

"아… 그게 친척들이 며칠 머물렀었거든요."

"그럼 그 친척들은 언제 집으로 가요?"

"한두 달 정도 있을 것 같아요…."

"뭐? 두 달이나? 왜 이렇게 오래?"

"그러게요…."

자, 그렇게 두 달은 넘겼다. 그런데 약속한 두 달이 지나자 주변 이웃의 눈초리가 매섭게 변하기 시작한다.

"그 친척 아기는 집에 갔나요?"

"아… 예… 아직."

"어, 이상하네? 왜 안 가죠?"

의심의 눈초리가 점점 세어진다. 이렇게 하다 보니 더는 아이를 집에 둘 수 없다. 그렇다고 이 헬애굽의 상황에서 누군가에게 아이를 맡길 수도 없다. 그러면 어떻게 해야 할까? "아이야, 지난 삼 개월 동안 너는 우리 가정에 소중한 선물이었어. 천사가 되어주어 고맙구나! 이젠 작별할 시간이야. 안녕!" 그러고는 아이의 생명을 앗아가겠는가? 아니다. 생명은 하나님이 주신 것이다. 내가 낳았다고 내 마음대로 할 수 있는 것이 아니다. 그렇다면 어떻게? 내게 생명을 주신 하나님을 신뢰하며 이 아이를 어떻게든 살리기 위해 자신들이 할 수 있는 최선을 다하는 것이다.

"더 숨길 수 없게 되매 그를 위하여 갈대상자를 가져다가 역청
과 나무 진을 칠하고 아기를 거기 담아 나일 강가 갈대 사이에
두고"(출 2:3).

어머니(She, NIV)는 당시 나일 강가에 많이 자랐던 파피루스 갈
대를 가져다가 그 줄기를 서로 엮어 상자를 만들었다. 줄기 사이에
새는 틈이 없도록 방수기능을 하는 역청과 나무진을 칠했다. 역청은
아스팔트에서 채취한 물질로 건축이나 배를 건조할 때 방수재료로
당시에 흔히 사용되었다. 이렇게 방수상자를 만들고 아이를 그 안에
담아 나일강 갈대 사이에 띄웠다. 방수상자를 만든 것은 어머니가 아
이의 생명에 여전히 소망을 두고 있음을 의미한다.

이제 강물의 흐름을 타고 상자는 떠내려간다. 아마 어떤 이들은
이 지점에서 "아가야, 우리의 만남은 여기까지인가 보다…. 잘 지내
렴!" 하고 포기할지 모른다. 그런데 이 레위 여인은 여기서 끝내지 않
는다. 어떻게 하는가? 딸로 하여금 이 아이를 담은 상자가 어떻게 될
지 따라가 보게 했다. 만약 생명이 하나님의 손에 달려 있다면 하나
님께서 이 아이를 어떻게 인도하시는지 끝까지 보고 싶은 소망이 살
아 있었던 것이다.

"그의 누이가 어떻게 되는지를 알려고 멀리 섰더니"(출 2:4).

이 갈대상자가 떠내려가는 길목에서 놀라운 사건이 벌어진다.

> "바로의 딸이 목욕하러 나일강으로 내려오고 시녀들은 나일
> 강가를 거닐 때에 그가 갈대 사이의 상자를 보고 시녀를 보내
> 어 가져다가"(출 2:5).

하필이면 이때 바로의 딸이 목욕하러 나온다. 바로의 딸이면 공
주다. 서슬 퍼런 바로의 딸이 강가에 나오고, 시녀들은 혹 주변에 다
른 것이 없나 살피기 위해 강 주변을 돌아다니며 살핀다. 이때 공주
가 강가에 떠 있는 이상한 상자 하나를 우연히 발견한다. 우연이란
무엇인가? 보이지 않는 하나님의 감추어진 필연적 역사이다. 지금
이곳에 보이지 않는 하나님의 손길이 함께하고 있는 것이다. 공주는
시녀를 시켜 상자를 가져오게 하고 상자를 열어보았다.

> "열고 그 아기를 보니 아기가 우는지라. 그가 그를 불쌍히 여
> 겨 이르되 이는 히브리 사람의 아기로다"(출 2:6).

아이의 우는 소리를 듣고 공주의 마음에는 불쌍히 여기는 마음,
긍휼히 여기는 마음이 들었다. 그러면서 하는 말이 무엇인가? "이는
히브리 사람의 아기로다!" 공주는 상자 속의 아이를 보는 순간 히브
리 아기라는 사실을 알았다. 그러나 울음소리를 들으면서 그 마음이
녹아내렸고 이 아이를 향한 한없는 사랑과 긍휼을 느꼈다. 더 놀라운
점은 공주가 이런 반응을 보일 때 아기를 계속해서 따라왔던 누나가

기회를 놓치지 않고 용기를 내 공주에게 나아가 제안한 것이다.

"그의 누이가 바로의 딸에게 이르되 내가 가서 당신을 위하여
히브리 여인 중에서 유모를 불러다가 이 아기에게 젖을 먹이
게 하리이까"(출 2:7).

얼마나 당돌하고 당황스러운 제안인가? 다른 애굽 사람 같았으면
"어? 넌 어디서 왔니? 공주가 목욕하는 곳에 갑자기 이방 히브리 소
녀가 나타난 것이 수상하다" 하고는 소녀를 붙잡아 심문했을지 모른
다. 그러나 자비와 긍휼로 그 마음이 가득 찬 바로의 딸은 이 소녀의
제안을 곧바로 받아들여 "가서 유모를 불러오라"고 한다. 그러자 이
소녀는 누구를 데려오는가? 바로 그 아기의 어머니다. 그 여인을 보
자 공주가 명령한다.

"바로의 딸이 그에게 이르되 이 아기를 데려다가 나를 위하여
젖을 먹이라. 내가 그 삯을 주리라. 여인이 아기를 데려다가
젖을 먹이더니"(출 2:9).

아기를 유모 집으로 데려가라는 것이다. 그러고는 자신을 위해
젖을 먹이라는 것이다. 이제 더는 숨죽이며 아이를 키우지 않아도 된
다. 제국의 공식적인 허락 아래서 아이를 키울 수 있게 되었다. 게다
가 젖먹이는 비용까지 대준다니, 이 얼마나 놀라운 일이 아닌가! 정
말 아무것도 할 수 없다는 절망적인 상황에서도 최선을 다해 믿음으

로 행동했더니 곳곳에서 예상치 못한 놀라운 하나님의 숨겨진 손길과 보호하심을 경험하게 되었다. 유모는 이 아기가 어느 정도 자랄 때까지 신앙교육을 시킬 여유를 가질 수 있었다. 이 아기가 애굽제국의 공식교육을 받을 6~7세까지 집에서 키울 수 있었기 때문이다.

> "그 아기가 자라매 바로의 딸에게로 데려가니 그가 그의 아들이 되니라. 그가 그의 이름을 모세라 하여 이르되 이는 내가 그를 물에서 건져내었음이라 하였더라"(출 2:10).

이렇게 친모의 집에서 다함없는 사랑과 신앙으로 아이를 양육하고 바로의 딸에게로 데려갔더니 바로의 딸이 이 아이를 입양하여 '모세'라는 히브리식 이름을 지어주었다. 이는 '물에서 건져냈다'는 뜻이다. '모세'라는 이름은 모세가 물에서 건져냄을 얻은 것을 의미하는 것만은 아니었다. 왜냐하면 '모세'는 애굽 바로 가문의 공식적인 이름이기도 했기 때문이다. 공주의 아버지 이름이 '투트모세 1세'다. 모세는 이 투트모세 가문의 이름을 이어받은 것이다. 그리고 그는 장차 이스라엘을 구원할 자로 준비된다.

정말 앞이 보이지 않는 암담한 상황에서 모세의 어머니는 보이는 것만으로 계산하고 행동하지 않았다. 아무것도 보이지 않는 절망적인 상황에서도 자신이 할 수 있는 최선을 다해 믿음으로 행동했다. 그러자 이런 믿음의 발걸음 속에서 하나님의 예비하심을 경험하기 시작했다. 더 놀라운 점은 이런 삶의 궤적이 장차 일어날 출애굽의 역사를 예언적으로 상징하게 되었다는 것이다.

본문을 보면 "갈대상자에 모세를 담아 갈대 사이에 두었다"는 표현이 등장한다(출 2:3 참조). 여기서 '상자'는 히브리어 '테바'로 원래는 노아의 방주를 지칭하는 단어다. 그리고 갈대 사이에 두었다고 할 때 '갈대'는 히브리어로 '수프'인데, 이 수프는 '갈대'라는 뜻과 함께 '홍해 바다'를 뜻하는 이중적 의미를 담고 있는 단어다. 이는 모세의 구원이 마치 노아의 방주를 통해 홍수 가운데 구원받은 것처럼 장차 이스라엘을 홍해 속에서 구원할 사역을 예표한다는 것이다. 일부러 알고 그런 것이 아니다. 정말 앞이 암담하고 깜깜하지만 그 속에서도 자신이 믿음으로 할 수 있는 최선을 다할 때 이 부족한 순종을 하나님이 사용하셔서 그분의 놀라운 역사를 예표한 것이다.

요즘 나의 상황은 어떠한가? 정말 앞이 보이지 않고 그려지지 않아 암담하다고, 그래서 아무것도 할 수 없다고 느껴서 다 포기하려 하지는 않는가? 속으로는 나의 환경을 하나님이 허락해주셨다는 확신은 있지만, 이 헬조선 같은 사회 분위기 속에서 주변의 압력 때문에 아무것도 못하고 그저 망연자실하게 바라보고만 있지는 않는가? 하나님은 그 가운데 바라만 보고 있으라고 우리를 부르지 않으셨다. 정말 아무것도 할 수 없는 것 같은 상황에서도 내가 순종할 수 있는 작은 것 하나에 최선을 다하는 믿음을 발휘하기 원하신다. 다들 포기해도, 도무지 안되는 일이라 하더라도 그 가운데 분명 내가 최선을 다할 수 있는 작은 영역이 있다. 적어도 이 부분에 대해서는 담대히 끝까지 순종할 수 있어야 한다. 그렇게 된다면 하나님께서는 우리의 부족한 최선을 반드시 사용하시어 하나님의 뜻을 이루어가실 것이다.

영어 표현 중에 "I will do the best, and God will do the rest." (나는 최선을 다할 것이다. 그러면 하나님이 나머지를 행하실 것이다)라는 표현이 있다. 아무리 암담해도 우리에게는 최선을 다하는 믿음이 있어야 한다. 그럴 때 우리는 암흑 가운데 새로운 빛을 비추시는 하나님의 놀라운 인도하심을 경험하게 될 것이다. 나에게는 과연 이런 믿음이 있는가?

[3장 각주] ···

6) 최윤아, "웰빙보다 나은 게 '남에게 도움 주는 삶' : 봉사활동에 빠진 이지성 작가 인도, 시리아 등에 학교 18곳 설립", 조선일보, 2016. 9. 2.

먼저
듣고 행동하라

모세가 장성한 후에 한번은 자기 형제들에게 나가서 그들이 고되게 노동하는 것을 보더니 어떤 애굽 사람이 한 히브리 사람 곧 자기 형제를 치는 것을 본지라. 좌우를 살펴 사람이 없음을 보고 그 애굽 사람을 쳐 죽여 모래 속에 감추니라.

이튿날 다시 나가니 두 히브리 사람이 서로 싸우는지라. 그 잘못한 사람에게 이르되 네가 어찌하여 동포를 치느냐 하매 그가 이르되 누가 너를 우리를 다스리는 자와 재판관으로 삼았느냐. 네가 애굽 사람을 죽인 것처럼 나도 죽이려느냐. 모세가 두려워하여 이르되 일이 탄로되었도다. 바로가 이 일을 듣고 모세를 죽이고자 하여 찾는지라.

모세가 바로의 낯을 피하여 미디안 땅에 머물며 하루는 우물 곁에 앉

있더라. 미디안 제사장에게 일곱 딸이 있었더니 그들이 와서 물을 길어 구유에 채우고 그들의 아버지의 양 떼에게 먹이려 하는데 목자들이 와서 그들을 쫓는지라. 모세가 일어나 그들을 도와 그 양 떼에게 먹이니라. 그들이 그들의 아버지 르우엘에게 이를 때에 아버지가 이르되 너희가 오늘은 어찌하여 이같이 속히 돌아오느냐. 그들이 이르되 한 애굽 사람이 우리를 목자들의 손에서 건져내고 우리를 위하여 물을 길어 양 떼에게 먹였나이다. 아버지가 딸들에게 이르되 그 사람이 어디에 있느냐. 너희가 어찌하여 그 사람을 버려두고 왔느냐. 그를 청하여 음식을 대접하라 하였더라.

모세가 그와 동거하기를 기뻐하매 그가 그의 딸 십보라를 모세에게 주었더니 그가 아들을 낳으매 모세가 그의 이름을 게르솜이라 하여 이르되 내가 타국에서 나그네가 되었음이라 하였더라. 여러 해 후에 애굽 왕은 죽었고 이스라엘 자손은 고된 노동으로 말미암아 탄식하며 부르짖으니 그 고된 노동으로 말미암아 부르짖는 소리가 하나님께 상달된지라. 하나님이 그들의 고통 소리를 들으시고 하나님이 아브라함과 이삭과 야곱에게 세운 그의 언약을 기억하사 하나님이 이스라엘 자손을 돌보셨고 하나님이 그들을 기억하셨더라.

1996년 아카데미 최우수 작품상을 받은 멜 깁슨이 주연한 〈브레이브 하트〉는 13세기 말엽 잉글랜드와 스코틀랜드의 갈등관계를 훌륭하게 그린 영화다. 스코틀랜드 왕이 후계자 없이 죽자 잉글랜드는 스코틀랜드에 왕권을 요구하며 폭정의 그림자를 드리운다. 이

와중에 잉글랜드를 향하여 윌리엄 월레스(멜 깁슨 분)가 오합지졸의 스코틀랜드 병사를 일으켜 저항한다. 이 영화 중의 명장면이 잉글랜드와 스코틀랜드가 정면으로 맞붙은 스털링 전투장면이다. 월레스는 제대로 된 무기도 없이 겁에 질린 오합지졸의 병사를 이끌고 대규모 전투를 승리로 이끈다. 이 전쟁에서 잉글랜드는 압도적인 군사력을 동원한다. 먼저 기마군단을 앞세워 무차별적으로 스코틀랜드 진영을 짓밟으려 한다. 그런데 이때 월레스는 백성을 진두지휘하여 큰 승리를 거둔다. 그가 승리를 위해 짰던 전략은 먼저 기다리는 것이었다. 각자 가진 변변찮은 무기를 들고 적이 가까이 올 때까지 기다렸다. 월레스의 병사들은 적들이 가까이 오자 먼저 뛰쳐나가려고 발을 동동 구르고 있었고, 또 어떤 이들은 도끼라도 집어 던질 태세로 불안하여 어찌할 줄을 몰랐다.

이때 월레스가 병사들에게 내린 명령이 있다. 바로 "Hold"(기다리라)라는 명령이다. 우리는 홀딩한다고 하지 않는가? "Hold~, Hold~" 명령이 두 번 나오는데 적군은 긴 창을 들이대며 전속력으로 달려들고 있다. 마지막 저지선을 넘어왔는데도 월레스는 "Hold~"라는 명령을 내린다. 스코틀랜드 군사들은 움찔하며 어떻게든 손을 써야 하지 않나 싶어 불안해하는데도 월레스는 다시 한 번 "Hold!" 명령을 내린다. 모두 4번이나 내린다. 이러다 죽는 건 아닌가 싶을 정도로 적군이 코앞에 닥쳤을 때 드디어 월레스는 "Now!"라고 외친다. 그러자 적군을 노려보며 떡 버티고 서 있던 스코틀랜드 병사들이 모두 땅으로 엎드려 앉더니 재빠르게 바닥에 숨겨둔 뾰족하게 깎은 나무창을 들어 적군을 향하여 겨눈다. 순식간에 가시 울타리가 생기자 적군들은 미처 말을 멈추지 못하고 그대로 그 나무창에 찔려 죽는다. 이것을 계기로 스코틀랜드 군사들은 큰 승리를 거두게 된다.

전쟁에서 승리하려면 눈에 보이는 대로 움직여서는 안 된다. 전쟁에서 승리하려면 최고 사령관의 명령을 기다려야 한다. 아무리 지금 나서야 할 것 같아도 명령이 떨어지기 전까지는 준비하고 기다려야 한다. 그러다 "Now"라는 명령이 떨어지면 그동안 기다렸던 것을 뒤로하고 주저 없이 행동에 나서야 한다. 그래서 전쟁의 승리는 'Hold' 와 'Now'를 얼마나 잘 지키느냐에 있다. 그렇다면 'Hold' 와 'Now' 중 어느 것이 지키기 어려울까? 바로 'Hold' 이다. 눈앞에 적군이 가까이 오는 위기상황인데 가만히 있다가는 큰일 날 것 같다. 그래서 기다리라고 해도 불안해서 못 기다리고 먼저 뛰쳐나가다가 결국은 적에게 커다란 타격을 입게 된다.

기다릴 줄 아는 것, 이것이 전쟁에서 타이밍을 잡는 결정적인 능력이다. 우리 주변에 보면 인생의 타이밍을 제대로 잡지 못해 어려움을 겪는 경우가 있다. 전도서는 인생의 타이밍에 대해 이렇게 말씀한다. "범사에 기한이 있고 천하만사가 다 때가 있나니… 헐 때가 있고 세울 때가 있으며 울 때가 있고 웃을 때가 있으며 슬퍼할 때가 있고 춤출 때가 있으며 돌을 던져버릴 때가 있고 돌을 거둘 때가 있으며… 찾을 때가 있고 잃을 때가 있으며 지킬 때가 있고 버릴 때가 있으며"(전 3:1-6).

우리 주변에 보면 수능을 망쳤다는 사람이 많다. 한 90%는 망쳤다고 하는 것 같다. 인생의 타이밍을 제대로 잡는 데 실패한 사람이 의외로 많다는 뜻이다. 가끔 보면 과거에 좋은 기회가 있었는데 그 기회를 아깝게 놓쳤다는 이들이 있다. 그 기회를 잡았으면 지금과는 훨씬 달라졌을 것이라고들 한다. 그러나 그 기회를 제대로 잡지 못한 것은 그 기회가 진짜 기회인지 아닌지, 정말 붙잡아야 할 때인지 아닌지를 제대로 몰랐기 때문이다. 눈으로 볼 때는 틀림없는 것 같은데 알고 보니 잘못 볼 때가 많다. 우리가 눈으로 보는 것은 종종 우리를 속이기도 한다.

모세는 하나님께 멋지게 쓰임받은 이스라엘의 위대한 리더이지만 그도 처음에는 하나님의 타이밍을 제대로 보지 못해 참 많이도 애를 먹었다. 이번 장의 본문은 모세가 하나님의 타이밍을 놓치게 되는 과정을 자세히 보여준다. 모세는 애굽 공주에게 입양되어 자랐고, 이제는 장성한 왕자로서 이스라엘 백성들 앞으로 나아간다.

"모세가 장성한 후에 한번은 자기 형제들에게 나가서 그들이 고되게 노동하는 것을 보더니 어떤 애굽 사람이 한 히브리 사람 곧 자기 형제를 치는 것을 본지라"(출 2:11).

고대 이집트 왕궁의 문헌을 보면 왕족 자녀의 교육은 어릴 때부터 시작되어 보통 12년 정도 받은 것으로 나온다. 모세는 오랫동안 애굽의 리더로서 교육받고 자랐다. 그런데 11절 말씀에 보면 모세가 '자기 형제들'에게 나갔다고 한다. 신분은 애굽의 왕자였고, 또 왕자로서 교육받았지만 여전히 그의 속마음 깊은 곳에는 자신의 정체성을 이스라엘의 후손인 히브리인으로 갖고 있었다. 이것은 모세가 어릴 때부터 자신의 생모로부터 하나님의 백성이라는 교육을 받았기 때문이다. 히브리인이지만 애굽의 왕자다. 외적으로 볼 때 이스라엘을 구원할 수 있고 민족의 구원자가 될 수 있는 조건을 갖췄다. 그런데 이때 어떤 애굽 사람이 강제노역하는 히브리 노예를 때리는 것을 보았다. 아마도 할당된 노역량을 제대로 감당하지 못해서 그랬던 것 같다. 그런데 이것을 보자 모세는 속에서 분노가 일었고, 그 애굽 사람에게 다가가 끔찍한 일을 저질렀다.

"좌우를 살펴 사람이 없음을 보고 그 애굽 사람을 쳐죽여 모래 속에 감추니라"(출 2:12).

사람을 죽여본 적 없던 모세가 분노로 애굽 사람을 쳐 죽이고 아무도 보지 못하게 모래 속에 묻어버렸다. 처음으로 동족 앞에 섰는데 허망하게 범죄로 무너졌다. 우리는 여기서 한번 생각해보아야 한다. 과연 이때가 모세가 나서야 할 때인가? 이때가 애굽이 주관하는 히브리인을 노예로 부리는 노예정치에 개입해야 할 때인가? 사실 다급한 느낌이 든다. 모처럼 히브리 민족 앞에 나섰다가 사고를 친 것이다. 이는 모세의 인생에 치명적인 결과를 초래한다. 그동안 최고의 특권을 누리며 살아왔던 애굽 왕궁을 떠나 도망자 신세로 전락하게 된 것이다.

모세는 왜 이렇게 성급하게 행동했을까? 본문에 그 실마리를 제공하는 단어가 있다. 바로 '보다'라는 동사의 반복적인 등장이다. 모세는 동족들이 고되게 노동하는 것을 '보고', 어떤 애굽인이 자기 형제를 치는 것을 '보았다'(11절). 또 12절에는 좌우를 살펴 사람이 없는 것을 '보고' 애굽 사람을 쳐 죽이고는 아무도 '보지 못하도록' 감추었다. 모세의 행동은 전적으로 '보는' 행위에 기반을 두었다.

하지만 보는 것은 오류가 많아 종종 착시현상을 일으킨다. 오아시스도 아닌데 무더운 여름날에 신기루가 보이는 것처럼 우리 인생에도 보이는 것에만 의지하다 타이밍을 놓치고 뒤늦은 후회를 할 때가 많다. 그래서 우리는 보이는 것으로 성급하게 판단하기 전에 항상 자신이 본 것이 무엇인지, 과연 그것이 진실인지를 잘 살펴야 한다. 보이는 것은 우리에게 직접적인 정보를 주고, 또 상당한 확신을 준다. 그러나 그 확신이 잘못되는 경우가 많다. 두 눈으로 똑똑히 보아도 속는다. 시선이 우리를 혼란스럽게 할 때 우리는 소리, 곧 음성에 귀 기울여야 한다.

다음 날, 모세가 나가 보니 같은 히브리 동족끼리 싸우고 있었다. 모세가 말리면서 "어찌하여 동포를 치느냐"라고 하자 이 말을 들은 히브리인이 대들며 말한다.

"그가 이르되 누가 너를 우리를 다스리는 자와 재판관으로 삼았느냐. 네가 애굽 사람을 죽인 것처럼 나도 죽이려느냐. 모세가 두려워하여 이르되 일이 탄로되었도다"(출 2:14).

요즘 말로 하면 이럴 것이다. "아니, 뭔 상관이야? 당신이 우리 민족의 재판관이야? 어제 애굽 사람을 때려죽인 것처럼 나도 죽이려고?" 히브리 노예가 감히 애굽 왕자에게 대들고 있다. "넌 사람을 죽인 놈 아니냐! 나도 죽이려면 죽여봐, 죽여봐!" 거의 '배 째라'는 식으로 덤비고 있다. 우리는 여기서 장차 광야에서 하나님께 끊임없이 대들고 불순종할 이스라엘 백성의 반역 기질 예고편을 보게 된다.

히브리 노예가 모세에게 던진 이 한마디에 제국 왕자의 가슴이 철렁했고 벌벌 떨게 되었다. 보는 것에 기초해 행동하고 아무 문제없다고 생각하던 모세가 한 히브리 노예의 음성에 순식간에 모든 것이 무너져 벌벌 떨게 된 것이다. 눈에 보이는 대로 행동하는 사람의 특징이 바로 여기에 있다. 자기 속에 울리는 분명한 음성이 없기 때문에 불안하고 여러 잡다한 소리에 휘둘린다는 것이다. 그러나 이러한 잡소리에 휘둘리지 않으려면 모든 상황을 압도하는 강력한 소리가 우리 내면에 확신으로 자리 잡아야 한다.

그러나 모세에게는 아직 그런 소리가 없었다. 그저 눈에 보이는 대로 행동할 뿐이었다. 그러니 불안했고 이런저런 소리에 너무 쉽게 휘둘렸다. 얼마 지나지 않아 바로가 모세를 죽이려고 찾는다는 소문이 들렸다. 모세는 더 이상 애굽에서 버티지 못하고 인적이 드문 미디안 광야로 도망쳤다.

"바로가 이 일을 듣고 모세를 죽이고자 하여 찾는지라. 모세가 바로의 낯을 피하여 미디안 땅에 머물며 하루는 우물 곁에 앉았더라"(출 2:15).

모세는 애굽 왕자로 공식 데뷔한 지 얼마 지나지 않아 인생의 첫 타이밍을 놓침으로써 아주 비참한 상황에 처하게 되었다. 애굽 왕자라는 특별한 지위와 부귀영화를 다 잃어버리고 떠돌이 인생으로 전락하였다. 그는 미디안 광야로 도망갔다. 미디안은 가나안 땅 동남쪽에서 애굽 이전까지 펼쳐져 있는 광야지역이다. 이곳에서 모세는 무려 40년이란 인고의 세월을 보낸다. 한 번의 실수가 인생 전체를 날려버린 것이다. 그런 가운데 감사한 일이 있었다. 하나님의 섭리로 광야에서 십보라를 만나고 가정을 꾸릴 수 있게 된 것이다. 자녀도 낳았다. 광야에 버려진 것 같은 처지에서도 하나님의 공급하심과 은혜를 경험한 것이다.

 "그가 아들을 낳으매 모세가 그의 이름을 게르솜이라 하여 이
  르되 내가 타국에서 나그네가 되었음이라 하였더라"(출 2:22).

 '게르솜'이란 이름은 '거기서 나그네가 되었다'는 뜻으로 모세의 처지를 반영한다. 모세는 아직 고향을 찾지 못하고 방황하는 나그네였다. 한 번 타이밍을 놓쳤을 뿐인데 인생이 너무 가혹하지 않은가? 광야에서 40년의 인생을 썩혔다. 아마 모세는 미디안 광야에 있으면서 두고두고 과거의 사건을 곱씹었을 것이다. "그때 내가 쳐죽이지만 않았어도 이렇게까지 꼬이지는 않았을 텐데…." "그때 내가 히브리 노예들이 일하는 작업현장에 나가지만 않았어도 이런 일은 없었을 텐데…." "어쩌자고 그곳에 나갔을까?" 우리도 종종 이런 말들을 내뱉으며 후회하지 않는가? "그때 내가 이렇게만 하지 않았어도, 그때 내가 화를 조금만 참았어도, 그런 막말만 하지 않았어도…."
 그런데 놀라운 점은 이런 실패한 것 같은 모세의 인생이 여전히 하나님의 손안에 붙들려 있었다는 사실이다. 하나님께서는 모세의

실패한 모습을 통해서도 멋진 인생을 빚으셨다. 모세가 광야에서 보낸 40년은 헛된 세월이 아니라 장차 이스라엘 백성이 광야를 지나며 지낼 40년을 예표하며 준비시키셨던 것이다. 나중에 이스라엘 백성들이 가나안 땅에 들어가기 전에 돌아다녔던 주무대가 바로 미디안 광야였다. 모세는 그냥 처음 마주한 광야를 정처 없이 무려 40년간이나 헤맨 것 같았겠지만, 하나님의 신비롭고 은밀한 손길 가운데 40년 전에 미리 와서 광야 구석구석을 샅샅이 정탐하며 속속들이 경험했던 것이다. 모세는 후에 이스라엘 백성을 이끌고 미디안 광야를 지나가면서 생각했을 것이다. '어? 전에 와봤던 곳이네.'

예전에 친하게 지내던 교회 형이 입대해서 신병교육훈련을 마치는 날 면회하러 간 적이 있었다. 저 북쪽 경기도 연천으로 들어갔는데, 가서 부대를 보고 이런 생각을 했다. '아, 환경이 열악하구나. 여기서 지내는 동안 정말 힘들었겠다!' 그런데 두 달 후 영장이 나왔다. 그리고 기차를 타고 어디론가 정처 없이 실려가다 잠이 들었다. 그러다 눈을 뜨고 보니 두 달 전 와봤던 그 부대로 온 것이었다. 순간 섬뜩했다. '어? 나를 여기에 보내시려고 하나님이 미리 보여주셨나?' 하는 생각이 들었다.

모세는 살기 위해 정신없이 미디안 광야로 도망갔지만 후에 출애굽을 하고 나서 이런 생각을 했을 것이다. '하나님이 나를 통해 이스라엘 백성을 이곳으로 이끌어 오시려고 미리 보내셨나?' 하나님의 손에 붙들리는 순간 우리가 인생에서 실패와 타이밍을 놓친 모든 후회스러운 일이 아름답게 하나님의 선을 이루어가는 도구로 변한다. 이에 대한 확신을 가지라.

광야로 도망간 모세는 자기가 눈으로 보고 사는 게 얼마나 덧없는가를 발견하고 깨닫게 되었다. 우리는 인생길을 계획하고 열심히 준비하지만 광야 앞에서는 이런 준비가 아무런 의미가 없을 때가 많다. 광야에 길이 났어도 강한 모래바람이 휩쓸고 지나가면 곧 길이 사라진다. 사람들이 지나갔던 발자국의 흔적도 없어진다. 그래서 광야에서 지도는 별 소용이 없다. 사막에서 중요한 것은 나침반이다. 정확한 방향을 확인하고 나아가는 게 훨씬 더 중요하다. 이 방향을 따라갈 때 눈에 보이는 것은 그리 중요하지 않다. 눈으로 볼 때는 남쪽 같은데 실제 나침반은 북쪽을 가리킨다. 내가 볼 때 정반대인 것처럼 보여도 나침반을 신뢰하고 갈 수 있어야 한다. 우리 신앙생활에서 이 나침반에 해당하는 것이 무엇인가? 하나님의 음성이고 하나님의 말씀이다. 우리는 보기 전에 들어야 제대로 갈 수 있다. 그런데 듣기도 전에 먼저 보이는 것에 의지하다 보니 엉뚱한 방향으로 가게 되는 것이다.

타이밍을 놓친 모세와 대조적으로 다음 문단에는 온전히 우리를 붙드시는 하나님의 행동이 등장한다. 하나님께서는 무엇을 기초로 행동하실까? 바로 음성이다.

"여러 해 후에 애굽 왕은 죽었고 이스라엘 자손은 고된 노동으로 말미암아 탄식하며 부르짖으니 그 고된 노동으로 말미암아 부르짖는 소리가 하나님께 상달된지라"(출 2:23).

여러 해 후에 애굽 왕이 죽었다. 왕이 죽고 새로운 왕이 등극하면 백성과 노예들이 기대하는 게 있다. 그것은 선대왕의 학정과 압제를 풀어 무거운 짐을 덜어주고 자신들을 자유롭게 해주길 바라는 것이다. 그런데 새 왕은 전혀 자비를 베풀지 않고 오히려 이스라엘을 더 학대했다. 그러자 이스라엘 자손들은 어떻게 하는가? 하나님을 향하여 탄식하며 부르짖는다. 그리고 이 소리는 하나님께 상달된다.

> "하나님이 그들의 고통 소리를 들으시고 하나님이 아브라함과 이삭과 야곱에게 세운 그의 언약을 기억하사"(출 2:24).

하나님께서 이 소리를 들으셨고, 믿음의 선조들에게 하셨던 약속을 기억하셨다. 여기서 '기억한다'는 것은 잊어버렸다가 생각났다는 것이 아니라 이전에 하셨던 하나님의 언약의 성취에 적극 관심을 기울이신다는 뜻이다.

> "하나님이 이스라엘 자손을 돌보셨고 하나님이 그들을 기억하셨더라"(출 2:25).

하나님께서 이들의 상황을 적극적으로 살피시고 아파하셨다. 여기 보면 먼저 하나님께서 '들으시고' 기억하시고 돌보셨다고 말씀한다. 하나님은 먼저 듣고 행동하시는 분이다. 우리도 마찬가지다. 우리는 먼저 하나님의 음성을 듣고 움직여야 한다. 또 우리 편에서 하나님이 움직이시게 하려면 어떻게 해야 하는가? 하나님께 우리의 소리가 들리도록 해야 한다. 이것이 바로 '기도'이다. 이스라엘처럼 간절히 부르짖고 기도할 때 하나님께서 우리의 기도를 들으시고, 우리에게 그분의 말씀을 들려주시며, 그 말씀을 성취하는 역사가 일어난다.

보이는 것이 중요한 시대다. 너무 멋진 디자인과 보는 재미를 추구하는 산업이 갈수록 커지고 있다. 아이들도 무엇인가 이야기를 하려면 일단 보여주어야 할 때가 많다. 하지만 이럴수록 사람들은 잘 들으려 하지 않는다. 서로의 말을 들으려 하지 않고 눈에 보이는 대로 충동적으로 행하려고만 한다.

성도는 하나님의 음성을 듣도록 부름받은 존재이다. 성도의 특징이 무엇인가? 하나님의 말씀을 들을 줄 알고 그 말씀을 붙들고 살 줄 안다는 것이다. 이것을 기초로 우리는 암담한 현실 속에 믿음의 눈을 들어 새로운 현실을 만들어가야 한다. 행동하기 전에 듣는 자리로, 부르짖는 자리로 나아갈 수 있어야 한다. 보는 것보다 듣는 게 훨씬 중요함을 기억해야 한다.

모세를
부르시는
하나님

불타는 인생을 붙드시는 하나님
나는 누구인가? 하나님은 누구이신가?
하나님의 때에 원하시는 방법으로
제국의 논리에 함몰되지 말라
부족해도 쓰임받을 수 있다

불타는 인생을
-------------------------- 붙드시는 하나님

모세가 그의 장인 미디안 제사장 이드로의 양 떼를 치더니 그 떼를 광야 서쪽으로 인도하여 하나님의 산 호렙에 이르매 여호와의 사자가 떨기나무 가운데로부터 나오는 불꽃 안에서 그에게 나타나시니라. 그가 보니 떨기나무에 불이 붙었으나 그 떨기나무가 사라지지 아니하는지라. 이에 모세가 이르되 내가 돌이켜 가서 이 큰 광경을 보리라. 떨기나무가 어찌하여 타지 아니하는고 하니 그때에 여호와께서 그가 보려고 돌이켜 오는 것을 보신지라.

하나님이 떨기나무 가운데서 그를 불러 이르시되 모세야 모세야 하시매 그가 이르되 내가 여기 있나이다. 하나님이 이르시되 이리로 가까이 오지 말라. 네가 선 곳은 거룩한 땅이니 네 발에서 신을 벗으라.

또 이르시되 나는 네 조상의 하나님이니 아브라함의 하나님, 이삭의 하나님, 야곱의 하나님이니라.

모세가 하나님 뵈옵기를 두려워하여 얼굴을 가리매 여호와께서 이르시되 내가 애굽에 있는 내 백성의 고통을 분명히 보고 그들이 그들의 감독자로 말미암아 부르짖음을 듣고 그 근심을 알고 내가 내려가서 그들을 애굽인의 손에서 건져내고 그들을 그 땅에서 인도하여 아름답고 광대한 땅, 젖과 꿀이 흐르는 땅 곧 가나안 족속, 헷 족속, 아모리 족속, 브리스 족속, 히위 족속, 여부스 족속의 지방에 데려가려 하노라. 이제 가라. 이스라엘 자손의 부르짖음이 내게 달하고 애굽 사람이 그들을 괴롭히는 학대도 내가 보았으니 이제 내가 너를 바로에게 보내어 너에게 내 백성 이스라엘 자손을 애굽에서 인도하여 내게 하리라.

모세가 하나님께 아뢰되 내가 누구이기에 바로에게 가며 이스라엘 자손을 애굽에서 인도하여 내리이까. 하나님이 이르시되 내가 반드시 너와 함께 있으리라. 네가 그 백성을 애굽에서 인도하여 낸 후에 너희가 이 산에서 하나님을 섬기리니 이것이 내가 너를 보낸 증거니라.

베이비부머 세대들이 많이 은퇴한다. 베이비부머 세대라고 하면 1955년~1963년 사이에 태어난 사람들을 말하는데, 이 인구가 총 712만 명으로 우리나라 전체 인구의 14.6%가 된다.[7] 이렇게 많은 사람이 은퇴하면서 그동안 아무 문제없을 것 같은 가정들이 삐걱거리고 있다. 2014년 통계청이 발표한 이혼통계에 따르면 20년 이상 결혼을 지속하다 이혼하는 황혼이혼은 지난 20년 사이에 무려 14

배나 증가했다.[8] 엄청난 증가다. 베이비부머 세대가 은퇴하면서 크게 두 가지 중요한 관계에서 삐걱거리는 일이 일어났다.

첫째, 아내와의 관계가 급격하게 악화되는 경우다. 은퇴 이전까지 남편은 직장에서 아내는 가정에서 각자의 삶을 꾸려왔다. 그런데 은퇴 후 집에 함께 있는 시간이 많으니까 서로가 엄청나게 스트레스를 받는 것이다. 갑자기 노화증세가 오든지, 극심한 갈등이 생기기도 한다. 이것을 일본에서는 일종의 정신질환으로 보고 정신병리학 사전에 추가되었다. '은퇴남편증후군'이라는 병이다.[9] 은퇴한 남편으로 인한 스트레스로 죽을 지경이라는 뜻이다.

자녀의 초등학교 동창 엄마들을 만나서 수다 떨려고 나가려 하는데 남편이 "점심밥 안 차려주고 어딜 쏘다니냐?"고 한다. 순간 속에서 욱하는 것이 치밀어 오른다. 이전에는 관심도 없더니 이제는 강아지처럼 졸졸 따라다니면서 잔소리다. 그래서 일본에서는 은퇴 남편을 위한 아내의 십계명 중 첫 번째를 "남편이 점심만큼은 스스로 차려 먹게 하라!"는 것이다. 전문가들은 가정에서 행복하려면 은퇴한 남편이 아내와의 가사분담을 7대 3으로 나누는 것이 이상적이라고 한다.

둘째, 베이비부머 세대가 은퇴하면서 급격하게 악화되는 것이 자녀와의 관계다. 얼마 전 한국고용정보원이 발표한 통계자료에 따르면 2006년 이후 은퇴한 사람들의 삶의 만족도를 볼 때 은퇴 후 가장 악화된 것이 자녀와의 관계였다. 은퇴 후 사회적, 심리적으로 위축되면서 자녀에게 분노와 잔소리와 서운함으로 표출되다가 갈등을 빚는 것이다. 게다가 한 번 어그러진 관계는 회복하기도 쉽지 않다. 이것은 아버지의 위기이기도 하다. 정말 누구보다 열심히 몸 아끼지 않고 가족을 부양했는데, 은퇴했더니 아내와의 관계도 삐걱거리고 자녀와의 관계도 어그러지는 것이다.

왜 이런 예상치 못했던 갈등이 일어나는가? 그것은 50~60대 베이비부머 세대의 남성들이 살아왔던 방식 때문이다. 20대 후반부터 거의 30~40년을 앞만 보고 달려왔다. 직장에서 살아남기 위해 경쟁하고 투쟁하는 자세가 몸에 배어 있고, 또 지시하고 복종하는 상하관계로 길들어왔다. 이렇게 살다가 가정으로 돌아가서 이런 태도로 식구들을 대하니 부인과 자녀들이 아연실색하는 것이다. 바뀐 현실을 인식하고 재빨리 이런 태도를 바꾸어야 하는데 30~40년간 익숙한 것을 버리기가 쉽지 않다. 가슴 속에는 젊을 때 인생을 불사른 추억과 흔적을 그대로 지니고 있다. 이제는 은퇴했고 자신을 일하다 다 타버린 숯덩이로 여긴다. 변화의 여지가 별로 없다고 생각한다. 하지만 스스로를 바꾸지 않으면 가정이 파탄 난다. 빨리 숯덩이에서 마당쇠로 바뀌어야 산다. "내 사전에 삼식이는 없다!"고 미리 가슴에 대못을 박아야 한다.

은퇴의 관점에서 볼 때 모세는 상당히 일찍 애굽 왕자에서 은퇴했다. 나이 마흔, 잘나갈 시절에 사람을 죽이는 바람에 다 내려놓고 미디안 광야로 홀로 도망쳤다. 은퇴 이후 40년을 그 광야에서 검게 타버린 숯으로 묻혀 살았다. 그런데 본문에서 모세는 양 떼를 치다가 놀라운 장면을 본다. 떨기나무에 불이 붙었는데 타지 않는 것이다.

"여호와의 사자가 떨기나무 가운데로부터 나오는 불꽃 안에서
   그에게 나타나시니라. 그가 보니 떨기나무에 불이 붙었으나

그 떨기나무가 사라지지 아니하는지라"(출 3:2).

떨기나무는 장미과의 가시덤불로 다 자라면 1.5m까지 큰다. 광야에서 가시덤불은 메말라 있는 경우가 많다. 그래서 불이 붙으면 순식간에 타버리고 새까만 숯덩이만 남게 된다. 사실 이런 모습은 일찍이 애굽 왕자의 자리에서 물러난 모세의 인생과 다를 바 없었다. 한때 멋지게 불붙었지만 어느 순간 다 타버려 새까만 재가 된 모습, 이것이 지금 광야에서 40년을 숯덩이처럼 묻혀 지내고 이제 어느덧 80세 노인이 된 모세의 모습이다. 우리 대부분의 인생이 그렇다. 타고 나면 재로 끝난다. 그런데 지금 모세의 눈앞에 펼쳐지는 이 모습은 기존의 상식을 깨는 충격적인 장면이다. 불이 붙으면 새까맣게 타서 사라져야 하는데 사라지지 않는 것이다.

이는 장차 모세가 경험할 새로운 인생의 모습을 상징적으로 보여준다. 하나님의 손에 붙들리면 불타는 인생이 불에 타서 없어지지 않는다. 숯덩이가 되어야 할 인생이 재로 변하지 않는다. 왜 그런가? 하나님은 불타는 인생을 붙들어주시는 분이기 때문이다. 본문은 하나님이 모세의 인생을 놀라운 계획 가운데 붙들고 계심을 암시한다.

"모세가 그의 장인 미디안 제사장 이드로의 양 떼를 치더니 그 떼를 광야 서쪽으로 인도하여 하나님의 산 호렙에 이르매"(출 3:1).

모세가 양 떼를 치면서 자기도 모르는 사이에 하나님의 산 호렙에 이르렀다. 호렙산은 모세가 장차 이스라엘 백성을 이끌고 와 십계명을 받고 성막을 제작하게 되는 시내산을 말한다(출 19:1-2,11). 장차 이곳에서 모세와 이스라엘이 하나님의 영광에 사로잡힐 것이다. 이런 역사가 일어날 곳을 모세가 자신도 모르게 하나님의 감추어진 인도하심 가운데 왔다. 그리고 그곳에서 불타는 떨기나무를 붙드시는 하나님의 손길을 보았다.

이는 모세의 모습인 동시에 이스라엘의 모습이기도 하다. 하나님께서 모세의 인생을 붙드시는 것처럼 이스라엘 백성도 붙들고 계신다. 지금 이스라엘 백성의 삶은 애굽 왕 바로의 압제로 고통받고 탄식하며 새하얗게 타버린 숯과 같다. 그럼에도 그들은 여전히 붙드시는 하나님의 손길로 말미암아 불같은 시련 속에서도 계속해서 생육하며 번성해 나가고 있다.

"이에 모세가 이르되 내가 돌이켜 가서 이 큰 광경을 보리라. 떨기나무가 어찌하여 타지 아니하는고 하니 그때에"(출 3:3).

이 놀라운 장면을 자세히 보기 위해 모세가 떨기나무 앞으로 나아갔다. 그런데 바로 그 불타는 떨기나무 가운데서 하나님의 음성이 들렸다.

"여호와께서 그가 보려고 돌이켜 오는 것을 보신지라. 하나님이 떨기나무 가운데서 그를 불러 이르시되 모세야 모세야 하시매 그가 이르되 내가 여기 있나이다"(출 3:4).

하나님께서 모세를 두 번이나 부르신다. "모세야, 모세야!" 이것은 부르심의 확실성을 더하기 위한 반복이다. 이렇게 두 번이나 부르시는 것은 하나님께서 이제부터 모세의 인생을 하나님의 사명으로 확실히 불붙이려 하시기 때문이다.

우리의 인생은 가만히 들여다 보면 저마다 무엇인가에 불붙어 산다. 어떤 이는 돈에 불붙어 살고, 어떤 이는 연애에 불붙어 살며, 또 어떤 이는 도박에 불붙어 산다. 그런가 하면 어떤 이는 자신이 설정해 놓은 성공의 목표에 불붙어 살기도 한다. 불붙으면 자기 인생을 불사르게 된다. 그런데 이 불이 잘못된 불이면 불장난으로 끝난다. 열심히 뜨겁게 불붙어 살았는데 결국 남는 것은 아무것도 없고 새까맣게 타들어간 숯덩이처럼 되기 쉽다. 그래서 우리는 제대로 된 불이 붙어야 한다.

모세는 과거에 교만과 섣부른 의분이란 잘못된 불이 붙어 자신의 청춘을 불살랐다가 새까만 숯덩이로 전락했다. 이후 누구도 모세를 불러주지 않았다. 그의 인생을 부르는 이가 없을 때 그는 그저 타다 식어버린 숯덩이로 전락했다. 하나님께서는 이랬던 모세의 인생을 하나님의 불로 제대로 불붙이기 위해 부르신다.

우리 인생은 하나님이 붙이시는 불에 타야 한다. 그래야 제대로 불타는 인생으로 살아간다. 불타더라도 인생이 숯덩이로 끝나지 않는다. 왜? 하나님이 붙들어주시기 때문이다. 이 불이 제대로 붙으면 실패해도 실패가 아니다. 실패해도 성공하는 실패로 끝난다. 생각해 보라. 인생의 실패 가운데 광야에 살던 모세가 다시 하나님의 손에 붙들리자 실패했던 인생이 다시 불붙게 된다. 결과적으로 인생의 실패는 하나님께 쓰임받기 위한 실패가 되었다. 그뿐만이 아니다. 모세가 이스라엘 백성을 가나안 땅으로 인도하지만 요단강을 앞두고 그는 더 이상 앞으로 나아가지 못한다. 그의 인도는 절반의 성공, 절반의 실패인 것이다. 그럼에도 그의 인생은 두고두고 이스라엘을 등불처럼 비추는 아름다운 부르심의 결과들을 남기게 된다. 이처럼 하나님의 손에 붙들리면 실패도 처참한 실패로 끝나지 않는다. 하나님의 역사를 위해 쓰임받는 아름다운 실패가 된다.

주전 480년, 역사상 가장 강력한 군대로 알려졌던 페르시아 군대는 아하수에로의 지휘 아래 4년간의 준비 끝에 무려 25만 명의 대군을 이끌고 헬라세계를 제패하기 위해 출정했다. 이 소식을 들은 헬라의 도시국가들은 군대를 급조했다. 그렇게 해서 7천여 명의 헬라 군사들이 해발 1,500m나 되는 칼리드로모스산을 뒤로하고 페르시아 군대와 맞섰다. 페르시아 군대는 오합지졸인 헬라 군대를 가볍게 제압할 것으로 여기고 짓밟고 지나가려 했다. 그런데 이 무적의 군대는 이틀 동안이나 진군하지 못하고 큰 피해만 입었다.

둘째 날이 지나고 해가 저물 무렵이 되자 초조해진 아하수에로 왕은 페르시아 최정예 '불사조' 부대를 투입했다. 결과는 불사조 부대의 궤멸이었다. 엄청난 사상자를 내고 퇴각했다. 도대체 어떻게 된 일일까? 알고 보니 7천 명 헬라 군대의 중심에 300명의 스파르타 정예부대가 버티고 있었던 것이다. 이들은 조국을 위한 강력한 소명으로 불타고 있었다. 자신들에게는 버티든지 죽든지 둘 중 하나의 선택만이 있다고 굳게 믿고 있었다. 게다가 이들의 어머니들도 전쟁에 나가는 아들들에게 이렇게 말했다. "방패를 들고 돌아오든지 아니면 방패 위에 얹혀서 돌아오너라."

　이런 강렬한 사명감으로 무장했기에 이들은 규모로 볼 때 헬라 연합군의 5%도 되지 않았지만 무려 25만이나 되는 천하제일의 페르시아군을 꼼짝 못 하게 하고 있었던 것이다. 그러나 안타깝게도 헬라 연합군 중에 겁먹은 배신자가 페르시아군에게 기습할 수 있는 비밀통로를 알려주는 바람에 순식간에 전세가 역전되었다. 그런데 그 와중에서도 스파르타 군사 300명은 최후의 한 명까지 장렬하게 싸우다가 전사했다. 이들은 죽기 전에 한 사람에게 부탁하여 조국에 메시지를 전달했다. 그리고 이 메시지는 이들의 묘비문이 되었다. "낯선 이여, 우리는 스파르타인들이 기대했던 대로 행동했고 이제 여기에 묻히노라고 그들에게 전해주오." 이들의 장렬한 죽음은 여기서 끝난 것이 아니었다. 실패한 것 같았지만 최선을 다하여 사명을 감당하는 그 모습이 헬라 도시국가들을 자극했고, 이들은 다시 용기를 내 살라미스 해전과 플라타이아이 전투에서 큰 승리를 거두어 이후 페르시아가 다시는 헬라세계를 넘보지 못하도록 하였다.

　이 이야기가 오늘날의 성도들에게 던지는 도전이 상당히 크다. 자신에게 물어보자. "여보게, 나는 주님이 나에게 기대했던 대로, 부르신 대로 행동했고, 이제 여기에 묻히노라고 우리 성도들에게 전해주오." 나는 과연 이렇게 말할 수 있을까? 참으로 큰 도전이다. 제자들은 예수님께서 부르시자 주저함 없이 어부로 살던 모든 것을 뒤로하고 기쁘게 주님을 따랐다. 그리고 제자들 대부분은 주님의 부탁대로 복음을 전하다가 결국 장렬하게 순교했다. 베드로는 십자가에 거꾸로 달려 죽고, 사도 바울은 참수당했으며, 의심 많던 도마는 창에 찔러죽었다. 그리고 그 밖에 요한을 제외한 모든 제자가 제자로서의 부르심을 수행하고 장렬하게 순교했다.

하나님께서 우리를 부르실 때 우리는 많은 경우 성공 가능성 유무를 따지고 내 능력 여부를 따진다. 그러나 하나님은 우리를 부르실 때 성공하라고 부르시지 않는다. 하나님은 우리에게 순종하라고 부르신다. 순종하면 우리 인생은 불타지만 타서 없어지는 인생이 되지 않는다. 이것은 큰 도전이다. 부르심이 도전인 이유는 부름받은 이가 불타는 인생을 통하여 하나님의 임재를 드러내야 하는 사명을 갖고 있기 때문이다.

> "여호와께서 이르시되 내가 애굽에 있는 내 백성의 고통을 분명히 보고 그들이 그들의 감독자로 말미암아 부르짖음을 듣고 그 근심을 알고 내가 내려가서 그들을 애굽인의 손에서 건져내고 그들을 그 땅에서 인도하여 아름답고 광대한 땅, 젖과 꿀이 흐르는 땅 곧 가나안 족속, 헷 족속, 아모리 족속, 브리스 족속, 히위 족속, 여부스 족속의 지방에 데려가려 하노라" (출 3:7-8).

하나님께서 말씀하신다. 내가 보고 듣고 알았다. 이제는 더 이상 가만히 있지 않고 내가 친히 내려가서 건져내고 인도하여 가나안 땅으로 데려갈 것이다! 하나님께서 친히 행하실 일에 대한 말씀이다. 그러면 하나님이 직접 하시면 되지 않을까? 그런데 이 말은 하나님이 직접 행하시는 것이 아니라 부름받은 모세를 세워 모세를 통해 하시겠다는 뜻이다.

"이제 가라. 이스라엘 자손의 부르짖음이 내게 달하고 애굽 사
람이 그들을 괴롭히는 학대도 내가 보았으니 이제 내가 너를
바로에게 보내어 너에게 내 백성 이스라엘 자손을 애굽에서
인도하여 내게 하리라"(출 3:9-10).

"이제 가라!" 분명 하나님께서 "내가 내려가겠다"고 말씀해 놓고,
이제 모세를 향하여 가라고 말씀하신다. 하나님이 친히 인도하신다
고 해놓고, 이제 모세를 바로에게 보내, 모세를 통해 이스라엘을 인
도하여 내겠다고 말씀하신다. 더구나 모세가 만나기에 너무나도 부
담스러운 애굽의 통치자 바로에게 보내신다는 것이다.

여기 하나님의 기이한 역사하심이 나타난다. 하나님께서 직접 말
씀하셨음에도 불구하고 하나님의 현존과 임재는 사명자를 통해, 좀
더 구체적으로는 사명자의 순종을 통해 나타난다는 것이다. 하나님
께서 후에 이스라엘 백성을 가나안 땅으로 인도하셨고, 이 땅을 주신
다고 했을 때도 그렇다. 85세의 갈렙이 말씀에 순종하여 이 산지를
달라고 한다(수 14:12). 이 말은 그냥 받는 것이 아니라 전쟁을 수행
해서 받는다는 것이다. 즉 갈렙이 믿음으로 순종하여 싸웠기에 난공
불락의 땅 헤브론을 차지할 수 있었던 것이다.

하나님이 그분의 임재와 능력을 드러내시는 방식은 항상 사명자
를 통해서다. 불타는 인생을 붙드시는 하나님의 손에 붙들려 그분을
신뢰하고 순종할 때 나타난다. 하나님의 이런 부르심 앞에 모세는 당

황하며 항의한다.

> "모세가 하나님께 아뢰되 내가 누구이기에 바로에게 가며 이
> 스라엘 자손을 애굽에서 인도하여 내리이까"(출 3:11).

"내가 누구이기에…." 이 말에는 다음과 같은 항변이 내포되어 있다. "나는 아무것도 아닙니다(I am nobody). 별 볼 일 없는 사람입니다. 시커멓게 타다 남은 숯덩이에 불과합니다.""저는 자격도 없고할 수도 없습니다." 자기 정체에 대한 확신도, 능력에 대한 자신도 없던 모세였다. 그러나 하나님께서는 이런 모세에게 무엇이라고 말씀하는가?

> "하나님이 이르시되 내가 반드시 너와 함께 있으리라. 네가 그
> 백성을 애굽에서 인도하여 낸 후에 너희가 이 산에서 하나님
> 을 섬기리니 이것이 내가 너를 보낸 증거니라"(출 3:12).

지금 하나님은 네가 누구인가가 중요한 것이 아니라 네가 누구와 함께하느냐가 중요하다는 말씀을 하고 계신다. 하나님께서 '반드시 모세와 함께하시는 것' 만이 중요하지, 모세가 누구인가는 둘째 문제라는 것이다. 하나님의 부르심 앞에, 그분께서 나를 통해 이루시려는 놀라운 역사 앞에 내가 누구이고 어떤 자격이 있느냐는 중요하지 않다. 중요한 것은 나를 부르신 전능하신 하나님이 지금 나와 함께하신다는 것이다. 부르심은 가능성을 보고 순종하는 것이 아니다. 부르심

은 무모해보이고 말이 안 돼 보여도 나를 부르신 분을 보고 순종하는 것이다.

나 자신을 돌아보자. 나는 하나님의 손에 붙잡혀 살아가고 있는가? 그분이 나를 부르시는 분명한 부르심을 발견하고 확신하는가? 내 가정에서, 내 직장에서 나를 부르시는 그분의 부르심이 느껴지는가? 그분의 손에 사로잡히면 숯덩이처럼 사그라지는 우리 인생도 존귀하게 쓰임받을 수 있다. 하나님께서 직접 오셔서 내 부르심의 현장에 간섭해주기를 사모하라. 하지만 동시에 하나님은 바로 '나'를 그분의 임재와 능력을 드러내는 대리자로 삶의 현장에 먼저 보내기를 원하신다.

물론 나 자신을 볼 때 힘도 없고 자격도 없다. 또 바로같이 직접 대면하기에 부담스러운 사람도 많다. 그러나 부르심은 내 힘과 능력으로 감당하는 것이 아니다. 나를 부르신 분이 있기에 이곳에 함께하시는 그분을 보며 순종하는 것이다. 예수님의 제자들처럼 언젠가 우리도 이렇게 고백할 날이 오면 좋겠다. "형제여, 자매여! 나는 주님이 나를 부르시고 기대했던 대로 순종했고, 이제 여기에 묻히노라고 우리 형제자매들께 전해주오."

[5장 각주] ···

7) 이세형, "[아하! 경제뉴스] 베이비붐 세대란 누구를 말하나요?", 동아일보, 2011. 1. 17.
8) 김소연, "60대 이상 '황혼이혼' 20년새 14배 늘었다", 연합뉴스, 2016. 3. 27.
9) 송양민, "은퇴 후 부부 싸움이 급증하는 이유", 조선일보, 2014. 9. 13.

나는 누구인가?
하나님은 누구이신가?

모세가 하나님께 아뢰되 내가 이스라엘 자손에게 가서 이르기를 너
희의 조상의 하나님이 나를 너희에게 보내셨다 하면 그들이 내게 묻
기를 그의 이름이 무엇이냐 하리니 내가 무엇이라고 그들에게 말하
리이까. 하나님이 모세에게 이르시되 나는 스스로 있는 자이니라. 또
이르시되 너는 이스라엘 자손에게 이같이 이르기를 스스로 있는 자
가 나를 너희에게 보내셨다 하라.

하나님이 또 모세에게 이르시되 너는 이스라엘 자손에게 이같이 이
르기를 너희 조상의 하나님 여호와 곧 아브라함의 하나님, 이삭의 하
나님, 야곱의 하나님께서 나를 너희에게 보내셨다 하라. 이는 나의
영원한 이름이요 대대로 기억할 나의 칭호니라. 너는 가서 이스라엘

의 장로들을 모으고 그들에게 이르기를 여호와 너희 조상의 하나님 곧 아브라함과 이삭과 야곱의 하나님이 내게 나타나 이르시되 내가 너희를 돌보아 너희가 애굽에서 당한 일을 확실히 보았노라.

내가 말하였거니와 내가 너희를 애굽의 고난 중에서 인도하여 내어 젖과 꿀이 흐르는 땅 곧 가나안 족속, 헷 족속, 아모리 족속, 브리스 족속, 히위 족속, 여부스 족속의 땅으로 올라가게 하리라 하셨다 하면 그들이 네 말을 들으리니 너는 그들의 장로들과 함께 애굽 왕에게 이르기를 히브리 사람의 하나님 여호와께서 우리에게 임하셨은즉 우리가 우리 하나님 여호와께 제사를 드리려 하오니 사흘 길쯤 광야로 가도록 허락하소서 하라.

내가 아노니 강한 손으로 치기 전에는 애굽 왕이 너희가 가도록 허락하지 아니하다가 내가 내 손을 들어 애굽 중에 여러 가지 이적으로 그 나라를 친 후에야 그가 너희를 보내리라. 내가 애굽 사람으로 이 백성에게 은혜를 입히게 할지라. 너희가 나갈 때에 빈손으로 가지 아니하리니 여인들은 모두 그 이웃 사람과 및 자기 집에 거류하는 여인에게 은 패물과 금 패물과 의복을 구하여 너희의 자녀를 꾸미라. 너희는 애굽 사람들의 물품을 취하리라.

살아가는 데 반드시 묻고 답해야 할 질문이 있다. "나는 누구인가?" 즉 정체성에 대한 질문이다. 내가 누구인가가 분명해야 무엇을 하며 살아야 할지가 명확해진다. 정체성이 분명하면 생의 의미와 목적이 분명해진다. 또 내가 누구인지가 명확하면 지금 나의 삶이 행복한 삶인지 아닌지를 분별할 수 있다. 내가 누구인지 모르면 그저 육체의 쾌락과 세상 풍조에 휩쓸리며 살아갈 뿐이다.

2016년 리우올림픽에서 금메달 4개, 은메달 1개로 총 다섯 개의 메달을 목에 건 미국의 수영선수 마이클 펠프스를 기억할 것이다. 당시 펠프스의 나이는 31세였다. 그는 2000년 시드니올림픽에서부터 2016년 리우올림픽까지 총 5회 연속 출전하였다. 그야말로 올림픽을 위해 살아왔던 인생이었다. 성과도 좋았다. 그동안 땄던 메달 수가 금메달 22개, 은메달 3개, 동메달 2개, 모두 27개나 된다. 펠프스는 4회 연속으로 올림픽에 출전한 이후 2012년 은퇴를 선언했다. 그는 늘 쳇바퀴처럼 정신없이 바쁘게 지냈던 삶에 평안이 찾아올 줄 알았다. 그러나 결과는 정반대였다. 지난 20년을 오로지 수영만을 위해 살았는데 그 수영을 그만두자 삶의 목적을 상실하고 큰 혼란에 빠졌다. 수영이 인생의 전부였던 그가 수영 인생은 이것으로 끝났다고 생각하니 극심한 방황이 찾아왔던 것이다. 그를 뒤흔들었던 것은 과연 "나는 누구인가?"라는 질문이었다.

그의 부모는 펠프스가 아홉 살 때 이혼했다. 어린 나이에 겪은 부모의 이혼은 펠프스의 자존감과 정체성을 흔들었다. 그러다가 그는 우연한 기회에 수영을 붙들었다. 이 수영을 통해 자신을 인정받고 탁월한 결과를 내자 수영에 목숨 걸고 살아왔던 것이다. 사실 펠프스는 어릴 때부터 내가 누구인가에 대한 문제에 대답할 시간을 갖지 못한 채 오직 수영에만 몰두해왔다. 사람들은 그에게 '수영 황제'라는 별명을 붙여주었다. 그동안은 '수영 황제' 펠프스였는데, 이제 수영을 빼고 났더니 난 뭐하는 사람이지? 하는 질문이 다시 그의 주변을 맴

돌았다. 자신이 누구인지, 무엇을 하는 사람인지가 규정되지 않은 그는 그동안 쳐다보지도 않던 술, 마약, 도박에 빠졌다. 급기야는 2014년 9월 말 음주운전으로 체포되었다.[10] 극심한 정체성의 혼란으로 방황하다가 결국 자기가 할 수 있는 최선의 선택은 여기서 생을 끝내는 것이라 생각해서 목숨을 끊으려 했다.

내가 누군지를 모르면 내가 어떤 삶을 살아야 하는지를 모르고 방황하게 되어 있다. 그렇다면 내가 누군지를 형성하는 요인은 무엇인가? 그것은 바로 관계이다. 나에게 가장 가깝고 중요한 사람이 나를 어떻게 바라보고 인정해주느냐 하는 것이다.

우리가 믿음생활을 처음 시작할 때 근본적으로 새로워지는 게 있다. 그것은 우리가 그리스도 안에서 누구인가 하는 정체성이다. 고린도후서 5장 17절 말씀은 이렇게 선포한다. "누구든지 그리스도 안에 있으면 새로운 피조물이라. 이전 것은 지나갔으니 보라. 새것이 되었도다!" 새로운 피조물이라는 것은 이전에 세상에서 규정했던 정체성이 아니라 그리스도 안에서 새롭게 규정된 정체성으로 살아가는 존재가 되었다는 뜻이다. 온 세상을 지으신 하나님께서 우리를 그리스도 안에서 새롭게 하시고 우리를 그분의 존귀한 자녀라고 부르신다. 하나님의 아들이라는 전혀 새로운 신분을 주시고 새로운 피조물의 정체성을 부어주셨다.

예수님께서 공생애 사역을 본격적으로 시작하시기 전 세례를 받으셨을 때 어떤 일이 일어났는가? 하늘이 갈라지고 성령이 비둘기같이 내려오면서 하늘에서 음성이 들렸다. "이는 내 사랑하는 아들이요 내 기뻐하는 자라"(마 3:17). 하늘로부터 소리가 들린다. 어떤 권위 있는 사람이 해주는 말이 아니다. 수많은 군중이 해주는 말도 아니다. 하늘 아버지께서 해주시는 말씀이다. 자신이 '하나님의 사랑하는 아들이자 기뻐하는 자'라는 규정은 장차 예수께서 사역을 감당하실 때 필요한 정체성이었다. 아무리 바리새인과 서기관들이 예수님을 미워하고 핍박하여도 예수께는 자신이 바로 '하나님의 사랑하는 아들'이라는 확신이 있었다. 자신의 사역이 하나님을 기쁘시게 한다는 확신이 있었다. 이 확신이 있었기에 흔들리지 않고 끝까지 십자가 구속의 사역을 감당하실 수 있었다. 자기 정체성이 명확하지 않으면 제대로 결정하지 못하고 주변 사람들의 말과 평판에 오락가락한다.

이번 장의 본문에 등장하는 모세도 그랬다. 40세에 애굽 왕자라는 최고직위에서 내려온 모세는 은퇴하여 광야에서 40년을 보내다 보니 자신이 누구인지에 대한 분명한 확신이 없었다. 지금 내가 여기서 뭐하고 있는 것인지, 자신이란 사람은 뭐하는 존재인지를 몰랐다. 이렇게 자기 정체성이 흔들리니 하나님께서 모세를 부르셔서 하나님 나라를 위한 너무나도 중대한 사명을 맡기려고 하는데도 모세는 이것을 도무지 받아들이지 못했다. 하나님께서 모세를 부르시자 모세가 무엇이라고 대답하는가?

"모세가 하나님께 아뢰되 내가 누구이기에 바로에게 가며 이스라엘 자손을 애굽에서 인도하여 내리이까"(출 3:11).

모세는 펄쩍 뛰며 말했다. "내가 누구라고 감히 갑니까?" 그는 자기 정체성을 확신할 수 없었다. 불안했다. 그러자 하나님께서는 "내가 반드시 너와 함께 있으리라"고 말씀하신다. "모세, 너는 내가 함께하는 존재야!"라고 말씀하시는 것이다.

그러나 모세는 이 대답에 만족할 수 없었다. 하나님이 자기와 함께하겠다고 말씀하시기는 하지만 함께하시는 이 하나님이 어떤 분인지 확신할 수 없었던 것이다. 여기서 모세의 질문은 "내가 누구입니까?"에서 하나님 "당신은 누구이십니까?"로 옮겨간다. 내가 누구인가에 대한 질문이 하나님이 함께하시는 존재라는 대답으로 이어지자 그렇다면 나와 함께하시는 이 하나님은 도대체 어떤 분이냐고 묻는 것이다. 결국 정체성에 대한 질문은 두 가지, 곧 "내가 누구인가?"에 대한 질문으로 시작해서 "하나님은 누구이신가?"에 대한 답으로 마무리된다.

프랑스 철학자 데카르트는 이 세상에 존재하는 모든 것을 의심하다가 가장 중요한 두 질문, 즉 "나는 누구인가"와 "하나님은 누구이신가?"를 집요하게 탐구하고 이에 대한 답을 얻었다. 데카르트는 그의 책인 「방법서설」에서 이 세상에 있는 모든 것을 의심한다.[11] 심지어 하나님의 존재와 자기 자신의 존재조차 의심한다. 이것을 '방법적 회의'라고 한다. 나라는 존재의 확실성, 또 하나님이란 존재의 확실성을 담보하기 위해 철저한 회의와 의심을 통해 추적해 들어가는 것이다. 그러다가 도저히 부인할 수 없는 자기 존재의 근거를 확보한다. 그것은 이 세상에 있는 것이 확실한지 아닌지 모르고 지금 내가 진짜 나인지 아닌지도 확실하지 않지만, 부인할 수 없는 단 한 가지 자명한 사실이 있는데 '자기가 이런저런 생각을 하고 있는 존재'라는 점만은 확실하다는 것이다. 이러한 추론을 근거로 그는 "나는 생각한다. 고로 나는 존재한다"(Cogito Ergo Sum)라는 유명한 명제를 확립했다.

데카르트는 자기가 존재한다는 분명한 근거를 발판으로 여기서 더 나아가 하나님의 존재가 분명하다는 명제를 확보했다. 그것은 자신의 생각 안에서는 자기 존재를 뛰어넘는 더 큰 존재를 생각할 수 없다는 것이다. 대표적인 게 바로 하나님에 대한 관념이다. 인간처럼 한계 많은 존재가 자기를 뛰어넘는 하나님이란 거대한 존재를 어떻게 생각할 수 있는가? 그것은 더 큰 존재가 우리에게 자기의 존재에 대한 생각과 관념을 넣어주지 않고는 도저히 생각할 수 없는 것이다. 따라서 우리가 하나님의 존재를 생각할 수 있다는 것이 바로 하나님이 실제로 존재하지 않고는 불가능하다는 결론에 도달한 것이다.

데카르트의 이러한 통찰은 본문을 이해하는 데 상당한 자극을 준다. 나의 정체성을 이해하려면 스스로의 존재만으로는 도저히 이해할 수 없고, 나의 밖에서 나의 생각을 초월하는 생각과 나의 의지를 초월하는 부르심이 있어야 선명해진다. "하나님께 가까이 함이 내게 복이라"(시 73:28)는 말씀처럼 하나님을 가까이할 때 명확한 정체성을 가지고 힘 있게 나아갈 수 있다. 그렇다면 우리에게 중요한 질문이 있다. 이 하나님은 도대체 어떤 하나님인가 하는 것이다.

"하나님이 모세에게 이르시되 나는 스스로 있는 자이니라. 또 이르시되 너는 이스라엘 자손에게 이같이 이르기를 스스로 있는 자가 나를 너희에게 보내셨다 하라"(출 3:14).

먼저, 하나님은 모세에게 자신을 '나는 스스로 있는 자'(히. 예흐예 아쉐르 예흐예)로 계시하신다. 히브리어 '예흐예'는 영어로 'I am'에 해당한다. '나는 ~이다' '나는 존재한다'는 의미다. 그래서 '나는 스스로 있는 자'를 영어로 'I am who I am'으로 번역한다. 하지만 이 번역은 본문의 풍성한 의미를 담기에는 한계가 있다. '있음'을 의미하는 히브리 동사 '하야'는 시제가 별도로 구별되어 있지 않다. 이것은 과거, 현재, 미래를 모두 포괄한다. 이 다양성을 구체적으로 풀어 표현하면 "I am who I was, I am who I am, I am who I will be"가 된다. "나는 과거에도 있었고, 지금도 있으며, 장차 있을 영원한 하나님"이란 뜻이다.

둘째, 따라서 이 말은 '나는 불변하는 하나님이다'는 말도 된다. 이처럼 '나는 스스로 있는 자'라는 이름은 하나님의 영원성과 불변성을 담고 있다.

셋째, '하야'라는 동사는 '존재하다'는 의미와 함께 '존재하게 하다'는 의미를 담고 있다. 다른 말로 하면 나는 이 세상 모든 만물을 '존재하게 하는 자'라는 뜻이다. 이것은 하나님의 능력을 상징한다. 모든 만물이 주로부터 나오고 주께로 돌아간다. 하나님은 모든 것을 창조하시고 존재하게 하시는 권능의 하나님이시다.

넷째, 하나님은 이 세상에 존재하는 그 어떤 것으로도 이해할 수 없는 신비로운 분이시다. 보통 문장은 한 사람을 설명할 때 '주어부'와 '술어부'로 나눈다. 주어부는 '나는'이라는 주어를 포함하는 부분이고, 술어부는 '스스로 있는 자니라'로 주어를 설명하는 부분이다. 보통 주어를 설명하는 술어부는 이 세상에 있는 사물이나 세상의 현상을 설명하는 방식으로 이루어져 있다. 이 관계를 아주 밀도 있게 설명한 사람이 헬라의 철학자 아리스토텔레스다. 아리스토텔레스는 「카테고리」라는 자신의 저서에서 이러한 관계를 아주 세세하게 설명하고 있다.[12]

하지만 하나님은 이러한 아리스토텔레스의 카테고리 안에 잘 들어가지 않는다. 하나님은 이 세상의 어떤 범주로 설명할 수 있을까? 이 세상에 하나님과 같은 존재가 없기에 세상의 것으로는 규정할 수 없다. 크고 위대해 보이는 해, 빛, 바위, 산성 등 사물을 빗대어 비유적으로 설명할 뿐이다. 그래서 하나님은 자신을 '나는 나'(난하주 1번)라고 설명할 뿐이다. 이는 '이 세상의 것으로는 규정할 수 없는 나'라는 뜻이다.

이를 "스스로 있는 자"라는 독특한 술어로 볼 때는 그 의미가 더 풍성해진다. 과거에도 있고 현재에도 있으며 미래에도 있는 자, 영원히 변하지 않는 분, 모든 것을 존재하게 하시는 분이라는 설명은 이세상의 카테고리 안에 집어넣을 수 없다. 게다가 하나님을 설명하는 술어부의 히브리어 '예흐예'는 명사가 아니라 동사다. 이 세상에 존재하는 명사(사물)로는 하나님을 비교할 수 없다. 이는 하나님이 어떤 분임을 이해하는 힌트가 되기도 한다. 하나님은 '명사'의 하나님이 아니라 '동사'의 하나님이시다. 그래서 하나님의 역사를 이해하려면 명사적으로 이해하는 게 아니라 동사적으로 이해해야 한다.

예를 들어 요한일서 4장에 보면 "하나님은 사랑이시라"고 말씀한다(8절, 16절). 그렇다면 사랑이 무엇인지 이해해야 한다. 고린도전서 13장에서는 사랑을 명사가 아니라 동사로 설명한다. 사랑은 오래 참고, 온유하며, 자랑하지 않으며, 교만하지 않으며, 무례히 행하지 아니하며, 자기의 유익을 구하지 않고, 성내지 않는다(4-6절). 하나 하나 검토해보면 사랑은 동사로만 묘사된다. 사랑은 명사로 규정하는 것이 아니라 끊임없이 나를 내주며 움직이는 동사로 규정할 수 있는 것이다. 그래서 하나님은 명사의 하나님이 아니라 동사의 하나님이시다. 하나님은 움직이는 분, 행하시는 분이다. 움직이는 동사의 하나님을 보여주는 하나님의 자기 계시가 15절에 등장한다.

> "하나님이 또 모세에게 이르시되 너는 이스라엘 자손에게 이 같이 이르기를 너희 조상의 하나님 여호와 곧 아브라함의 하나님, 이삭의 하나님, 야곱의 하나님께서 나를 너희에게 보내셨다 하라. 이는 나의 영원한 이름이요 대대로 기억할 나의 칭호니라"(출 3:15).

여기서 하나님께서는 자신의 이름을 '여호와'로 소개하면서 이 여호와가 어떤 분인가를 설명하는데, 바로 "아브라함의 하나님, 이삭의 하나님, 야곱의 하나님"이라고 한다. 믿음의 선조들을 '부르고' 언약을 '맺고' 이 언약을 '성취하는' 명사가 아닌 동사의 하나님인 것이다! 조상들을 위하여 움직이셨던 하나님께서 이제 이스라엘 백성들을 위하여 언약을 성취하는 하나님으로 등장한다.

> "너는 가서 이스라엘의 장로들을 모으고 그들에게 이르기를 여호와 너희 조상의 하나님 곧 아브라함과 이삭과 야곱의 하

나님이 내게 나타나 이르시되 내가 너희를 돌보아 너희가 애
굽에서 당한 일을 확실히 보았노라"(출 3:16).

하나님은 이스라엘을 돌보셨고 애굽에서 당한 일을 지켜보셨던
하나님이다. 이스라엘을 위하여 일하시는 하나님은 약속하시고 신실
하게 지키고 성취하시는 인격적인 하나님이다. 이는 동양철학에서
말하는 '도'(道)나 '태극'(太極)과 같은 창조원리와는 다르다. 또는 세
상을 창조하고 이 세상을 돌아가게 하고서는 멀리 서서 팔짱을 끼고
무관심하게 계신 하나님도 아니다. 하나님을 이런 존재로 믿는 신앙
을 '이신론'(Deism)이라 한다.

그러나 하나님은 그의 백성을 돌보고 사랑하시고 약속에 신실하
신 인격적인 하나님이다. 이런 하나님을 인정하고 받아들인다면 하
나님 앞에 인간이 드려야 할 합당한 반응은 무엇일까? 바로 예배이
다. 예배는 하나님이야말로 이 세상 그 누구보다 그 무엇보다 가장
귀하고 존귀하신 분임을 인정하고 높여드리는 행위를 말한다. 하나
님이 움직이시는 동사의 하나님이셨던 것처럼 우리도 움직이는 하나
님 앞에 예배의 행위를 드림으로 하나님 앞에 반응해야 한다.

그래서 하나님은 모세에게 자신이 누구인지를 계시하신 후에 바
로에게 무엇을 요구해야 할지를 말씀하신다.

"그들이 네 말을 들으리니 너는 그들의 장로들과 함께 애굽 왕
에게 이르기를 히브리 사람의 하나님 여호와께서 우리에게 임
하셨은즉 우리가 우리 하나님 여호와께 제사를 드리려 하오니

사흘 길쯤 광야로 가도록 허락하소서 하라"(출 3:18).

하나님은 모세를 바로에게 보내시며 이스라엘 백성이 제사, 곧 예배드리도록 그들을 보낼 것을 요구하라고 말씀하신다. 사흘 길은 광야로 나가는 데 하루, 예배드리는 데 하루, 돌아오는 데 하루가 걸릴 것을 예상한 기간이다. 우리는 막연히 하나님께서 이스라엘 백성을 출애굽시키기 위해 열 가지 재앙을 내리셔서 구원하셨다고 생각한다. 그러나 보다 근본적인 원인을 따지면 하나님께서 이스라엘을 출애굽시킨 것은 하나님을 예배하는 예배자로 부르기 위한 것이다. 이스라엘이 출애굽 이후 시내산에 가서 무엇을 하는가? 십계명을 받고 성막을 만들고 예배를 드린다. 왜? 이것이 출애굽한 본래의 목적이기 때문이다. 우리는 하나님을 예배하기 위해 부름받고 구원받았다. 하나님을 예배할 때 비로소 내가 누구이고 하나님은 어떤 분이신지를 선명하게 알 수 있기 때문이다.

요컨대 우리의 생은 '나는 누구인가'라는 정체성의 질문에 대한 명확한 답이 없으면 흔들리게 되어 있다. 스스로의 힘으로는 아무리 고민해도 정확한 답을 찾을 수 없다. 이 질문의 답은 우리와 함께하시는 하나님이 누구이신가를 온전히 알 때 비로소 명확하게 주어진다. 하나님은 어떤 분이신가? 움직이시는 하나님이다. 그래서 우리는 이 하나님과 더 친밀하게 동행할 때 그분을 더욱더 깊이 알고 경험할 수 있다.

서두에 언급한 펠프스는 절체절명의 위기 가운데 그의 친구를 통해 다시 살아나게 되었다. 펠프스가 자살을 고민할 때 친구인 레이루이스가 책 한 권을 건네주었다. 새들백교회를 담임하는 릭 워렌 목사가 쓴 「목적이 이끄는 삶」이란 책이다. 펠프스는 이 책을 읽으면서 자기 삶의 목적을 새롭게 발견하였다. 그는 자신이 하나님의 자녀이고 하나님의 백성임을 확신하게 되었다. 그리고 이 땅에 보냄받은 것은 펠프스를 하나님의 자녀 삼으신 하나님의 분명한 목적이 있기 때문이며, 자신은 그 목적을 이루기 위해 산다는 것을 확신하게 되었다. 그러면서 그의 삶은 극적으로 변화되었다. 펠프스는 2016년 리우올림픽을 끝으로 다시 은퇴한다. 그러나 이제 더 이상 수영선수 펠프스가 아니라 하나님의 영광을 위해 사는 펠프스로 은퇴한다. 수영선수로 은퇴하면 수영 없이는 정체성이 흔들린다. 그러나 하나님 자녀의 정체성을 갖고 있으면 더 이상 수영선수가 아니더라도 방황하지 않고 새롭게 주어지는 삶의 환경 가운데서도 중심을 잡고 하나님의 영광을 위해 나아갈 수 있다.

하나님을 더욱 깊이 알아가고 그분을 더욱 깊이 예배하는 성도로 자라가자. 명확한 정체성과 하나님을 아는 지식으로 무장할 때 우리는 결코 흔들리지 않는 강한 성도로 서게 될 것이다.

[6장 각주] ....

10) 최영경, "슬럼프 때 나를 잡아 준 목적이 이끄는 삶"··· 수영 황제 마이클 펠프스의 신앙고백", 국민일보, 2016. 9. 1.
11) 르네 데카르트, 이현복 역, 「방법서설: 정신지도규칙」(서울: 문예출판사, 2019).
12) Aristotle, trans.by Terence Irwin and Gail Fine, *Selections*(Indianapolis: Hackett Publishing Company, 1995), pp.1-12.

096 | 평신도를 위한 쉬운 출애굽기 1

힐링은 끝났다,
자존감 회복이 관건이다

모세가 대답하여 이르되 그러나 그들이 나를 믿지 아니하며 내 말을 듣지 아니하고 이르기를 여호와께서 네게 나타나지 아니하셨다 하리이다. 여호와께서 그에게 이르시되 네 손에 있는 것이 무엇이냐. 그가 이르되 지팡이니이다. 여호와께서 이르시되 그것을 땅에 던지라 하시매 곧 땅에 던지니 그것이 뱀이 된지라.

모세가 뱀 앞에서 피하매 여호와께서 모세에게 이르시되 네 손을 내밀어 그 꼬리를 잡으라. 그가 손을 내밀어 그것을 잡으니 그의 손에서 지팡이가 된지라. 이는 그들에게 그들의 조상의 하나님 곧 아브라함의 하나님, 이삭의 하나님, 야곱의 하나님 여호와가 네게 나타난 줄을 믿게 하려 함이라 하시고 여호와께서 또 그에게 이르시되 네 손을 품에 넣으라 하시매 그가 손을 품에 넣었다가 내어보니 그의 손에 나병이 생겨 눈같이 된지라.

이르시되 네 손을 다시 품에 넣으라 하시매 그가 다시 손을 품에 넣었다가 내어보니 그의 손이 본래의 살로 되돌아왔더라. 여호와께서 이르시되 만일 그들이 너를 믿지 아니하며 그 처음 표적의 표징을 받지 아니하여도 나중 표적의 표징은 믿으리라. 그들이 이 두 이적을 믿지 아니하며 네 말을 듣지 아니하거든 너는 나일강 물을 조금 떠다가 땅에 부으라. 네가 떠온 나일강 물이 땅에서 피가 되리라.

모세가 여호와께 아뢰되 오 주여 나는 본래 말을 잘 하지 못하는 자니이다. 주께서 주의 종에게 명령하신 후에도 역시 그러하니 나는 입이 뻣뻣하고 혀가 둔한 자니이다. 여호와께서 그에게 이르시되 누가 사람의 입을 지었느냐. 누가 말 못 하는 자나 못 듣는 자나 눈 밝은 자나 맹인이 되게 하였느냐. 나 여호와가 아니냐. 이제 가라. 내가 네 입과 함께 있어서 할 말을 가르치리라.

모세가 이르되 오 주여 보낼 만한 자를 보내소서. 여호와께서 모세를 향하여 노하여 이르시되 레위 사람 네 형 아론이 있지 아니하냐. 그가 말 잘 하는 것을 내가 아노라. 그가 너를 만나러 나오나니 그가 너를 볼 때에 그의 마음에 기쁨이 있을 것이라. 너는 그에게 말하고 그의 입에 할 말을 주라. 내가 네 입과 그의 입에 함께 있어서 너희들이 행할 일을 가르치리라. 그가 너를 대신하여 백성에게 말할 것이니 그는 네 입을 대신할 것이요 너는 그에게 하나님같이 되리라. 너는 이 지팡이를 손에 잡고 이것으로 이적을 행할지니라.

2015년 당시 국민권익위원장이던 김영란 씨의 제안으로 마련된 부정청탁 및 금품 등 수수의 금지에 관한 법률(약칭 청탁금지법)은 대한민국에서 부정부패를 방지하기 위해 마련된 법률이다.[13] 온갖 형태의 부정한 방법으로 청탁하던 관행을 법과 제도로 막아보자는 것이다. 흔히 김영란법으로 불리는 이 법률이 시행되자 그동안 관행처럼 여겨졌던 여러 형태의 접대문화가 점차 사라지기 시작했다.

사실 김영란법이 시행된 배후에는 우리 사회에 만연했던 '덤'으로 주는 문화가 자리 잡고 있다. '덤'이란 무엇인가? 시장에서 콩나물을 사면 한 줌 더 얹어주는 것처럼 더 얹어 주고받는 정을 말한다. 이것을 그럴듯하게 표현하면 온정 마케팅이다. 덤으로 주는 온정에는 긍정적인 역할이 있다. 수요자와 공급자 간의 관계를 더 돈독하게 해주는 윤활유와 같은 역할을 하는 것이다. 그런데 이 덤의 문화는 익숙해지다 보면 '의존의 감정'을 유발한다. 내가 이렇게 했으니, 정당한 대가 외에도 덤으로 무엇인가를 더 챙겨주고 뒤를 더 봐주기를 원하는 것이다. 그래서 우리가 '덤'의 문화에 익숙하다는 것은 한편으로는 '의존의 감정'에 상당히 익숙하게 길들어져 있다는 것을 의미한다.

'의존성'은 우리가 어릴 때부터 배우는 심리적 기능이다. 하지만 어릴 때 우리를 양육한 부모에게 충분한 돌봄과 사랑을 받고 자라면 의존성은 사라진다. 그다음부터는 자신감을 갖고 자립적인 사람으로 살아간다. 반면 충분한 돌봄과 사랑이 없으면 의존성이 남아서 자신을 지지하고 보살펴줄 대상을 찾아 떠돌게 된다. 이것은 성인이 되어서도 그대로 남아 있게 된다. 누군가가 내게 좋은 것을 거저 주기를,

덤으로 얹어주기를 끊임없이 바란다. 주변의 관계를 결핍관계로 인식하면서 상대방에게 덤을 요구하게 되고, 너도 나도 덤을 요구하다 보면 이것이 문화로 형성된다. 덤 문화, 청탁문화, 인맥중시 문화가 형성되는 것이다.

이런 문화 속에서는 '미움받을 용기'를 제대로 낼 수 없다. 한때 아들러 심리학을 다룬 기시미 이치로의 책 「미움받을 용기」가 우리 사회에 아주 큰 반향을 일으키며 베스트셀러가 되지 않았는가?[14] 우리가 여기에 열광한 이유가 무엇인가? 그것은 우리 사회가 의존성의 문화에 너무 찌들어 있었기 때문이다. 이러한 문화를 바꾸려면 사실 단순한 법 제정에 그칠 것이 아니라 보다 근본적인 세계관과 가치관의 변화가 일어나야 한다. 상대방에 의존할 것이 아니라 나 스스로가 건강한 자존감을 갖고 상대방에 상관없이 일어나야 하는 것이다.

그동안 우리 사회에서는 '힐링'이라는 키워드가 한동안 대세였다. 아프니까 청춘이었고 힘들어도 괜찮았다. 그런데 이제는 주변의 위로에 대한 기대를 거두고 스스로가 건강하게 설 수 있어야 하는 시대가 도래했다. 그러려면 자신의 정체성을 제대로 확립해야 한다.

요즘 경제 위기 가운데 많은 기업이 비틀거린다. 그런 와중에서도 다시 일어나 승승장구하는 글로벌 기업들이 있다. 그 이유가 무엇인가? 하나같이 시류나 유행에 의존하지 않고 자기 정체성과 자신감을 회복했다는 것이다. 기업의 자존감을 살아나게 한 것이다. 대표적인 기업 중 하나가 바로 패션 종합브랜드인 베르사체다.

베르사체는 1997년에 창업자인 지아니 베르사체가 총격으로 사망한 후 10년도 안 되는 사이에 매출이 반토막 났고, 2000년대에 들어서는 적자에 빠지기 시작했다. 2009년에 자코모 페라리스가 새로운 CEO로 영입되었다. 그가 집중한 것이 무엇인가? 바로 베르사체 고유의 디자인 DNA를 회복시키는 것이었다.[15] 처음 베르사체가 사람들의 호응을 받은 것이 베르사체 고유의 관능적이고 화려하고 다채로운 색상의 디자인 때문이었는데, 베르사체가 죽고 나서 시대의 유행을 좇아가다 보니 패션 브랜드의 정체성을 잃어버렸던 것이다. 그러나 디자인 정체성이 살아나자 이 기업은 불황 속에서도 해마다 두 자릿수로 성장하였다. 오늘날엔 힐링만으로는 일어나지 못한다. 이제는 자신의 정체성을 명확하게 붙들고 일어나야 한다.

하나님께서 모세를 출애굽의 역사로 부르셨을 때 모세는 자신이 누구인지, 뭐하는 사람인지를 제대로 몰랐다. 스스로 보기에 아무 존재감도 없는 사람이었고, 그랬으니 하나님이 부르시는 사명을 감당할 준비는 더더욱 되어 있지 않았다. 그래서 하나님께서 모세를 부르자 모세는 오히려 "내가 누구입니까? 이런 나를 부르시는 하나님은 누구십니까?"라는 질문을 던졌다. 이에 대해 하나님께서는 너는 내가 함께하는 존재이고, 나는 스스로 있는 자, 과거에도 현재에도 미래에도 있는 자, 모든 만물을 존재하게 했고, 지금도 붙들고 있으며, 장차 붙들고 계실 전능하신 하나님임을 계시하여 주셨다.

내가 누구이고, 이런 나를 부르시고 붙드시는 하나님이 누구이신지에 대한 해답을 얻으면, 사실 우리가 부르심 앞에 망설이는 상당 부분이 해소된다. 그럼에도 오늘 본문에 나타나는 모세는 여전히 하나님의 부르심에 망설인다. 모세가 망설이는 이유가 무엇인가?

"모세가 대답하여 이르되 그러나 그들이 나를 믿지 아니하며
내 말을 듣지 아니하고 이르기를 여호와께서 네게 나타나지
아니하셨다 하리이다"(출 4:1).

모세가 망설이는 이유는 바로 사람들에 대한 염려 때문이었다.
내가 누구인지도 알겠고 하나님이 누구인지도 알겠는데, 사람들이
과연 내가 가서 선포하는 말을 들어줄지, 믿어주기는 할지 확신이 서
지 않았다. 사실 이것은 현실의 문제이기도 하다. 내 안에 확신이 어
느 정도 서도 사람들에 대해선 자신감이 없을 수 있다. 이럴 때는 어
떻게 돌파해야 하는가? 정체성의 확신에서 이제는 정체성에 대한 자
존감을 강화해야 한다. 하나님께서는 모세에게 기적을 보여주시며
그의 정체성에 대한 자존감을 강화시켜주신다.

"여호와께서 그에게 이르시되 네 손에 있는 것이 무엇이냐. 그
가 이르되 지팡이니이다. 여호와께서 이르시되 그것을 땅에
던지라 하시매 곧 땅에 던지니 그것이 뱀이 된지라. 모세가 뱀
앞에서 피하매"(출 4:2-3).

모세의 손에 있던 지팡이를 하나님의 말씀대로 땅에 던지니 뱀이
되었다. 여기 지팡이와 뱀은 단순한 지팡이와 뱀이 아니다. 이것은
모세가 장차 나아갈 애굽제국에게는 상당한 의미가 있는 것들이다.
애굽의 미라를 보면 누워서 두 손을 양쪽으로 교차시키고 지팡이와
지휘봉을 들고 있다.

　지팡이는 목자들이 양 떼를 인도하고 보호하기 위한 도구이기도 했지만 이집트 왕에게는 왕의 권위와 능력의 상징이었다. 게다가 뱀은 신적인 보호와 권능을 상징했다. 그래서 파라오의 왕관을 보면 한가운데 코브라와 같은 뱀 모양의 조각이 붙어 있다. 신적인 보호와 권능이 왕에게 있으니 까불고 덤볐다가는 코브라에게 물리듯 죽을 수 있다는 것을 경고하는 의미다. 그런데 하나님께서 모세에게 무엇이라고 하시는가? 손을 내밀어 뱀 꼬리를 잡으라고 하신다. 뱀의 꼬

리를 잡으면 어떻게 될까? 순식간에 돌아서서 꼬리 잡은 손을 공격하여 물어버린다. 뱀은 머리를 잡아야 통제가 되지 꼬리를 잡으면 통제는커녕 오히려 공격을 당한다.

> "여호와께서 모세에게 이르시되 네 손을 내밀어 그 꼬리를 잡으라. 그가 손을 내밀어 그것을 잡으니 그의 손에서 지팡이가 된지라"(출 4:4).

본문을 자세히 살펴보면 흥미로운 사실을 발견할 수 있다. 하나님이 모세에게 요구하셨던 '잡으라' 는 단어와 모세가 손을 내밀어 '잡았다' 는 단어가 다르다는 사실이다. 앞에 있는 '잡으라' (히. 아하즈)는 단어는 '쥐다' 는 뜻인 반면, 뒤에 나오는 '잡았다' (히. 하자크)는 '낚아챘다' 는 뜻이다. 하나님은 모세에게 움켜쥐라고 하셨는데 모세는 그러다가 물릴 것 같으니까 빠르게 낚아챈 것이다. 그런데 낚아채고 보니 어떻게 되었는가? 뱀이 물 줄 알았는데 그의 손에는 다시 지팡이가 들려 있게 된 것이다. 이것은 장차 모세가 제국을 하나님의 권능으로 통제하게 될 것을 암시한다. 또한 모세를 불신하는 리더와 백성들에게 징표가 될 것이다. 하나님께서는 모세에게 말씀하신다.

> "이는 그들에게 그들의 조상의 하나님 곧 아브라함의 하나님, 이삭의 하나님, 야곱의 하나님 여호와가 네게 나타난 줄을 믿게 하려 함이라 하시고"(출 4:5).

모세가 이것이 도대체 어찌 된 일인가 하고 놀라고 있을 때 하나님은 틈을 주지 않고 두 번째 표징을 보여주신다.

"여호와께서 또 그에게 이르시되 네 손을 품에 넣으라 하시매 그가 손을 품에 넣었다가 내어보니 그의 손에 나병이 생겨 눈 같이 된지라"(출 4:6).

자기 품에 들어갔다 나온 손을 보니 나병이 생겼다. 이 나병은 오늘날 흔히 말하는 한센병과는 다른, 레위기 13~14장에서 말하는 피부가 눈같이 되는 피부병으로 추정된다. 이는 눈처럼 피부에서 엷은 조각들이 하얗게 떨어져 나오는 증상을 나타낸다. 새번역에서는 "마치 흰 눈이 덮인 것 같았다"고 번역한다. 하나님은 이어서 명령하신다.

"이르시되 네 손을 다시 품에 넣으라 하시매 그가 다시 손을 품에 넣었다가 내어보니 그의 손이 본래의 살로 되돌아왔더라"(출 4:7).

하나님의 능력으로 순식간에 부정함이 정결함으로 뒤바뀌고 회복되는 역사가 일어났다. 이런 급작스러운 발병과 치유는 하나님의 능력 외에는 설명할 길이 없다.

"여호와께서 이르시되 만일 그들이 너를 믿지 아니하며 그 처

음 표적의 표징을 받지 아니하여도 나중 표적의 표징은 믿으
리라"(출 4:8).

하나님은 모세에게 만약 이스라엘 백성들이 처음 기적, 즉 지팡
이가 뱀으로 변하는 기적을 믿지 않는다 하더라도 나병이 정결하게
되는 역사를 보면 믿을 것이라고 말씀하셨다. 이 말씀을 듣는 순간
모세의 마음속에는 또 다른 회의가 고개를 쳐들기 시작했던 모양이
다. '혹시 이것도 믿지 않으면 어떻게 하지?' 하는 생각 말이다. 하나
님께서는 모세의 이런 생각을 알아차리셨는지 이어서 말씀하신다.

"그들이 이 두 이적을 믿지 아니하며 네 말을 듣지 아니하거든
너는 나일강 물을 조금 떠다가 땅에 부으라. 네가 떠온 나일강
물이 땅에서 피가 되리라"(출 4:9).

만약 이 기적도 믿지 않는다면 나일강이 피가 되는 기적을 베풀
겠다고 약속하신다. 나일강은 애굽에게 생명의 젖줄이 되는 신성한
강이었다. 그런데 그 강을 피가 되도록 만드시겠다는 것이다. 감사하
게도 이스라엘 백성들은 처음 두 기적을 보고 모세를 신뢰하게 되었
다(출 4:30-31). 세 번째 이적까지는 가지 않아도 충분했다. 하나님
은 모세의 염려와 불안에 용기를 주시려고 충분하고도 세심한 계획
을 많이도 준비하셨다. 이 정도면 모세가 사람들을 향하여서 자신감
을 가질 만하지 않겠는가?
　그런데 모세를 붙잡고 있는 또 다른 장애가 있었다. 그것은 자신

에 대한 일종의 콤플렉스, 곧 열등감이었다.

> "모세가 여호와께 아뢰되 오 주여 나는 본래 말을 잘 하지 못하
> 는 자니이다. 주께서 주의 종에게 명령하신 후에도 역시 그러
> 하니 나는 입이 뻣뻣하고 혀가 둔한 자니이다"(출 4:10).

모세는 하나님의 말씀에 항변한다. "하나님, 저는 원래 말을 잘
못 하거든요. 지금도 그렇고요. 바로에게 가서 몇 마디 하다가 제대
로 하지도 못하고 조금 있으면 얼굴 빨개지고 버벅대다가 망신만 당
하고 올 거예요." 모세의 언변이 그다지 신통치 않았음을 의미할 수
있다. 전에 모세는 이스라엘 백성끼리 싸울 때 끼어들었다가 망신당
한 적이 있었다. 싸우지 말라고 말렸다가 그중 한 사람이 도리어 모
세에게 "네가 애굽 사람을 죽인 것처럼 나도 죽이려느냐"(출 2:14)는
말에 제대로 반박도 못하고 도망치지 않았던가? 모세는 논리적인 반
박에 순간 멍해지고 머리가 하얗게 되었다. 뭐라고 대답할지 몰라 진
땀만 흘리며 아무 대답도 못했다. 모세에게는 이런 트라우마가 있었
다. 당황하면 머릿속이 하얗게 되었다.

또 다른 측면에서 말을 잘 못한다는 것은 모세가 애굽어를 제대
로 하지 못했을 가능성을 뜻한다. 애굽 왕자로 자랐지만 그곳을 떠나
미디안 광야의 떠돌이로 산 것이 40년이었다. 모세는 이미 애굽어를
사용하지 않은 지 오래되었고 잊어버렸을 가능성이 높다. 자신감이
많이 사라지는 것은 당연한 일이다. 하나님께서 이런 모세의 열등감
에 대하여 무엇이라 말씀하시는가?

"여호와께서 그에게 이르시되 누가 사람의 입을 지었느냐. 누가 말 못 하는 자나 못 듣는 자나 눈 밝은 자나 맹인이 되게 하였느냐. 나 여호와가 아니냐. 이제 가라. 내가 네 입과 함께 있어서 할 말을 가르치리라"(출 4:11-12).

모세가 제기하는 두 가지의 문제, 즉 사람에 대한 두려움과 자기 능력에 대한 열등감은 하나님 자녀의 정체성을 갖고 세상에 나갈 때 현실 속에서 부딪치는 실제적인 문제이다. 이러한 문제를 종합할 때 우리가 하나님의 부르심 앞에 씨름해야 할 문제는 크게 네 가지다. 첫째는 나는 누구인가 하는 정체성의 문제이고, 둘째는 하나님은 누구신가 하는 하나님을 아는 지식에 대한 문제이다. 셋째는 현실적인 문제로 나를 둘러싼 주변 사람에 대한 두려움이고, 넷째는 자신의 역량에 대한 열등감, 곧 능력 없는 내가 과연 잘 해낼 수 있을까에 대한 두려움의 문제다. 처음 두 문제에 대한 답을 명확하게 얻으면 셋째, 넷째 문제는 자연스럽게 해결되는 경우가 많다. 하지만 사람들에 대한 두려움과 자기 자신에 대한 열등감이 생각보다 강하게 자신의 발목을 잡는 경우도 있다. 이때 우리에게는 전능하신 하나님과의 관계에서 오는 분명한 정체성에 대한 확신과 함께 격려와 희망의 말이 필요하다.

본문에는 하나님의 말씀이 압도적으로 많아지는 것을 볼 수 있다. 출애굽기 4장 1절에서 모세가 사람들이 자신을 믿지 않을 것이라며 불안해하자, 하나님은 2~9절까지 계속해서 일방적으로 말씀하신다. 또 모세가 10절에 자기 능력에 대한 회의를 드러내며 말을 잘 못한다고 하자, 하나님께서는 11~12절에 계속해서 위로와 격려의 말씀을 해주신다. 그 핵심 내용이 무엇인가? 희망의 메시지다. "이것은 너의 역량 문제가 아니야. 내가 함께하느냐 않느냐의 문제야. 내가 함께하잖아. 내가 할 말을 네 입에 넣어줄 거야. 충분히 감당할 수 있어." 이런 희망과 용기의 메시지에도 모세는 또다시 사람들이 자신을 믿지 않을 것이라고 염려한다. 이런 것을 보면 사람의 염려와 불신앙이 희망과 믿음으로 바뀌기가 쉽지 않음을 알 수 있다.

성도에게 필요한 언어생활의 힌트가 여기 있다. 우리가 살아가다 보면 사람들이 두려울 때가 있고 걱정될 때도 있다. 또 내 역량 문제로 힘들고 고민할 때가 있다. 어떤 이는 더 나아가서 다른 이들의 역량 문제로 힘들어하고 고민한다. "저 이는 안 되는데." "저 성격, 저 능력 갖고는 다 망칠 텐데." 이럴 때 우리는 내면에 가득한 염려를 말할 것이 아니라 이 모든 염려를 주님께 맡기며 기도하는 자리로 나아가야 한다. 그렇지 않으면 사람을 붙잡고 우리의 염려를 하소연하게 된다. "아이고, 저 사람 걱정이야." "저 사람이 저 일 한다는데 어떻게 할 수 있으려나 몰라." "모세, 정말 걱정돼. 애굽을 떠난 지 40년이 지나고 어떻게 바로 앞에 가서 애굽어로 말한대? 게다가 말주변도 없고 콤플렉스 덩어리인데." 이 사람, 저 사람에게 돌아가면서 염려를 말한다. 그러면 결국 그 말들이 빙글빙글 돌아 당사자의 귀에 들어간다. 그럼 당사자는 충격을 받는다.

지금 우리에게 필요한 언어는 걱정의 언어, 염려의 언어가 아니다. 비록 자기 능력에 대한 확신이 없고 사람을 두려워해도 우리는 끊임없이 격려의 말을 계속해서 전해야 한다. 어떤 격려의 말인가?

"걱정하지 마. 너를 부르신 이는 사람이 아니라 하나님이야. 하나님의 허락이 없으면 이 자리에 설 수도 없었어. 하나님께서 반드시 힘을 주실 거야. 지혜를 주실 거야. 능력을 주실 거야. 자기 힘으로 할 생각을 하지 마. 주님이 주시는 힘으로 하는 거야!" 지금 하나님께서 모세를 격려하는 말씀을 보면 대부분이 이런 내용이다. 만약 하나님께서 "모세야, 네 말대로 넌 참 문제가 많구나. 나도 걱정이란다. 왜 내가 말도 못하고 능력도 안 되는 널 불렀을까? 이럴 줄 알았으면 부르지 말걸." 이렇게 모세의 응답 그대로 모세에게 온갖 부정적인 말씀을 하셨다면 모세는 어떻게 되었을까? 그만 그 자리에 털썩 주저앉았을 것이다.

성도는 신적 정체성을 형성하는 격려의 말로 서로를 계속해서 세워가야 한다. "하나님이 너를 부르셨어. 하나님이 함께하시잖아. 하나님이 너에게 능력을 주실 거야." 이런 말로 서로를 격려하고 일으켜 세울 수 있어야 한다. 이런 말이 성도의 자존감을 회복시킨다. 만약 이런 말에 충분히 공감을 받지 못하고 자존감을 회복하지 못하면 어떻게 될까? 13절같이 반응한다.

"모세가 이르되 오 주여 보낼 만한 자를 보내소서"(출 4:13).

"주여, 아무리 생각해도 저는 아닙니다! 다른 사람을 보내세요." 자, 여기까지 가니 하나님이 어떻게 하시는가? 하나님이 모세를 향하여 분노하셨다. 하나님이 못마땅하게 여기셨다. 우리도 모세처럼 부름을 받았을 때 "하나님, 저는 자격이 안 되니 저보다 더 나은 다른 사람을 보내세요"라고 말하지 않는가? 하지만 하나님은 다른 사람, 다른 대안을 제안하는 것에 대해 기뻐하지 않으신다. 왜? 하나님의 최선은 바로 나 자신이기 때문이다.

하나님은 끝까지 고집부리는 모세의 요청에 응답하셔서 결국 그의 형 아론을 함께 보내겠다고 약속하신다. 하지만 모세가 요청했던 대안의 인물 아론은 나중에 시내산에서 모세가 십계명을 받으러 간 사이 금송아지를 만들어 우상을 숭배하게 하는 참담한 일을 벌인 주동자로 기록된다. 내가 생각할 때의 차선책이 최선책처럼 보일 때가 있다. 그러나 이는 나의 교만한 생각일 뿐이다. 나의 대안이 절대 하나님 편에서의 최선책이 될 수 없다. 따라서 우리는 주님이 부르실 때 이런저런 고민보다 나를 부르신 하나님을 확신하며 순종할 수 있는 용기와 결단이 필요하다. 하나님의 부르심에는 그분이 우리의 연약함을 책임져주시고 필요한 것까지 공급해주신다는 약속이 다 포함되어 있음을 믿어야 한다.

하나님이 나를 부르실 때 나는 어떻게 반응하는가? 자꾸 나는 아니라고 스스로에 대해 회의하면서 모세처럼 다섯 번씩이나 집요하게 회피하지는 않는가? 나의 최선이 하나님의 최선이 아닌 경우가 많다. 비록 연약하지만 나를 부르신 하나님을 지금보다 더 크게 볼 수 있어야 한다. 자꾸 과거에 실수했던 나, 형편없었던 나를 되돌아보려고 해서는 안 된다. 그것은 과거의 나이고 지금의 나는 나를 위해 생명도 아끼지 아니하신 하나님께서 세상 끝날까지 함께하시며 나를 붙들어주신다. 나의 부족함을 아심에도 그런 나를 부르셨음을 기억하라.

이제 힐링은 접으라. 힐링보다 더 중요한 것이 바로 주 안에서 나의 거룩한 신적 자존감을 회복하는 일이다. 나는 온 세상을 창조하신 하나님이 부르실 정도로 하나님의 특별한 관심을 받고 있는 존재이다. 나를 부르신 하나님께서 반드시 나를 통해 놀라운 하나님의 능력을 드러내실 것이다. 그렇기에 우리는 하나님 나라의 자녀답게 당당한 정체성으로, 굳건한 믿음으로 반응하며 서로 간에 믿음과 소망을 격려해야 한다.

[7장 각주] ···

13) "부정청탁 및 금품등 수수의 금지에 관한 법률", 위키백과.
14) 기시미 이치로 외, 전경아 역, 『미움받을 용기』(서울: 인플루엔셜, 2014).
15) 유한빛, "베르사체 CEO 지안 자코모 페라리스: 비극으로 가던 '명품 神話'", 조선일보 위클리비즈, 2016. 5. 21.

하나님의 때에
원하시는 방법으로

모세가 그의 장인 이드로에게로 돌아가서 그에게 이르되 내가 애굽에 있는 내 형제들에게로 돌아가서 그들이 아직 살아 있는지 알아보려 하오니 나로 가게 하소서. 이드로가 모세에게 평안히 가라 하니라. 여호와께서 미디안에서 모세에게 이르시되 애굽으로 돌아가라. 네 목숨을 노리던 자가 다 죽었느니라.

모세가 그의 아내와 아들들을 나귀에 태우고 애굽으로 돌아가는데 모세가 하나님의 지팡이를 손에 잡았더라. 여호와께서 모세에게 이르시되 네가 애굽으로 돌아가거든 내가 네 손에 준 이적을 바로 앞에서 다 행하라. 그러나 내가 그의 마음을 완악하게 한즉 그가 백성을 보내 주지 아니하리니 너는 바로에게 이르기를 여호와의 말씀에 이

스라엘은 내 아들 내 장자라. 내가 네게 이르기를 내 아들을 보내주어 나를 섬기게 하라 하여도 네가 보내주기를 거절하니 내가 네 아들 네 장자를 죽이리라 하셨다 하라 하시니라.

모세가 길을 가다가 숙소에 있을 때에 여호와께서 그를 만나사 그를 죽이려 하신지라. 십보라가 돌칼을 가져다가 그의 아들의 포피를 베어 그의 발에 갖다 대며 이르되 당신은 참으로 내게 피 남편이로다 하니 여호와께서 그를 놓아 주시니라. 그때에 십보라가 피 남편이라 함은 할례 때문이었더라.

여호와께서 아론에게 이르시되 광야에 가서 모세를 맞으라 하시매 그가 가서 하나님의 산에서 모세를 만나 그에게 입맞추니 모세가 여호와께서 자기에게 분부하여 보내신 모든 말씀과 여호와께서 자기에게 명령하신 모든 이적을 아론에게 알리니라. 모세와 아론이 가서 이스라엘 자손의 모든 장로를 모으고 아론이 여호와께서 모세에게 이르신 모든 말씀을 전하고 그 백성 앞에서 이적을 행하니 백성이 믿으며 여호와께서 이스라엘 자손을 찾으시고 그들의 고난을 살피셨다 함을 듣고 머리 숙여 경배하였더라.

신앙생활을 하면서 새롭게 눈뜨는 신비로운 영역이 있다. '하나님의 인도하심'이라는 영역이다. 그동안 내 인생을 나 혼자의 힘으로 좌지우지했었는데 이제는 내 힘을 뛰어넘는, 신비롭게 도우시고 열어주시는 더 큰 손길을 경험하기 시작한다. 하나님은 우리가 예상치 못한 만남과 기적을 베푸시고 새로운 길을 열어주신다. 이것을 몇 번 경험하면 우리는 점점 그분의 인도하심을 기대하고 구하려는 믿음이 자라난다. 하나님의 인도하심에 잘 따르기만 한다면 우리 인생은 '대박' 날 것 같은 기대와 믿음이 생긴다.

그러나 하나님의 인도하심을 더 깊이 구할수록 우리 마음이 어려워질 때가 있다. 그 이유는 크게 두 가지다. 첫째, 내가 구하는 인도하심의 '때'와 하나님이 실제적으로 이끄시는 '때'가 다르기 때문이다. 내 생각 같아서는 지금 역사하시면 좋겠는데 하나님은 아직 기다리고 잠잠하라고 하신다. 또 반대로 내가 볼 때는 아직 때가 아닌 것 같은데 하나님은 자꾸만 지금 순종하라고 재촉하신다. 둘째, 내가 생각하는 인도하심의 '방법'과 하나님이 이끄시는 '방법'이 다르기 때문이다. 하나님은 종종 내가 구하는 것과 전혀 상관없는 것 같은, 도리어 나의 상황을 더 난처하게 하는 엉뚱한 방법으로 인도하시는 것 같다.

도대체 우리의 기대와 하나님의 인도하심 사이에는 왜 이런 차이가 날까? 그것은 하나님의 성품 때문이다. 하나님의 성품은 우리와 유사한 성품(공유적 속성)도 있지만 우리가 도저히 닮을 수 없는 하나님만의 고유한 성품(비공유적 속성)이 있는데, 그중에 대표적인 것이 하나님의 '영원하심'이다. 하나님은 영원하고 시간을 초월하신다. 우리는 시간 안에 갇혀 있어 내가 정한 시간 안에 해결되어야 한다고 생각하는데, 하나님은 시간을 초월하셔서 과거와 현재와 미래를 다 보시기에 우리에게 정말 맞는 정확한 타이밍이 언제인지를 아신다.

또 다른 하나님의 성품 중에 '무소부재'가 있다. 편재성(遍在性)

이라고도 한다. 이는 하나님이 온 세상에 안 계신 곳 없이 모든 곳에 충만하게 임재하고 계시는 속성을 말한다. 시편 기자는 이러한 하나님의 무소부재에 대해 다음과 같이 고백한다. "내가 주의 영을 떠나 어디로 가며 주의 앞에서 어디로 피하리이까. 내가 하늘에 올라갈지라도 거기 계시며 스올에 내 자리를 펼지라도 거기 계시니이다. 내가 새벽 날개를 치며 바다 끝에 가서 거주할지라도 거기서도 주의 손이 나를 인도하시며 주의 오른손이 나를 붙드시리이다"(시 139:7-10).

우리는 온 세상에 충만하게 거하시는 하나님의 임재 앞에 숨을 수가 없다. 이러한 하나님의 성품으로 인해 하나님의 때는 우리의 때와 너무나도 다르고, 또 하나님의 방법은 우리가 생각하는 방법과 너무나도 다르다. 그래서 하나님은 이사야 55장 8~9절에서 이를 이렇게 말씀하신다. "이는 내 생각이 너희의 생각과 다르며 내 길은 너희의 길과 다름이니라. 여호와의 말씀이니라. 이는 하늘이 땅보다 높음 같이 내 길은 너희의 길보다 높으며 내 생각은 너희의 생각보다 높음이니라."

이처럼 하나님의 때와 방법이 내가 생각하는 것과 다르기 때문에 우리가 하나님의 인도하심을 구할 때 절대 주의해야 할 것이 있다. 낙심하지 않는 것이다. 내 방법, 내 타이밍과 다르다고 포기하지 말아야 한다. 하나님의 시간에 하나님의 방법대로 이루어지기까지 끝까지 신뢰하며 나아갈 수 있어야 한다.

배우 최민수 씨의 아내 미스코리아 출신 강주은 씨를 아는가? 그녀는 캐나다에서 태어나고 자랐다. 스물두 살이던 1993년 대학원에 진학하기 전, 사회경력을 쌓기 위해 미스코리아 대회에 출전했는데 덜컥 미스코리아 캐나다 진에 뽑혔다. 엉겁결에 서울 본선까지 나와서 무대에 섰는데 이때 최민수 씨가 그녀에게 첫눈에 반했다. 다음 날 방송국 구경을 시켜주겠다고 만난 지 세 시간 만에 최민수 씨는 결혼하자며 프러포즈를 했다.[16)]

그때부터 최민수 씨는 거의 매주 캐나다에 있는 강주은 씨의 집에 가서 대시하고 부모님께 인사드렸다. 마침내 6개월 만에 결혼했는데, 결혼하고 보니 어이쿠! 이 남자가 거의 정상이 아닌 것 같았다. 많이 울고 많이 기도했다. 하나님께서 이 결혼을 잘못 인도하신 것이라는 생각이 들지 않았겠는가?

강주은 씨는 이 남자를 변화시키려고 수없이 시도해봤다. 그런데 오히려 좌절감만 더 커졌다. 그럼 어떻게 해야 할까? 강주은 씨의 마음에는 '내가 이렇게 변화시키려고 하면 평생 죽도록 싸우겠다. 그러니 내 기준을 내려놓자. 그리고 이 남자를 있는 모습 그대로 받아들이자. 세상의 기준과 정반대로 가더라도 그를 받아들이자'라는 결단이 들어섰다. 그러자 놀라운 변화가 일어났다. 무엇보다 강주은 씨 자신이 변화되고 성숙해갔다. 그러자 이런 그녀의 모습을 보고 그동안 그렇게 변하지 않던 최민수 씨도 변하기 시작했다.

이 혼돈과 좌절의 시기를 두 사람은 결국 변화되고 성숙해지며 꿋꿋하게 믿음으로 이겨냈다. 이렇게 보낸 23년의 세월을 통해 하나님께서는 이 가정을 귀하게 사용하기 시작하셨다. 이제 강주은 씨는 한 배우의 아내가 아니라 관계전문가, 소통전문가로 통한다. 참으로 자유롭고 기인처럼 사는 최민수 씨와 어떻게 이렇게 좋은 관계를 갖고 살 수 있느냐에 세상은 놀라워하며 주목했다. 만약 그녀가 결혼

2~3년 이내에 좌절하고 포기했다면 이렇게 아름다운 역사와 도전, 영향을 주는 부부가 될 수는 없었을 것이다. 이처럼 우리의 때와 하나님의 때가 다르고, 우리의 방법과 하나님의 방법은 종종 다르게 역사한다.

우리가 하나님의 인도하심 가운데 들어갈 때 우리는 외적인 여건과 상황에 관심을 많이 둔다. 우리가 바라는 방식으로, 우리가 바라는 타이밍에 하나님의 놀라운 역사가 일어나기를 기대한다. 하지만 이런 외적인 여건 이전에 하나님께서 정말 관심을 갖는 게 있다. 그것은 바로 우리 자신의 변화이다. 좋은 결과로 인도되는 것도 좋지만 하나님의 자녀다운 모습으로 하나님을 신뢰하고 사랑하며 하나님의 손에 붙들려 나아가는 모습으로 변화되길 원하신다.

이번 장의 본문은 드디어 모세가 하나님의 부르심에 순종하여 하나님의 인도하심을 따라 나아가는 첫출발을 진술한다. 그런데 첫출발이 만만치 않다. 그동안 하나님은 모세의 반복적인 거절에도 불구하고 무려 다섯 번이나 계속해서 부르셨다. 모세는 출애굽기 3장 11절부터 계속해서 안 된다고 거부하며 버텨왔다. "내가 누구이기에 감히 이스라엘 자손을 인도하여 내느냐"(출 3:11)고 항의하고, "나를 보내신 하나님이 누구시냐"(출 3:13)고 의문을 제기한다. 또 "사람들이 내 말을 듣지 않을 것"(출 4:1)이라며 거부하고, "말을 잘 못한다고 능력이 모자라다"(출 4:10)고 거부한다. 그러다 급기야는 "자꾸 저를 부르지 마시고 제발 다른 사람을 보내시라"(출 4:13)고 응답한다.

모세의 이러한 지속적인 거부는 하나님이 인도하시는 방법과 타이밍에 대한 확신이 없었기 때문이다. 생각해보라. 40년간 미디안에서 무명의 목동으로 별일 없이 지내왔는데, 왜 갑자기 지금 그가 가야 하는가? 게다가 애굽어도 다 잊어버려 제대로 말도 못하고, 무능력한 실패자에 도망자인 그를 도대체 어떻게 역사하시려고 보내려 하시는가? 그럼에도 모세는 하나님의 집요한 부르심에 마침내 하나님을 신뢰하고 순종하기로 결단한다. 내가 생각한 때가 아니고, 내가 생각한 방법이 아니어도 일단 순종하기로 결단한 것이다. 모세는 장인에게 자신의 결심을 조심스럽게 밝힌다.

> "모세가 그의 장인 이드로에게로 돌아가서 그에게 이르되 내
> 가 애굽에 있는 내 형제들에게로 돌아가서 그들이 아직 살아
> 있는지 알아보려 하오니 나로 가게 하소서. 이드로가 모세에
> 게 평안히 가라 하니라"(출 4:18).

모세는 장인에게 하나님을 만나 경험했던 놀라운 체험은 일체 말하지 않았다. 그저 오래간만에 고향에 돌아가 가족을 만나보고 싶다고만 말을 했다. 아마 이 모든 일을 말했으면 장인은 상당히 놀라고 주저했을지 모른다. 모세는 장인에게 허락을 구한다. 이에 장인은 흔쾌히 고향 애굽으로 돌아갈 것을 허락한다. 이렇게 모세가 결단하자, 곧바로 하나님께서 모세에게 용기를 낼 수 있는 새로운 말씀을 들려주신다.

> "여호와께서 미디안에서 모세에게 이르시되 애굽으로 돌아가
> 라. 네 목숨을 노리던 자가 다 죽었느니라"(출 4:19).

모세가 살인자인 것을 알고 그를 노리던 왕가의 사람들이 모두 죽었다는 것이다. 이렇게 되면 모세의 처음 생각보다 긴장되는 상황이 많이 완화된다. 하나님의 인도하심 앞에 결단하자 나머지 여건도 좋아졌다. 모세는 자기 가족을 다 데리고 이스라엘로 출발하려 한다.

"모세가 그의 아내와 아들들을 나귀에 태우고 애굽으로 돌아
가는데 모세가 하나님의 지팡이를 손에 잡았더라"(출 4:20).

모세가 가족을 데리고 갈 때 꼭 챙긴 것이 있다. 바로 하나님의 지팡이다. 하나님께서 모세를 부르실 때 이 지팡이에 대해 특별히 하신 말씀이 있다.

"너는 이 지팡이를 손에 잡고 이것으로 이적을 행할지니라"(출
4:17).

하나님은 지팡이를 통해 하나님의 역사가 일어날 것이라고 말씀하셨다. 모세가 이 지팡이를 챙긴 것은 하나님의 말씀을 신뢰하고 기적의 역사를 기대하며 나아감을 보여준다. 그러자 하나님은 모세가 어떤 상황에도 흔들리지 않도록 앞으로 벌어질 일을 크게 네 가지로 요약해서 말씀해주신다(출 4:21).

첫째, 모세의 지팡이를 통해 하나님이 준비하신 기적이 펼쳐질 것이다.

둘째, 그럼에도 바로의 마음은 완악하게 되어 백성을 보내주지

않을 것이다. 기적이 일어나도 바로는 호락호락하지 않을 것이다. 기적이 일어났다고 하나님이 약속하신 결과가 곧바로 일어나지 않는다는 것이다. 곧바로 일어나지 않는 것이 정상이 될 것이다.

셋째, 이런 과정을 통해 하나님께서는 바로와 그의 제국에게 거듭 선포하고자 하는 말씀이 있다. 이스라엘이 바로 하나님의 장자라는 사실이다. 애굽에서는 바로를 여러 신의 아들, 특히 장자라고 믿었다. 그런데 하나님은 신들의 아들인 바로에게 이스라엘이야말로 바로 참 신이신 여호와 하나님의 장자라고 말씀하는 것이다. 이스라엘이 하나님의 장자라는 것은 그동안 이스라엘도 잊고 살았던 놀라운 사실이었다.

넷째, 하나님께서는 바로에게 이스라엘은 하나님을 예배해야 하는 존재임을 선포하게 하신다. 따라서 하나님의 장자 내보내기를 거절하면 바로의 장자가 죽을 것이다.

하나님께서 이러한 말씀을 하시는 것은 모세가 직면할 반대 앞에 낙망하지 않게 그의 시선을 미리 확장시켜주시기 위함이다. 지금 모세의 최대 관심사는 자신의 소명이 성공할 것인가, 실패할 것인가, 즉 각적인 효과가 있을 것인가, 아니면 효과 없이 끝날 것인가 하는 것이다. 하지만 하나님은 이것이 단순한 성공과 실패의 문제가 아니라 하나님께서 장자 이스라엘을 선택하신 목적, 즉 하나님을 예배하는 본연의 목적을 이루는 문제임을 말씀하신다. 그리고 이 긴 여정이 끝날 때까지 하나님은 모세를 끝까지 붙들고 인도하실 것이다. 중간에 모세가 기대하던 타이밍, 모세가 기대하던 방법대로 되지 않는다 하더라도 좌절하지 말고 끝까지 나아갈 것을 알려주시는 것이다.

때때로 하나님은 이런 말씀조차 하지 않고 그의 백성을 인도하실 때가 있다. 하나님께서 아브라함을 부르실 때를 생각해보라. 하나님께서는 그의 익숙한 고향과 친척과 아버지의 집을 떠나라고 하셨다(창 12:1). 그러나 아브라함에게 어디로 가야 할지, 가면 장차 어떤 일이 있을지 아무 말씀도 하지 않으셨다. 야곱이 집을 떠나 삼촌 라반에게로 갈 때 앞으로 어떤 일이 벌어질지 알았는가? 몰랐다. 단지 하나님의 보호하심을 신뢰하며 무작정 나아갈 뿐이었다. 많은 경우가 그렇다. 마찬가지로 하나님께서 지금 모세에게 이 말씀을 하시는 것은 그가 장차 60만의 이스라엘 백성을 인도할 때 흔들리지 않도록 하기 위함이다.

이 말씀 앞에 모세는 나름대로 마음을 다지고 다짐했을 것이다. 그런데 갑자기 여기서 하나님의 예기치 못했던 타격이 시작된다. 무슨 타격인가?

"모세가 길을 가다가 숙소에 있을 때에 여호와께서 그를 만나
사 그를 죽이려 하신지라"(출 4:24).

모세가 길을 떠나가다가 중간에 장막을 치고 야영하고 있을 때였다. 하나님이 갑자기 나타나셔서 그를 타격하신다. 만약 하나님이 모세를 진짜 죽이려고 하셨다면 순식간에 죽이셨을 것이다. 그런데 여기서는 모세를 붙들고 모세에게 위협을 가하며 시간을 끌었다. 이것은 모세와 그의 가족에게 일종의 메시지를 주기 위한 것이었다. 이것이 무슨 의미인지를 알아챈 모세의 아내는 재빨리 행동을 개시한다.

무엇인가?

> "십보라가 돌칼을 가져다가 그의 아들의 포피를 베어 그의 발
> 에 갖다 대며 이르되 당신은 참으로 내게 피 남편이로다 하
> 니"(출 4:25).

십보라가 돌칼을 가져다가 아들의 포피를 베었다. 포피는 남성 성기의 앞부분을 싸고 있는 살갗을 말한다. 이것을 베었다는 것은 십보라가 그의 아들에게 할례를 행했다는 의미다. 그렇게 급하게 할례를 행하고서 하는 말이 무엇인가? "당신은 참으로 내게 피 남편입니다!"라는 고백이다.

'피 남편'이라는 말은 모세와 십보라가 할례를 통한 피의 의식을 통해 맺어진 부부라는 고백이다. 다른 말로 하면 자신도 남편과 같이 이제부터 하나님의 거룩한 백성이 되었다는 선언이다. 모세의 장인은 미디안의 제사장이었다. 이 제사장은 하나님을 섬기는 제사장이 아니었을 가능성이 높다. 그렇다면 모세의 아내 십보라도 다른 신을 마음에 두고 섬겼을 가능성이 크고, 그랬기에 지금까지 더더욱 아들들에게 할례를 행하지 않았고, 또 행하는 것을 반대했을 가능성이 있다. 게다가 모세는 애굽에서 도망쳐 나온 이후 자신의 정체성에 대해 아무런 확신을 갖지 못했다. 그러니 자녀들에게 할례를 행하는 것도 생각하지 못했고, 또 아내에게도 여호와에 대한 신앙을 제대로 심어주지 못했을 것이다.

그런데 하나님께서는 모세 가족의 이런 상태로는 이스라엘 백성

을 구원하는 사명을 감당하는 것을 허락하지 않으셨다. 지금 하나님께서 모세를 타격하며 위협하시는 것은 이스라엘 자손으로서의 정체성을 확고하게 할 것을 엄중하고도 가혹하게 요구하시는 것이다. 하나님께서 아브라함에게 할례를 명하셨을 때 무엇이라고 말씀하셨는가? "너희 집에서 난 자든지 너희 돈으로 산 자든지 할례를 받아야 하리니 이에 내 언약이 너희 살에 있어 영원한 언약이 되려니와 할례를 받지 아니한 남자 곧 그 포피를 베지 아니한 자는 백성 중에서 끊어지리니 그가 내 언약을 배반하였음이니라"(창 17:13-14).

　아브라함의 후손이라면 반드시 행해야 할 할례를 요구하신 것이다. 이것은 하나님이 모세에게 이제 애굽으로 들어갈 때 모세와 그의 가정의 정체성을 이스라엘 자손으로서 확고히 할 것을 엄중하게 요구하는 것이다. 만약 자녀들이 할례받지 않은 상태로 들어가면 결정적인 위기에 모세는 이스라엘 백성에게서 도망칠 수 있다. 지도자는 하나님의 백성과 운명공동체가 되어야 하는데 애매한 정체성은 그의 사역을 위험에 빠뜨리거나 중도에 하차하기 쉽다. 그래서 이중 정체성은 좋은 것 같지만 결정적일 때 위기를 초래한다. 미국 같은 경우도 그렇다. 부모 중 한쪽이 외국인이면 미국에서 태어나도 선천적으로 복수국적을 갖게 된다. 만약 18세 이전에 외국국적을 포기하지 않으면 이후 20년 동안 복수국적을 유지하는데, 미국에서 대통령을 비롯한 고위공직자가 되려면 이중국적자는 커다란 불이익을 받게 된다. 결국 보다 큰 사명을 감당하는 데 이중 정체성은 걸림돌로 작용한다.

　하나님께서는 모세에게 하나의 정체성을 가질 것을 요구하셨다. 애굽으로 향하면서 모세와 십보라가 이 문제를 갖고 서로 이야기했을지 모르겠다. 서로 간에 어느 정도 문제의식을 공유했을 것이다. 그렇지 않고 갑자기 십보라가 돌칼을 빼들고 할례를 행했을 리 없다. 성령의 감동이 서로의 마음 안에 있었던 것이다. 이렇게 급작스럽게 할례를 하고 나자 하나님은 비로소 모세를 놓아주신다.

"여호와께서 그를 놓아주시니라. 그때에 십보라가 피 남편이라 함은 할례 때문이었더라"(출 4:26).

하나님께서 모세를 붙들어 애굽으로 가는 길을 막은 것은 할례와 이로 인한 정체성 문제 때문이었다. 하나님께서는 출애굽의 역사를 서둘러 이루시는 것보다 모세의 정체성을 분명하게 다루기를 원하셨고, 이로 인해 하나님을 더욱 든든하게 붙들고 나아가는 것을 훨씬 더 중요하게 생각하셨다. 할례받은 언약백성으로서의 선명한 정체성이 확립되자, 모세는 마침내 애굽에 가서 동족들에게 하나님의 말씀을 증거하는 사명을 감당하게 되었다. 하나님이 전에 모세에게 말씀하셨던 기적을 그대로 보여주시고 그에게 주셨던 말씀을 그대로 증거하자, 백성들의 마음이 반응하기 시작했다.

"아론이 여호와께서 모세에게 이르신 모든 말씀을 전하고 그 백성 앞에서 이적을 행하니 백성이 믿으며 여호와께서 이스라엘 자손을 찾으시고 그들의 고난을 살피셨다 함을 듣고 머리 숙여 경배하였더라"(출 4:30-31).

요즘 나는 어떤 부분에서 하나님의 인도하심을 구하고 있는가? 하나님은 영원하고 무소부재하신 분이다. 하나님의 타이밍과 방법은 나의 타이밍과 방법과 다름을 기억하라. 우리는 빨리 결과가 나오기를 바라지만 하나님은 결과 이전에 정체성과 하나님을 신뢰하는 우리의 믿음을 더욱 중요하게 보신다. 끝까지 하나님을 신뢰하라. 나의 때와 다르다고 실망하지 말라. 하나님의 때가 차야 하나님의 뜻이 이루어진다. 이 뜻은 반드시 이루어지고야 만다. 이런 하나님의 역사를 경험하자!

[8장 각주] ···

16) 송혜진, "[Why] '아이 같은 남편, 내가 보호해줘야죠'", 조선일보, 2016. 10. 8.

제국의 논리에
함몰되지 말라

그 후에 모세와 아론이 바로에게 가서 이르되 이스라엘의 하나님 여호와께서 이렇게 말씀하시기를 내 백성을 보내라. 그러면 그들이 광야에서 내 앞에 절기를 지킬 것이니라 하셨나이다. 바로가 이르되 여호와가 누구이기에 내가 그의 목소리를 듣고 이스라엘을 보내겠느냐. 나는 여호와를 알지 못하니 이스라엘을 보내지 아니하리라. 그들이 이르되 히브리인의 하나님이 우리에게 나타나셨은즉 우리가 광야로 사흘 길쯤 가서 우리 하나님 여호와께 제사를 드리려 하오니 가도록 허락하소서. 여호와께서 전염병이나 칼로 우리를 치실까 두려워하나이다.

애굽 왕이 그들에게 이르되 모세와 아론아 너희가 어찌하여 백성의 노역을 쉬게 하려느냐. 가서 너희의 노역이나 하라. 바로가 또 이르되 이제 이 땅의 백성이 많아졌거늘 너희가 그들로 노역을 쉬게 하는도다 하고 바로가 그날에 백성의 감독들과 기록원들에게 명령하여 이르되 너희는 백성에게 다시는 벽돌에 쓸 짚을 전과 같이 주지 말고 그들이 가서 스스로 짚을 줍게 하라. 또 그들이 전에 만든 벽돌 수효대로 그들에게 만들게 하고 감하지 말라. 그들이 게으르므로 소리 질러 이르기를 우리가 가서 우리 하나님께 제사를 드리자 하나니 그 사람들의 노동을 무겁게 함으로 수고롭게 하여 그들로 거짓말을 듣지 않게 하라.

백성의 감독들과 기록원들이 나가서 백성에게 말하여 이르되 바로가 이렇게 말하기를 내가 너희에게 짚을 주지 아니하리니 너희는 짚을 찾을 곳으로 가서 주우라. 그러나 너희 일은 조금도 감하지 아니하리라 하셨느니라. 백성이 애굽 온 땅에 흩어져 곡초 그루터기를 거두어다가 짚을 대신하니 감독들이 그들을 독촉하여 이르되 너희는 짚이 있을 때와 같이 그날의 일을 그날에 마치라 하며 바로의 감독들이 자기들이 세운 바 이스라엘 자손의 기록원들을 때리며 이르되 너희가 어찌하여 어제와 오늘에 만드는 벽돌의 수효를 전과 같이 채우지 아니하였느냐 하니라.

이스라엘 자손의 기록원들이 가서 바로에게 호소하여 이르되 왕은 어찌하여 당신의 종들에게 이같이 하시나이까. 당신의 종들에게 짚을 주지 아니하고 그들이 우리에게 벽돌을 만들라 하나이다. 당신의 종들이 매를 맞사오니 이는 당신의 백성의 죄니이다. 바로가 이르되 너희가 게으르다. 게으르다. 그러므로 너희가 이르기를 우리가 가서

여호와께 제사를 드리자 하는도다. 이제 가서 일하라. 짚은 너희에게 주지 않을지라도 벽돌은 너희가 수량대로 바칠지니라.

기록하는 일을 맡은 이스라엘 자손들이 너희가 매일 만드는 벽돌을 조금도 감하지 못하리라 함을 듣고 화가 몸에 미친 줄 알고 그들이 바로를 떠나 나올 때에 모세와 아론이 길에 서 있는 것을 보고 그들에게 이르되 너희가 우리를 바로의 눈과 그의 신하의 눈에 미운 것이 되게 하고 그들의 손에 칼을 주어 우리를 죽이게 하는도다. 여호와는 너희를 살피시고 판단하시기를 원하노라.

모세가 여호와께 돌아와서 아뢰되 주여 어찌하여 이 백성이 학대를 당하게 하셨나이까. 어찌하여 나를 보내셨나이까. 내가 바로에게 들어가서 주의 이름으로 말한 후로부터 그가 이 백성을 더 학대하며 주께서도 주의 백성을 구원하지 아니하시나이다. 여호와께서 모세에게 이르시되 이제 내가 바로에게 하는 일을 네가 보리라. 강한 손으로 말미암아 바로가 그들을 보내리라. 강한 손으로 말미암아 바로가 그들을 그의 땅에서 쫓아내리라.

2016년 8월 2일 삼성전자는 미국에서 '삼성 언팩' 행사를 대대적으로 개최하며 자사의 신제품 '삼성 갤럭시 노트 7'을 발표했다.[17] 발표 후 국내에서는 8월 6일~18일까지 예약판매가 진행되었고, 19일에 정식으로 출시되었다. 그런데 며칠 후 국내 제품의 결함이 보고되었다. 여기저기서 스마트폰이 폭발했던 것이다.

이때 삼성전자의 초기 반응은 이런 문제는 별것 아니라는 식이었다. 문제를 서둘러 덮고 가려 했다. 그러나 전 세계에서 우후죽순으로 발화사건이 일어나자 서둘러 전량을 수거해서 원인 규명에 들어갔다. 그러고는 불과 며칠 만에 발화 원인이 배터리에 있다고 발표했다. 그때 배터리 원인에 대해 의심을 표명하며 최소한 배터리 자체의 문제는 아닐 가능성이 크다고 주장한 전문가가 있었다. 한국차세대 전지 연구센터장을 지낸 박철완 박사다. 그의 주장에 따르면 배터리는 그렇게 쉽게 폭발하지 않으며, 설사 분리막이 얇아서 위험하다 하더라도 후처리 공정에서 웬만하면 잡아낸다는 것이다.

하지만 결국 폰 내부의 전기적 충돌과 충격이 반복적으로 일어나다가 배터리에 외부적인 충격으로 발화가 일어날 가능성이 있다고 발표되었다.[18] 수많은 전문가가 있었던 삼성은 그 말에는 귀 기울이지 않고 다급하게 모든 문제의 원인을 배터리로 발표하고 배터리만 교체했다. 그런데 또다시 폭발이 일어났다. 이번에는 전 세계로 확산되며 세계 여기저기서 폭발사고가 보고되었다. 급기야 중국의 일부 항공사는 스마트폰 기내 반입을 금지했고, 미국도 사용 중단을 촉구하며 삼성전자에 공식 리콜을 신청하기에 이르렀다. 결국 삼성은 출시 53일 만에 조 단위의 엄청난 손해를 감수하며 단종을 발표해야만 했다.

어쩌다 이런 비극적인 결과에까지 이르렀을까? 처음부터 주변의 작은 신호에 귀 기울이지 않았기 때문이다. 사실 문제가 터지기 전까지 삼성은 애플을 따라잡기 위해 '빠른 추격자(fast follower) 전략'으로 빠르게 돌진하느라 정신없었다. 출시일을 잡고 그 안에 어떻게든 제품을 만들어내기 위해 직원들을 정신없이 몰아붙였다. 그러다 보니 조직 내부의 이야기와 외부의 작은 소리를 쉽게 묵살하고 밀어붙이기만 했다. 최첨단 기능을 다 집어넣으면서 이것을 충분히 검증할 여유도 없이 일정을 못 박고 막무가내로 밀어붙인 것이다. 이것이 그동안 삼성제국의 성공방식이었고 이대로 밀어붙이면 된다고 생각한 것이다. 그러나 이번 사태가 터지면서 그동안 밀어붙였고 당연하게 여겼던 것들이 당연하지 않다는 사실로 드러났다. 급기야 당연하다고 생각했던 것들이 곪아 터지면서 그동안 무시했던 회사 내의 작은 소리들, 아무것도 아니라고 생각했던 것들이 상당히 중요한 요소라는 것을 깨닫게 되었다.

　이런 위기상황이 이번 장의 본문에 등장하는 애굽제국에도 고스란히 나타나고 있다. 애굽은 당대 최고 최대의 강대국이었다. 성공을 지속적으로 일구었던 제국이었다. 애굽의 성공 비결이 무엇이었을까? 그것은 히브리 노예의 값싼 노동력에 기반한 풍성한 생산력 때문이었다. 노예 노동력은 제국이 경제적 풍요로움을 누리는 데 큰 받침이 되었다. 노예 노동력의 핵심은 히브리 노예였다. 바로는 히브리 노예들에게 무리한 노역을 '하면 된다'는 식으로 강하게 밀어붙여왔다. 어느 정도 효과도 있었다. 애굽의 바로는 제국이 번성하려면 히브리 노예를 쥐어짜면 된다는 그릇된 확신을 갖게 되었다. 그러나 히브리 노예들은 가슴 깊이 탄식하고 있었고, 이 탄식은 급기야 하늘 보좌까지 상달되었다.

　본문은 애굽이 그동안 유지했던 방식으로는 더 이상 생존과 번영을 누릴 수 없음을 선언하고 있다. 오히려 제국이 그동안 간과하고 무시해왔던 새로운 사실에 눈뜨고 직시해야 함을 말씀하고 있다. 이 새로운 현실이 모세와 아론을 통해 제국의 최고 통수권자인 바로 앞에 선포되고 있다.

> "그 후에 모세와 아론이 바로에게 가서 이르되 이스라엘의 하나님 여호와께서 이렇게 말씀하시기를 내 백성을 보내라. 그러면 그들이 광야에서 내 앞에 절기를 지킬 것이니라 하셨나이다"(출 5:1).

하나님께서 바로에게 선포하시는 새로운 현실이 무엇인가? 그동안 자신의 노예로 여겼던 히브리 노예들은 바로 '내 백성', 즉 이스라엘의 하나님 여호와의 백성이라는 것이다. 이 백성은 그동안 하나님의 섭리 가운데 애굽에 머물러 있었고, 이제는 하나님 백성 본연의 사명을 감당해야 하는데 그것은 바로 하나님을 예배하는 것이었다. 예배는 이스라엘 백성의 근본적인 부르심이었다. 이제 하나님은 이스라엘을 건져내 하나님을 예배하는 자리에 세우시려 한다. 바로를 섬기는 것이 아니라 하나님을 예배하는 게 이스라엘의 가장 큰 사명이기 때문이다. 이 선포 앞에 바로가 보이는 반응은 무엇인가?

> "바로가 이르되 여호와가 누구이기에 내가 그의 목소리를 듣고 이스라엘을 보내겠느냐. 나는 여호와를 알지 못하니 이스라엘을 보내지 아니하리라"(출 5:2).

"여호와가 누구이기에!" 여호와가 누구인지 모르겠고 신경 쓰지도 않겠다는 것이다. 그러면서 분명하게 선언한다. "나는 여호와를 알지 못하니 이스라엘을 보내지 아니하리라." 바로가 '하나님을 아는 지식'이 없었기에 이스라엘을 여전히 자신의 노예로 붙잡아둘 것이라고 선언하는 것이다. 바로의 치명적인 약점이 여기서 드러난다. 바로는 하나님을 아는 지식이 없었다. 여기서 하나님을 안다는 것은 이론적이고 지적인 앎뿐 아니라 경험적, 체험적 앎을 의미한다.

요셉이 애굽의 총리로 있던 옛 시절에 통치하던 바로는 그렇지 않았다. 그에게는 하나님을 아는 지식이 있었다. 요셉의 해몽대로 애굽제국에 7년 풍년과 7년 흉년이 닥치는 것을 경험하며, 직접 살아 계신 하나님의 능력과 역사를 체험하고 알게 되었다. 그래서 하나님의 사람 요셉을 귀하게 여겼고, 요셉의 가족을 애굽으로 초대했으며, 좋은 목초지가 있는 고센 땅에 살도록 주거지를 마련해주었다. 바로에게 요셉과 그의 가족은 온 세상을 다스리는 하나님의 백성이자 하나님이 보내주신 대사(ambassador)였다. 바로는 애굽이 이렇게 풍성한 복을 받고 온 세상을 구원하는 사명을 감당한 것은 하나님의 백성들 덕분이고, 이들이 자신과 함께하기 때문임을 알았다.

그런데 새롭게 왕위에 오른 바로는 그렇게 생각하지 않았다. 오히려 히브리인을 기하급수적으로 불어나는 위협적인 존재로 보았고, 제국의 번영을 위해 가혹하게 부려야 할 노예로 여겼다. 원인 규명을 잘해야 한다. 바로는 하나님을 알지 못했기에 애굽이 번성한 이유를 엉뚱한 데서 찾았다. 자신의 지략을 활용하여 노예를 최대한 몰아붙이며 부리는 일이 애굽 번성의 중요 요인이라 착각한 것이다.

"내 백성을 보내라"는 하나님의 요구 앞에 애굽이 제국의 번영을 계속 이어나갈 수 있는 길이 무엇일까? 이스라엘의 주인이신 하나님의 말씀에 순종하는 것이다. 히브리 노예들을 더 이상 노예로 보는 것이 아니라 하나님의 백성으로 보아야 한다. 그리고 그들로 예배하게 하고 애굽을 위해 중보기도하게 해야 한다. 그러나 바로는 모세와 아론의 말에 냉담하게 반응했다. "여호와가 누구이기에 그 소리를 듣겠느냐? 나는 알지 못하므로 보내지 아니하리라!" 그러자 모세와 아론이 다시 선언한다.

> "그들이 이르되 히브리인의 하나님이 우리에게 나타나셨은즉 우리가 광야로 사흘 길쯤 가서 우리 하나님 여호와께 제사를 드리려 하오니 가도록 허락하소서. 여호와께서 전염병이나 칼로 우리를 치실까 두려워하나이다"(출 5:3).

하지만 바로는 이 말을 우습게 여기며 백성들의 노역을 쉽게 하려는 일종의 궁색한 핑계로 여긴다.

> "애굽 왕이 그들에게 이르되 모세와 아론아 너희가 어찌하여 백성의 노역을 쉽게 하려느냐. 가서 너희의 노역이나 하라. 바로가 또 이르되 이제 이 땅의 백성이 많아졌거늘 너희가 그들로 노역을 쉽게 하는도다 하고"(출 5:4-5).

하나님을 모르는 바로의 입장에서 볼 때 모세의 요구는 이스라엘 노예를 선동해서 쉽게 하여 생산성을 떨어뜨리려는 반체제 저항운동과 같았다. 하나님을 아는 지식이 부재한 상태에서 하나님의 말씀에 대한 거부선언은 역설적으로 장차 애굽에 닥칠 끔찍한 열 가지 재앙을 예고하는 선언이기도 했다. 그래서 성경은 앞으로 일어나는 재앙에 대해서 각 재앙이 일어날 때마다 분명하게 선포한다.

"내가 내 손을 애굽 위에 펴서 이스라엘 자손을 그 땅에서 인도하여 낼 때에야 애굽 사람이 나를 여호와인 줄 알리라 하시매"(출 7:5).
"내가 바로의 마음을 완악하게 한즉 바로가 그들의 뒤를 따르리니 내가 그와 그의 온 군대로 말미암아 영광을 얻어 애굽 사람들이 나를 여호와인 줄 알게 하리라 하시매 무리가 그대로 행하니라"(출 14:4).

하나님은 바로에게 이제부터 이스라엘의 하나님이 어떤 분인지를 재앙을 통해 알게 한다고 하신다. 하나님을 인정하지 않는 상태에서 그를 알아가는 과정은 정말 고통스럽다. 바로가 현명했다면 모세와 아론의 선언에 귀를 기울이고, 과연 이 하나님이 어떤 분이신지 이전 왕조의 역사기록을 한 번만이라도 검토해보았을 것이다. 그랬다면 이 하나님은 그동안 하나님의 백성을 통해 애굽에 풍요와 복을 보내주신 분이었다는 것을 알았을 것이다. 그러나 하나님을 아는 지식이 없던 바로는 그동안 제국이 구가했던 풍요가 하나님이 주신 복이 아닌 자신의 지략과 힘으로 일구었던 것으로 착각하고, 그동안 해왔던 방식을 더욱 가혹하게 밀어붙였다.

"바로가 그날에 백성의 감독들과 기록원들에게 명령하여 이르
되 너희는 백성에게 다시는 벽돌에 쓸 짚을 전과 같이 주지 말
고 그들이 가서 스스로 짚을 줍게 하라. 또 그들이 전에 만든
벽돌 수효대로 그들에게 만들게 하고 감하지 말라. 그들이 게
으르므로 소리 질러 이르기를 우리가 가서 우리 하나님께 제
사를 드리자 하나니 그 사람들의 노동을 무겁게 함으로 수고
롭게 하여 그들로 거짓말을 듣지 않게 하라"(출 5:6-9).

바로가 감독들과 기록원들에게 명령한다. 참고로 기록원은 감독
아래 있는 일종의 작업반장이다. "이제부터 원가절감에 들어간다.
벽돌을 만들 때 들어가던 짚을 제공하지 말고 스스로 구하도록 해라.
이 녀석들이 여유가 있어 하나님께 예배드린다고 하니 더 힘들게 일
해서 거짓말할 여유조차 없도록 해라." 바로는 모세의 말을 거짓말
로 취급한다. 제국에서 효과적으로 작용했던 노예제도가 더 이상 통
하지 않을 것임을 이야기하는 것은 바로에게는 거짓말에 불과할 뿐
이었다. 지금까지 잘 통했는데 왜 다른 변화, 그것도 이 어마어마한
노예를 포기해야 하는 변화를 감수해야 한단 말인가? 그래서 바로는
지금까지 통했던 방식을 더욱 강력하게 밀어붙였다. 결국 중간에 있
는 이스라엘의 기록원, 즉 작업반장들이 큰 어려움을 겪는다.

"바로의 감독들이 자기들이 세운 바 이스라엘 자손의 기록원들
을 때리며 이르되 너희가 어찌하여 어제와 오늘에 만드는 벽돌
의 수효를 전과 같이 채우지 아니하였느냐 하니라"(출 5:14).

애굽의 감독들은 할당량을 채우지 못한 이스라엘의 기록원들을 폭력으로 압박했다. 안 그래도 힘든데 도저히 불가능한 목표량을 할당받은 기록원들은 곤란에 처했다. 제국은 할 수 있는 것을 왜 못했느냐고 밀어붙이는데, 사실 이것은 도저히 불가능한 목표치였다. 기록원들은 항의했다.

"이스라엘 자손의 기록원들이 가서 바로에게 호소하여 이르되 왕은 어찌하여 당신의 종들에게 이같이 하시나이까"(출 5:15).

그러자 바로는 너희들이 이렇게 매 맞고 혼나는 것은 저 모세와 아론 때문이라고 탓을 돌린다.

"바로가 이르되 너희가 게으르다. 게으르다. 그러므로 너희가 이르기를 우리가 가서 여호와께 제사를 드리자 하는도다"(출 5:17).

바로는 이스라엘 백성이 당하는 이 모든 어려움의 원인을 모세와 아론에게 돌렸다. 모든 원망과 불평의 화살은 바로와 제국이 아니라 모세를 향했다. 여기에 제국의 교묘한 설득전략이 있다. 제국은 절대 자신의 잘못을 스스로 인정하지 않는다. 꼭 희생양을 만들어 어려움을 겪게 한다. 바로를 만나고 나오는 이들이 길에서 모세와 아론을 보고 어떻게 반응하는가?

"너희가 우리를 바로의 눈과 그의 신하의 눈에 미운 것이 되게 하고 그들의 손에 칼을 주어 우리를 죽이게 하는도다. 여호와 는 너희를 살피시고 판단하시기를 원하노라"(출 5:21).

모세와 아론으로 인해 이스라엘 백성이 바로의 눈앞에 미움을 사서 죽을 지경이 되었으니 하나님이 이런 모세를 향해 벌주시기를 원한다는 뜻이다. 이들의 논리대로라면 지금 하나님은 모세와 아론 편이 아니다. 오히려 바로의 편이다. 하지만 이런 사고방식 이면에 숨겨진 교묘한 논리가 있다. 하나님께서 원하는 것은 이스라엘 백성이 애굽제국에서 편하게 지내는 것이지, 그곳에서 나와 약속의 땅에 들어가는 게 아니라는 것이다.

이스라엘의 기록관들은 이런 잘못된 제국의 교묘한 논리에 그만 설득당하고 말았다. "우리가 하나님께 예배드리는 것은 사치야. 그냥 이렇게 별 어려움 없이 노동만 하면 되는 것을 왜 예배드린다고 해서 바로의 심기를 건드리는 거야?" 이스라엘의 기록원들은 안식 없이 계속 일하고, 갑질하는 군대문화와 이스라엘의 소리를 묵살하는 제국문화를 아무 거부감 없이 그대로 수용하고 있었다. 제국의 이런 방식은 하나님의 백성이 마땅히 거부해야 할 방식임에도 이스라엘의 중간 관리들은 당장에 닥친 어려움으로 인해 제국의 논리에 설득당하고만 것이다.

한편 하나님의 부르심에 최선을 다한 모세는 바로에게 거절당하고 백성에게 원망을 듣기 시작했다. 제국의 논리가 모세를 심하게 뒤흔든 것이다. 이럴 때 모세는 어떻게 하는가? 하나님 앞에 나아가 이 모든 상황을 아뢰었다. "하나님, 제가 바로에게 나아가 주의 이름으로 말한 이후로 바로가 하나님의 백성들을 더 괴롭힙니다. 어떻게 해야 하나요?" 그러자 하나님이 응답하셨다.

"여호와께서 모세에게 이르시되 이제 내가 바로에게 하는 일을 네가 보리라. 강한 손으로 말미암아 바로가 그들을 보내리라. 강한 손으로 말미암아 바로가 그들을 그의 땅에서 쫓아내리라"(출 6:1).

하나님은 여기서 '강한 손'을 두 번이나 강조하신다. 하나님께서는 제국의 논리에 함몰되려는 모세와 아론을 능력 있게 다시 붙들어 주신다.

우리는 우리 삶을 지배하려는 제국의 논리와 하나님 백성의 정체성을 지켜나가야 할 논리를 분별할 수 있어야 한다. 제국의 논리에 함몰되어 덜 힘들고 덜 괴롭힘 당하기 위해 끌려다녀서는 안 된다. 제국이 강력하게 우리를 옥죄고 밀어붙이려는 이유가 무엇인가? 그것이 그동안 맛보았던 그들의 성공방식이었기 때문이다. 그러나 지금까지 당연하게 여기던 것들이 이제는 당연하지 않은 시대가 오고 있다.

이런 제국의 논리 앞에 성도가 함몰되지 않으려면 어떻게 해야 할까? 하나님을 아는 지식을 추구해야 한다. 이전보다 더 주님을 가까이하며 하나님의 말씀을 더 깊이 알고 이해해야 한다. 주님의 몸 된 교회를 통해 선포되는 말씀에 더욱더 귀 기울여야 한다. 그리고 그 지식을 나의 삶의 현장에, 제국의 현실에 용감하게 적용해야 한다. 그동안 당연하게 여겼던 것들이 더 곪아 터지기 전에 하나님의 음성에 귀 기울이며, 제국에 설득되지 않고, 지혜롭게 분별하며 거룩하게 일어서야 한다.

[9장 각주] ··

17) "삼성 갤럭시 노트7", 위키백과.
18) 박철완, "[박철완의 IT정담] 10년 만에 리튬이온 이차전지 사고의 큰문이 다시 열렸을까?", 조선일보, 2016. 9. 9.

패배의식이
몰려올 때

여호와께서 모세에게 이르시되 이제 내가 바로에게 하는 일을 네가 보리라. 강한 손으로 말미암아 바로가 그들을 보내리라. 강한 손으로 말미암아 바로가 그들을 그의 땅에서 쫓아내리라. 하나님이 모세에게 말씀하여 이르시되 나는 여호와이니라. 내가 아브라함과 이삭과 야곱에게 전능의 하나님으로 나타났으나 나의 이름을 여호와로는 그들에게 알리지 아니하였고 가나안 땅 곧 그들이 거류하는 땅을 그들에게 주기로 그들과 언약하였더니 이제 애굽 사람이 종으로 삼은 이스라엘 자손의 신음 소리를 내가 듣고 나의 언약을 기억하노라.

그러므로 이스라엘 자손에게 말하기를 나는 여호와라. 내가 애굽 사람의 무거운 짐 밑에서 너희를 빼내며 그들의 노역에서 너희를 건지

며 편 팔과 여러 큰 심판들로써 너희를 속량하여 너희를 내 백성으로 삼고 나는 너희의 하나님이 되리니 나는 애굽 사람의 무거운 짐 밑에서 너희를 빼낸 너희의 하나님 여호와인 줄 너희가 알지라. 내가 아브라함과 이삭과 야곱에게 주기로 맹세한 땅으로 너희를 인도하고 그 땅을 너희에게 주어 기업을 삼게 하리라. 나는 여호와라 하셨다 하라.

모세가 이와 같이 이스라엘 자손에게 전하나 그들이 마음의 상함과 가혹한 노역으로 말미암아 모세의 말을 듣지 아니하였더라. 여호와께서 모세에게 말씀하여 이르시되 들어가서 애굽 왕 바로에게 말하여 이스라엘 자손을 그 땅에서 내보내게 하라. 모세가 여호와 앞에 아뢰어 이르되 이스라엘 자손도 내 말을 듣지 아니하였거든 바로가 어찌 들으리이까. 나는 입이 둔한 자니이다.

2016년 10월 13일, 골프선수 박세리가 25년 동안의 선수 생활에 마침표를 찍고 은퇴했다. 단순히 한 선수의 은퇴가 아니었다. 박세리가 은퇴할 당시 미국 LPGA 투어에서 활약하고 있던 한국인 선수는 모두 34명이었는데, 이 가운데 27명이 우승 경력이 있는 훌륭한 선수였다. 이 선수들을 가리켜 '세리 키즈'라고 한다. 왜? 박세리 선수가 LPGA에서 처음으로 우승하면서 수많은 한국의 골프 꿈나무에게 영감과 용기를 주었기 때문이다. 많은 어린이가 '아, 나도 박세리 선수처럼 미국 LPGA에 가서 우승하겠다'는 꿈을 품게 되었다. 이전에는 LPGA의 벽이 너무 높아서 한국선수는 불가능하다고 생각했는데, 이제는 하면 된다는 자신감을 갖게 된 것이다. 박세리 선수가 LPGA의 벽을 뚫자 그를 모델로 따랐던 많은 선수가 너도나도 그 벽을 뚫기 시작했다.

첫 모델이 중요하다. 박세리 선수가 처음 우승할 때는 아무도 가보지 못했던 길을 개척했다. 이 길을 개척하기까지 얼마나 무섭고 두려웠겠는가? 그녀는 은퇴 후 선수시절을 회상하며 한 언론과의 인터뷰에서, 매일 호텔에 들어가 짐을 풀고 운동하고 다시 짐을 싸고 다른 경기장으로 가고, 그러다 슬럼프가 오면 어떻게 할지 몰라 고생하고, 이러다 선수생활 끝나는 것이 아닌가 싶기도 했다며 마음을 토로한 바 있다.[19] 하지만 마침내 이 모든 길을 잘 걸어내고 아름다운 마무리를 했다. 그리고 이제는 길을 먼저 간 선배로서 후배들의 든든한 버팀목이 되어주고 있다. 처음 가는 길이 힘들고 두렵지, 이미 누군가 걸어갔던 길을 간다면 그렇게 두렵지 않게 갈 수 있다.

그렇다면 아무도 가보지 못했던 길을 처음 개척할 때 가장 중요한 것이 무엇일까? 바로 상상력이다. 다른 사람이 자신을 비웃고 무시하며 온갖 부정적인 말을 쏟아내도 거룩한 상상력을 붙들고 있으면 흔들림 없이 그 길을 갈 수 있다. 그러나 상상력이 고갈되면 그 자리에 주저앉게 되고 순식간에 모든 것이 끝나버린다. 그래서 아무도 가지 않은 길을 가는 사람에게는 수많은 갈등과 두려움을 이겨낼 수 있는 견고한 상상력이 중요하다.

하나님이 우리를 부르실 때도 그렇다. 하나님께서는 먼저 우리 속에 있는 두려움과 부정적인 패배의식으로 가득 찬 상상력을 몰아내고 우리에게 거룩한 상상력을 품게 하신다. 그 상상력을 따라 우리가 순종할 때 하나님의 뜻이 놀랍고도 멋지게 이루어질 것이다. 전에 자전거를 못 타는 이가 있어 "왜 못 타는가?" 물어본 적이 있다. 알고 보니 처음 배울 때 넘어지고 다치는 것이 너무 무서워서 중간에 포기 했다고 한다. 사실 몇 번만 넘어지면 되는데, 처음 넘어지고는 이렇 게 위험할 거면 다시는 안 탄다고 부정적인 상상력에 사로잡혀 지레 겁먹고 포기해버렸다. 그 과정을 조금만 지나면 되는데 그만 부정적 인 상상력에 압도되어 견뎌내지 못했다. 넘어지고 무릎에 생채기가 나는 것은 그 일을 이루어가는 하나의 과정에 불과한데 그만 중간에 너무 겁에 질려 희망의 상상력이 마비된 것이다.

모세가 그랬다. 하나님은 모세에게 찾아오셔서 그의 부정적인 정체성을 회복시켜주시고 새로운 사명을 주셨다. 모세는 용기를 얻어 희망을 품고 바로 앞에 나아갔다. 하지만 결과는 비참했다. 바로에게 나아가서 하나님의 말씀을 그대로 담대하게 전했지만 바로는 모세를 냉대하고 무시했다. "여호와가 누구이기에 내가 보내겠느냐"며 "나 는 여호와를 모르니 히브리 노예들을 보내지 않겠다"고 일언지하에 거절했다. 그러고는 히브리인들에게 더 심한 노역을 부과했다. 이스 라엘 백성들은 이런 모세와 아론을 원망했다.

"너희가 우리를 바로의 눈과 그의 신하의 눈에 미운 것이 되게
하고 그들의 손에 칼을 주어 우리를 죽이게 하는도다. 여호와
는 너희를 살피시고 판단하시기를 원하노라"(출 5:21).

이스라엘 백성들이 미움과 원망을 쏟아내자 모세는 그동안 품어

왔던 하나님을 향한 기대와 예언자의 상상력이 질식되기 시작했다. 모세는 이를 하나님께 다시 쏟아냈다.

"주여… 어찌하여 나를 보내셨나이까. …그(바로)가 이 백성을 더 학대하며 주께서도 주의 백성을 구원하지 아니하시나이다"(출 5:22-23).

모세의 말을 들어보면 타당한 것 같다. 하지만 하나님께서는 무엇이라고 하시는가?

"이제 내가 바로에게 하는 일을 네가 보리라"(출 6:1).

'이제'는 지금까지 일어났던 일은 잘못된 일이 아니고 본격적으로 하나님이 일하는 때가 왔음을 나타낸다. 지금 모세는 일을 그르친 것에 대한 엄청난 부담감을 안고 있었다. 그런데 하나님께서 무엇이라고 하시는가? "이제 내가 하는 일을 네가 보리라." 지금부터는 네가 일하는 때가 아니라 하나님의 '강한 손'이 본격적으로 일하는 타이밍이라는 것이다.

'강한 손'이라는 표현은 문자적으로 '강한 팔'이 되는데 이것은 고대 애굽에서 바로의 권세와 능력을 가리킬 때 종종 사용되었던 표현이다. 예를 들어 주전 1275년에 람세스 2세와 히타이트, 즉 헷 족속 사이에 가데스 전투가 있었다. 이 전쟁에서 람세스 2세는 큰 승리를 거두었는데 그때 승리한 것을 묘사한 애굽의 서사시를 보면 바로의 '강한 팔'을 칭송하는 표현이 여러 번 등장한다. 지금 하나님께서 '강한 손'을 두 번이나 강조하시는 것은 이 모든 상황을 주관하고 승리하게 하시는 분은 바로가 아니라 하나님임을 확실히 하기 위해서다. 하나님의 능력 있는 팔로 말미암아 결국 바로가 그들을 내보낼 것이다. 하나님의 강한 손을 견디다 못해 이스라엘을 내쫓을 것이다. 그럴 수밖에 없을 것이다.

하나님께서는 시내산에서 모세를 처음 부르실 때 이 부분을 분명하게 말씀하셨다.

> "내가 아노니 강한 손으로 치기 전에는 애굽 왕이 너희가 가도록 허락하지 아니하다가 내가 내 손을 들어 애굽 중에 여러 가지 이적으로 그 나라를 친 후에야 그가 너희를 보내리라" (출 3:19-20).

바로를 움직이려면 '강한 손'이 반드시 있어야 하는데, 그것은 바로의 손이 아니고 모세의 손도 아니며 하나님의 손이다. 하나님의 '강한 손'이 나타나 바로를 치기 전에는 애굽 왕이 절대 움직이지 않을 텐데, 하나님께서 그 강력한 손을 들어 여러 가지 이적으로 애굽 제국을 치신 후에야 비로소 바로가 이스라엘을 내보낼 것이다.

이 말씀을 깊이 생각해보라. 하나님의 강한 손이 나타났는가? 아니다. 애굽에 하나님의 강력한 여러 가지 이적이 나타났는가? 아니다. 아직 시작도 하지 않았다. 그렇게 볼 때 모세가 바로에게 "내 백성을 보내라"는 하나님의 말씀을 전한 것은 일종의 선전포고에 불과했다. 바로가 그 말에 발끈해서 더 힘든 부역을 이스라엘에게 부과했다고 끝나는 게 절대 아니었다. 이제부터 본격적으로 하나님의 강한 손이 나타날 때가 온 것이다.

그렇다면 바로의 거부를 모세의 사역 실패로 볼 수 있는가? 아니다. 절대 그렇지 않다. 그런데 모세는 바로의 완강한 거절에 그만 새 가슴처럼 덜컥 겁이 나서 다 끝난 것처럼 하나님을 붙들고 원망만 한다. 중요한 것은 모세가 바로를 아는 것보다 하나님이 바로를 더 잘 아신다는 점이다. 그래서 처음에 하나님이 말씀하시지 않았는가? "내가 아노니"(출 3:19). 하나님은 바로가 어떤 사람인지 분명히 아셨고, 그랬기에 그를 다루는 방법도 알고 계셨다. 그렇다면 지금 바로의 거부는 하나님의 손이 나타나기 위한 준비과정에 불과하다.

모세는 참담한 패배감에 무너지려 하고 있다. 하지만 참담한 패배처럼 보여도 순종 가운데 경험하는 패배는 하나님의 더 큰 뜻을 이루기 위한 과정임을 기억해야 한다. 이때 우리는 하나님이 어떤 분이신가에 집중해야 한다. 치욕스럽고 패배처럼 보이는 현 상황에 눈 돌릴 것이 아니라 여기까지 인도하신 하나님께 집중해야 하는 것이다. 예수님의 기도를 보라. 예수께서는 겟세마네 동산에서 기도하실 때 두려움과 공포에 집중하지 않으시고, 하나님께 집중하여 "내 뜻대로 마시고 아버지 뜻대로 되기를 원합니다"라고 기도하시지 않았는가?(마 26:39 참조).

이번 장의 본문 2절부터 8절까지는 하나님께서 어떤 분인지를 말씀한다. 주목할 점은 2절과 8절이 "나는 여호와니라"는 구절로 감싸는 수미상관구조라는 것이다. 출애굽기에서 하나님이 자신을 "나는 여호와니라!"고 밝히면서 본문 전체를 감싸는 것은 여기가 처음이다. '여호와'는 하나님의 이름이다. 누군가의 이름을 알고 그의 이름을 부르는 관계는 인격적 관계의 첫출발점이다. 하나님께서 자신의 이름을 '여호와'로 밝히시는 것도 이런 맥락이다. 자신의 이름을 분명하게 계시하시는 하나님은 이스라엘과 인격적인 관계를 맺으시는 인격적인 하나님임을 보여준다. 하나님은 자신의 이름을 계시하는 것이 어떤 의미인지 밝히신다.

> "내가 아브라함과 이삭과 야곱에게 전능의 하나님으로 나타났으나 나의 이름을 여호와로는 그들에게 알리지 아니하였고" (출 6:3).

이 말씀은 우리를 다소 어리둥절하게 만든다. 왜냐하면 창세기에는 일찍부터 하나님을 여호와로 부른 기록이 있기 때문이다. "셋도 아들을 낳고 그의 이름을 에노스라 하였으며 그때에 사람들이 비로소 여호와의 이름을 불렀더라"(창 4:26). 아브라함도 여호와의 이름을 불렀다(창 12:8). 그가 아들 이삭을 하나님께 제물로 드리려 할 때 했던 고백이 있다. "여호와께서 준비해주셨다"는 고백이다. 이를 히브리어로 '여호와 이레'라고 한다(창 22:14).

여기서 새삼스럽게 하나님이 자신의 이름을 그동안에는 전능의 하나님으로만 계시했다가, 이제 본격적으로 여호와라 계시하신다고 말씀하신 이유가 무엇일까? 이것은 하나님께서 이전의 선조들에게는 언약의 약속을 주시고 이것을 성취하실 하나님이 전능하신 하나님임을 강조했다면 이제부터는 하나님께서 실질적으로 현실 가운데 언약을 성취해주시는 이스라엘의 인격적인 아버지 하나님으로 계시한다는 뜻이다. 이런 여호와 하나님께서 장차 어떤 일을 행하실지 알려주신다. "가나안 땅을 그(선조)들에게 주기로 언약하였는데, 이제 이 언약을 기억하셔서 하나님이 이스라엘 백성을 빼내며 그들의 노역에서 건지며 능력의 팔을 펴서 여러 큰 심판으로 이스라엘을 속량할 것이다"(출 6:4-6 참조).

여기에 하나님께서 행하실 사역이 세 가지 동사로 나온다. '빼내며' '건지며' '속량할' 것이다. 이 세 동사는 다 완료형으로 사용되었다. 무슨 말인가? 아직 일어나지 않은 일을 반드시 일어난 일로 확신 가운데 성취하실 것을 말씀하신 것이다. 빼내시고 건지시고 속량하시는 이유가 무엇인가? 이것은 보다 근본적인 목적으로 향한다. 바로 7절 말씀이다.

"너희를 내 백성으로 삼고 나는 너희의 하나님이 되리니 나는 애굽 사람의 무거운 짐 밑에서 너희를 빼낸 너희의 하나님 여호와인 줄 너희가 알지라"(출 6:7).

"너희를 내 백성으로 삼고 나는 너희의 하나님이 될 것이다!" 이는 구약 전체를 흐르는 하나님의 분명한 언약의 목적으로, 이러한 표현을 '언약인지 공식'이라고 한다(렘 31:31-33, 32:38, 겔 36:24-28, 37:23,27 참조). 이때가 되면 이스라엘을 구원하신 분이 분명 여호와인 것을 이스라엘 백성들이 알 것이다.

여호와께서 모세에게 계시하시는 하나님의 언약은 여전히 변함 없다. 여전히 착오 없이 진행 중이다. 하나님은 다시 모세를 격려하여 백성들에게 가서 선포하라고 말씀하신다. 하나님의 소망으로 가득한 언약 성취에 대한 상상력을 다시 불어넣어주시는 것이다. 이에 대한 이스라엘의 반응은 어떠한가?

> "모세가 이와 같이 이스라엘 자손에게 전하나 그들이 마음의
> 상함과 가혹한 노역으로 말미암아 모세의 말을 듣지 아니하였
> 더라"(출 6:9).

이스라엘 백성은 여전히 듣지 않았다. 본문은 그 이유를 "마음의 상함과 가혹한 노역"으로 진술한다. 여기서 '마음의 상함'(broken Spirit, NRSV)은 영혼이 산산조각 났다는 뜻이다. 이들의 연약한 심령으로 견디기에는 너무나도 타격이 컸다. 게다가 노역도 너무너무 힘들어졌다. 그러니 하나님의 말씀에 귀 기울이지 못하고 도리어 그 말씀을 무시한다. 이제 본격적인 하나님의 역사가 시작될 것인데 시작하기도 전에 낙담한 것이다.

그러자 하나님께서 모세에게 말씀하신다. "모세야, 이제는 애굽 왕 바로에게 가서 다시 내 백성 이스라엘을 내보내라고 말해라." 그러자 모세가 어떻게 반응하는가?

> "모세가 여호와 앞에 아뢰어 이르되 이스라엘 자손도 내 말을
> 듣지 아니하였거든 바로가 어찌 들으리이까. 나는 입이 둔한

자니이다"(출 6:12).

"하나님, 이스라엘도 제 말을 안 듣는데 어떻게 바로가 듣겠습니까? 저는 입이 둔합니다." 사실 그래서 아론을 함께 보내신 것 아닌가? 즉 모세는 어떻게든 빠져나갈 궁색한 변명을 찾고 있었다. 하나님의 말씀과 약속에 다시 용기를 내 이스라엘 백성에게 갔다가 거절당하자, 모세는 아예 부정적 상상력으로 용기를 잃고 낙담한 것이다.

하나님이 모세에게 기대하셨던 것은 무엇일까? 바로의 위협과 이스라엘 백성의 부정적인 상상력에 압도되지 않고 하나님의 말씀에 기반을 둔 희망의 상상력을 붙들고 기쁘게 순종하는 모습, 암담한 가운데서도 그분을 신뢰하며 꿋꿋하게 나아갈 수 있는 모습이었다. 지금의 암담함조차 하나님의 계획이 실현되는 과정으로 하나님의 강한 손이 나타나기 위한 과정으로 볼 수 있는 거룩한 믿음의 안목이었다.

하나님을 위하여 무엇인가를 시도하려고 하다가 그만 용기를 잃고 접어버린 일은 없는가? 하나님께서 본격적으로 그분의 뜻을 이루시려 하는데 그냥 겁을 집어먹고 포기하려 하지는 않았는가? 지금 내 안에 있는 패배 의식은 무엇인가? 패배는 그리스도께서 십자가에 못 박으셨다.

패배의식으로 포기하고 도망가고 싶을 때 우리는 진지하게 물어야 한다. 이런 나를 부르신 하나님은 어떤 분이신가? 이것이 과연 끝일까? 나는 나를 부르신 하나님을 제대로 알고 있는가? 믿음의 주요 온전하게 하신 이인 예수를 바라보라(히 12:2). 그렇다면 우리를 부르신 이 자리에서 거룩한 상상력을 다시 꽃피우고 담대하게 나아갈 수 있을 것이다. 상상력이 있어야 버틸 수 있고 인내할 수 있다. 암담한 현실을 새롭게 볼 수 있는 하나님의 거룩한 상상력으로 충만하기를 구하라.

[10장 각주] ··

19) 송혜진, "[Why] 골프는 못 즐겼지만 인생은 즐기고 싶다", 조선일보, 2016. 10. 22.

부족해도
------------------------- 쓰임받을 수 있다

여호와께서 모세와 아론에게 말씀하사 그들로 이스라엘 자손과 애굽 왕 바로에게 명령을 전하고 이스라엘 자손을 애굽 땅에서 인도하여 내게 하시니라. 그들의 조상을 따라 집의 어른은 이러하니라.

이스라엘의 장자 르우벤의 아들은 하녹과 발루와 헤스론과 갈미니 이들은 르우벤의 족장이요 시므온의 아들들은 여무엘과 야민과 오핫과 야긴과 소할과 가나안 여인의 아들 사울이니 이들은 시므온의 가족이요 레위의 아들들의 이름은 그들의 족보대로 이러하니 게르손과 고핫과 므라리요 레위의 나이는 백삼십칠 세였으며 게르손의 아들들은 그들의 가족대로 립니와 시므이요 고핫의 아들들은 아므람과 이스할과 헤브론과 웃시엘이요 고핫의 나이는 백삼십삼 세였으며 므라

*리의 아들들은 마흘리와 무시니 이들은 그들의 족보대로 레위의 족
장이요 아므람은 그들의 아버지의 누이 요게벳을 아내로 맞이하였고
그는 아론과 모세를 낳았으며 아므람의 나이는 백삼십칠 세였으며
이스할의 아들들은 고라와 네벡과 시그리요 웃시엘의 아들들은 미사
엘과 엘사반과 시드리요 아론은 암미나답의 딸 나손의 누이 엘리세
바를 아내로 맞이하였고 그는 나답과 아비후와 엘르아살과 이다말을
낳았으며 고라의 아들들은 앗실과 엘가나와 아비아삽이니 이들은 고
라 사람의 족장이요 아론의 아들 엘르아살은 부디엘의 딸 중에서 아
내를 맞이하였고 그는 비느하스를 낳았으니 이들은 레위 사람의 조
상을 따라 가족의 어른들이라.*

*이스라엘 자손을 그들의 군대대로 애굽 땅에서 인도하라 하신 여호
와의 명령을 받은 자는 이 아론과 모세요 애굽 왕 바로에게 이스라엘
자손을 애굽에서 내보내라 말한 사람도 이 모세와 아론이었더라.*

1994년 미국 뉴욕에서 앤토니 시코리아라는 정형외과 의
사가 공중전화부스에서 전화하고 나오다가 갑작스러운 벼락에 맞았
다. 전류가 얼마나 강하게 내리쳤던지 그만 그 자리에 픽 쓰러져 심
장이 멈췄다. 감사한 것은 전화하려고 앤토니 바로 뒤에 줄을 서 있
던 사람이 간호사였다. 쓰러진 것을 현장에서 보고 이 간호사가 응급
심폐소생술을 시행해서 멈춘 심장을 다시 뛰게 했다. 천만다행으로
살아난 앤토니는 다시 일상생활로 복귀했는데 며칠 뒤부터 이상한
충동이 일어나기 시작했다. 그것은 피아노를 치고 싶은 충동이었다.

그래서 악기점에 가서 피아노 연주곡 악보를 사 들고 와서 바로 그 자리에서 원래 피아노를 오랫동안 쳤던 사람처럼 연주하기 시작했다. 그런데 놀랍게 악보가 눈에 들어오고 손가락이 돌아가며 그 자리에서 아주 원숙한 피아노 연주가 펼쳐졌다. 깜짝 놀랐다. 이후 이 사람은 '하늘이 아닌 번개가 낳은 기적의 천재 피아니스트'로 명성을 얻어 세계를 돌아다니며 연주활동을 하고 있다.

자기를 뛰어넘고 싶은 욕망은 사람 안에 있는 원초적인 본능에 가깝다. 아담과 하와를 보라. 평범한 사람으로 만족하지 말고 그 한계를 뛰어넘어 하나님처럼 되라는 뱀의 유혹에 넘어가지 않았는가? 사람은 누구나 자신의 부족함과 평범함을 절감할 때가 있다. 그래서 종종 자기의 한계를 뛰어넘고 싶어 한다. 앤토니 시코리아의 경우처럼 벼락을 맞아 천재가 되는 경우도 있지만 많은 경우 아주 특별한 힘을 빌어 자신의 역량을 뛰어넘는 큰일을 행하고 싶어 하는 욕구가 있다.

예전에 캐나다의 로키산맥에 있는 국립공원을 지나갈 때가 있었다. 밴쿠버에서 캘거리까지 약 1,000km의 거리를 차로 운전해서 가다 보면 유명한 캐나다 로키산맥의 요호, 밴프 국립공원을 통과한다. 그런데 가는 도중 그 울창한 삼림에서 나무가 불타고 있는 게 보였다. 어떻게 된 일인가 보니 주변이 다 불타고 있었다. 우리나라 같으면 벌써 소방관이 출동했을 텐데 그냥 놓아두고 있었다. 알고 보니 이 나무들은 자연 발화되어 불붙은 것인데 그럴 때는 그냥 꺼질 때까지 놔두는 경우가 다반사라고 했다. 불에 탄 나무가 뿌리째 뽑혀 이리저리 쓰러져 있었다. 아니, 그 크고 울창한 나무가 불붙었다고 쓰러지다니 이상했다. 알고 보니 뿌리가 약해 나무가 여기저기 불에 타면 그냥 바람에 통째로 넘어지는 것이었다. 땅이 비옥하고 수분 공급도 원활하다 보니 나무가 뿌리를 그다지 깊이 내릴 필요가 없었다. 그냥 울창하게 뻗어 있는 삼림을 지날 때는 몰랐다. 그런데 큰 어려움이 지나가자 뿌리까지 드러나 쓰러져버린 것이다.

성경을 보면 하나님이 쓰셨던 사람들의 이야기가 나온다. 모세, 여호수아, 기드온, 삼손, 다윗 등. 이들의 이야기를 보면 개인의 능력을 훨씬 뛰어넘는 엄청난 역사를 이룬 것을 알 수 있다. 하지만 성경은 이들이 얼마나 열심히 노력하였고, 개개인의 기량이 얼마나 출중하고 탁월했는지에 대해서는 말하지 않는다. 오히려 성경은 하나님이 쓰셨던 사람들이 얼마나 연약하고 하자가 많은 인생이었는지를 말한다. 그들의 약점과 수치를 감추지 않고 공개적으로 드러낸다. 그 이유가 무엇일까? 쓰임받은 사람에게 집중하지 말고 이들을 사용하시는 하나님께 더 집중하도록 하기 위한 것이다. 성경이 그렇다면 우리는 우리의 연약한 점을 가리기보다 오히려 이를 자연스럽게 받아들이며 당당하게 설 수 있다.

이번 장의 본문은 모세와 아론의 족보에 대해서 말씀한다. 시작인 13절과 끝부분인 26~27절은 하나님께서 모세와 아론을 사용하셨음을 강조하며 본문 전체를 감싸고 있다.

"여호와께서 모세와 아론에게 말씀하사 그들로 이스라엘 자손과 애굽 왕 바로에게 명령을 전하고 이스라엘 자손을 애굽 땅에서 인도하여 내게 하시니라"(출 6:13).

이 말씀에 따르면 하나님께서 이스라엘 자손을 애굽 땅에서 인도하는 큰 역사를 이루시는데 모세와 아론을 통해 말씀을 전하게 하여 역사한다고 한다. 26~27절에도 모세와 아론을 통해 역사하심을 강조한다.

"이스라엘 자손을 그들의 군대대로 애굽 땅에서 인도하라 하신 여호와의 명령을 받은 자는 이 아론과 모세요 애굽 왕 바로에게 이스라엘 자손을 애굽에서 내보내라 말한 사람도 이 모세와 아론이었더라"(출 6:26-27).

보통 출애굽 하면 모세를 떠올린다. 그러나 여기서는 아론도 함께 강조된다. 그 이유가 무엇인가? 출애굽할 때까지는 모세가 중요한 역할을 하지만 시내산에서 성막이 제작되고 난 25장 이후에는 하나님께 제사드리는 제사장의 역할이 매우 중요해지기 때문이다. 제사장 가문의 첫출발이 바로 1대 대제사장 아론이다. 2대가 그 아들 엘르아살이고, 3대가 우리에게 잘 알려진 손자 비느하스다(민 25장 참조). 아론은 모세의 동역자로서도 중요하지만 이후 이스라엘의 제사장으로서 중요한 역할을 하므로 본문은 모세와 아론을 모두 강조하고 있는 것이다.

이 부분만 보면 '모세와 아론은 얼마나 특별한 사람이었길래 이렇게 멋지게 쓰임받았을까?' '그의 가문과 선조들에게는 무슨 특별한 점이 있을까?' 하는 생각이 든다. 그러나 오늘 본문에 나타나는 모세와 아론의 가문을 보면 이런 기대가 흔들린다.

14절부터는 모세와 아론 집안의 어른들로 르우벤, 시므온, 레위를 소개한다. 이들은 이스라엘 열두 지파의 첫 세 형제이다.

첫째는 장자 르우벤이다. 르우벤이 누구인가? 야곱의 맏아들이다. 그러나 너무 성적으로 조숙했다. 작은엄마 라헬이 죽자 라헬의 몸종이었던 빌하를 범한다. "이스라엘이 그 땅에 거주할 때에 르우벤이 가서 그 아버지의 첩 빌하와 동침하매 이스라엘이 이를 들었더라. 야곱의 아들은 열둘이라"(창 35:22). 얼마나 충격적인 사건인가?

이 일로 인하여 르우벤은 장자였음에도 불구하고 야곱이 죽기 전 마지막으로 열두 아들을 축복할 때 장자의 축복을 받지 못하고 제외된다. "르우벤아 너는 내 장자요 내 능력이요 내 기력의 시작이라. 위풍이 월등하고 권능이 탁월하다마는 물의 끓음 같았은즉 너는 탁월하지 못하리니 네가 아버지의 침상에 올라 더럽혔음이로다. 그가 내 침상에 올랐었도다"(창 49:3-4).

둘째로 시므온의 족보다. 15절에는 모두 여섯 명의 아들이 소개되지만 이들은 그다지 주목받지 못한다. 게다가 이 족보에는 섞이지 말아야 할 '가나안 여인'의 아들 사울까지 등장한다.

셋째가 레위의 족보다. 레위는 모세와 아론의 선조다. 하지만 이전에 야곱이 열두 아들에게 했던 축복을 보면 시므온과 레위는 축복이 아닌 저주에 가까운 선언을 받는다. "시므온과 레위는 형제요 그들의 칼은 폭력의 도구로다"(창 49:5).

이 선언은 야곱의 딸 디나가 가나안 세겜 땅의 추장 하몰의 아들에게 강간당한 사건을 배경으로 한다(창 34장). 레위와 시므온은 이 일에 분노하여 피비린내 나는 복수를 한다. 이들은 추장 하몰의 아들

세겜에게 만약 결혼하고 싶으면 세겜 사람 전체가 할례를 받아야 한다고 제안한다. 디나를 좋아했던 세겜은 성읍 사람들을 설득해서 함께 할례를 받게 한다. 이들이 할례를 받고 아파 누워 있게 되자 레위와 시므온은 칼을 차고 종들을 데리고 세겜 진영에 들어가 그곳 남자들을 남김없이 모조리 죽이고 재물을 노략하고 부녀자와 아이들을 사로잡아 온다. 약속을 살인으로 갚은 비열한 행위였다.

이 사건을 배경으로 야곱은 시므온과 레위를 잔인한 폭력의 도구로 규정한다. 야곱은 유언에서 또 다음과 같이 진술한다. "내 혼아 그들의 모의에 상관하지 말지어다. 내 영광아 그들의 집회에 참여하지 말지어다. 그들이 그들의 분노대로 사람을 죽이고 그들의 혈기대로 소의 발목 힘줄을 끊었음이로다. 그 노여움이 혹독하니 저주를 받을 것이요 분기가 맹렬하니 저주를 받을 것이라. 내가 그들을 야곱 중에서 나누며 이스라엘 중에서 흩으리로다"(창 49:6-7). 야곱은 너희같이 신의를 피로 갚은 자의 자손은 흩어질 것이라고 저주한다. 이처럼 시므온과 레위는 잔인한 폭력의 대명사로 규정되었다.

그런데 본문에는 이런 저주받은 가계 가운데 하나님의 놀라운 역사가 나타난다. 그것은 잔인하고 완악한 레위 가문에서 제사장 아론과 출애굽의 일꾼 모세가 나온다는 것이다. 이들은 애굽에 포로로 흩어져 있던 이스라엘 백성을 모아 하나님께 나아오게 하는 사명을 감당한다.

16절부터 전개되는 레위의 족보를 따라가다 보면 특별히 나이가 소개된 인물들이 나온다. 레위는 137세(16절), 레위의 둘째 아들인 고핫은 133세(18절), 또 고핫의 첫째 아들인 아므람은 137세다(20

절). 그리고 아므람의 두 아들이 아론과 모세다. 여기서는 모세의 족보보다 아론의 족보에 더 관심을 갖고 상세히 보도한다. 왜 그런가? 아론의 후손이 대제사장의 가문이 되기 때문이다. 그리고 20절에는 모세와 아론의 부모에 대한 정보가 나온다.

> "아므람은 그들의 아버지의 누이 요게벳을 아내로 맞이하였고
> 그는 아론과 모세를 낳았으며 아므람의 나이는 백삼십칠 세였
> 으며"(출 6:20).

모세와 아론의 아버지 아므람은 아버지의 여동생 요게벳을 아내로 맞이하였다. 아버지의 여동생이면 고모 아닌가? 이상의 것들을 종합해보면 하나님께 그토록 귀하게 쓰임받은 아론 가문의 속살이 드러난다. 그다지 자랑스럽지 않은 역사의 기록이 있었음을 알 수 있다. 모세 개인에게 있어서도 그렇다. 모세의 과거는 어떠했는가? 한 때 애굽의 왕자였지만 결국 살인자가 되어 광야로 도망가지 않았는가? 하나같이 하자 많고 부족하고 자격 미달인 인생들이다.

이런 가계도를 보면 무엇이라고 말할 수 있을까? "이 집안은 안 되겠어." "가계에 흐르는 저주가 있어." 이런 말들을 하지 않겠는가? 겉으로 볼 때 저주받은 콩가루 집안 같지만 레위의 자손은 이스라엘의 출애굽과 이후 성전 중심의 삶에 결정적으로 쓰임받는다. 우리는 여기서 야곱의 저주를 축복으로 바꾸는 하나님의 손길을 볼 수 있다. 야곱이 창세기에서 "내가 그들을 야곱 중에서 나누며 이스라엘 중에서 흩으리로다"(창 49:7)라고 했던 저주의 선언이 끝끝내 축복으로

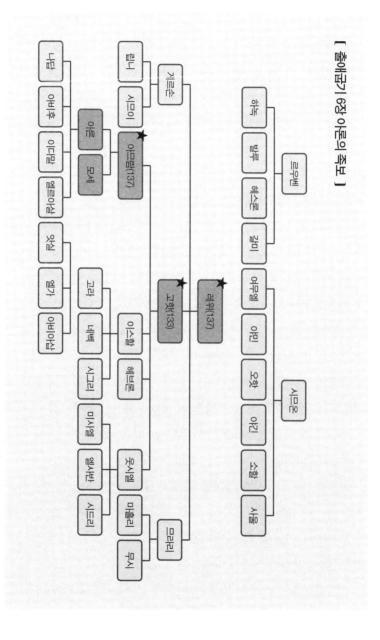

[출애굽기 6장 아론의 족보]

르우벤
- 하녹
- 발루
- 헤스론
- 갈미

시므온
- 여무엘
- 야민
- 오핫
- 야긴
- 소할
- 사울

레위(137)★
- 게르손
  - 립니
  - 시므이
- 고핫(133)★
  - 아므람(137)★
    - 아론
    - 모세
    - 나답
    - 아비후
    - 이드알
    - 엘르아살
  - 이스할
    - 고라
      - 앗실
      - 엘가나
      - 아비아삽
    - 네벡
    - 시그리
    - 미사엘
    - 엘사반
    - 시드리
  - 헤브론
  - 웃시엘
- 므라리
  - 마흘리
  - 무시

바뀌었다. 야곱의 유언처럼 레위 족속은 이스라엘 전역에 흩어졌다. 그러나 저주받아 흩어진 것이 아니라 축복하기 위해 흩어졌다. 레위 지파는 후에 가나안 땅에 들어가 자기 땅을 분배받지 않고 열두 지파 각 땅으로 흩어져 그곳에서 이스라엘 백성들에게 주의 규례와 율법을 가르치며 온전한 예배의 삶을 드리도록 하는 소금과 같은 축복의 역할로 쓰임받는다. 야곱은 레위를 저주하여 흩으려 하였지만 하나님은 그 흩어짐을 저주로 내버려두신 것이 아니라 축복을 풍성하게 나누는 흩어짐으로 바꾸어주셨다.

혹시 가계에 흐르는 저주에 대한 두려움으로 염려하는 이는 없는지 모르겠다. 설사 저주가 가계에 흐르려고 하더라도 이를 복으로 바꾸어주시는 여호와 하나님이 계심을 확신하라. 누가 저주해도 그것이 저주가 되지 않고 복으로 바뀌고야 만다. 죄는 물리적으로 흐르는 것이 아니다. 죄는 우리 각자가 하나님 앞에 해결받는 것이다. "왕을 죽인 자의 자녀들은 죽이지 아니하였으니 이는 모세의 율법책에 기록된 대로 함이라. 곧 여호와께서 명령하여 이르시기를 자녀로 말미암아 아버지를 죽이지 말 것이요 아버지로 말미암아 자녀를 죽이지 말 것이라. 오직 사람마다 자기의 죄로 말미암아 죽을 것이니라 하셨더라"(왕하 14:6).

그렇다. 우리 각자가 하나님 앞에 해결받는 것이다. 우리의 죄는 다른 이에게 절대 흘러가지 않는다. 오히려 우리가 주 안에 있을 때 이 모든 인간적인 부끄러움과 연약함에도 하나님의 손에 붙들리면 하나님의 능력을 드러내는 아름다운 도구가 된다.

마태복음 1장에 소개되는 예수님의 족보가 이를 잘 보여준다. 마태복음 1장에 등장하는 족보에는 마리아 이전에 네 명의 여인이 등장한다. 먼저 다말이다(3절). 다말은 유다의 며느리다. 그런데 정상적이지 못한 관계로 계보를 이어갔다. 또 기생 라합과 룻이 등장한다(5절). 기생이라는 직업도 그렇지만 모두 이방 여인으로 원래는 메시아의 계보에 들어올 수 없는 여인들이었다. 또 우리아의 아내에게서 솔로몬이 나온다(6절). 여기서 이름 밧세바 대신 '우리아의 아내'라고 하는 것은 우리아가 헷 사람, 즉 이방인이기 때문이다. 그래서 헷사람 우리아의 아내라는 것은 이 여인도 이방 여인임을 뜻한다. 왜 남의 아내에게서 다윗이 솔로몬을 낳았는가? 교활하게도 이 이방 여인을 빼앗았다. 자, 이런 것을 보면 예수님의 족보도 그렇게 자랑스러운 족보는 아님을 알 수 있다. 그러나 이 족보가 보여주는 것이 있다. 그것은 비록 부족해도 이 부족함을 인정하며 하나님의 은혜를 구하며 나아갈 때 하나님께서는 우리를 통하여 우리의 저주를 복으로 바꾸어주시고, 하나님의 능력을 나타내 보여주시며 사용하신다는 사실이다.

부족함을 감추려 하지 말라. 감추려 할수록 탈난다. 오히려 겸손하게 인정하라. "주님, 전 이렇게 연약합니다. 부족합니다. 늘 넘어지고 쓰러집니다. 그러니 저를 긍휼히 여겨주시고 붙들어주십시오." 이렇게 주의 은혜를 구하며 나아갈 때 우리를 통해 하나님의 역사하심이 놀랍게 나타나는 것을 경험하게 된다. 중요한 것은 우리의 처지가 아니라 모든 능력의 원천이 하나님께 있다는 사실이다. "우리가 이 보배를 질그릇에 가졌으니 이는 심히 큰 능력은 하나님께 있고 우리에게 있지 아니함을 알게 하려 함이라"(고후 4:7).

심히 큰 능력이 하나님께 있다. 하나님의 능력은 무한대다. 무한대에 10을 더하나 1,000을 더하나 백만을 더하나 동일한 무한대다. 그런데 우리는 자꾸 우리에게 있는 10을 두고 우울해한다. 다른 사람이 10,000을 가지고 있다고 충격에 빠진다. 그러나 하나님의 능력은 무한대다. 무한대의 능력을 갖고 계신 하나님께는 우리 능력이 10이냐, 10,000이냐는 그다지 중요하지 않다. 오히려 자신의 부족함에도 불구하고 자신을 부르고 사용하시려는 하나님을 바라보며 의지하는 우리의 믿음이 중요하다.

약점 앞에 당당하라! 연약한 것이 우리 인생의 본질이다. 우리 인생은 도자기가 아니라 질그릇이다. 중요한 것은 이 안에 무엇을 담느냐 하는 것이다. 쓰레기를 담으면 쓰레기통이지만 보화를 담으면 보물상자가 된다. 우리에게는 심히 크고 귀한 보화가 있다. 이런 보화되시는 그리스도를 든든히 붙들고 나아가는 존귀한 성도로 서자.

열 가지 재앙, 완악한 바로

실패 가운데 계속되는 은혜

첫째 재앙 : 눈속임으로 대체할 수 없다

둘째, 셋째 재앙 : 부르신 자리를 힘써 지키라

넷째 재앙 : 위기 가운데 선명하게 드러나는 은혜

다섯째, 여섯째 재앙 : 무너지는 제국의 성공신화

일곱째 재앙 : 신앙의 단계

여덟째 재앙 : 어느 때까지?

아홉째 재앙 : 당당하게 걸어나오라

열째 재앙 : 끝이 아니다. 플랜B가 있다

실패 가운데
계속되는 은혜

여호와께서 애굽 땅에서 모세에게 말씀하시던 날에 여호와께서 모세에게 말씀하여 이르시되 나는 여호와라. 내가 네게 이르는 바를 너는 애굽 왕 바로에게 다 말하라. 모세가 여호와 앞에서 아뢰되 나는 입이 둔한 자이오니 바로가 어찌 나의 말을 들으리이까.

여호와께서 모세에게 이르시되 볼지어다. 내가 너를 바로에게 신같이 되게 하였은즉 네 형 아론은 네 대언자가 되리니 내가 네게 명령한 바를 너는 네 형 아론에게 말하고 그는 바로에게 말하여 그에게 이스라엘 자손을 그 땅에서 내보내게 할지니라. 내가 바로의 마음을 완악하게 하고 내 표징과 내 이적을 애굽 땅에서 많이 행할 것이나 바로가 너희의 말을 듣지 아니할 터인즉 내가 내 손을 애굽에 뻗쳐 여러 큰

심판을 내리고 내 군대, 내 백성 이스라엘 자손을 그 땅에서 인도하여 낼지라. 내가 내 손을 애굽 위에 펴서 이스라엘 자손을 그 땅에서 인도하여 낼 때에야 애굽 사람이 나를 여호와인 줄 알리라 하시매 모세와 아론이 여호와께서 자기들에게 명령하신 대로 행하였더라.

그들이 바로에게 말할 때에 모세는 팔십 세였고 아론은 팔십삼 세였더라. 여호와께서 모세와 아론에게 말씀하여 이르시되 바로가 너희에게 이르기를 너희는 이적을 보이라 하거든 너는 아론에게 말하기를 너의 지팡이를 들어서 바로 앞에 던지라 하라. 그것이 뱀이 되리라. 모세와 아론이 바로에게 가서 여호와께서 명령하신 대로 행하여 아론이 바로와 그의 신하 앞에 지팡이를 던지니 뱀이 된지라.

바로도 현인들과 마술사들을 부르매 그 애굽 요술사들도 그들의 요술로 그와 같이 행하되 각 사람이 지팡이를 던지매 뱀이 되었으나 아론의 지팡이가 그들의 지팡이를 삼키니라. 그러나 바로의 마음이 완악하여 그들의 말을 듣지 아니하니 여호와의 말씀과 같더라.

우리가 일상에서 이따금 "어? 이상하다. 이 장면 어디서 한 번 본 것 같은데?" 할 때가 있다. 꼭 꿈에서나 다른 곳에서 한 번 본 것 같은 느낌이다. 이런 정신적 신기루와 같은 현상을 '데자뷔' 또는 '기시감'(旣視感)이라고 한다.[20] '데자뷔'(Déjà Vu)는 프랑스어로 '이미 본'(already seen)이란 의미를 갖는다. 이런 정신적 신기루와 같은 현상은 기억의 착각이나 신경세포의 혼란으로 정보전달이 잘못되면 일어나는 것으로 알려졌다.[21] 이런 데자뷔현상이 이번 장의 본문

첫 시작에서 감지된다.

> "여호와께서 애굽 땅에서 모세에게 말씀하시던 날에 여호와께
> 서 모세에게 말씀하여 이르시되 나는 여호와라. 내가 네게 이
> 르는 바를 너는 애굽 왕 바로에게 다 말하라. 모세가 여호와
> 앞에서 아뢰되 나는 입이 둔한 자이오니 바로가 어찌 나의 말
> 을 들으리이까"(출 6:28-30).

어디서 한 번 들어보지 않았는가? 앞부분 6장 10~13절 말씀이
거의 그대로 나오고 있는 것이다. 거기서도 하나님은 모세에게 "애
굽 왕 바로에게 가서 내 백성을 보내라고 말하라"고 하신다. 그러나
모세는 하나님께 "바로는 내 말을 듣지 않을 겁니다." 이렇게 반응
한다.

이런 부르심에 대한 반복은 다른 말로 하면 소명 혹은 사명의 반
복이다. 하나님이 소명을 다시 반복하시는 이유가 무엇인가? 기억의
착각 때문인가? 아니다. 전능하신 하나님이 착각하실 리 없다. 하나
님이 반복하시는 이유는 모세가 이미 바로에게 갔다가 거절당해 실
패를 맛보았기 때문이다. 이 실패로 모세는 부르심을 포기하고 싶었
다. 그런데 본문에는 하나님이 거의 똑같은 톤과 표현으로 다시 가서
바로에게 말하라고 말씀하시는 것이다.

생각해보라. 모세는 전부터 바로에게 가서 내 백성을 보내라고
말하는 것은 얼토당토않은 무모한 행동이라고 생각했다. 그래서 하
나님이 처음 그를 부르실 때부터 계속해서 자신은 말을 못 한다고 사

명을 피하려고 안간힘을 썼다.

> "오 주여 나는 본래 말을 잘 하지 못하는 자니이다. …나는 입
> 이 뻣뻣하고 혀가 둔한 자니이다"(출 4:10).
> "나는 입이 둔한 자니이다"(출 6:12).

그러더니 본문 30절에서 또다시 "나는 입이 둔한 자이오니 바로
가 어찌 나의 말을 들으리이까"라고 하며 이 핑계를 댄다.

모세는 왜 이럴까? 용기 있게 순종해도 결과로 돌아오는 것이 실
패와 망신이기 때문이다. 바로 앞에서 망신만 당하고, 게다가 이스라
엘 동족의 미움을 사게 되었으니 계속해서 이렇게 하는 것은 의미 없
다는 생각이 들기 마련이다. 흔히 '삽질한다'고 하지 않는가? '쓸모없
는 일을 한다'는 의미의 관용어로, 군대에서 상급 간부가 병사에게 규
율을 세우려는 의도로 삽으로 땅을 힘들게 파게 한 후 그걸 도로 메우
도록 하는 행위를 가리킨다. 도로 메울 것을 열심히 파게 한다면 의미
없는 행위라는 생각은 물론이거니와 분노가 치솟을 것이다.

모세는 하나님께 안 된다고 재차 말씀드렸다. 그런데 아무리 말
씀드려도 자꾸만 집요하게 바로에게 가라고 하신다. 모세가 볼 때 결
과는 뻔한데 말이다. 이미 모세의 예측대로 실패도 했다. 그런데 그
런 모세를 다시 가라고 하시면 모세가 얼마나 당황스럽겠는가? 아마
도 속으로 '날 바보로 아시나! 지금 계속 실패하고 있는데 왜 자꾸 가
라고 하시는 거야?' 하며 짜증이 났을지 모른다. 우리는 하나님이 부
르신 소명의 자리에도 반복되는 실패가 찾아올 수 있고, 이에 대해

짜증과 분노가 일어날 수 있음을 기억해야 한다.

사실 이 점은 소명을 이해하는 데 있어 매우 중요하다. 하나님이 우리를 부르실 때 우리의 정서적 첫 반응은 어떤가? 황홀한 감격에 눈물 흘린다. 어느 찬양의 가사처럼 "주님, 내가 여기 있사오니 나를 써주소서. 가진 것 모두 다 주께 드리오니 주 받으옵소서" 이런 마음이다. 이런 반응에는 '삽질은 결코 하지 않을 것' 이란 전제가 은연중에 깔려 있다.

하나님의 부르심은 순종하기만 하면 성공적이고 놀라운 결과가 많을 것이라는 기대를 하기 때문이다. 그러나 많은 경우 하나님의 부르심 안에는 모세가 겪었던 것과 같은 처참한 실패와 실패의 무수한 반복, 때로는 지루해서 견딜 수 없을 정도로 무의미한 것처럼 느껴지는 시간이 포함되어 있다. 아니, 하나님이 부르시면 단번에 멋지게 성공해야 하지 않겠는가? 그러나 그렇지 않다. 하나님의 부르심은 오히려 이와 정반대인 경우가 많다. 하나님은 종종 우리를 단번의 성공이 아니라 무수한 실패와 지루할 정도의 반복으로 부르신다.

전에 마더 테레사 수녀가 인도 캘커타의 빈민들을 돌보며 이런 말을 남겼다. "하나님은 우리를 성공하라고 부르지 않았습니다. 하나님은 우리를 신실하라고 부르셨습니다"(God did not call us to be successful. God called us to be faithful).

기억하라! 성경이 말하는 성공은 멋진 결과 이전에 끝까지 신실함을 지키는 것이다. 부르심에 끝까지 신실할 때 우리 생은 하나님 앞에 성공적이 되는 것이다. 우리가 수없이 많은 실패, 지루한 반복, 무수한 삽질을 가장 많이 경험하는 현장이 어디인가? 바로 직장이다. 이런 직장을 뜻하는 영어 단어 중 'Vocation'이 있다. 이 단어의 어원은 '음성'(vocal, voice)에서 왔다. 직장은 부르심이 있는 곳, 즉 소명의 현장을 의미한다. 하지만 요즘 직장은 어떠한가? 대부분이 소명의 현장이 아니다. 수많은 좌절과 혼란을 겪으면서 '내가 언제까지 여기서 버티고 있어야 하나'를 치열하게 고민하게 하는, 도망가고 싶은 삶의 현장이 되었다.

물론 처음에는 그렇지 않았을 것이다. 설렘도 있었을 것이고, 직장을 얻기 위해 많이 기도하고 고민하며 왔을 것이다. 하나님의 인도하심을 감사했을 것이다. 그러나 막상 직장에 와서 보니 수없이 좌절하고, 수없이 치이고, 때로는 내가 지금 이 일을 왜 하나 싶을 정도로 의미 없는 지루한 반복이 있는 현장에서 지내기도 한다. 그러면서 처음 받았던 설렘과 감격을 다 잃어버린다. 여기서 직업은 소명이 아니라 단순한 돈벌이로 전락한다. 생각해보라. 내가 직장에서 보내는 시간이 얼마나 많은가? 이 많은 시간이 단순히 돈벌이만을 위한 시간으로 사용된다면 마음이 어렵지 않겠는가? 그렇다면 이 반복되고 지루한 부르심의 현장에서 우리는 어떻게 해야 하겠는가?

1986년 19세의 나이로 세계적인 발레 명문 독일 슈투트가르트에 입단한 이래 30년을 활동했던 발레리나 강수진 씨를 알 것이다. 1967년생이니까 무려 50세까지 현역으로 뛰었다. 그 나이까지 활약한다는 것이 결코 쉬운 일이 아니다. 어떤 이는 처음부터 재능이 있으니까 그랬나 보다고 생각한다. 그러나 강수진 씨는 자전에세이 「나는 내일을 기다리지 않는다」라는 책에서 이렇게 고백했다.[22]

"많은 사람이 내가 처음부터 발레의 주인공을 맡은 것이라 생각한다. 그러나 나는 가장 낮은 위치의 군무 역할을 무려 10년 동안이나 감당해야 했다. 이 기간 나는 무대에서도 삶에서도 그저 들러리 인생 같았다. 차라리 그만둘까 하는 생각도 하지 않았겠는가? 하지만 나는 생각을 바꿔 먹기로 했다. 인생을 바꿀 수는 없지만 생각을 바꾸는 것은 간단하지 않은가? 난 군무를 들러리가 아닌 발레 전체에서 꼭 있어야 할 중요한 부분으로 보기 시작했다.

또한 나는 조바심 내거나 조급해하지 않았다. 조금 늦게 가더라도 내 길을 가면 된다는 생각으로 그 단계마다 할 수 있는 최선을 다했다. 이렇게 내가 30년 이상 발레 연습에 투자한 시간을 대충 계산해보니 20만 시간이 넘어간다. 돌아보면 중학교 때 발레를 본격적으로 시작한 이후로 하루라도 4시간 이상 잠을 잔 적이 없는 것 같다. 나의 일상은 지극히 단조로운 날의 반복이었다. 잠자고 일어나서 밥 먹고 연습, 자고 일어나서 밥 먹고 다시 연습. 그런 매일매일의 지루한, 그러면서도 지독하게 치열했던 하루의 반복이 지금의 나를 만들었다."

지루한 반복인 줄 알았는데, 이 지루한 반복이 자신을 쌓아 올린 힘이었다고 고백하는 것이다. 미국 메이저 리그에서 활약했던 일본 출신의 이치로 선수를 알 것이다. 그도 매일매일 지루할 정도로 반복되는 일정을 성실하게 소화했다. 그래서 몸무게가 10년 전과 비교해도 450g밖에 차이가 나지 않는다.[23] 450g! 10년 전에 비해 내 몸무게는 어떤가?

자, 발레리나 강수진 씨와 이치로 선수가 지루한 반복과 계속되는 들러리 같은 인생을 극복한 요인이 무엇이었을까? 우리 같으면 중간에 그만두지 않았겠는가? 그것은 반복과 지루함과 계속되는 실패에서도 의미를 찾아냈기 때문이다. 이러한 것들이 결국에는 실력을 하나하나 쌓아가는 초석이 되고 반드시 필요한, 중요한 기여를 한다고 확신했다. 무의미한 반복이 아니라 아름다운 열매를 맺기 위해 반드시 필요한 과정으로 보았다.

전도서 3장 1절은 범사에 기한이 있고 천하만사가 때가 있다고 한다. 그러면서 날 때가 있고, 죽을 때가 있으며, 심을 때가 있고, 심은 것을 뽑을 때가 있다고 말씀한다. 생각해보라. 심는 것은 한 번에 끝나는 동작이 아니다. 콩을 심으려면 여러 번 반복적으로 허리를 숙여야 한다. 뽑는 것도 마찬가지다. 계속해서 뽑아내야 한다. 이런 계속된 작업이 우리 인생의 지루하고 반복적인 요소이다. 그런데 하나님은 이런 것들조차 '때'를 따라 아름답게 하셨다고 말씀한다.

인생의 '때'에 대해 우리가 생각해야 할 점이 있다.

첫째, 이 때는 우리 마음대로 선택할 수 있는 것이 아니다. '주어지는 때'이다. 누가 날 때 생년월일을 정하고 태어나는가? 우리에게 때는 단지 주어질 뿐이다. 우리는 때가 주어질 때 하나님이 뜻하신 바를 이루기 위해 준비해야 한다.

둘째, 때를 따라 아름답게 하셨다. 하나님이 정하신 모든 때가 매 순간 아름답다는 것이다. 우리가 무료하게 반복해야 하고, 실패한 것에 또다시 도전하며, 때로는 실패할 것이 뻔히 보이는 상황에서조차도 이 '때'는 하나님이 보시기에 아름답다. 어떻게 아름다울 수 있는가? 여기서 '아름답다'는 히브리어 '야페'는 미학적인 차원에서의 아름다움이 아니라 하나님 창조의 선한 목적에 맞게 적절하다는 의미다. 이렇게 실패하고 또 실패하고, 반복하고 또 반복하는 것이 하나님의 선한 목적을 이루어가는 과정이라면 이 또한 아름답다는 것이다. 이렇게 반복하고 실패하고 넘어지며 부르심의 현장에서 묵묵히 하나님을 신뢰하며 나아가다 보면 그분의 때에 아름다운 열매가 맺힐 것이다.

하나님이 모세에게 반복되는 실패의 현장으로 다시 가라고 하며 주시는 말씀에 주목해보라.

"내가 바로의 마음을 완악하게 하고"(출 7:3).

바로의 마음이 완악해지면 모세의 수고는 실패로 끝나는 헛수고가 될 가능성이 높다. 하나님은 분명히 이 부분도 함께 말씀하신다.

"내 표징과 내 이적을 애굽 땅에서 많이 행할 것이나 바로가 너희의 말을 듣지 아니할 터인즉 내가 내 손을 애굽에 뻗쳐 여러 큰 심판을 내리고 내 군대, 내 백성 이스라엘 자손을 그 땅에서 인도하여 낼지라"(출 7:3b-4).

자, 앞으로 수많은 기적과 이적이 있을 것이다. 그런데 어떻게 되는가? 바로의 마음을 돌리는 데는 실패한다. 이런 실패의 반복은 하나님이 큰 심판을 여러 차례 내리는 동안 계속된다. 그러고 나서야 비로소 나갈 수 있다는 것이다. 하나님께서 이렇게 하시는 이유가 도대체 무엇일까?

> "내가 내 손을 애굽 위에 펴서 이스라엘 자손을 그 땅에서 인도
> 하여 낼 때에야 애굽 사람이 나를 여호와인 줄 알리라 하시매"
> (출 7:5).

이 과정은 단순히 반복적인 실패가 아니라 애굽 사람들이 하나님을 알아가도록 하는 과정이라는 것이다. 그들이 이 모든 재앙과 이적이 반복될수록 하나님을 더 깊이 생생하게 경험하고 알고 인정하도록 하기 위해 하나님은 반복적인 실패를 허락하신다.

여기 놀라운 사실이 있다. 반복되는 실패, 지루한 반복의 현장이라 할지라도 여기에 담긴 하나님의 뜻과 목적이 있다는 것이다. 3~5절까지를 보면 '내가 한다'는 1인칭 표현이 무려 10번이나 집중적으로 등장한다. 모세와 아론의 실패는 그냥 부끄러운 실패, 치욕적인 후회가 아니라 하나님의 능력이 나타나고 하나님을 아는 지식이 계시되는 통로인 것이다.

가끔씩 보면 "내가 도대체 언제까지 이런 일을 해야 해"라고 하며 짜증내는 이가 있다. 본문 7절을 보라.

> "그들이 바로에게 말할 때에 모세는 팔십 세였고 아론은 팔십
> 삼 세였더라"(출 7:7).

우리 인생의 삽질은 80세, 83세까지 계속된다. 그러나 결코 두려워하지 말기를 바란다. 그 가운데 계속해서 이루어지는 하나님의 뜻과 은혜가 있다. 정말 그렇다. 실패 속에서도 하나님의 은혜의 손길을 발견하면 그것은 실패와 절망이 아니다. 그것은 하나님의 뜻이 이루어지는 과정, 하나님의 아름다운 때가 채워지는 과정이다.

모세가 다시 용기를 내 바로에게로 가서 지팡이를 던지자 일어나는 이적을 보라. 하나님의 능력이 나타나서 지팡이가 뱀으로 변했다(10절). 여기 '뱀'(히. 타닌)은 일반적인 뱀이 아니라 무섭고 큰 크기의 바다뱀, 또는 악어같이 무시무시하게 생긴 그런 거대한 바다 괴물을 말한다. 지팡이가 이런 뱀으로 변하자 애굽의 술사들도 가만히 있지 않는다. 이들은 '얀네'와 '얌브레'로 알려졌는데(딤후 3:8), 요술을 부려 모세와 같은 기적을 행했다. 술사들이 변하게 한 뱀도 '탄닌'이다. 고대 애굽 사람들은 나일강의 악어를 '세베크' 혹은 '소베크' 신으로 숭배하였고, 이 악어 신은 바로의 힘과 권세를 상징하였다. 그러나 충격적이게도 이 거대한 괴물 뱀이 작은 뱀을 먹어 삼켰다. 이는 하나님의 권능이 애굽과 바로를 장차 먹어 삼킬 것임을 보여주는 상징적이고도 충격적인 사건이다. 그렇다면 이 이적의 결과로 바로는 어떻게 되는가?

"그러나 바로의 마음이 완악하여 그들의 말을 듣지 아니하니 여호와의 말씀과 같더라"(출 7:13).

모세와 아론의 관점에서는 이들의 첫 번째 이적은 실패였다. 그러나 본문은 이 실패조차도 "여호와의 말씀과 같더라"고 말씀한다. 실패조차도 하나님의 섭리와 통치 안에 있다는 것이다. 만약 우리가 여기서 실패에만 집중한다면 더 이상 나아갈 힘을 잃고 주저앉을 것이다. 그러나 이 실패조차도 하나님의 말씀 안에 계획 안에 있다고 신뢰한다면 우리는 이 실패에 흔들리지 않고 다시 일어설 수 있다.

우리 삶의 현장도 그렇다. 지루한 반복과 실패가 계속될 때 여기에만 집중하다 보면 더는 앞으로 나아가지 못한다. 생각해보라. 손가락에 가시 하나가 콕 박혔다. 얼마나 아프고 얼얼한가? 신경이 온통 손가락 끝에 가 있다. 하지만 내 몸 전체를 보면 얼마나 감사한지 모른다. 건강하게 걸어 다니고 잘 먹고 잘 소화시키지 않는가? 대학 병원에 가보라. 우리의 지극히 정상적인 것에 문제가 생겨 힘들어하고 휘청거리는 사람이 얼마나 많은가? 이렇게 볼 때 손가락 끝에 박힌 가시는 아무것도 아니다.

그러므로 우리 삶의 현장에 실패가 반복적으로 일어날 때, 때로는 내가 원하는 결과가 나오지 않을 때, 반복적인 일상으로 삶에 의미가 느껴지지 않을 때 우리는 실패에 집중할 것이 아니라 여전히 내 삶에 도도히 흐르는 은혜를 헤아려볼 수 있어야 한다. 여전히 나를 붙들고 은혜를 주시는 하나님이 계심을 발견할 수 있어야 한다. 이때 우리는 계속해서 앞으로 나아갈 수 있어야 한다. 실패 가운데 계속되는 은혜를 발견할 수 있다면 그것은 아직 완전한 실패가 아니다. 지금은 아름다운 하나님의 때를 기다리는 소중한 시간이다. 이 기간을 의미 있고 소중한 것으로 반복하며 채워가도록 하라. 하나님의 아름다운 때에 반드시 아름다운 결실을 맺게 하실 것이다.

[12장 각주] ··

20) "기시감", 위키백과.

21) 머니투데이, "'데자뷰 현상'은 왜 일어닐까", 중앙일보, 2006. 7. 28.

22) 강수진, 「나는 내일을 기다리지 않는다: 잠자는 열정을 깨우는 강수진의 인생수업」(서울: 인플루엔셜, 2013).

23) 김철오, "나이가 뭐야?… 이치로, 이대로~", 국민일보, 2016. 10. 5.

첫째 재앙
: 눈속임으로 대체할 수 없다

여호와께서 모세에게 이르시되 바로의 마음이 완강하여 백성 보내기를 거절하는도다. 아침에 너는 바로에게로 가라. 보라. 그가 물 있는 곳으로 나오리니 너는 나일 강가에 서서 그를 맞으며 그 뱀 되었던 지팡이를 손에 잡고 그에게 이르기를 히브리 사람의 하나님 여호와께서 나를 왕에게 보내어 이르시되 내 백성을 보내라. 그러면 그들이 광야에서 나를 섬길 것이니라 하였으나 이제까지 네가 듣지 아니하도다. 여호와가 이같이 이르노니 네가 이로 말미암아 나를 여호와인 줄 알리라. 볼지어다. 내가 내 손의 지팡이로 나일강을 치면 그것이 피로 변하고 나일강의 고기가 죽고 그 물에서는 악취가 나리니 애굽 사람들이 그 강 물 마시기를 싫어하리라 하라.

여호와께서 또 모세에게 이르시되 아론에게 명령하기를 네 지팡이를 잡고 네 팔을 애굽의 물들과 강들과 운하와 못과 모든 호수 위에 내밀라 하라. 그것들이 피가 되리니 애굽 온 땅과 나무 그릇과 돌 그릇 안에 모두 피가 있으리라. 모세와 아론이 여호와께서 명령하신 대로 행하여 바로와 그의 신하의 목전에서 지팡이를 들어 나일강을 치니 그 물이 다 피로 변하고 나일강의 고기가 죽고 그 물에서는 악취가 나니 애굽 사람들이 나일강 물을 마시지 못하며 애굽 온 땅에는 피가 있으나 애굽 요술사들도 자기들의 요술로 그와 같이 행하므로 바로의 마음이 완악하여 그들의 말을 듣지 아니하니 여호와의 말씀과 같더라.

바로가 돌이켜 궁으로 들어가고 그 일에 관심을 가지지도 아니하였고 애굽 사람들은 나일강 물을 마실 수 없으므로 나일 강가를 두루 파서 마실 물을 구하였더라. 여호와께서 나일강을 치신 후 이레가 지나니라.

미국 제45대 대통령 선거에서 많은 사람의 예상을 뒤엎고 공화당 후보인 도널드 트럼프가 당선되었다. 선거 전까지만 해도 미국의 주요 언론 및 조사기관들은 대부분 힐러리 클린턴의 승리를 예상했다. 대선 전날 〈뉴욕 타임스〉는 클린턴의 당선 확률을 85%로 전망했다. 세계적인 언론사인 〈CNN〉도 힐러리의 당선 확률이 91%, 트럼프는 9%밖에 되지 않는다고 했다. 〈허핑턴 포스트〉 같은 언론사는 클린턴의 당선 확률을 99%까지 예상했다. 그러나 막상 뚜껑을 열자 전혀 다른 결과가 나왔다. 트럼프가, 그것도 상당한 차이로 힐러리 클린턴을 이긴 것이다. 도대체 어떻게 된 것일까?

그동안 언론에 비추어졌던 트럼프는 괴짜였고, 돈키호테 같은 사람이었다. 언론은 그를 말도 안 되는 과격한 말을 쏟아붓고 기행을 일삼는 사람으로 우스꽝스럽게 보도됐다. 선거운동 기간 중 트럼프는 이런 언론의 보도에 불만을 터뜨렸다. 언론이 자신을 어떻게든 끌어내리려고 한다고 호소하기도 했었다. 미국 언론의 편향적인 보도가 트럼프를 괴짜 같은 사람으로 생각하게 했고 상식도 없는 정치후보라고 여기게 만들었다.

과연 트럼프의 주장이 말이 안 되는 것일까? 얼마 전에 트럼프의 정책 공약집이 우리나라에 번역되어 소개되었다. 「불구가 된 미국」이라는 책이다.[24] 이 책에는 트럼프가 생각하는 미국 전반의 문제점과 각 분야의 대안을 자세하게 기술해 놓았다. 그런데 이 책을 읽다 보면 언론에 보도되는 트럼프의 말이 돈키호테 같은 말이 아니라 상당히 논리적이며 설득력이 있음을 알게 된다. 책 제목처럼 트럼프는 현재 미국의 상황을 불구가 되어 다리를 절고 있다고 진단하고, 이전에 누렸던 미국의 부강함과 영화를 다시 누리자고 주장했는데 그 구체적인 실천사항이 상당한 설득력을 갖추었다.

트럼프가 어떤 사람인가를 잘 보여주는 게 그가 쓴 「거래의 기술」이란 책이다.[25] 여기에서 트럼프가 누차 강조하는 것이 있다. 자신은 '현실주의자'(realist)라는 것이다. 그는 자신이 처한 상황을 현실적으로 파악하고 상대가 실제로 원하는 것이 무엇인지를 파악해야 한다고 주장한다. 이를 바탕으로 자신에게 유리한 거래를 제대로 성사

시킬 줄 알아야 한다는 것이다. 실제로 트럼프는 이번 선거기간을 통해 미국 사회에서 점점 변방으로 밀려가는 미국 백인들이 원하는 것을 제대로 읽었다. 그리고 자신을 찍으면 이것이 어떻게 현실이 될 수 있을지를 설득력 있게 제안했다.

이 책에 보면 그가 제시하는 거래의 기술 중 발로 뛰면서 조사하라는 항목이 나온다. 실제로 현장에 가서 현장을 확인하면서 현장의 소리를 대변해야 한다는 것이다. 고상한 이상주의적인 소리를 대변했던 클린턴과는 다르게 트럼프는 선거 막판에 쇠락한, 소위 말하는 러스트 벨트지역을 부지런히 발로 뛰며 지지를 호소했다. 클린턴은 언론의 조사결과만 믿고 안심했고 현장으로 내려가지 않았다. 트럼프는 다소 거칠지만 현장의 소리를 듣고 그들을 대변한 것이다. 이런 면에서 트럼프는 언론의 보도와는 달리 실제로 상당한 지지기반을 다지고 있었던 것이다. 이런 사실에 대해서 언론은 애써 외면하며 잘 보도하지 않았다. 미국 대선의 이런 이변은 오히려 미국의 거대 권력집단인 기성 언론사들이 갖고 있던 선입견과 편향성이 고스란히 드러나는 좋은 기회였다. 이것은 트럼프가 권력을 잡자 그에게도 나타났던 동일한 현상이기도 하다. 이처럼 권력은 사람과 집단을 타락시키고 사람이 자기 마음대로 그 권력을 휘두르도록 부추기는 죄 된 속성이 있다.

로마서 12장 2절은 우리가 살아가는 이 세대의 현실에 대해 "이 세대를 본받지 말고 오직 마음을 새롭게 함으로 변화를 받으라"고 말씀한다. 이 세대는 공정성을 잃어가는 세대다. 더 큰 어떤 세력이 자신이 뜻하는 바대로 언론을 조작하고 자기 뜻을 관철하려는 역사가 난무한 시대다. 우리가 믿음으로 깨어 있지 않고 분별력을 상실하면 여지없이 이 세대의 지배적인 힘과 여론에 휩쓸려 이 시대가 원하는 흐름으로 몰려가게 된다. 따라서 우리는 마음을 새롭게 함으로 변화를 받아 이 세대를 분별할 수 있어야 한다. 요즘 말로 '마인드셋'(mindset)을 새롭게 해야 하는 것이다. 이는 시대를 바라보는 근본적인 사고방식과 가치관을 말한다. 공중권세 잡은 자는 어느 시대에나 백성들의 눈을 진리로부터 멀게 하고 이들을 왜곡된 한 방향으로 몰고 가려한다.

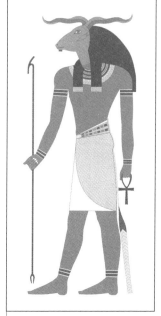

굽은 뿔이 난 수양의 머리를 가진 크눔 신. 출처 : 위키백과

　이는 고대 근동의 애굽제국도 마찬가지였다. 애굽제국은 백성을 제국의 통치 아래 다스리기 위해 이들의 지배적인 사고방식과 가치관을 고대부터 내려온 애굽 신화에 묶어버렸다. 신화의 출발점은 나일강이었다.

　애굽인에게 나일강은 어떤 존재일까? 나일강은 생명의 젖줄이자 존재의 근원이었다. 고대 애굽에서는 애굽 사람의 97%가 나일강 유역에 밀집하여 살았다. 삶의 풍요를 가져다주는 절대적인 삶의 기반이었던 것이다. 애굽 신화에 따르면 나일강은 크눔(Khnoum)이라고 하는 창조의 신이 지키고 있는 특별한 강이었다. 거기에 부활의 신

사후세계를 관장하는 죽음과 부활의 신 오시리스(좌), 농작과 풍요의 신 하피(우). 출처 : 위키백과

오시리스의 생명이 흐르는 오시리스의 핏줄이었다. 그리고 이 나일 강에는 풍요의 신 하피가 강물이 범람할 때 이 땅을 비옥하게 하고 풍성한 농산물을 주는 것으로 알려졌다. 그야말로 신성한 생명의 근원이었다.

　나일강에는 이따금 적조현상이 일어난다. 이 현상이 일어나면 강물이 온통 새빨갛게 변하는데 멀리서 보면 마치 피가 흐르는 것 같다. 그래서 이 적조현상이 일어날 때 그들은 오시리스의 핏줄이 흐른다고 생각했다. 이 적조현상을 보면 이들은 두려워하며 신들을 달래는 제사를 드리곤 했다. 주전 2천 년경에 이푸워라는 애굽인이 쓴 훈계의 시에 보면 이 적조현상을 보며 "신의 진노와 혼란이 찾아왔다"고 탄식하는 내용이 들어 있다. 나일강은 철저히 애굽 신화의 신들이 주관하는 생명의 젖줄이었다.

하나님은 모세와 아론을 통해 애굽의 모든 사람이 붙들고 있던 지배적인 나일강의 신화를 뒤흔들고 있다.

"여호와께서 모세에게 이르시되 바로의 마음이 완강하여 백성
  보내기를 거절하는도다"(출 7:14).

여기서 '완강하다'는 말은 히브리어 '카베드'이다. 이 단어는 직역하면 '무겁다'는 뜻이다. 마음이 무겁다는 것은 마음이 잘 움직이지 않고, 하나님이 경고하셔도 이 경고를 잘 알아차리지 못하게 굳어진 마음을 뜻한다. 바로의 마음이 완강해진 이유가 무엇일까? 그가 붙들고 있는 애굽 신화, 특별히 나일강의 신화 때문이다. 수천 년의 역사를 통해 생명의 근원 나일을 지켜주었다고 믿는 크눔, 오시리스, 하피에 대한 견고한 확신이 있었던 것이다. 게다가 일 년에 몇 차례 강의 적조현상을 통해 신의 진노가 나타나는 것도 체험했다. 강이 온통 적조로 새빨갛게 물드는 현상을 통해 신이 살아 있다는 확신까지 가졌을 것이다. 이런 강력한 확신에 대해 도전하는 것은 결코 만만치 않은 작업이다.

이를 위해 하나님께서는 마음을 새롭게 함으로 변화를 받은 두 사람을 준비시키셨다. 바로 모세와 아론이다. 이제부터 하나님을 향하여 마인드셋이 새롭게 변화된 이 두 사람을 통해 바로의 완강한 마음을 깨는 작업이 시작된다.

"아침에 너는 바로에게로 가라. 보라. 그가 물 있는 곳으로 나

근동의 적조현상. 위 : 터키의 적조현상, 아래 : 나일강 유역의 적조현상(위성사진). 출처 : 구글이미지

오리니 너는 나일 강가에 서서 그를 맞으며"(출 7:15).

바로가 아침부터 나일강으로 가는 이유가 무엇인가? 목욕하려고? 아니다. 나일강의 신들에게 예배하려고 가는 것이다. 이것은 수백 년간 애굽에 내려온 전통이었고 바로 왕의 정통성을 강화해주는 행위였다. 하나님은 그 현장에 찾아오셔서 바로가 예배하는 대상은 참된 신이 아니고 오직 여호와 하나님만이 참된 신임을 알게 하려는 것이다.

하나님께서는 바로에게 찾아오셔서 그동안 모세를 통해 말씀하셨던 그분의 뜻이 계속해서 거절당했음을 분명하게 말씀하신다.

> "그에게 이르기를 히브리 사람의 하나님 여호와께서 나를 왕에게 보내어 이르시되 내 백성을 보내라. 그러면 그들이 광야에서 나를 섬길 것이니라 하였으나 이제까지 네가 듣지 아니하도다"(출 7:16).

하나님은 먼저 히브리 노예들이 누구인지를 분명히 하신다. "내 백성을 보내라!" 이 백성은 바로의 백성이 아니라 '나 여호와의 백성'이고 '나를 예배할 백성'이라는 것이다. 하나님께서 자기 백성을 구원하시려는 이유는 '예배'이다. 이것은 우리에게도 마찬가지다. 성도가 구원받은 중요한 목적이 바로 예배이다. 하나님을 알고 그분께 나의 귀한 마음을 드려 예배하는 것, 이것이 구원의 중요한 목적인 것이다.

하나님께서는 이런 요구에 응하지 않고 굳게 마음을 닫은 바로에게 말씀하신다.

> "여호와가 이같이 이르노니 네가 이로 말미암아 나를 여호와인 줄 알리라. 볼지어다. 내가 내 손의 지팡이로 나일강을 치

면 그것이 피로 변하고 나일강의 고기가 죽고 그 물에서는 악
취가 나리니 애굽 사람들이 그 강 물 마시기를 싫어하리라 하
라"(출 7:17-18).

여기 지팡이로 '친다'(히. 나카)는 말은 '공격한다'는 뜻이다. 하
나님이 나일강을 공격하는 것은 그 배후를 장악한 애굽의 신들을 공
격하는 것이다. 애굽이 절대적으로 붙들고 경외하는 나일강의 신들
을 공격하여 이들의 무력함을 천하에 폭로하겠다는 것이다. 하나님
은 이것을 통해 이스라엘을 보낼 것을 요구하시는 하나님이 과연 누
구인지 바로 왕이 조금씩 알아가게 될 것이라고 말씀하신다.

"모세와 아론이 여호와께서 명령하신 대로 행하여 바로와 그
의 신하의 목전에서 지팡이를 들어 나일강을 치니 그 물이 다
피로 변하고 나일강의 고기가 죽고 그 물에서는 악취가 나니
애굽 사람들이 나일강 물을 마시지 못하며 애굽 온 땅에는 피
가 있으나"(출 7:20-21).

이 말씀 후에 하나님은 먼저 나일강의 물이 모두 피가 되게 하신
다. 지금까지 애굽의 신들은 적조로 나일강의 색만 빨갛게 했다. 하
지만 여호와 하나님이 나일강을 치자 강물이 진짜 피로 변했다. 그러
자 즉시 고기가 죽어서 떠올랐다. 얼마 지나지 않아 죽은 물고기가
부패하며 악취가 났다. 이런 상태로는 도저히 물을 마실 수가 없었
다. 적조는 조금 거르고 놓아두면 적조와 물이 분리된다. 그러나 이

피는 무엇이 섞이지 않은 피 자체이기에 도저히 마실 수가 없었다.

애굽 역사에서 나일강이 실제 피로 변한 것은 처음이자 마지막이었다. 늘 적조현상만 보던 애굽 사람들이 정말 피를 보자 어떻게 반응했겠는가? "어? 진짜 피네? 헉! 이런 역사를 일으키는 분은 분명 애굽 나일강의 수호신보다 강한 분이다. 우리 나일강의 신들과는 비교가 되지 않는 능력이다!" 이렇게 느끼지 않았겠는가? 여기 21절에 보면 애굽이 절대적으로 신성시하던 나일강에서 악취가 난다고 하는 표현은 참 아이러니하다.

"그들에게 이르되 너희가 우리를 바로의 눈과 그의 신하의 눈에 미운 것이 되게 하고 그들의 손에 칼을 주어 우리를 죽이게 하는도다. 여호와는 너희를 살피시고 판단하시기를 원하노라"(출 5:21).

여기 보면 이스라엘 백성이 바로와 그의 신하의 눈에 '미운 것'이 되었다고 진술한다. 여기 '미운 것'은 직역하면 본문의 '악취가 난다'는 것과 같은 표현이다. 바로는 이스라엘 백성을 악취 나는 존재로 여겼지만 하나님의 역사가 드러나자 악취가 나는 것은 오히려 애굽제국임이 만천하에 드러난 것이다. 삶의 근원이라고 생각했던 나일강이 삶을 비탄하게 만드는 근원이 되었다. 애굽에 온통 탄식과 애통함이 가득하게 되었다.

이 전대미문의 재앙 앞에 바로는 어떻게 반응하는가? 회개했을까? 아니다. 도리어 그동안 자신이 믿고 있던 바를 버리지 않고, 지금 눈앞에 벌어진 역사를 애써 부정하려 했다. 이때 이런 바로의 신념을 지지하고 붙들어주었던 이들이 있었다. 바로 애굽의 요술사들이었다.

"애굽 요술사들도 자기들의 요술로 그와 같이 행하므로 바로의 마음이 완악하여 그들의 말을 듣지 아니하니 여호와의 말씀과 같더라"(출 7:22).

여기서 '요술'(히. 벨라테헴)은 '비밀스러운 방식'이란 뜻이다. 애굽의 술사들은 자기들만의 비밀스러운 방식, 즉 눈속임으로 바로 앞의 물이 피가 되는 요술을 행한 것이다. 오늘날에도 요술의 그 본질적인 특징이 눈속임 아닌가? 하나님의 능력으로 나타나는 것과 눈속임으로 그럴듯하게 나타내는 것은 근본적으로 다르다. 그럼에도 바로는 진실을 회피하고, 도리어 애굽 술사들의 마술을 보고 자기 신념을 포기하지 않기로 결정했다. 자기가 믿는 애굽 신들도 그런 능력이 있는 것처럼 보여주는 쇼에 안도한 것이다.

"바로가 돌이켜 궁으로 들어가고 그 일에 관심을 가지지도 아니하였고"(출 7:23).

바로는 마음을 강퍅하게 하여 궁으로 돌아간다. 왜? 바로는 아직 자신이 진리를 제대로 붙들었다고 생각했기 때문이다. 그런데 자신이 그렇게 생각하고 현실을 도피한다고 해서 일이 끝나는 것은 아니다. 바로의 외면으로 애굽 온 백성은 도탄에 빠지고 하나님의 살아 역사하심을 뼈저리게 느끼게 되었다.

> "애굽 사람들은 나일강 물을 마실 수 없으므로 나일 강가를 두
> 루 파서 마실 물을 구하였더라"(출 7:24).

더 이상 마실 물이 없어 땅을 파기 시작했다. 바로가 하나님의 능력을 흉내 낸 상대적 진리, 즉 요술에 안도하자 백성들이 고통받기 시작했다. 그러나 상대적 진리는 눈속임에 불과했다. 눈속임에 안도하면 거짓 평안과 거짓 만족에 안주하게 되고, 동시에 더 큰 고통과 아픔이 주변으로 흘러간다.

우리 삶을 돌아보자. 분명 문제가 드러나고 있는데 대충 덮고 괜찮다고 하지는 않는가? 어떤 가정은 아버지와 자녀와의 관계가 철천지원수다. 사실 서로 회개하고 화해해야 하는데 아버지는 내가 저 녀석들 때문에 인생이 꼬이게 되었다고 분노와 원망을 쏟아낸다. 그리고 밖에 나가서는 아무렇지 않은 척한다. 반대로 자녀는 내 인생이 이렇게 된 것은 아버지 때문이라 하고 아예 집 밖으로 나가버린다. 내가 붙들고 있는 거짓 환상에 이제는 눈을 떠야 한다. 내가 붙든 상대적 진리가 내 주변 사람들을 고통스럽게 하고 있지는 않은지 생각해보아야 한다.

우리가 살아가는 이 제국은 온갖 환상과 그럴듯한 논리로 거짓 환상에 사로잡혀 눈을 떼지 못하게 한다. 나일강을 떠나면 큰일 나는 줄 알게 한다. 아무것도 없는 광야에 나아가 하나님을 예배하는 것이

정말 어리석은 일로, 말도 되지 않는 일로 생각하게 한다. 이제는 내 생각을 내려놓아야 한다. 내가 붙든 환상과 눈속임이 있지 않은가? 가정에 대한, 직장에 대한, 나의 인생에 대한 이런저런 것들이 있지 않은가? 주님께서 오셔서 붙잡아주셔야 한다. 주께서 오셔서 우리 삶에 애굽 술사의 그럴듯한 눈속임이 아니라 살아계신 하나님의 능력을 보여주시고, 우리 눈을 뜨게 해주시도록 기도해야 한다.

[13장 각주] ··

24) 도널드 트럼프, 김태훈 역, 「불구가 된 미국」(서울: 이레미디어, 2016).
25) 도널드 트럼프, 이재호 역, 「거래의 기술: 트럼프는 어떻게 원하는 것을 얻는가」(서울: 살림출판사, 2016).

둘째, 셋째 재앙
: 부르신 자리를 힘써 지키라

여호와께서 모세에게 이르시되 너는 바로에게 가서 그에게 이르기를 여호와의 말씀에 내 백성을 보내라. 그들이 나를 섬길 것이니라. 네가 만일 보내기를 거절하면 내가 개구리로 너의 온 땅을 치리라. 개구리가 나일강에서 무수히 생기고 올라와서 네 궁과 네 침실과 네 침상 위와 네 신하의 집과 네 백성과 네 화덕과 네 떡 반죽 그릇에 들어갈 것이며 개구리가 너와 네 백성과 네 모든 신하에게 기어오르리라 하셨다 하라.

여호와께서 모세에게 이르시되 아론에게 명령하기를 네 지팡이를 잡고 네 팔을 강들과 운하들과 못 위에 펴서 개구리들이 애굽 땅에 올라오게 하라 할지니라. 아론이 애굽 물들 위에 그의 손을 내밀매 개구리가 올라와서 애굽 땅에 덮이니 요술사들도 자기 요술대로 그와 같이 행하여 개구리가 애굽 땅에 올라오게 하였더라. 바로가 모세와 아론을 불러 이르되 여호와께 구하여 나와 내 백성에게서 개구리를 떠나게 하라. 내가 이 백성을 보내리니 그들이 여호와께 제사를 드릴 것이니라.

모세가 바로에게 이르되 내가 왕과 왕의 신하와 왕의 백성을 위하여 이 개구리를 왕과 왕궁에서 끊어 나일강에만 있도록 언제 간구하는 것이 좋을는지 내게 분부하소서. 그가 이르되 내일이니라. 모세가 이르되 왕의 말씀대로 하여 왕에게 우리 하나님 여호와와 같은 이가 없는 줄을 알게 하리니 개구리가 왕과 왕궁과 왕의 신하와 왕의 백성을 떠나서 나일강에만 있으리이다 하고 모세와 아론이 바로를 떠나 나가서 바로에게 내리신 개구리에 대하여 모세가 여호와께 간구하매 여호와께서 모세의 말대로 하시니 개구리가 집과 마당과 밭에서부터 나와서 죽은지라. 사람들이 모아 무더기로 쌓으니 땅에서 악취가 나더라. 그러나 바로가 숨을 쉴 수 있게 됨을 보았을 때에 그의 마음을 완강하게 하여 그들의 말을 듣지 아니하였으니 여호와께서 말씀하신 것과 같더라.

여호와께서 모세에게 이르시되 아론에게 명령하기를 네 지팡이를 들어 땅의 티끌을 치라 하라. 그것이 애굽 온 땅에서 이가 되리라. 그들이 그대로 행할새 아론이 지팡이를 잡고 손을 들어 땅의 티끌을 치매 애굽 온 땅의 티끌이 다 이가 되어 사람과 가축에게 오르니 요술사들도 자기 요술로 그같이 행하여 이를 생기게 하려 하였으나 못 하였고 이가 사람과 가축에게 생긴지라. 요술사가 바로에게 말하되 이는 하전에 영국의 한 지역신문에 두 차례나 아주 흥미롭고 자극적인 구직광고가 나왔다. 광고 제목은 "지겨워 죽겠으니 살려주세요!"였다. 그러고는 그 옆에 "89세 노인, 주 20시간 이상 근무, 청소, 가벼운 정원일, 간단한 가구조립 가능"이라는 설명이 붙었다. 구직광고의 주인공은 '조 바틀리'라는 이름의 89세 할아버지였다. 제목이 너무 재미있어 그 지역신문에서 취재하자 언론의 인터뷰 요청이 잇달았다. 이 사람이 언론에 밝힌 사연은 이랬다.

바틀리는 2년 전 아내와 사별하고서 날마다 혼자 책 읽고 TV 시청을 하며 시간을 보냈다. 그런데 어느 순간부터 더 이상 이 생활을 견딜 수 없었다. 그는 영국 공수부대 출신으로 은퇴 이후 연금을 받아 생활하고 있었다. 그런데 일하지 않고 연금생활을 한 이후부터 자기의 존재 의미를 찾을 수 없었다. 공수부대원으로 일할 때는 자신이 살아 있음을 느꼈는데 이제는 더 이상 이렇게 지내는 자신이 정말 자기 자신이라는 생각이 들지 않았다. 일하지 않고 연금만 받고 생활하는 것, 많은 이가 꿈꾸는 이상적인 삶 아닌가? 그런데 조 바틀리의 경우 정체성 상실의 고통에 괴로워했다. 이런 자신이 더는 자기 같지 않더라고 고통을 토로했다.

최근 20~30대 가운데 비상식적일 정도로 잠에 취해 사는 이가 늘어난다고 한다. 그 이유는 취업을 준비하거나 사회에 막 발을 들여

놓기 시작할 때 너무 스트레스를 받다 보니 현실을 회피하고 잠으로 달아나고 싶기 때문이란다. 이것은 현실을 부정하고 도망가고 싶은 마음이 커질수록 잠에 의존하는 수면 과다증이다.[26] 이런 수면 과다증은 일종의 우울증 증세이다. 전문가의 진단에 따르면 보통 우울증 환자 중 80%는 불면증으로 고생하지만 20%는 수면 과다증으로 나타난다고 한다. 사실 많은 이가 수면 부족에 시달린다. 잠을 실컷 자 보고 싶은 소원이 있는 사람도 많다. 그런데 그렇게 자꾸 잠으로 피하다 보면 자기도 모르게 수면 중독에 시달리게 된다.

자, 이런 것을 보면 회피하는 것만이 능사가 아니다. 영국 할아버지 조 바틀러의 경우처럼 아무 일 안 하고 연금생활만 한다고 좋은 것도 아니다. 중요한 것은 조금 힘들고 어려워도 마땅히 우리가 있어야 할 자리, 바로 그 자리를 찾고 그 자리를 지키는 것이다.

전도서 1장 2~3절은 인생의 헛됨에 대해 다음과 같이 말씀한다. "헛되고 헛되며 헛되고 헛되니 모든 것이 헛되도다. 해 아래에서 수고하는 모든 수고가 사람에게 무엇이 유익한가." 이 말씀에 따르면 우리 인생에 참으로 헛된 것이 많다. 자칫하면 '헛되고 헛되며 헛되고 헛된' 것에 사로잡혀 살아가기가 참 쉽다. '헛되다'는 단어는 히브리어로 '헤벨', 즉 '수증기'라는 뜻이다. 이 말씀처럼 우리가 살아가면서 멋져 보이는 많은 것이 수증기처럼 잠깐 보이다가 덧없이 사라지는 경우가 참 많다. 그런데 전도서는 이렇게 우리 인생이 덧없는 수증기 같은 이유가 '해 아래' 있기 때문이라고 말씀한다. 해 아래에서는 수증기 같은 것밖에 보지 못한다. 그래서 우리에게 필요한 것은 해 위를 바라보는 지혜이다. 해 위에 계신 주님을 볼 때 비로소 우리가 있어야 할 자리를 제대로 잡을 수 있는 것이다.

하나님은 우리를 위하여 쉬지 않고 일하시는 분이다. 하나님은 잠깐뿐인 안개 같은 우리 인생을 통해 우리를 향한 하나님의 뜻을 이루어가기 위해 쉬지 않고 일하신다. 하나님은 우리가 마땅히 있어야 할 자리에 있도록 하기 위해 열심을 내신다. 그렇다면 있어야 할 가장 중요한 자리가 어디인가? 바로 예배의 자리다. 살아 역사하시는 하나님을 높이며 기뻐하는 자리다. 이 자리는 해 위에 있는 천국의 핵심적인 요소다. 천국은 하나님 아버지를 가장 순전하고 온전하게 기뻐하며 감사하는 예배의 자리다. 그래서 하나님의 은혜를 맛보며 성장하는 성도에게는 시공간의 우선순위가 분명하다. 성도는 있어야 할 때와 있어야 할 자리에 가장 우선적으로 머무를 수 있어야 한다.

본문에 하나님께서 바로에게 요구하신 게 바로 이 부분이다.

"여호와께서 모세에게 이르시되 너는 바로에게 가서 그에게 이르기를 여호와의 말씀에 내 백성을 보내라. 그들이 나를 섬길 것이니라"(출 8:1).

하나님께서 바로에게 말씀하신다. "너는 내 백성을 보내라." 여기서 '보내라'는 말씀은 내 백성이 있어야 할 자리에 있게 하라는 말씀이다. 그럼 백성이 있어야 할 자리는 무엇을 위한 자리인가? 여기 보면 "그들이 나를 섬길 것이니라"고 말씀한다. '섬긴다'(히. 아바드)는 단어는 '제사드린다, 예배드린다'는 뜻이다. 하나님께서 바로에게 말씀하시는 것은 내 백성 이스라엘을 예배의 자리에 있게 하라는 것이다.

바로가 착각하는 게 무엇인가? 하나님의 백성이 마땅히 있어야 할 자리다. 바로의 생각에 히브리 노예들은 제국이 정한 자리에서 제국이 정한 일을 해야 했다. 그리고 그것을 강요했다. 왜? 이것만이 제국의 통치하에 이들이 안정적으로 사는 길이라고 확신했기 때문이다. 그러나 하나님께서는 이런 바로가 가진 제국의 논리에 정면으로 도전하신다. 내 백성은 제국이 원하는 착취 상황에서 제국이 시키는 일을 하는 존재가 아니라는 것이다. 하나님께서는 그의 백성이 본연의 사명의 자리로 나아오는 것을 바로가 허락하지 않을 경우 개구리로 칠 것이라고 말씀하신다.

"네가 만일 보내기를 거절하면 내가 개구리로 너의 온 땅을 치리라"(출 8:2).

하나님께서 애굽을 개구리로 친다는 것은 특별한 의미가 있다. 개구리는 애굽 신화에 등장하는 헤케트 신을 의미한다. 실제로 애굽 벽화나 부조에 등장하는 헤케트 여신상을 보면 커다란 개구리 머리를 한 여성의 모습을 볼 수 있다.

헤케트(Heket)는 애굽 나일강의 신이자 창조의 신인 크눔의 아내로, 다산의 복을 주는 생명의 신으로 알려져 애굽 사람들은 이 헤케트를 매우 신성시하였다. 이런 신앙이 있었기에 애굽인은 나일강에 가서 빨래나 목욕을 하면서 개구리를 볼 때마다 자비롭고 사랑스러운 눈으로 보곤 하였다. 사실 한 마리 정도는 귀엽게 봐줄 수 있다. 2013년 7월 어느 날, 내가 섬기는 교회 문 입구 위에 작은 청개구리 한 마리가 붙어 있는 것을 보았다. 얼마나 예쁘고 사랑스럽던지 놀라웠다. 이 도심에 개구리가 산다는 사실이 참 신기했다. 한참을 바라보았다. 그런데 이 개구리가 두세 마리가 되고 불어나기 시작하면 징그럽게 느껴지기 시작한다.

> "아론이 애굽 물들 위에 그의 손을 내밀매 개구리가 올라와서
>   애굽 땅에 덮이니"(출 8:6).

온 땅이 개구리로 덮인다. 어떻겠는가? 개구리가 사랑스러울까? 징그럽다! 지금 하나님께서는 애굽 사람이 신성시하는 헤케트 여신을 상징하는 개구리를 수도 없이 보내 그들이 개구리에 대해 가졌던 호감과 경외심을 완전히 뒤엎어 버리신다. 개구리들이 어느 정도로 덮였는가?

> "개구리가 나일강에서 무수히 생기고 올라와서 네 궁과 네 침
>   실과 네 침상 위와 네 신하의 집과 네 백성과 네 화덕과 네 떡
>   반죽 그릇에 들어갈 것이며 개구리가 너와 네 백성과 네 모든
>   신하에게 기어오르리라"(출 8:3-4).

개구리들이 옷으로 들어가고, 다리 위로, 허리 위로, 팔 위로 닥지닥지 붙어 기어오른다. 하나님께서는 왜 바로와 애굽에 개구리 재

고대 이집트 헤케트 여신의 다양한 모습
출처 : 차례로 구글이미지,
      Bruce Wells, Zondervan Illustrated Bible
      Backgrounds Commentary Vol. 1.,
      위키백과

앙을 보내셨을까? 개구리 재앙은 어떤 의미를 가질까? 이는 자기 자리에서 이탈하는 재앙이다. 개구리는 계속해서 나일강에만 있을 줄 알았다. 그런데 헤케트 신을 상징하는 개구리가 제자리를 지키지 못하고 이탈하자 이것이 애굽에게는 전무후무한 재앙이 되었다.

제자리를 지키고 있는 것이 큰 복이다. 제자리를 지키는 것은 헤케트가 아닌 하나님의 능력과 복이 있어야 가능하다. 하나님의 능력의 손이 철회되면 헤케트도 얼마든지 그 자리를 지키지 못하고 내몰릴 수 있다. 이 세상은 보이지 않는 하나님의 능력의 손이 제자리를 지키도록 붙들고 계신다. "바다의 한계를 정하여 물이 명령을 거스르지 못하게 하시며"(잠 8:29). 이 말씀에 따르면 바다가 제자리를 지키고 넘어오지 못하는 것은 하나님의 말씀이 경계를 정하고 그 자리를 지키도록 하셨기 때문이다.

이렇게 볼 때 우리가 이 땅을 살아가면서 있어야 할 자리에 위치하고 그 자리를 지키고 유지하는 것, 또 몸의 각 부분이 자기 자리를 지키고 건강을 유지하는 것은 하나님의 섭리임을 알 수 있다. 생각해 보라. 우리 몸의 장기가 제자리를 지키지 못하고 그냥 튀어 나가거나 빠져나가면 어떻게 될까? 자기가 있어야 할 자리를 아는 것, 그리고 그 자리로 기꺼이 순종하며 나아가는 것, 더 나아가 그 자리를 지켜내는 것은 복이다.

하나님께서 그동안 자기 자리를 지키도록 명하신 말씀을 철회하고 개구리를 보내자 애굽의 요술사들도 이것을 흉내 낸다.

"요술사들도 자기 요술대로 그와 같이 행하여 개구리가 애굽 땅에 올라오게 하였더라"(출 8:7).

'요술대로'라는 말은 '벨라테헴'이란 히브리어로 '눈속임으로'라는 의미다. 애굽의 요술사들은 피 재앙에 이어 개구리 재앙도 눈속임으로 그럴듯하게 만들었다. 그러나 이런 눈속임으로는 애굽 전체에 있는 개구리들을 원래의 자리로 돌이킬 수 없었다. 바로도 이것을 깨달았는지 모세와 아론에게 부탁한다.

"바로가 모세와 아론을 불러 이르되 여호와께 구하여 나와 내 백성에게서 개구리를 떠나게 하라. 내가 이 백성을 보내리니 그들이 여호와께 제사를 드릴 것이니라"(출 8:8).

여기 보면 바로의 큰 깨달음이 나온다. 먼저는 여호와께 구하라는 것이다. 바로는 서서히 하나님의 능력의 손이 얼마나 어마어마한지를 깨닫기 시작한다. 또 이제 모세가 드리는 기도의 능력을 믿기 시작한다.

둘째, 여기 '내 백성'이라는 표현과 '이 백성'이라는 표현이 구별되어 등장한다. 원래는 다 바로의 백성이었다. 그러나 이제부터는 '나의 백성'과 '하나님의 백성'을 구별하기 시작한다. 이와 동시에 하나님 백성이 있어야 할 자리를 인정하기 시작한다. "내가 이 백성을 보내리니 그들이 여호와께 제사를 드릴 것이니라"는 고백은 하나님의 백성이 하나님을 예배해야 할 자리로 나아가야 할 백성이라는 점을 시인하는 것이다.

자, 여기서 놀라운 일이 시작된다. 그 강퍅한 바로에게 여호와를 인정하는 지식, 즉 여호와를 아는 지식이 생겨나기 시작했다. 모세가 바로에게 말한다.

"이 개구리를 왕과 왕궁에서 끊어 나일강에만 있도록 언제 간구하는 것이 좋을는지 내게 분부하소서"(출 8:9).

바로가 하나님의 백성이 원래 있어야 할 자리로 돌아가야 함을 인정하고 허락했으니, 이제 개구리가 원래 있던 자리인 나일강으로 돌아가도록 기도하는 게 언제가 좋을지 말할 것을 요청한다. 그러자 바로가 대답한다.

"내일이니라"(출 8:10a).

이 말은 개구리를 내일 제자리로 돌아가게 해달라는 것만을 의미하지 않는다. 이 말은 개구리가 돌아가는 동시에 이스라엘 백성도 '내일 가라'는 의미를 포함한다. 그러자 모세가 말한다.

"왕의 말씀대로 하여 왕에게 우리 하나님 여호와와 같은 이가 없는 줄을 알게 하리니"(출 8:10b).

이제 왕이 요구한 대로 하여 개구리가 물러가 제자리로 돌아갈 것이고, 하나님의 백성도 예배의 자리로 돌아가게 될 것이다. 이 역사를 통하여 바로는 하나님을 더욱 깊이 아는 지식을 소유하게 될 것이다.

> "모세가 여호와께 간구하매 여호와께서 모세의 말대로 하시
> 니 개구리가 집과 마당과 밭에서부터 나와서 죽은지라"(출
> 8:12b-13).

모세가 기도하자, 하나님은 그 난리치던 개구리들을 모두 죽게 하시고 나일강을 벗어나지 않도록 하셨다. 개구리가 제자리로 돌아가자 바로는 한숨을 돌렸다. 그러고는 다시 마음을 완강하게 하여 듣지 않았다(8:15). 우리가 누리는 안식과 평안은 크게 두 종류가 있다. 참 평안과 거짓 평안이다. 참 평안은 상황과 관계없이 깊은 곳으로부터 오는 평안으로 세상이 빼앗을 수 없다(요 14:27 참조). 반면 거짓 평안은 상황이 잠시 진정된 것에 만족하고 우리가 직면해야 할 현실을 잠시 덮어둠으로 얻는 일시적 평안이다. 수면 중독에 빠지는 것과 비슷하다. 바로는 일시적인 거짓 평안에 잠시 안주하였다. 그러자 하나님께서는 땅의 티끌, 즉 먼지로 이를 만들어 또다시 애굽 온 사람들과 이제는 가축에게까지 피해가 가게 하신다. 주목할 점은 애굽 요술사들의 한계이다.

> "요술사들도 자기 요술로 그같이 행하여 이를 생기게 하려 하
> 였으나 못 하였고 이가 사람과 가축에게 생긴지라"(출 8:18).

요술사들이 어떻게든 눈속임으로 해보려 했지만 이것은 도저히 되지 않더라는 것이다. 그러면서 고백한다.

"요술사가 바로에게 말하되 이는 하나님의 권능이니이다"(출 8:19).

하나님의 권능은 문자적으로 하나님의 '손가락'(히. 에쯔바)이다. 예수께서는 하나님의 손가락으로 귀신을 쫓아내셨던 바 있다(눅 11:20). 손가락 하나에 이런 큰 능력이 나타난다면 하나님의 권능은 이루 다 헤아릴 수 없다. 그도 그럴 것이 티끌(히. 아파르)로 생명을 만드는 것은 생명을 부여하는 창조의 능력이기 때문이다. 이는 애굽의 믿던 사막과 모래폭풍의 신 '셋'(Seth)에 대한 직접적인 타격이기도 하다. 애굽의 요술사들이 얼마나 바로의 신뢰를 받고 있었는가? 그러나 이제는 그들도 자기 요술의 한계를 깨닫고 이는 하나님의 권능이라고 고백한다. 만물을 주관하시고 없는 것도 존재하게 하시는 하나님의 능력을 인정하는 것이다.

이것을 보면 자기 백성을 예배의 자리에 있게 하시려는 하나님의 열심이 얼마나 뜨거운지를 알 수 있다. 자기 백성을 향한 하나님의 성실하신 역사하심이 결국 바로 뿐만 아니라 바로가 의지하는 정신적 기둥인 요술사들도 항복하게 만들었다(렘 33:2 참조). 하나님의 열심은 그의 뜻하신 자리에 그의 백성을 머물게 하기 위함이다.

오늘 우리가 예배의 자리에 있게 된 것을 돌아보라. 열 가지 재앙을 보내셨던 하나님의 열심으로 이 자리에 있게 되었다. 절대 이 기쁨과 특권을 빼앗기지 말라. 하나님이 부르신 예배의 자리에 있는 것이 복이다. 그리고 그 자리를 사모해야 한다. 우리 인생에 가장 귀한 자리는 바로 하나님을 예배하는 자리다. 얼마나 많은 방해와 어려움이 있는가? 몸도 안 좋고, 여러 가지 유혹도 많고…. 그러나 우리는 마땅히 있어야 할 자리에 있음으로 세상이 알 수 없는 평안을 누리고 세상이 모르는 하늘의 신령한 복을 누릴 수 있다.

하나님께서는 우리를 예배의 자리로 인도하시기 위해 어떤 일을 행하셨는가? 그 아들 예수 그리스도를 보내셨고 우리를 위해 고귀한 희생을 치르셨다. 그렇기에 우리는 날마다 예배의 자리에 벅찬 감격으로 서기를 힘써야 한다. 전심을 다해 영과 진리로 예배드려야 한다(요 4:23-24 참조). 바로 이곳이 그 자리다. 하나님은 그런 자들을 찾으신다.

[14장 각주] ···

26) 오주환, "[기획] 현실도피용? …휴일마다 '잠'에 취하는 2030세대", 국민일보, 2016.
    12. 3.

넷째 재앙

: 위기 가운데 선명하게 드러나는 은혜

여호와께서 모세에게 이르시되 아침에 일찍이 일어나 바로 앞에 서라. 그가 물 있는 곳으로 나오리니 그에게 이르기를 여호와께서 이와 같이 말씀하시기를 내 백성을 보내라. 그러면 그들이 나를 섬길 것이니라. 네가 만일 내 백성을 보내지 아니하면 내가 너와 네 신하와 네 백성과 네 집들에 파리 떼를 보내리니 애굽 사람의 집집에 파리 떼가 가득할 것이며 그들이 사는 땅에도 그러하리라. 그날에 나는 내 백성이 거주하는 고센 땅을 구별하여 그곳에는 파리가 없게 하리니 이로 말미암아 이 땅에서 내가 여호와인 줄을 네가 알게 될 것이라. 내가 내 백성과 네 백성 사이를 구별하리니 내일 이 표징이 있으리라 하셨다 하라 하시고 여호와께서 그와 같이 하시니 무수한 파리가 바로의 궁과 그의 신하의 집과 애굽 온 땅에 이르니 파리로 말미암아 그 땅이 황폐하였더라.

바로가 모세와 아론을 불러 이르되 너희는 가서 이 땅에서 너희 하나님께 제사를 드리라. 모세가 이르되 그리함은 부당하니이다. 우리가 우리 하나님 여호와께 제사를 드리는 것은 애굽 사람이 싫어하는 바인즉 우리가 만일 애굽 사람의 목전에서 제사를 드리면 그들이 그것을 미워하여 우리를 돌로 치지 아니하리이까. 우리가 사흘 길쯤 광야로 들어가서 우리 하나님 여호와께 제사를 드리되 우리에게 명령하시는 대로 하려 하나이다.

바로가 이르되 내가 너희를 보내리니 너희가 너희의 하나님 여호와께 광야에서 제사를 드릴 것이나 너무 멀리 가지는 말라. 그런즉 너희는 나를 위하여 간구하라. 모세가 이르되 내가 왕을 떠나가서 여호와께 간구하리니 내일이면 파리 떼가 바로와 바로의 신하와 바로의 백성을 떠나려니와 바로는 이 백성을 보내어 여호와께 제사를 드리는 일에 다시 거짓을 행하지 마소서 하고 모세가 바로를 떠나 나와서 여호와께 간구하니 여호와께서 모세의 말대로 하시니 그 파리 떼가 바로와 그의 신하와 그의 백성에게서 떠나니 하나도 남지 아니하였더라. 그러나 바로가 이때에도 그의 마음을 완강하게 하여 그 백성을 보내지 아니하였더라.

하버드 공중보건대학의 타일러 밴더윌레 교수팀이 흥미로운 주제의 연구결과를 발표한 적이 있다. 그것은 '종교와 우리 삶의 전인적인 건강'이 어떤 관계가 있을까 하는 것이다.[27] 그래서 무려 16년 동안 교회에 나와 예배를 잘 드리는 부부와 그렇지 않은 부부의 삶을 추적했다. 그렇게 해서 16년 후에 결과를 보니 예배에 참석하는 부부가 그렇지 않은 부부에 비해서 이혼율이 무려 30~50%나 더 낮고, 사망 위험도 현저히 적다는 결과가 나왔다. 게다가 예배를 잘 드리는 부부는 수명 연장, 우울증 감소, 자살률 하락에 긍정적인 효과가 나타났다. 당장에 큰 변화가 있는 것은 아니라도 시간이 갈수록 예배가 우리 삶에 어떤 영향을 끼치는지 선명하게 드러난 것이다.

　출애굽기는 드라마틱하고 흥미진진한 탈출 이야기를 담고 있지만 이에 못지않게 예배 이야기를 담고 있다. 바로와 모세가 갈등을 일으키는 근본 원인도 바로 예배의 문제였다. 하나님의 백성으로 예배드리게 할 것이냐 말 것이냐의 갈등인 것이다. 바로는 어떻게든 하나님의 백성을 가로막으려 한다. 그러나 하나님은 시간이 갈수록 바로에게는 한낱 히브리 노예에 불과한 이들이 하나님께 얼마나 소중한 백성이고, 그들이 드리는 예배가 얼마나 귀한 것인지를 점점 선명하게 드러내신다. 하나님의 큰 능력이 드러나자 애굽의 영적 정신적 기둥이었던 술사들은 마침내 두 손 두 발 들고 "이는 하나님의 권능"(출 8:19)이라고 인정하기에 이른다. 하나님을 인정한다는 것은 '하나님만이 예배받기에 합당하신 분임'을 시인하는 것이다.

　여기서 '권능'이라는 말은 히브리어로 '애츠바'인데 번역하면 '손가락'이다. 즉 이는 '하나님의 손가락'을 뜻한다(출 31:18, 신 9:10, 눅 11:20 참조). 하나님을 경외하는 마음을 표현한 것이다. 하나님의 능력이 연약해 보이는 손가락을 통해서도 감당할 수 없을 정도로 흘러나옴을 인정하는 것이다. 무협소설에도 보면 무공의 절대 경지에 오른 고수들이 사용하는 무술이 있다. 바로 '탄지신공'(彈指神功)이라는 무술이다. '탄'이라고 하면 탄력, 탄성 할 때의 탄(彈)으로 튕긴다는 뜻이다. 지(指)는 손가락이다. 손가락을 튕겨서 어마어마한 신적인 공력이 나가게 하는 무술이 탄지신공이다. 그래서 고수가 튕기는 손가락을 조심해야 한다. 잘못 맞으면 몸에 구멍이 뚫린다.

이처럼 손가락은 하나님의 어마어마한 능력이 나오는 통로다. 손가락을 통해 나왔기에 망정이지, 하나님의 강력한 오른팔이나 발에서 나온다면 우리는 감당할 수도 없거니와 이미 초토화되었을 것이다. 예수께서도 "내가 만일 하나님의 손을 힘입어 귀신을 쫓아낸다면 하나님의 나라가 이미 너희에게 임하였느니라"(눅 11:20)고 말씀하셨다. 여기에서 하나님의 '손'을 헬라어 원문으로 하면 '닥튈로', 즉 손가락이다. 이는 내가 하나님의 손가락을 힘입어 귀신을 쫓아낸다면 하나님의 나라가 이미 너희에게 임하였다는 의미다.

바로와 애굽의 술사들은 하나님의 손가락이 얼마나 강력하고 무서운지를 처절히 경험했다. 하나님의 손가락으로 인해 생명의 젖줄인 나일강이 피로 변하고, 애굽의 신 크눔의 권위가 땅에 떨어졌다. 그토록 완강했던 바로도 회개하고 하나님을 인정할 정도였다. 바로의 회개에 하나님은 손가락을 다시 거두신다. 애굽에도 이전에 주셨던 일반은총을 다시 주신다. 일반은총은 믿는 자나 믿지 않는 자 모두에게 골고루 주시는 하나님의 선물이다. 맑은 공기를 주시고, 해를 주셔서 농사를 지을 수 있게 하시고, 마실 수 있는 물을 주신다. 이전에 피로 붉게 물든 나일강에 다시 맑은 물이 흐르고, 개구리로 악취

나던 땅이 진정되고, 온몸에 들러붙던 이도 진정되었다. 그러자 바로는 하나님 앞에 자신이 공언했던 말을 또 잊어버린다. 지금 자신이 이렇게 숨 쉴 수 있는 것이 하나님의 은혜임을 또다시 망각하고 그 마음을 완악하게 한 것이다.

하나님께서는 이런 바로에게 또다시 모세와 아론을 보내셔서 하나님의 뜻을 전하신다.

"여호와께서 모세에게 이르시되 아침에 일찍이 일어나 바로 앞에 서라. 그가 물 있는 곳으로 나오리니 그에게 이르기를 여호와께서 이와 같이 말씀하시기를 내 백성을 보내라. 그러면 그들이 나를 섬길 것이니라"(출 8:20).

하나님께서 모세에게 일찍 강가로 나오는 바로 앞에 가서 하나님의 말씀을 전하라고 말씀하신다. 어? 이상하다. 바로가 왜 이른 아침부터 나일강에 가는 것일까? 얼마 전까지만 해도 황폐했던 나일강 상태가 어떻게 되었나 보러 가는 것일까? 아니다. 나일강의 크눔신에게 다시 제사하기 위해 가는 것이다. 고대로부터 애굽 왕들은 나일강에 오랜 축제의 기간을 두면서 신들을 기쁘게 하려고 했다. 대표적인 것이 10~11월, 본격적인 우기가 시작되기 전에 120일간 애굽과 나일강의 풍요와 다산을 기원하는 축제였다. 하지만 바로는 이미 크눔신이 여호와의 손가락 앞에 꼼짝도 못하는 것을 보았다. 그런데도 그가 또다시 제사하려는 이유가 무엇인가? 그것이 바로의 현재 왕권과 권위를 지키는 길이라고 생각했기 때문이다. 그래서 하나님의 은혜로 나일강이 회복되었음에도 강이 회복되자마자 곧바로 나일강을 지킨다고 믿는 크눔 신에게 제사하려 하는 것이다. 이것을 보면 사람은 참 바뀌기 힘들다.

하나님께서는 이런 바로 앞을 가로막으며 말씀하신다. "내 백성을 보내라. 그러면 그들이 나를 섬길 것이니라." 하나님은 바로에게 "이 백성은 너의 백성이 아니라 내 백성이니 착각하지 말라. 네 마음대로 할 수 있는 백성이 아니다. 이들은 네가 시키는 강제노동을 감당할 백성이 아니라 바로 나를 섬기고 나를 예배할 백성이다"라고 말씀하신다. 지금 하나님은 하나님이 재개하신 일반은총을 당연하게 여기며 은근슬쩍 넘어가려는 바로를 가로막고 분명하게 그가 알아야 할 지식을 말씀하고 계신다. 그러면서 경고하신다.

"네가 만일 내 백성을 보내지 아니하면 내가 너와 네 신하와 네 백성과 네 집들에 파리 떼를 보내리니 애굽 사람의 집집에 파리 떼가 가득할 것이며 그들이 사는 땅에도 그러하리라"(출 8:21).

파리는 애굽에서 일종의 딱정벌레 모양을 한 케프리라 불리는 신으로, 하루 동안 뜨고 지는 해를 통제하는 신으로 알려졌다. 딱정벌레는 똥을 동그랗게 굴려 이동시키는데 이것이 태양이 하늘을 가로질러 가는 것과 비슷하다고 여겼다. 딱정벌레는 똥 속에 알을 낳아 부화시키는데, 태양이 매일 아침 새롭게 떠오르는 것처럼 똥 속의 알도 새롭게 부화하여 나온다고 해서 케프리 신은 재창조와 태양의 시

| 애굽 신 케프리. 출처 : 위키백과

간을 통제하는 신으로 알려졌다.

　세상과 인생의 시간을 통제하고 생명을 재창조하려면 얼마나 큰 권세와 위엄이 있겠는가? 그런데 하나님께서는 그들이 믿던 이 케프리 신이 애굽 백성을 괴롭히고 하나님의 손가락으로 통제될 것을 선포하신다. 바로가 이른 아침에 온 것은 나일강의 크눔신을 예배하러 온 것도 있지만, 사실 하루 해를 주관하는 케프리 신에게 경배하려는 이유도 있다. 그런데 하나님은 이 모든 것이 그분의 손가락에 달려 있다고 선포하시는 것이다.

　출애굽기 8장 21절부터 23절까지 계속해서 반복적으로 강조되는 표현이 있다. '나' '내가' 라는 표현이다. "'내' 백성을 보내지 아니하면 '내가' …보내리니"(21절). "그날에 '나' 는 '내' 백성이 거주하는" "'내가' 여호와인 줄을 네가 알게 될 것이라"(22절). "'내' 백성과 네 백성 사이를 구별하리니"(23절).

연속적인 '나' 의 등장은 이 모든 과정을 능력으로 주관하시는 분은 여호와 하나님임을 강조한다. 결국 애굽이 숭배하던 케프리 신도 하나님의 손가락에 의해 꼼짝 못할 것이다.

> "여호와께서 그와 같이 하시니 무수한 파리가 바로의 궁과 그
> 의 신하의 집과 애굽 온 땅에 이르니 파리로 말미암아 그 땅이
> 황폐하였더라"(출 8:24).

더운 열대지역에 가면 파리가 얼마나 많은지 모른다. 사방에 파리다. 머리카락 속에도 들어가고 바지 속에도 들어가며 음식물에도 들어가고 사방에 파리다. 그리고 이런 파리들은 알을 낳으면 한 번에 400~600개씩 낳는다. 이렇게 알을 낳으면 24시간 후에 부화하는데 이것을 구더기라고 한다. 우리나라에 있는 구더기는 비교적 온순하지만 아프리카에 서식하는 체체파리나 아프가니스탄에 있는 파리들은 멀쩡한 사람 몸에 알을 낳는데, 이 구더기는 살을 파고들어 상처를 깊게 남긴다. 지금도 아프가니스탄에 가면 얼굴이나 몸에 검은 상처 자국이 여럿 난 사람을 꽤 볼 수 있는데, 이것이 파리 구더기로 인한 상처라고 한다. 또 어떤 쇠파리 같은 종류는 콧구멍 속으로 들어가 뇌에 알을 낳는 경우도 있다. 그러면 생명에 치명적이다.

이렇게 여러 종류의 치명적인 파리가 있는데 본문에서는 어떤 파리일까? 본문에 나온 '파리'는 히브리어로 '아로브'다. 이 아로브는 믹스쳐(mixture, 혼합)란 뜻이다. '믹스쳐'는 종종 하루에 필요한 영양소를 담은 견과류 봉지에 쓰여 있다. 땅콩, 호두, 블루베리, 아몬드 등 여러 가지 견과류가 섞인 것이 믹스쳐다. 여기 나오는 파리는 여러 종류의 파리들이 뭉친 다양한 파리 떼인 것이다. 그러니 무섭다. 이 엄청난 파리 떼가 애굽을 치고 들어가니까 그 땅이 정말 무참하게도 황폐해졌다. 신약성경에 보면 예수께서 귀신들의 왕을 파리 대왕이란 뜻의 '바알세불'이라 하셨다(마 12:24). 이는 마귀가 마치 출애굽기의 파리 떼처럼 하나님을 떠나는 우리들의 삶을 황폐하게 만든다는 의미가 있다. 파리들이 떼로 덤비니 얼마나 무섭고 끔찍한가? 본문은 이를 '무수한 파리'라고 묘사한다. '무수하다'는 말은 히브리어로 '카베드'라는 말로 '무겁다'는 뜻이다. 엄청나게 무거운 파리 떼가 자신을 신으로 섬기는 애굽을 덮친 것이다.

그런데 이런 위기 가운데서 더욱 선명하게 드러나는 하나님의 뜻이 있다. 그것은 하나님께서 자신의 백성 이스라엘을 이전과는 다르게 더욱 구별하여 보호하기 원하신다는 것이다.

"그날에 나는 내 백성이 거주하는 고센 땅을 구별하여 그곳에는 파리가 없게 하리니 이로 말미암아 이 땅에서 내가 여호와인 줄을 네가 알게 될 것이라"(출 8:22).

그동안 일어났던 피, 개구리 재앙에는 하나님께서 이스라엘만 따로 구별하여 보호한다는 말씀이 없었다. 그런데 이제부터 이들을 특별히 따로 구별하여 아무 해가 없도록 보호할 것이라고 말씀한다. 전에는 개구리가 애굽 온 백성을 괴롭히고, 또 이스라엘 백성이 사는 고센 땅에도 들어왔을 것이다. 애굽 사람들은 이렇게 생각했을 것이다. '아이고, 이놈의 개구리 때문에 정말 너무너무 괴롭네. 저 히브리 노예들이 섬기는 신이 보냈다고 하던데…. 그렇다면 혹시 노예들이 사는 땅에도 개구리가 들어왔을까?' '저게 뭐야, 고센 땅에도 개구리가 들어왔잖아! 저 히브리 노예들도 별수 없구먼. 뭐 하나님 섬긴다면서 별 차이 없네. 저들도 저렇게 고통받는데 무슨 하나님이 역사했다는 거야? 히브리 노예들을 풀어주지 않아도 되겠네.'

하지만 이제부터 이스라엘 백성들이 사는 고센 땅은 보호를 받는다. 그렇게 되면 애굽 사람들의 생각이 달라질 것이다. '아이고, 이 파리 떼들 때문에 정말 미치겠다. 음식에도 파리, 콧속에도 파리, 귀속에도 파리, 머리카락에도 파리… 모든 것이 파리다. 아, 파리가 정말 지긋지긋하다.' 그러면서 물을 것이다.

"어이, 히브리 노예? 혹시 너희 땅에도 파리 있니?"

"예? 파리요? 그게 뭐에요? 한 마리도 구경 못했는데요?"

이런 대답을 듣는다면 애굽 사람들은 커다란 충격을 받을 것이다. '아, 이 재앙이 정말 하나님의 능력인 모양이다. 바로가 하나님 말씀대로 이 노예들을 놓아주어야 하나 봐!'

하나님께서는 이 구별을 통하여 하나님이 여호와인 줄을 바로에게 똑바로 알게 하기를 원하신다고 말씀한다. 애굽에는 파리 떼로 사방에서 신음소리와 아우성이 들리는데 고센 땅은 조용했다. 이 놀라운 대조를 보게 된 바로는 정말 인정하기 싫은 부분을 깨닫고 인정하게 된다. 그것은 바로의 제국이 큰 권세와 힘으로 통제하는 줄 알았는데, 막상 하나님의 손가락 앞에서는 그 큰 군사력도 아무 소용이 없다는 것이다. 하나님께서는 오히려 가장 작은 미물인 파리를 통해 그분의 어마어마한 권능을 드러내셨다. 바로는 천하무적이라 생각했던 제국이 너무나도 무력하고, 자신이 온 세상의 통치자가 아니라는 것을 깨닫기 시작했다. 할 수 있는 한 무시하고 덮어 넘기려 해도 점점 더 뚜렷하게 드러났다.

"바로가 모세와 아론을 불러 이르되 너희는 가서 이 땅에서 너희 하나님께 제사를 드리라"(출 8:25).

마침내 바로가 허락한다! 하지만 여기에는 아주 교묘한 단서가 붙어 있다. 그것은 바로 '이 땅에서'라는 단어다. 이 땅이 어디인가? 바로 애굽 땅이다. 결국 예배드리기는 하지만 아무 데도 못 간다는 뜻이다. 이것을 세부 단서조항, 영어로 'fine print'라고 한다. 가끔 인터넷 쇼핑을 하다 보면 무료할인 쿠폰을 준다는 팝업창이 뜬다. 그런데 그 아래를 자세히 보면 작은 글씨로 "이것은 고객 정보 확보를 위한 마케팅 광고입니다"라는 안내문이 쓰여 있다. 언뜻 보면 잘 안 보이지만 그 문구를 자세히 보면 전혀 다른 의도가 있음을 알 수 있는 것이다. 우리 인생에도 이런 세부 단서조항이 많다.

바로의 제안에 모세는 그 의도를 분별하고 단호하게 거부한다.

"그리함은 부당하니이다. 우리가 우리 하나님 여호와께 제사
를 드리는 것은 애굽 사람이 싫어하는 바인즉 우리가 만일 애
굽 사람의 목전에서 제사를 드리면 그들이 그것을 미워하여
우리를 돌로 치지 아니하리이까"(출 8:26).

모세는 이스라엘 백성들이 제사드리는 것을 애굽 사람들이 싫어
한다고 한다. 애굽은 짐승들을 신성시하여 경배하는 반면, 이스라엘
은 동물을 잡아 그 피로 제사를 드리기 때문이다. 왜 피로 제사를 드
리는가? 피로 죄 문제를 해결받기 때문이다. 그런데 애굽 사람들은
이것을 싫어한다. 방해와 극심한 핍박이 이어질 것이다. 이런 갈등을
피하려면 이 땅을 떠나서 예배드리는 것이 가장 좋다. 결국 바로가
자꾸 꼼수를 부려서 상황을 회피하려 할수록 하나님의 뜻이 더욱 선
명하게 드러난다.

"우리가 사흘 길쯤 광야로 들어가서 우리 하나님 여호와께 제
사를 드리되 우리에게 명령하시는 대로 하려 하나이다"(출
8:27).

모세는 이스라엘이 애굽에서 완전히 떠나 하나님께 제사드려야
함을 강조한다! 이것은 전능하신 하나님의 명령이기에 이스라엘은
하나님의 이 명령대로 따라야 한다. 이 단호한 응답에 바로는 결국
항복한다.

"바로가 이르되 내가 너희를 보내리니 너희가 너희의 하나님
   여호와께 광야에서 제사를 드릴 것이나 너무 멀리 가지는 말
   라. 그런즉 너희는 나를 위하여 간구하라"(출 8:28).

좋다. 그렇다면 너희의 하나님께 제사를 드리라! 그러나 너무 멀
리 가지는 말라. 여기에도 바로의 음흉한 의도가 있다. 왜? 여차하면
다시 잡아서 끌고 오려는 야욕이 있기 때문이다. 이런 것을 보면 바
로는 아직 집착을 내려놓지 못하고 있었다. 그러면서 "나를 위하여
간구하라"고 중보기도를 부탁한다. 하나님의 손가락 앞에 자신은 맞
설 수 없고, 결국 하나님께 기도하여야만 해결될 수 있음을 스스로
고백하는 것이다. 모세는 하나님께 기도했고 하나님은 그 즉시 응답
하셔서 파리 떼를 물리치셨다.

우리는 파리 재앙과 이 재앙, 또 피로 변하는 재앙들이 오늘날의
우리와는 별 상관없는 재앙이라고 생각하기 쉽다. 그러나 이것은 요
한계시록에 예고된 다가오는 재앙이기도 하다. 하나님을 떠난 제국
에 내리는 엄중한 신적 심판이다. 요한계시록 6장에 보면 일곱 인 재
앙이 나온다. 인봉을 하나씩 떼면 전쟁과 기근과 흉년과 사망과 땅의
짐승들이 몰려오면서 거대한 재앙이 이 땅에 내린다. 또 요한계시록
8장 6절 이후에는 일곱 나팔의 재앙이 나온다. 한 천사가 나팔을 부
니 불 붙는 큰 산과 같은 것이 바다에 던져져 바다 삼분의 일이 피가
된다. 일곱 대접 재앙에서도 천사가 대접을 강과 물 근원에 쏟으니까
피가 된다(계 16:4). 이처럼 요한계시록은 하나님을 떠난 세상이 갈
수록 황폐하게 될 것을 예언한다. 그러나 이와는 대조적으로 하나님

을 의지하는 하나님의 백성에게 임하는 은혜는 갈수록 선명해진다. 그것을 보여주는 것이 갈수록 웅장해지는 천상의 예배이다(계 4장, 7장, 19장, 21장).

오늘날 세계화와 제국화가 진행될수록 성도들의 예배에도 양극화가 온다. 갈수록 뚜렷하게 은혜를 사모하며 하나님께 더욱 가까이 나아가는 이들이 있는가 하면, 갈수록 은혜를 잊어버리고 세상의 유혹과 바로의 제안에 타협하려 하는 이가 많아진다. 위기일수록 하나님 앞으로 나아오길 바란다. 왜? 이럴 때일수록 하나님의 백성을 향한 하나님의 은혜가 더욱 선명하게 드러나기 때문이다. 예배를 대충 타협해서 드리고 싶은 유혹을 단호하게 거부하고, 흔들림 없이 진정한 예배의 자리로 나아가야 한다.

[15장 각주] ···

27) 박소라, "함께 예배드리는 부부, 이혼율 30-50% 낮아", 크리스천투데이, 2016. 12. 6.

다섯째, 여섯째 재앙
: 무너지는 제국의 성공신화

여호와께서 모세에게 이르시되 바로에게 들어가서 그에게 이르라. 히브리 사람의 하나님 여호와께서 말씀하시기를 내 백성을 보내라. 그들이 나를 섬길 것이니라. 네가 만일 보내기를 거절하고 억지로 잡아두면 여호와의 손이 들에 있는 네 가축 곧 말과 나귀와 낙타와 소와 양에게 더하리니 심한 돌림병이 있을 것이며 여호와가 이스라엘의 가축과 애굽의 가축을 구별하리니 이스라엘 자손에게 속한 것은 하나도 죽지 아니하리라 하셨다 하라 하시고 여호와께서 기한을 정하여 이르시되 여호와가 내일 이 땅에서 이 일을 행하리라 하시더니 이튿날에 여호와께서 이 일을 행하시니 애굽의 모든 가축은 죽었으나 이스라엘 자손의 가축은 하나도 죽지 아니한지라.

바로가 사람을 보내어 본즉 이스라엘의 가축은 하나도 죽지 아니하였더라. 그러나 바로의 마음이 완강하여 백성을 보내지 아니하니라. 여호와께서 모세와 아론에게 이르시되 너희는 화덕의 재 두 움큼을 가지고 모세가 바로의 목전에서 하늘을 향하여 날리라. 그 재가 애굽 온 땅의 티끌이 되어 애굽 온 땅의 사람과 짐승에게 붙어서 악성 종기가 생기리라. 그들이 화덕의 재를 가지고 바로 앞에 서서 모세가 하늘을 향하여 날리니 사람과 짐승에게 붙어 악성 종기가 생기고 요술사들도 악성 종기로 말미암아 모세 앞에 서지 못하니 악성 종기가 요술사들로부터 애굽 모든 사람에게 생겼음이라. 그러나 여호와께서 바로의 마음을 완악하게 하셨으므로 그들의 말을 듣지 아니하였으니 여호와께서 모세에게 말씀하심과 같더라.

서울대학교 행복연구센터 소장을 맡고 있는 최인철 교수가 전에 한 강연에서 '우리를 행복하게 하는 것은 무엇인가'에 대해 말한 적이 있다.[28] 행복이라고 하면 크고 멋진 것을 떠올리기 쉽다. 그러나 우리를 행복하게 하는 것은 의외로 소소한 것들이다. 첫째, 걷기다. 걷다 보면 행복해진다. 둘째, 말하기다. 서로 대화하며 공감하다 보면 행복해진다. 셋째, 먹기다. 맛있게 먹다 보면 행복해진다. 먹다 보면 근심 걱정이 사라지고 아무 생각도 나지 않는다. 자꾸 걱정하면서 먹으면 체한다. 넷째, 놀기다. 서로 교감하며 함께 놀다 보면 행복해진다. 어? 상당히 간단하지 않은가? 걸으면서 말하고 같이 먹고 교제하며 웃다 보면 행복해진다.

최인철 교수에 따르면 우리가 이런 행복을 나누려면 집이나 일터가 아닌 제3의 공간이 필요하다. 일종의 아지트이다. 이런 멋진 경험이 한데 어우러진 곳이 어딘가? 바로 교회다. 아름다운 교회에 걸어 들어와 돌아다니며 교제를 나누고, 또 맛있는 음식을 같이 먹고 웃다 보면 행복해진다. 행복이 다른 곳이 아니라 바로 여기에 있다.

사람들은 흔히 행복해지기 위해 무엇인가를 소유하려 하고 이를 위해 돈을 소비한다. 그런데 소유를 위한 소비는 행복감이 그렇게 오래가지 않는다. 자동차를 사면 그때는 잠시 행복하다. 하지만 1년이 지나고 3년이 지나고 5년이 지나도 차를 사서 행복하다고 말하지는 않는다. 그래서 소유를 위한 소비가 주는 행복감은 일시적이다. 이것보다 더 고차원적인 소비가 있다. 그것은 경험을 위해 소비하는 것이다. 놀이동산에 가면 아프리카 동물들을 가까이서 보고 먹이를 주기도 하는 사파리는 별도의 비용이 들어가는 경우가 많다. 왜 그런가? 특별한 체험을 주기 때문이다. 특별한 체험은 우리에게 무엇을 가져다주는가? 바로 삶의 추억과 이야기를 남겨준다. 이런 경험은 두고두고 이야기할 수 있다. 그래서 지혜로운 사람은 소유를 위한 소비가 아니라 경험을 위한 소비의 가치를 안다.

사람이 경험할 수 있는 최고의 경험은 무엇일까? 지금도 살아 역사하시는 하나님을 경험하는 것이다. 그곳이 바로 교회다. 교회는 세상에서 맛볼 수 없는 최고의 복을 가진 곳이다. 하지만 세상 가운데 교회가 처한 상황은 결코 만만치 않다. 마귀가 우는 사자와 같이 교회를 공격하기에(벧전 5:8), 교회는 깨어 하나님의 전신갑주를 입고 영적 전쟁을 수행해야 한다(엡 6:12-17). 그런 가운데 교회는 세상에서 맛볼 수 없는 하나님의 강력한 손가락의 능력을 맛볼 수 있다. 출애굽기에서 이스라엘 교회는 이들을 짓누르고 압박하는 거대한 애굽 제국과 거룩한 전쟁을 수행한다. 이것은 이스라엘이 직접 발 벗고 나서는 싸움이 아니다. 하나님이 친히 앞서 싸우시는 전쟁이다. 이스라엘 교회는 그저 가만히 있어 하나님의 행하심을 보며, 하나님이 어떤 분인지를 생생하게 경험하고 알아가며, 그분을 신뢰하며 기뻐하기만 하면 된다(출 14:14, 시 46:10 참조).

애굽은 유구한 역사를 간직한 세계 최강의 제국이었다. 나일강을 끼고 있는 지리적인 요소도 이들의 부강함을 떠받치는 요소였지만 그들이 나일강을 중심으로 만들어낸 수많은 신화 또한 제국의 지배 이데올로기와 체제를 든든히 떠받쳤던 중요한 요소였다. 제국의 백성들은 이렇게 수많은 신이 제국을 뒷받침해주니 애굽이야말로 강성해질 수밖에 없다고 믿고 있었다. 하지만 이렇게 강력했던 그들의 신화가 흔들리기 시작했다. 생명의 젖줄로 여겼던 애굽의 나일강이 피로 변하고, 다산과 풍요의 신 헤케트를 상징하는 개구리들이 나일강을 벗어나 육지로 올라오자 애굽 전역이 초토화되었다. 이러한 재앙의 신호 앞에 바로는 자신의 연약함을 인정하며 하나님의 말씀에 순종해야 했지만 그 마음을 좀처럼 바꾸지 않았다. 그렇다면 하나님이 바로에게 지속해서 요구하신 게 무엇인가?

"여호와께서 모세에게 이르시되 바로에게 들어가서 그에게 이르라. 히브리 사람의 하나님 여호와께서 말씀하시기를 내 백성을 보내라. 그들이 나를 섬길 것이니라"(출 9:1).

하나님의 백성으로 하나님을 예배하게 하라는 것이다. 이것은 오늘날도 마찬가지다. 세계화된 자본주의 제국의 시스템이 성도들을 짓누르고 힘들게 하는 부분이기도 하다. 끊임없는 노동과 생산시스템의 일부로 편입되어 하나님을 예배할 틈이 없다. 24시간, 연중무휴 시스템에 들어가면 계속해서 제국을 위한 벽돌을 생산해 내느라 하나님을 예배하기 어렵다. 이러한 시스템 속에서 제국이 요구하는 것에 계속 순응하다 보면 제국이 추구하는 가치에 스며들게 되고, 나중에는 스스로 하나님께 예배하는 것을 지레 포기하게 된다.

하나님은 제국의 이런 강력한 착취 시스템에 제동을 거신다. 바로를 향해 경고하신다. 하나님의 백성을 제국의 부를 위해 24시간 연중무휴 노예로 착취하지 말라! 이런 면에서 안식일을 선포한다는 것은 제국의 시스템에 저항하는 일이다. 하나님의 백성이 주 앞에 나와서 예배드리는 것은 제국의 논리에 휘말리지 않고 단호하게 멈출 수 있음을 보여주는 것이다. 나는 제국의 노예가 아니라 하나님의 백성이며, 제국의 시스템에 저항하여 멈출 수 있는 하나님의 백성임을 담대하게 선포하는 것이다.

하지만 제국의 통치자인 바로는 그렇게 호락호락하게 허락하지 않았다. 하나님의 손가락에서 나오는 능력으로 땅의 티끌이 이가 되어 사방을 덮치고, 어마어마한 온갖 파리 떼가 애굽을 휩쓸었음에도 바로는 제국의 시스템을 유지하기 위해서 하나님의 백성을 노예로 삼아 집요하게 착취하고 학대했다. 제국은 어떻게든 이들을 쥐어짜서 제국이 원하는 최대의 생산성을 산출하기 원했다. 이들이 지치고 다치고 병들어도 상관없었다. 어차피 이들은 기계 부품 같은 노예일 뿐이고, 게다가 히브리 노예는 계속해서 자녀를 많이 낳으니 상관없다고 생각했던 모양이다. 하나님은 이런 제국의 통치자 바로에게 다시 한 번 경고하신다.

"네가 만일 보내기를 거절하고 억지로 잡아두면"(출 9:2).

여기서 '억지로'(히. 오드)는 '계속해서' '여전히'라는 뜻이다. 이는 '바로가 하나님의 뜻을 알면서도 계속해서 이스라엘 백성들을 붙들어 두면'이라는 뜻이다.

"여호와의 손이 들에 있는 네 가축 곧 말과 나귀와 낙타와 소와 양에게 더하리니 심한 돌림병이 있을 것이며"(출 9:3).

이제는 여호와의 '손'이 애굽을 칠 것이라고 경고하신다. 지금까지 애굽을 쳤던 것은 하나님의 '손가락'(finger)이었다. 그런데 이제는 하나님의 손으로 직접 치실 것이라고 말씀한다. 훨씬 더 강력한 타격인 것이다. 지금까지 하나님의 손가락으로 일으킨 재앙은 피조물이 있어야 할 제자리로부터 이탈하여 엉뚱한 자리에 나오도록 하는 것이었다. 개구리도 그렇고 파리도 그렇다. 피조물이 있어야 할 자리를 바꾸어 혼돈과 무질서를 일으킨 것이다.

하지만 하나님의 손으로 애굽을 치자 이전 재앙과는 차원이 다른 재앙이 일어났다. 애굽에 살도록 허락하신 피조물들이 직접적으로 타격을 입었다. 들에 있는 가축들에게 전염병이 돌아 죽어 나갔다.

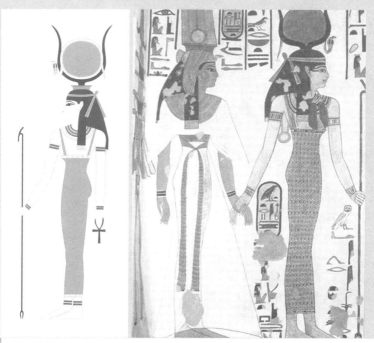

애굽의 신 하토르, 머리에는 암소의 뿔 사이로 태양을 품고 있다. 출처 : 위키백과, 구글이미지

그나마 감사한 것은 이 가축들이 '들에 있는' 가축들이란 것이다. 보통 가축은 나일강이 범람하여 습지가 형성되는 우기에는 축사에 머물러 있다가 땅이 마르는 시기에 들에 방목된다. 아마도 들에 있다고 한 것으로 보아 이는 유대력으로 우기와 건기 사이의 1월(태양력으로 4월) 정도로 추정된다.

하나님의 손으로 치는 여러 가축 중에 특별히 '소'에 주목할 필요가 있다. 애굽에는 동물 얼굴을 한 신이 많았는데, 특히 소의 형상을 한 신이 많다. 먼저 암소의 신 하토르가 있다. 하토르는 양육하고 젖

아피스 신상. 출처 : 구글이미지, 위키백과

과 풍요를 내는 여신이다. 또 황소의 신 아피스가 있었다. 아피스는 애굽의 황소 중에 특별한 무늬가 있는 소를 선별해서 불렀고 생식력과 생명을 유지하는 역할을 한다고 믿었다. 특히 살아 있는 황소는 음네비스라고 해서 신성시했다.

하나님은 이들이 신성시하는 이 소를 치셔서 이것들이 신이 아니라 한낱 피조물에 불과할 뿐임을 분명하게 보여주셨다. 또한 이는 하나님께서 사람에게 주셨던 것들을 도로 되돌리는 역창조의 역사가 본격적으로 시작됨을 알리는 신호탄이기도 했다. 하나님은 세상과 사람을 창조하시고 짐승들에 대해서 이렇게 말씀하셨다. "하나님이 이르시되 우리의 형상을 따라 우리의 모양대로 우리가 사람을 만들고 그들로 바다의 물고기와 하늘의 새와 가축과 온 땅과 땅에 기는 모든 것을 다스리게 하자 하시고"(창 1:26). 그래서 하나님께서는 가축과 이 땅의 것들을 사람이 다스리도록 이 모든 생명체를 사람에게 맡기셨다. 그런데 이 가축들의 생명을 앗아가신다는 것은 이들에게 맡기셨던 사명을 되찾아오신다는 의미이다. 하지만 이스라엘 백성은 달랐다.

> "여호와가 이스라엘의 가축과 애굽의 가축을 구별하리니 이스라엘 자손에게 속한 것은 하나도 죽지 아니하리라 하셨다 하라 하시고"(출 9:4).

하나님께서 이 와중에 이스라엘의 가축과 애굽의 가축을 구별하겠다고 선언하신다. 즉 온 인류에게 주셨던 생육하고 다스린다는 창조명령을 애굽 사람에게서만 앗아가시는 것이다. 그리고 말씀하신다.

> "여호와께서 기한을 정하여 이르시되 여호와가 내일 이 땅에서 이 일을 행하리라 하시더니"(출 9:5).

전에는 하나님께서 모세를 통하여 바로에게 하나님 역사의 기한을 정하도록 물어보셨다(출 8:9). 이제는 기한을 정할 기회를 주지 않고 일방적으로 몰아붙인다. 본격적으로 바로의 제국에 물리적 타격을 가하는 것이다. 그리고 정말 하나님께서 예고하신 대로 재앙이 일어났다.

> "이튿날에 여호와께서 이 일을 행하시니 애굽의 모든 가축은 죽었으나 이스라엘 자손의 가축은 하나도 죽지 아니한지라"(출 9:6).

그동안 바로가 믿던 또 다른 신이 하나님의 손에 의해 쓰러졌다. 그동안은 애굽이 섬기던 개구리와 같은 신성시하는 피조물들이 제자리를 벗어나 애굽을 괴롭혀 왔다면, 이제는 아예 하나님의 손으로 타격받아 쓰러져 죽는다. 반면 이스라엘 백성의 가축은 멀쩡했다.

"바로가 사람을 보내어 본즉 이스라엘의 가축은 하나도 죽지 아니하였더라. 그러나 바로의 마음이 완강하여 백성을 보내지 아니하니라"(출 9:7).

하나님의 손을 생생하게 본 바로는 회개하기는커녕 도리어 그 마음을 완강하게 하여 백성 보내기를 거부하였다. 그러자 하나님께서는 이제 바로에게 예고도 하지 않고 손을 들어 다음 재앙으로 타격하신다.

"여호와께서 모세와 아론에게 이르시되 너희는 화덕의 재 두 움큼을 가지고 모세가 바로의 목전에서 하늘을 향하여 날리라. 그 재가 애굽 온 땅의 티끌이 되어 애굽 온 땅의 사람과 짐승에게 붙어서 악성 종기가 생기리라"(출 9:8-9).

여기서 '악성 종기'(히. 쉐힌)는 직역하면 '펄펄 끓다'(boil)는 뜻이다. 즉 펄펄 끓는 것 같은 열꽃이 온몸에 일어나 화끈거리고 피부가 상하는 병을 쉐힌, 즉 악성 종기라고 하는 것이다. 조금 전에는 짐승, 그것도 들에 있는 짐승만 치셨는데, 이제 악성종기가 애굽 온 땅의 사람과 짐승에게 붙었다. 집안 축사에 있는 짐승에게도 붙었고, 더 심각한 것은 애굽 사람에게 직접 종기가 생겼다는 사실이다. 그동안 하나님께서 내리신 재앙은 애굽 사람에게 직접적인 피해를 주지는 않았다. 이런 와중에 애굽 사람들은 자신들이 이렇게 건강한 것은 애굽의 신들이 자기들을 보호했기 때문이라고 여겼을 것이다. 그러나 이제부터는 모든 애굽 사람에게, 심지어 하나님의 손가락에 반기를 들어 눈속임으로 유사 이적을 행했던 애굽의 요술사들까지도 심각한 타격을 입게 하신다.

> "요술사들도 악성 종기로 말미암아 모세 앞에 서지 못하니 악
> 성 종기가 요술사들로부터 애굽 모든 사람에게 생겼음이라"
> (출 9:11).

하나님의 손가락 맛을 봤던 요술사들은 이제 그분의 손으로 타격 받아 감히 모세 앞에 나오지도 못한다. 하나님께서 화덕의 재로 재앙을 내리신 이유가 무엇일까? 이 화덕은 바로 히브리 민족이 애굽의 압제 아래 벽돌을 굽던 고통의 자리였다. 뜨거운 열기 속에서 때로 화상을 입기도 하고, 무거운 육체노동으로 일주일 내내 쉬지 않고 계속해서 일하며 벽돌을 찍어내야 하는 자리였다. 그런데 하나님께서는 이들의 고통을 보시고 이제 이 고통을 애굽 사람들에게 고스란히 돌려주시는 것이다. 고통의 자리였던 화덕, 즉 벽돌 굽던 가마의 재를 가져다가 애굽 사람들의 온 피부를 마치 뜨거운 열기에 덴 것처럼 화끈거리게 하신 것이다. 그런데 이보다 더 놀라운 사실이 있다.

"그러나 여호와께서 바로의 마음을 완악하게 하셨으므로 그들
의 말을 듣지 아니하였으니 여호와께서 모세에게 말씀하심과
같더라"(출 9:12).

지금까지는 바로가 스스로 마음을 완악하게 했다(출 9:7, 8:15, 32
참조). 그런데 이제는 여호와께서 바로의 마음을 완악하게 하신다.
무슨 말인가? 이는 하나님께서 더 이상 그의 마음에 회개하고 돌이
키는 은혜 내리기를 거부하셨다는 것이다. 이렇게 볼 때 하나님을 향
하여 회개하고 돌이킬 수 있는 것은 하나님이 우리 심령에 부어주시
는 은혜가 있기 때문이다. 하지만 우리가 회개를 요청하는 하나님의
지속적인 부르심을 거부하면 하나님은 이 은혜를 거두어가신다. 성
령 모독죄인 것이다.[29] 은혜가 없으면 우리 힘으로 아무리 돌이키려
해도 돌이켜지지 않는다. 이런 상태로 계속 강퍅한 마음을 갖고 있으
면 우리는 점점 우리 자신이 아닌 다른 사람이 되어간다. 미쳐가는
것이다.

지금 하나님께서 바로의 주변부로부터 점점 제국의 중요한 것들
을 공격하시는 이유가 무엇인가? 바로로 하여금 깨닫게 하고자 함이
다. 그것은 그가 붙들고 있는 제국의 신화는 견고한 것이 아니라 하
나님의 손가락 하나만으로도 흔들리고 균열이 갈 수 있는 허상이라
는 것이다. 애굽의 신들이 애굽 백성만큼은 강력하게 보호한다고 믿
었던 신념조차도 이제는 무너지고 말았다. 하나님은 이 점을 바로가
깨닫기 원하셨다.

우리는 저마다 나름의 신화를 붙들고 살아간다. 이 신화는 가장

멋있고 성공적인 삶을 위한 대본이 된다. 우리나라가 경제적으로 크게 성장할 때 우리는 '하면 된다'는 성공신화를 붙들고 살았다. 일등주의, 초일류주의를 지향하여 죽도록 일하며 자신을 몰아쳤다. 그러나 지금에 와서는 그 신화가 우리 삶을 더 이상 지탱해줄 수 없음을 깨닫고 인생이 흔들리는 이들이 많다. 죽도록 달려왔지만 내 가정이 흔들리고 행복할 줄 알았지만 점점 고립되고 힘들어진다. 점점 안 된다는 자괴감으로 포기하는 다음세대들이 일어나고 있다. 살아갈 이야기, 살아낼 신화가 사라지는 사회는 무엇이 자리 잡는가? 본능적 욕망만이 자리 잡는다. 그리고 그 욕망에 충실하게 사는 것이 전부인 양 여겨진다. 그것을 대표적으로 보여주는 예가 바로 '먹방'이다. 이런저런 음식을 차려놓고 그냥 주야장천 먹는 방송이다.

경희대 국제대학의 임마누엘 패스트라이쉬 교수는 외부인의 시선으로 한국 사회를 들여다보면서 이런 현상을 이렇게 말했다.[30] "단 몇 분만 텔레비전을 봐도 오늘날 한국을 위협하는 기괴한 문화적 타락을 목격할 수 있다. 생각 없이 무절제하게 꾸역꾸역 음식을 먹어가며 오감을 만족시키는 장면이 끝없이 나온다. 이런 사회에서는 염치가 사라지고, 아무 생각 없이 음식, 술, 성적 쾌락, 스포츠에 탐닉하게 된다."

이런 욕망을 채우려고 정신없이 달려들고, 욕망이 채워지지 않으면 이성을 잃고 너무 쉽게 분노한다. 이런 시대풍조를 '사이다 시대'라고 한다. 시원하게 내 속에 있는 것을 일단 쏟아내고 보는 시대라는 뜻이다. 내가 살아가야 할 어떤 아름다운 삶의 이야기를 붙들지 못하자 오직 나의 감정, 나의 욕망에만 몰두하는 시대가 온 것이다.

건강한 삶을 위한 대본에는 몇 가지 특징이 있다.

첫째, 삶에 일관성을 제공해준다. 성공만이 중요한 것이 아니다. 실패라고 잘못한 것도 아니다. 성공과 실패 가운데 내가 살아내야 할 의미를 붙들고 이를 충실하게 살아내도록 한다. 그래서 성공할 때 겸손하며 절제하고, 실패했다고 낙망하지 않고 좌절하지 않는다.

둘째, 삶에 소명 의식을 준다. 내가 살아야 할 삶은 지금의 순간적 욕망과 쾌락에 의해 좌우되는 것이 아님을 깨닫고 삶의 대본 안의 내가 감당할 역할, 즉 부르심에 눈뜨게 한다.

셋째, 건강한 삶의 이야기는 고난을 견디는 힘을 제공한다. 이것은 우리 삶에 중요한 기준을 제공해준다. 우리는 흔히 고난이면 나쁜 것, 피해야 할 것, 잘못된 것이라고 생각하고, 형통이면 잘된 것이고 축복이라고 생각한다. 그러나 그렇지 않다. 우리는 고난을 통해서 연단을 받고 또한 변치 않는 소망을 굳게 잡을 수 있다. 또 형통이라고 다 복이 아니다. 형통할 때 교만하여 하나님을 멀리할 수 있다.

넷째, 시간성에 대한 개념을 새롭게 한다. 무슨 말인가? 이 땅에서의 삶이 다가 아니라 영원을 지향하며 나아갈 수 있게 한다는 것이다. 그래서 현재의 고난과 형통에 일희일비하지 않는다.

지금 바로는 하나님의 손가락과 하나님의 능하신 손 아래서 그동안 자신이 붙들었던 애굽의 신화에 오류가 생겼음을 배워간다. 이런 오류투성이인 신화로는 더 이상 제국을 통치할 수 없고 자신의 백성을 놓아주어 예배하게 할 것을 요구하는 하나님 앞에 대항할 수 없음을 알아간다.

오늘날 우리 시대는 사이다 같은 짜릿하고 자극적인 이야기는 많지만 삶의 의미를 제공하고 숭고한 부르심으로 초대하는 이야기는 부재한 시대다. 삶의 대본이 희귀하니 사람들은 어떻게 살아야 할지 갈수록 막막하고 점점 충동적이고 자극적으로 변해간다.

이런 우리를 향해 하나님의 아들 예수 그리스도는 우리를 그에게로 초청한다. "수고하고 무거운 짐 진 자들아 다 내게로 오라. 내가 너희를 쉬게 하리라. 나는 마음이 온유하고 겸손하니 나의 멍에를 메고 내게 배우라. 그리하면 너희 마음이 쉼을 얻으리니 이는 내 멍에는 쉽고 내 짐은 가벼움이라 하시니라"(마 11:28-30). "내가 주는 물을 마시는 자는 영원히 목마르지 아니하리니 내가 주는 물은 그 속에서 영생하도록 솟아나는 샘물이 되리라"(요 4:14).

우리가 살아야 할 이야기는 하나님이 주시는 삶의 대본을 붙잡을 때 흔들림 없이 탄탄해진다. 우리는 하나님의 아들 예수 그리스도께서 주시는 복음의 대본을 가슴에 품어야 한다. 순간적인 즐거움과 쾌락에 그저 즐기라고 부추기며 우리를 노예와 같이 정신없이 몰아치는 제국의 통치 논리에 설득되어선 안 된다. 이제는 분별력을 갖고 당당히 'No'라고 선언할 수 있어야 한다.

제국의 신화는 그 어떤 것도 영원하지 않다. 그럴듯해 보이지만 결국은 허망하게 무너진다. 대제국 애굽도 무너지고, 또 통치자 바로도 결국에는 무너진다. 오직 주님을 의뢰하며 삶의 대본인 복음을 치열하게 살아내는 성도가 되자.

28) 구체적인 내용에 관해서는 다음의 강연을 참조하라.
   https://www.youtube.com/watch?v=QkqfmP0rHzk;
   https://www.youtube.com/watch?v=dbW5OSOhS1M

29) 성령 모독죄에 대해서는 다음을 참조하라. 양형주, 「바이블 백신 2」(서울: 홍성사, 2019),
   118-123쪽.

30) 임마누엘 패스트라이쉬, "[임마누엘 칼럼] 무엇이 박근혜를 추락시켰는가", 중앙일보,
   2016. 12. 15.

일곱째 재앙
: 신앙의 단계

여호와께서 모세에게 이르시되 아침에 일찍이 일어나 바로 앞에 서
서 그에게 이르기를 히브리 사람의 하나님 여호와의 말씀에 내 백성
을 보내라. 그들이 나를 섬길 것이니라. 내가 이번에는 모든 재앙을
너와 네 신하와 네 백성에게 내려 온 천하에 나와 같은 자가 없음을
네가 알게 하리라. 내가 손을 펴서 돌림병으로 너와 네 백성을 쳤더
라면 네가 세상에서 끊어졌을 것이나 내가 너를 세웠음은 나의 능력
을 네게 보이고 내 이름이 온 천하에 전파되게 하려 하였음이니라.
네가 여전히 내 백성 앞에 교만하여 그들을 보내지 아니하느냐. 내일
이맘때면 내가 무거운 우박을 내리리니 애굽 나라가 세워진 그날로
부터 지금까지 그와 같은 일이 없었더라.

이제 사람을 보내어 네 가축과 네 들에 있는 것을 다 모으라. 사람이나 짐승이나 무릇 들에 있어서 집에 돌아오지 않는 것들에게는 우박이 그 위에 내리리니 그것들이 죽으리라 하셨다 하라 하시니라. 바로의 신하 중에 여호와의 말씀을 두려워하는 자들은 그 종들과 가축을 집으로 피하여 들였으나 여호와의 말씀을 마음에 두지 아니하는 사람은 그의 종들과 가축을 들에 그대로 두었더라.

여호와께서 모세에게 이르시되 너는 하늘을 향하여 손을 들어 애굽 전국에 우박이 애굽 땅의 사람과 짐승과 밭의 모든 채소에 내리게 하라. 모세가 하늘을 향하여 지팡이를 들매 여호와께서 우렛소리와 우박을 보내시고 불을 내려 땅에 달리게 하시니라. 여호와께서 우박을 애굽 땅에 내리시매 우박이 내림과 불덩이가 우박에 섞여 내림이 심히 맹렬하니 나라가 생긴 그때로부터 애굽 온 땅에는 그와 같은 일이 없었더라. 우박이 애굽 온 땅에서 사람과 짐승을 막론하고 밭에 있는 모든 것을 쳤으며 우박이 또 밭의 모든 채소를 치고 들의 모든 나무를 꺾었으되 이스라엘 자손들이 있는 그곳 고센 땅에는 우박이 없었더라.

바로가 사람을 보내어 모세와 아론을 불러 그들에게 이르되 이번은 내가 범죄하였노라. 여호와는 의로우시고 나와 나의 백성은 악하도다. 여호와께 구하여 이 우렛소리와 우박을 그만 그치게 하라. 내가 너희를 보내리니 너희가 다시는 머물지 아니하리라. 모세가 그에게 이르되 내가 성에서 나가서 곧 내 손을 여호와를 향하여 펴리니 그리하면 우렛소리가 그치고 우박이 다시 있지 아니할지라. 세상이 여호와께 속한 줄을 왕이 알리이다. 그러나 왕과 왕의 신하들이 여호와 하나님을 아직도 두려워하지 아니할 줄을 내가 아노이다.

그때에 보리는 이삭이 나왔고 삼은 꽃이 피었으므로 삼과 보리가 상하였으나 그러나 밀과 쌀보리는 자라지 아니한 고로 상하지 아니하였더라. 모세가 바로를 떠나 성에서 나가 여호와를 향하여 손을 펴매 우렛소리와 우박이 그치고 비가 땅에 내리지 아니하니라. 바로가 비와 우박과 우렛소리가 그친 것을 보고 다시 범죄하여 마음을 완악하게 하니 그와 그의 신하가 꼭 같더라. 바로의 마음이 완악하여 이스라엘 자손을 내보내지 아니하였으니 여호와께서 모세에게 말씀하심과 같더라.

1961년 8월 7일 구(舊)소련의 두 번째 우주비행사였던 게르만 티토프 소령은 지구를 25시간 동안 17바퀴를 돌고 난 후 무사히 복귀했다. 얼마 뒤, 티토프 소령은 세계박람회에서 연설하게 되었다.[31] 그 자리에서 그는 자신이 우주에서 경험했던 특별한 소회를 밝히며 이런 말을 남겼다. "어떤 사람은 신이 우주에 살고 있다고 말합니다. 그래서 저는 주변을 매우 주의 깊게 살펴보았습니다. 그러나 거기서 저는 아무도 보지 못했습니다. 천사도, 하나님도 보지 못했습니다. 그래서 저는 하나님을 믿지 않습니다. 다만 인간을 믿습니다. 인간의 힘, 인간의 가능성, 인간의 이성을 믿습니다!" 자신이 경험했던 우주 여행으로 하나님이 없다고 간단히 결론 내리고 말았다.

그로부터 몇 년 후, 1968년 크리스마스 이브에 미국의 우주비행사 세 사람이 아폴로 8호를 타고 그동안 지구에서 한번도 볼 수 없었던 달의 뒷면을 여행하게 되었다. 이들은 달의 지평선 너머로 지구가 떠오르는 모습을 보았다. 청색과 백색이 아름답게 조화를 이루며 어두운 우주 공간을 배경으로 반짝이는 태양 빛에 둘러싸여 있었다. 경외심을 불러일으키는 이 황홀한 광경 앞에서 이들은 온 지구인이 들을 수 있도록 창세기를 펼치고 감격하며 낭독하기 시작했다.[32] "태초에 하나님이 천지를 창조하시니라." 양쪽 다 우주에서 특별한 감흥과 경외심을 느꼈을 것이다. 그러나 그들이 내린 결론은 서로 정반대였다. 동일한 현상을 두고도 그 속에 어떤 믿음이 있느냐에 따라 서로 다른 결론을 내린 것이다.

애굽의 통치자 바로는 그동안 하나님께서 애굽에 내리셨던 여러 재앙을 경험하고서도 그 마음이 좀처럼 변하지 않았다. 하나님을 두려워하고 그분을 인정해야 하는데 하나님을 인정하기는커녕 오히려 마음이 더 완악해졌다. 여전히 애굽의 우상을 그 마음에서 몰아내지 못하고 그런 자신을 정당화하고 합리화하려 했다. 지금까지 피, 개구리, 이, 파리, 독종, 전염병, 악성 종기 등이 애굽 전역을 타격했음에도 그 마음이 변하지 않았다. 왜 빨리 돌이키지 않을까? 그만큼 바로의 마음에 우상이 깊고 강하게 뿌리 박혀 있다는 것을 보여준다. 애굽제국의 신화를 한평생 믿고 살았던 바로가 이 신화를 좀처럼 버리지 못하고 있기 때문이다. 여호와 하나님을 자기 삶의 중심으로부터 인정하지 않고 끝까지 완고하게 버티고 있는 것이다.

하나님을 신앙과 사고의 영역에서 몰아낸 최초의 서양철학자가 있다. 프리드리히 니체다. 그는 "신은 죽었다"는 대담한 명제를 내걸고, 이것이야말로 인류가 행한 가장 위대한 행위라고 그의 책 「즐거운 지식」과 「짜라투스트라는 이렇게 말했다」에서 자화자찬했다.[33] 과연 하나님을 우리 삶에서 몰아내면 어떤 일이 일어날까? 하나님이 없어지면 우리 삶의 절대적 기준과 윤리가 무너진다. 좋고 나쁜 느낌이 옳고 그름을 대체하게 된다.[34] 삶에 의미를 주는 가치가 무너져 내린다. 쾌락의 강도에 따라 의미의 강도가 달라진다. 생각해보라. 하나님을 거부하면 그분의 말씀도 거부하고, 그분의 말씀을 거부하면 그 말씀 안에 담긴 십계명과 같은 삶의 기준도 거부하게 된다. 우리가 붙들어야 할 삶의 기준이 사라지는 것이다. 서로 간에 피해를 주지 않는 내에서 마음 가는 대로 행한다. 그런데 이것도 힘이 균형을 이루는 한에서다. 균형이 깨지면 약육강식의 정글 속에서 생존한 강한 자만이 윤리와 행동의 기준이 된다.

로마서는 인류가 마음에서 하나님을 몰아낼 때 어떤 일이 일어나는지를 말씀한다. "또한 그들이 마음에 하나님 두기를 싫어하매 하나님께서 그들을 그 상실한 마음대로 내버려 두사 합당하지 못한 일을 하게 하셨으니 곧 모든 불의, 추악, 탐욕, 악의가 가득한 자요 시기, 살인, 분쟁, 사기, 악독이 가득한 자요 수군수군하는 자요 비방하는 자요 하나님께서 미워하시는 자요 능욕하는 자요 교만한 자요 자랑하는 자요 악을 도모하는 자요 부모를 거역하는 자요 우매한 자요 배약하는 자요 무정한 자요 무자비한 자라"(롬 1:28-31).

이것을 디모데후서 3장은 이렇게 말씀한다. "너는 이것을 알라. 말세에 고통하는 때가 이르러 사람들이 자기를 사랑하며 돈을 사랑하며 자랑하며 교만하며 비방하며 부모를 거역하며 감사하지 아니하며 거룩하지 아니하며 무정하며 원통함을 풀지 아니하며 모함하며 절제하지 못하며 사나우며 선한 것을 좋아하지 아니하며 배신하며 조급하며 자만하며 쾌락을 사랑하기를 하나님 사랑하는 것보다 더하며"(딤후 3:1-4).

　이런 것을 직감했는지 니체는 인류가 하나님의 죽음을 선고하고 몰아낼 때 어떤 일이 인류 전체에 집단적으로 일어날 것인지를 다음과 같이 예고했다.[35] 첫째, 20세기야말로 역사상 가장 유혈이 낭자한 그 어떤 시대보다 많은 피를 흘리는 시대가 찾아올 것이라고 했다. 둘째, 보편적인 광기가 발생할 것이라고 예측했다. 놀랍게도 이 예측은 이루어졌다.

　먼저, 20세기에 일어난 두 번의 세기말적인 세계대전이다. 이것으로 그 이전 1900년 동안 죽었던 사람 수보다 더 많은 사람이 죽었다는 통계도 있다. 어마어마한 사람이 피 흘리고 죽었다. 다음으로, 이때부터 사람에게 광기가 나타나기 시작했다. 대표적인 사람이 바로 니체 자신이다. 니체는 신의 죽음을 선고하고는 건강이 몹시 나빠져 35세의 나이에 바젤대학을 퇴직했다. 그리고 이탈리아 토리노의 정신병원에서 광기어린 병적 상태로 인생의 마지막 10년을 보냈다. 그리고 1900년 8월 25일에 인간으로서 최후를 맞았다. 그는 끝끝내 하나님을 밀어내고 그 자리에 초인이 나타나 인류를 새롭게 이끌어야 한다고 주장했다. 이 주장을 보고 히틀러는 자신이 초인이 되어 인류를 잔인한 살육의 길로 이끌었다. 히틀러의 야욕에 가장 지대한 이론적 기초가 바로 니체의 초인 이론이다.[36]

　니체 같은 사람한테는 하나님이 직접 나타나서 보여주시면 좋겠다. 직접이 아니라면 천사라도 보내셔서 하나님의 살아계심을 보여주시면 좋겠다. 자는데 갑자기 꿈에 나타나 이렇게 부르시면 어떨까?

"니체야, 니체야!"

"아니, 누구십니까?"

"난 하나님께서 보내신 천사란다. 하나님은 살아계시는데, 너는 어떻게 그분의 살아계심을 부정할 수 있느냐? 맛 좀 볼래?"

이렇게 매일 밤 나타나면 믿지 않겠는가?

바로에게도 마찬가지다. 모세를 통한 하나님의 요청을 완강하게 거절하는 바로에게 자꾸 거추장스럽게 모세를 거치지 마시고 하나님이 직접 만나서 말씀해주시면 좋겠다. 이것을 '직통 계시'라고 한다. 직접 보여주시고 직접 말씀하시는 것이다. 만약 하나님이 한밤중에 바로의 영혼을 그가 갈 지옥에 데려가셔서 활활 타는 지옥불을 살짝 경험하게 하시고, 또 천국도 보여주시면서 "너 장차 어디로 갈래?" 이렇게 하시면 바로가 곧바로 회개하고 결단하지 않겠는가? 하지만 하나님께서는 직통 계시를 주시지 않고 고집스럽게 아둔한 모세와 형 아론의 입을 통해 하나님의 말씀을 선포하심으로 자신의 뜻을 계시하신다. 하나님은 사람의 부족한 입술과 발걸음을 사용하는 것을 훨씬 더 기뻐하신다.

고린도전서에는 이렇게 말씀한다. "하나님의 지혜에 있어서는 이 세상이 자기 지혜로 하나님을 알지 못하므로 하나님께서 전도의 미련한 것으로 믿는 자들을 구원하시기를 기뻐하셨도다"(고전 1:21). 하나님은 미련해 보여서 사람들이 꺼리는 전도를 통해 믿는 자들을 구원하기를 기뻐하셨다. 하나님은 사람들의 부족한 입술을 통해 그분을 증거하는 것을 기뻐하신다. 본문에서 모세는 기세등등하고 세상의 모든 권력을 가진 강력한 바로 앞에 아둔하고 떨리는 입술로 하나님의 말씀을 선포한다.

> "여호와께서 모세에게 이르시되 아침에 일찍이 일어나 바로 앞
> 에 서서 그에게 이르기를 히브리 사람의 하나님 여호와의 말
> 씀에 내 백성을 보내라. 그들이 나를 섬길 것이니라"(출 9:13).

"내 백성을 보내라"는 말씀만 벌써 다섯 번째다(출 7:16, 8:1, 21, 9:1, 13). 하지만 행간의 의미로 볼 때 거의 재앙마다 말씀하셨다. 이렇게 볼 때 "내 백성을 보내라"고 말씀하는 것이 족히 일곱 번은 될 것이다. 말이 어려워서 못 알아듣는 게 아니다. 한 번만 들어도 무슨 뜻인지 쉽게 안다. 그러나 너무 쉽기 때문에 말도 안 된다는 생각, 너무 어처구니없고 미련한 일이라는 생각에 반복적으로 말씀하셔도 그 말을 듣지 않는 것이다. 그동안 바로는 이미 여섯 번의 놀라운 기적을 체험했다. 그럼에도 그는 마음을 열지 않았다. 설마 하는 생각, 그래도 우리 애굽의 신들이 더 셀 거라는 근거 없는 생각으로 자꾸만 버티고 있었다. 그러자 이제 하나님께서는 이렇게 말씀하신다.

> "내가 이번에는 모든 재앙을 너와 네 신하와 네 백성에게 내려
> 온 천하에 나와 같은 자가 없음을 네가 알게 하리라"(출 9:14).

'너와' 라는 단어의 난하주에 보면 히브리어로 직역하여 '네 마음과' 라고 되어 있다. 히브리어로는 '엘 리베카' (at your heart)다. 그

동안 재앙은 바로의 제국에 내려졌다. 그런데 이제는 바로의 완악한 마음 한가운데 내리겠다는 뜻이다. 눈에 보이는 제국이 무너지는 것이 아니라 이제는 본격적으로 바로의 마음이 무너지도록 하시겠다는 것이다. 바로의 마음에 내리는 것을 '모든 재앙'(full force, NIV)이라는 표현을 사용하였다. 이는 '모든 힘'을 다 동원해서 '풀 파워'(full power)로 내린다는 뜻이다. 하나님께서 그동안 재앙을 내리면서 아직 풀 파워를 동원하신 적이 없었다. 그런데 이제 풀 파워를 가동하여 바로의 마음을 무너뜨리겠다는 것이다. 무너뜨리는 것 중에서 가장 힘든 게 마음을 무너뜨리는 것이다. 이미 굳어진 바로의 신념, 바로의 세계관을 깨는 것이 참으로 어렵다. 이 견고한 마음의 진이 깨지고 무너져야 비로소 온 천하에 오직 하나님밖에 없음을 고백할 수 있는 것이다(고후 10:4-5).

이제 하나님은 풀 파워로 바로의 마음을 무너뜨려 온 천하에 여호와와 같은 자가 없음을 깨닫게 하실 것이다. 그러면서 하나님은 아주 의미심장한 말씀을 하신다.

"내가 손을 펴서 돌림병으로 너와 네 백성을 쳤더라면 네가 세상에서 끊어졌을 것이나"(출 9:15).

만약 하나님께서 완고한 바로를 칠 것으로 마음먹었다면 바로는 이미 죽었을 것이다. 바로의 생명을 치는 것은 하나님께 일도 아니다. 그러나 하나님께서 그의 생명을 치지 않고 마음을 치는 것은 그로 하여금 하나님을 참되신 하나님으로 고백하기 원하셨기 때문이다.

"내가 너를 세웠음은 나의 능력을 네게 보이고 내 이름이 온 천
하에 전파되게 하려 하였음이니라"(출 9:16).

그러면서 말씀하신다.

"네가 여전히 내 백성 앞에 교만하여 그들을 보내지 아니하느
냐"(출 9:17).

바로의 문제가 무엇인가? 교만이다. 그는 하나님을 인정하지 않
고 그분의 말씀을 인정하지 않았다. 하나님은 경고하신다.

"이제 사람을 보내어 네 가축과 네 들에 있는 것을 다 모으라.
사람이나 짐승이나 무릇 들에 있어서 집에 돌아오지 않는 것
들에게는 우박이 그 위에 내리리니 그것들이 죽으리라"(출
9:19).

하나님은 사람과 짐승을 죽일 수 있는 가공할 우박을 내리겠다고
하신다. 오늘날도 이따금 이런 우박이 내릴 때가 있다. 1888년 인도
의 모라다바드 지역에 내린 우박은 전설적인 우박으로 기록됐다.[37]
큰 우박은 지름이 15cm, 무게가 1kg에 육박했다. 이 우박으로 240명
이 죽고 수백 명이 부상을 당했으며, 가축도 1,600여 마리나 죽었다.
이런 우박은 우박이 아니라 바윗덩어리다. 이런 우박은 시속 160km
의 속도로 떨어진다고 한다.

자, 하나님께서 이렇게 애굽의 바로와 그의 신하들에게 친절하게도 사전에 경고하시는 이유가 무엇인가? 그것은 지금이라도 하나님의 말씀을 인정하는 것이 사는 길이고, 그 말씀에 순종하는 것이 복된 길임을 알게 하시기 위함이다. 실제로 이것을 계기로 애굽에서 이렇게 하나님의 말씀을 체험하는 사람이 많이 생겨났다.

"바로의 신하 중에 여호와의 말씀을 두려워하는 자들은 그 종들과 가축을 집으로 피하여 들였으나 여호와의 말씀을 마음에 두지 아니하는 사람은 그의 종들과 가축을 들에 그대로 두었더라"(출 9:20-21).

이 재앙을 통하여 애굽 사람들은 비로소 여호와 하나님의 말씀을 들어야 산다는 것을 깨닫기 시작했다. 하나님의 역사는 이것으로만 그치지 않았다. 더 중요한 역사를 일으켰다. 그것은 바로로 회개하게 하는 것이었다. 하나님은 크고 무시무시한 우박에 불을 섞어 천둥번개를 동반하여 내리셨다.

"우박이 내림과 불덩이가 우박에 섞여 내림이 심히 맹렬하니 나라가 생긴 그때로부터 애굽 온 땅에는 그와 같은 일이 없었더라"(출 9:24).

우박이 천둥 번개를 동반할 때 알갱이는 더 크게 불어난다고 한다. 전무후무한 무서운 하나님의 재앙의 역사를 보자, 마침내 바로의 마음이 흐물흐물 녹아내렸다. 바로는 모세와 아론을 불러 그 앞에서 처음으로 회개의 고백을 한다.

> "바로가 사람을 보내어 모세와 아론을 불러 그들에게 이르되
> 이번은 내가 범죄하였노라. 여호와는 의로우시고 나와 나의
> 백성은 악하도다"(출 9:27).

마침내 자기 잘못을 인정하고 회개하는 데까지 이른 것이다. 돌아볼 때 하나님은 바로의 마음을 돌이키기 위해 여러 단계를 통해 점진적으로 역사하셨다. 어떻게 역사하시는가?

먼저, 혀가 둔한 사람의 입술을 통해 자신의 뜻을 전하신다. 기억하라. 직통 계시가 아니다. 미련한 사람의 입술이다. 한두 번이 아니다. 일곱 번도 넘게 찾아갔다. 일곱이면 완전수가 아닌가? 그런데도 계속해서 전하게 하셨다. 우리는 때로 답답하고 아둔하게 느껴지는 사람의 입을 통해 전해지는 하나님의 말씀 듣기를 게을리하면 안 된다. 계속 듣는 자리로 나아가 귀를 쫑긋 세워야 한다.

둘째, 하나님께서는 그가 보낸 사람의 증언이 진실함을 보여주기 위해 많은 역사를 나타내 보이신다. 말씀을 선포할 때 이적과 역사가 일어난다. 이를 통해 사람들은 아둔한 입술로 증거하는 사람들의 증언이 참되다는 것을 깨닫는다. 이것은 오늘날도 마찬가지다. 하나님께서는 그 말씀을 신실하게 붙드는 성도들을 위해서 살아 역사하심을 기꺼이 나타내 보여주신다.

셋째, 결정적인 순간에 그 마음을 녹이시고 회개하게 하신다. 하

나님을 온전히 인정해야 비로소 제대로 된 믿음의 출발점에 설 수 있다.

넷째, 더 중요한 부분이 있다. 회개한 마음을 지켜내는 것이다. 잠언 4장 23절은 "모든 지킬 만한 것 중에 더욱 네 마음을 지키라. 생명의 근원이 이에서 남이니라"고 말씀한다. 바로는 회개까지 했다. 그러나 소중한 회개의 마음을 지켜내지 못했다. 다시 범죄의 길로 돌아섰다.

바로는 모세에게 또다시 우박을 그쳐달라고, 하나님이 명하신 대로 순종하겠다고 한다.

"여호와께 구하여 이 우렛소리와 우박을 그만 그치게 하라. 내가 너희를 보내리니 너희가 다시는 머물지 아니하리라"(출 9:28).

바로의 요청대로 하나님이 우박을 멈추자 바로는 또다시 그 마음을 돌이킨다.

"바로가 비와 우박과 우렛소리가 그친 것을 보고 다시 범죄하여 마음을 완악하게 하니 그와 그의 신하가 꼭 같더라"(출 9:34).

바로는 자신뿐만 아니라 신하들도 또다시 불순종하고 죄를 짓게 했다.

이상으로 살펴본 믿음의 단계를 요약하면 다음과 같다.

첫째, 미련한 입술의 말씀을 통하여 전해지는 단계
둘째, 말씀이 능력으로 입증되고 지지가 되는 단계
셋째, 마음이 무너지고 회개하는 단계
넷째, 회개한 마음을 잘 지켜내는 단계

지금 나의 신앙생활은 어떤 단계에 있는가? 내 마음을 지켜가고 있는가? 내가 붙든 말씀을 통하여 하나님의 능력을 풍성히 경험하길 바란다. 날마다 주님 앞에 나아가 회개한 나의 마음을 잘 지켜내는 성도로 서길 바란다.

[17장 각주] ··

31) 라비 재커라이어스, 권기대 역, 「무신론의 진짜 얼굴」(서울: 에센티아, 2016), 20-21쪽.
32) 위의 책, 21쪽.
33) 프리드리히 니체, 권영숙 역, 「즐거운 지식」(서울: 청하출판사, 1998); 장희창 역, 「차라투스트라는 이렇게 말했다」(서울: 민음사, 2004).
34) 위의 책, 73쪽, 81쪽.
35) 위의 책, 37쪽.
36) 위의 책, 40-41쪽; '위버멘쉬', 위키백과
37) 이현우, "더운 날 쏟아지는 얼음, 우박은 왜 환절기에 자주 발생할까?", 아시아경제, 2017. 9. 20.

여덟째 재앙
- : 어느 때까지?

여호와께서 모세에게 이르시되 바로에게로 들어가라. 내가 그의 마음과 그의 신하들의 마음을 완강하게 함은 나의 표징을 그들 중에 보이기 위함이며 네게 내가 애굽에서 행한 일들 곧 내가 그들 가운데에서 행한 표징을 네 아들과 네 자손의 귀에 전하기 위함이라. 너희는 내가 여호와인 줄을 알리라.

모세와 아론이 바로에게 들어가서 그에게 이르되 히브리 사람의 하나님 여호와께서 말씀하시기를 네가 어느 때까지 내 앞에 겸비하지 아니하겠느냐. 내 백성을 보내라. 그들이 나를 섬길 것이라. 네가 만일 내 백성 보내기를 거절하면 내일 내가 메뚜기를 네 경내에 들어가게 하리니 메뚜기가 지면을 덮어서 사람이 땅을 볼 수 없을 것이라.

메뚜기가 네게 남은 그것 곧 우박을 면하고 남은 것을 먹으며 너희를 위하여 들에서 자라나는 모든 나무를 먹을 것이며 또 네 집들과 네 모든 신하의 집들과 모든 애굽 사람의 집들에 가득하리니 이는 네 아버지와 네 조상이 이 땅에 있었던 그날로부터 오늘까지 보지 못하였던 것이리라 하셨다 하고 돌이켜 바로에게서 나오니 바로의 신하들이 그에게 말하되 어느 때까지 이 사람이 우리의 함정이 되리이까. 그 사람들을 보내어 그들의 하나님 여호와를 섬기게 하소서.

왕은 아직도 애굽이 망한 줄을 알지 못하시나이까 하고 모세와 아론을 바로에게로 다시 데려오니 바로가 그들에게 이르되 가서 너희의 하나님 여호와를 섬기라. 갈 자는 누구누구냐. 모세가 이르되 우리가 여호와 앞에 절기를 지킬 것인즉 우리가 남녀노소와 양과 소를 데리고 가겠나이다. 바로가 그들에게 이르되 내가 너희와 너희의 어린 아이들을 보내면 여호와가 너희와 함께 함과 같으니라. 보라. 그것이 너희에게는 나쁜 것이니라. 그렇게 하지 말고 너희 장정만 가서 여호와를 섬기라. 이것이 너희가 구하는 바니라. 이에 그들이 바로 앞에서 쫓겨나니라.

여호와께서 모세에게 이르시되 애굽 땅 위에 네 손을 내밀어 메뚜기를 애굽 땅에 올라오게 하여 우박에 상하지 아니한 밭의 모든 채소를 먹게 하라. 모세가 애굽 땅 위에 그 지팡이를 들매 여호와께서 동풍을 일으켜 온 낮과 온 밤에 불게 하시니 아침이 되매 동풍이 메뚜기를 불어 들인지라. 메뚜기가 애굽 온 땅에 이르러 그 사방에 내리매 그 피해가 심하니 이런 메뚜기는 전에도 없었고 후에도 없을 것이라. 메뚜기가 온 땅을 덮어 땅이 어둡게 되었으며 메뚜기가 우박에 상하지 아니한 밭의 채소와 나무 열매를 다 먹었으므로 애굽 온 땅에서 나무나 밭의 채소나 푸른 것은 남지 아니하였더라.

바로가 모세와 아론을 급히 불러 이르되 내가 너희의 하나님 여호와와 너희에게 죄를 지었으니 바라건대 이번만 나의 죄를 용서하고 너희의 하나님 여호와께 구하여 이 죽음만은 내게서 떠나게 하라. 그가 바로에게서 나가서 여호와께 구하매 여호와께서 돌이켜 강렬한 서풍을 불게 하사 메뚜기를 홍해에 몰아넣으시니 애굽 온 땅에 메뚜기가 하나도 남지 아니하니라. 그러나 여호와께서 바로의 마음을 완악하게 하셨으므로 이스라엘 자손을 보내지 아니하였더라.

본문은 하나님께서 애굽에 내리시는 여덟 번째 메뚜기 재앙에 관한 말씀이다. 요즘은 도시화로 인해 주변에서 메뚜기를 이전처럼 많이 볼 수는 없다. 하지만 중동지역에는 메뚜기가 어마어마한 떼를 이루어 강렬한 사막바람이나 사하라 사막에서부터 발원하는 시로코 바람을 타고 인근 지역을 휩쓸고 지나갈 때가 있다. 그럴 때면 그 주변이 초토화된다.

메뚜기는 보통 수명이 120일 정도가 되는데 하루에 평균적으로 자기 몸무게만큼 먹어치운다. 때로는 세 배까지 먹어치우기도 한다. 이런 메뚜기들이 떼를 이루면 보통 제곱킬로미터 당 5천만 마리나 밀집한다고 한다. 1899년에 홍해에서 메뚜기 떼가 출연했는데 그 규모가 5천 제곱킬로미터에 달했다. 면적당 숫자로 환산하면 어마어마하다. 1957년에는 소말리아 지역에서 메뚜기 떼가 출연했는데 대략적인 측정 결과 약 160억 마리의 메뚜기들로 무게만 대략 5만 톤에 달하는 것으로 기록되었다. 메뚜기는 온도와 습도에 따라서 색깔과 체질과 식성이 변하고, 번식하기에 최적의 조건만 갖추어지면 무서운 속도로 번식해서 주변의 것들을 삽시간에 먹어치운다. 메뚜기 떼가 한 번 지나가면 주변 지역은 삽시간에 초토화된다.

일곱 번째 재앙 앞에 회개했던 바로는 사실 이 끔찍한 여덟 번째 메뚜기 재앙으로까지 갈 필요는 없었다. 그는 일곱 번째 재앙을 겪자 모세와 아론 앞에 "내가 범죄하였노라. 여호와는 의로우시고 나와 나의 백성은 악하도다"(출 9:27)라고 회개했다.

하지만 일곱 번째 불 섞인 우박 재앙이 지나가자 언제 그랬냐는 듯 돌변했다. 사실 제국의 최고 통치자가 공식적으로 백성을 내보내겠다고 말해 놓고선 또다시 전혀 그런 일이 없었던 것처럼 번복하는 것은 통치자의 명예에 금이 가는 부끄러운 일이다. 이런 공식적인 번복은 두 번째 개구리 재앙 때(출 8:8)와, 네 번째 파리 재앙 때(출 8:24)도 있었다. 그리고 일곱 번째 우박 재앙 때는 진심으로 자기 잘못을 인정하는 것 같았다(출 9:25). 그런데 또다시 자기 진술을 번복한다. 거짓말을 하는 것이다. 이 정도면 거짓말은 바로의 마음에 이미 고착화된 일종의 심리적인 방어기제임을 짐작할 수 있다.

거짓말은 심리적 차원에서 보면 자기를 보호하기 위한 일종의 자기 방어기제다. 살다 보면 불편하게 하거나 해를 주는 것들이 있다. 우리는 이런 것들로부터 스스로를 보호할 방법을 찾는다. 위기에서 벗어날 방법이 별로 보이지 않을 때 이를 벗어나는 가장 손쉬운 방법은 위기를 거짓말로 슬쩍 모면하는 일이다. 한 번 성공하면 다음에는 거짓말의 유혹이 더 커진다. 큰 희생이나 대가를 치르지 않더라도 위기를 쉽게 넘길 수 있게 해주기 때문이다. 거짓말한다는 것은 그만큼 큰 손해를 보지 않고 가능한 한 빨리 빠져나오고 싶은 유혹이 크다는 증거이다.

바로가 반복적인 거짓말로 둘러대며 위기를 벗어나려고 하는 것도 이와 같다. 거짓으로 둘러대지 않으면 제국을 지탱하는 데 근간이 되었던 히브리 노예를 잃어버리는 큰 손실을 입게 된다. 또한 반복적 거짓말의 배후에는 자기 소유에 대한 강렬한 집착이 자리 잡고 있다. 바로는 자신이 애굽의 통치자이고 제국의 모든 것이 자기 소유라고 생각하고 있다. 그런 그가 제국 번영의 큰 밑받침이 되는 히브리 노예들을 포기하는 것은 절대 쉽지 않다.

얼마 전까지 대전을 비롯한 세종시 인근의 지자체들은 비상이었다. 해마다 많은 인구가 세종으로 빠져나갔기 때문이다. 대전만 해도 지난 2014~2015년까지 2년 동안에만 인구가 2만 9,451명이나 줄어들었다. 이렇게 해마다 몇 만 명씩만 빠져나가도 비상이다. 그런데 애굽에서 히브리 노예들이 장정만 60만 명, 어린아이와 부녀자들까지 약 200만 명 이상이 순식간에 빠져나간다고 생각해보라. 대전 인구가 약 151만 명, 천안이 60만 명 정도다. 순식간에 대전과 천안이 아무도 살지 않는 유령도시가 된다면 어떻겠는가? 히브리 노예들을 포기하기에는 마음이 너무 쓰리다. 이것이 바로가 거짓말을 하는 이유다.

우리도 주변의 인간관계 가운데 바로 같은 행동을 할 때가 있다. 가까운 사이인데 거짓말을 반복한다. 왜 그런가? 소유 때문에 그렇다. 이것을 잃어버리면, 이것을 포기하면 큰일 난다고 생각한다. 자기를 보호하려는 자기 방어기제다.

하지만 어린아이들을 보라. 어린아이들은 돈을 줘도 내 것이라 생각하지 않는다. 갖고 다니는 것을 거추장스럽게 느껴 엄마에게 맡긴다. 예수께서는 어린아이들을 제자들 앞에 세우고는 이렇게 말씀하셨다. "이르시되 진실로 너희에게 이르노니 너희가 돌이켜 어린아이들과 같이 되지 아니하면 결단코 천국에 들어가지 못하리라"(마 18:3). 어린아이는 자기 소유를 확보하려 하지 않는다. 엄마에게 맡기고는 잊어버린다. 근심 걱정이 없다. 자기 소유에 집착하여 거짓을 일삼는 바로의 모습과는 극명하게 대조된다.

하나님은 결단을 번복하는 바로에게 다시 찾아와서 말씀하신다.

"모세와 아론이 바로에게 들어가서 그에게 이르되 히브리 사람의 하나님 여호와께서 말씀하시기를 네가 어느 때까지 내 앞에 겸비하지 아니하겠느냐. 내 백성을 보내라. 그들이 나를 섬길 것이라"(출 10:3).

여기서 주목해야 할 표현이 있다. "히브리 사람의 하나님 여호와"라는 표현과 '내 백성'이라는 표현, 그리고 '보내라'는 단어다. 하나님은 히브리 노예들의 하나님이시고, 이들은 하나님의 소유라고 다시 한 번 분명하게 말씀하신다. 이 말씀을 반복적으로 하시는 이유는 바로가 이 사실을 받아들이기를 계속해서 거부했기 때문이다. 하나님은 이들을 '보내라'고 말씀하신다. 보내라는 말씀 속에는 이것이 바로의 소유가 아니라는 의미가 들어 있다. 하나님께서는 히브리 노예들을 바로에게 관리하라고 잠시 맡기셨을 뿐이다. 그러니 이제는 보내라는 것이다. 이들이 바로의 소유가 아니라 하나님의 소유임을 겸손하게 인정하라는 것이다. 그래서 말씀하신다. "네가 어느 때까지 내 앞에 겸비하지 아니하겠느냐?"

내 것이 아닌 것을 내 것으로 착각하는 것이 교만이다. 교만한 사람의 특징이 있다. 내 뜻대로 되지 않으면 분노하고 반복적으로 거짓말을 해댄다. 그러나 나중에 많은 시행착오를 겪고 나서야 내 것이 아님을 깨닫는다. 내 호흡, 내 생명, 내 건강, 내 소유, 내 가족, 내 직원 등 어느 하나도 내 것이 아님을 겸손하게 인정한다. 이것들은 짧은 나그네 인생 동안 하나님께서 우리에게 잠시 맡겨주신 것일 뿐이다. 이것을 깨닫고 내 소유에 대한 정욕을 절제할 때 우리는 비로소 겸손할 수 있다. "사랑하는 자들아 거류민과 나그네 같은 너희를 권하노니 영혼을 거슬러 싸우는 육체의 정욕을 제어하라"(벧전 2:11).

나그네 된 정체성을 깨닫고 겸손해질 때 우리는 비로소 내려놓을 수 있다. 내 것이라 생각했던 것을 내 것이 아니라 인정하고 겸손히 내려놓는 것이 영적 성숙이다. 반대로 자기 소유에 집착하고 자랑하며 자기 뜻대로 되지 않으면 분노하고, 그럴듯한 거짓말과 번지르르한 변명으로 일관하는 것은 영적 미숙이다. 하나님께서는 마치 자기 소유인양 이스라엘 백성을 내려놓지 못하고 거짓으로 일관하는 바로를 향해 "네가 어느 때까지 이런 방식으로 살겠느냐"고 추궁하신다.

바로의 어리석음이 우리 안에도 있다. 내 것이 아닌 것을 내 것으로 착각하고 고집스럽게 악착같이 붙들고는 내려놓지 못한다. 물론 겉으로는 다 내려놓겠다고 한다. 그러나 알고 보면 하나도 내려놓지 못한다. 하나님께서는 보내라고 하신다. 내가 붙들었던 것을 내려놓으라고 하신다. 내 것이 아니라 하나님의 소유임을 분명히 주장하신다. 이를 겸손히 받아들이는 것이 우리 인생을 소유의 노예에서 벗어나 보다 풍성한 차원의 삶으로 인도하는 결정적인 요소가 된다.

> "여호와께서 모세에게 이르시되 바로에게로 들어가라. 내가 그의 마음과 그의 신하들의 마음을 완강하게 함은 나의 표징을 그들 중에 보이기 위함이며 네게 내가 애굽에서 행한 일들 곧 내가 그들 가운데에서 행한 표징을 네 아들과 네 자손의 귀에 전하기 위함이라. 너희는 내가 여호와인 줄을 알리라" (출 10:1-2).

하나님께서 완강한 바로에게 계속해서 보내라고 말씀하시는 이유가 무엇인가? 하나님의 구원역사의 이적과 표징들을 네 아들과 네 자손의 귀에 전하기 위함이다! '네 아들과 네 자손'에게, 이것을 줄여서 '대대로'라고 한다. 바로가 결단하는 문제는 자신만의 문제가 아니다. 대대로, 자자손손 영향을 끼치는 일이다. 바로가 망신당하면 그것은 혼자만의 망신으로 끝나지 않는다. 이것은 이스라엘 자손 대대로 기억해야 할 일이 된다. 바로는 대대로 망신당하는 것이다. 바로의 결단은 당대만이 아니라 후손과 그 후손까지 지속적으로 영향력을 끼치는, 미처 생각하지 못했던 상당히 큰 파장을 낳게 된다.

하나님은 바로가 거절하면 메뚜기를 떼로 보낼 것이라고 다시 한

번 경고하신다.

> "메뚜기가 지면을 덮어서 사람이 땅을 볼 수 없을 것이라. 메
> 뚜기가 네게 남은 그것 곧 우박을 면하고 남은 것을 먹으며 너
> 희를 위하여 들에서 자라나는 모든 나무를 먹을 것이며"(출
> 10:5).

"지면을 덮어서 사람이 땅을 볼 수 없을 것"이라는 표현이 재미있
다. 이는 15절의 "땅이 어둡게 된다"는 표현과 같다. '어둡게 된다'는
히브리 단어 '하솨크'는 "하나님께서 태초에 흑암이 깊음 위에 있었
다"(창 1:2)는 구절의 '흑암'(히. 호세크)과 같은 어원을 갖고 있다. 메
뚜기 재앙은 단순히 하늘이 어둠으로 덮이는 재앙이 아니다. 반창세
기적 역사, 즉 하나님이 세상을 창조하기 이전의 무질서와 혼돈의 모
습으로 되돌리는 재앙이 될 것임을 뜻한다.

> "메뚜기가 온 땅을 덮어 땅이 어둡게 되었으며 메뚜기가 우박
> 에 상하지 아니한 밭의 채소와 나무 열매를 다 먹었으므로 애
> 굽 온 땅에서 나무나 밭의 채소나 푸른 것은 남지 아니하였더
> 라"(출 10:15).

애굽은 한때 기근으로 망할 뻔했다. 그때 하나님은 요셉을 총리
로 세우셔서 하나님의 말씀대로 순종하여 대제국을 건설하는 기초를
마련하게 하셨다(창 41장). 애굽제국의 근간은 하나님의 말씀이었다.

하지만 이제 바로가 이 말씀에 불순종하자 애굽이 극복했던 이전의 기근 상태로 돌아간다.

모세와 아론이 전하는 하나님의 경고 앞에 바로는 잠자코 듣기만 한다. 여차하면 잘못했다고 회개하는 척 거짓말로 둘러대고 상황을 모면하면 된다고 생각하기 때문이다. 하지만 그럴수록 바로의 제국은 더더욱 처절하게 망가져 회복이 불가능할 정도의 파산상태로 치닫는다. 결국 교만한 소유욕과 반복되는 거짓말이 바로의 인생과 그의 제국을 망친다.

이쯤 되면 이제 어떻게 해야 할지 다른 사람의 눈에는 꽤 선명하게 보일 것이다. 강퍅한 바로의 눈에만 안 보인다. 그러자 바로 곁에서 그동안 꾹 참고 있던 신하들이 마침내 바로에게 충언한다.

"바로의 신하들이 그에게 말하되 어느 때까지 이 사람이 우리의 함정이 되리이까. 그 사람들을 보내어 그들의 하나님 여호와를 섬기게 하소서. 왕은 아직도 애굽이 망한 줄을 알지 못하시나이까 하고"(출 10:7).

여기 "어느 때까지"라는 표현이 또다시 등장한다(3절 참조). 신하들은 어느 때까지 이런 방식으로 버티겠느냐고 항의한다. 신하들은 애굽이 이미 망했는데 바로만 모르고 있다고 하소연한다. 지금 바로에게만 지식이 없다. 상황을 모면한 줄 알았는데 이미 망했고, 곧 완전히 파산한다는 것을 모르고 있다. 결국 바로의 무지가 애굽을 파산에 이르게 했다. 바로가 이 말에 움찔했다. 이렇게 말하는 신하들의 말을 뿌리치면 나중에 모든 책임을 자기가 져야 하는 후폭풍을 감당하기도 부담되었을 것이다. 다시 모세와 아론을 불러 묻는다. "너희의 하나님 여호와를 섬기러 갈 자는 누구누구냐". 그러자 모세가 "남녀노소와 양과 소를 다 데려가겠다"고 대답한다. 이 말에 바로는 당황한다. 다 자기에게 속한 소유인데 이것을 가지고 나간다고 하니 다 뺏긴다고 생각했기 때문이다. 바로는 타협안을 제시한다.

"바로가 그들에게 이르되 내가 너희와 너희의 어린아이들을 보내면 여호와가 너희와 함께 함과 같으니라. 보라. 그것이 너희에게는 나쁜 것이니라"(출 10:10).

바로가 히브리 장정과 어린아이들을 보내면 여호와가 너희와 완전히 함께하는 것이 될 텐데, 여호와는 그동안 애굽에 재앙을 가져다준 신이었기 때문에 너희에게도 재앙이 임할 것이라는 궤변이다. 그러니 아이들이라도 무사히 보전해야 한다고 주장한다.

"그렇게 하지 말고 너희 장정만 가서 여호와를 섬기라. 이것이 너희가 구하는 바니라. 이에 그들이 바로 앞에서 쫓겨나니라" (출 10:11).

장정만 가라! 마치 이스라엘을 위하는 것처럼 말한다. 말은 번지르르한데 진정성이 없다. 결국 자기가 맡고 있는 노예를 그대로 보내줄 수 없다는 것이다. 타협안을 제시하는 것은 결국 너희가 원하는 대로 하지 말고 내가 원하는 대로 해서 내 통제 아래 있으라는 것이다. 바로는 네 번째 파리 재앙 때도 그런 식이었다. 그때 바로는 파리 떼로 고생하고 통 크게 제안했다. "너희가 가서 제사드려라! 어디서 드릴래?" 그런데 광야로 가겠다고 하자 갑자기 돌변해서 "안 돼! 여기 애굽에서 드려라! 싫으면 못 간다"라고 거절한 바 있다.

여기서도 비슷한 방식으로 타협안을 제시한다. "이것이 너희가 구하는 바니라." 이것이 내가 너희에게 해줄 수 있는 전부라는 뜻이다. 결국 바로의 타협안은 수용할 수 없는 제안이었던 것이다.

바로는 신하들의 말을 들어주는 척하면서 나름대로 명분을 쌓는다. "아니, 내가 소원을 들어준다고 했는데 왜 이것도 싫다고 해? 이것은 순전히 히브리 노예 탓이야! 난 아무 잘못도 없어!" 결국 바로는 또다시 거짓으로 자기변명과 자기 정당화를 한다. 우리 주변에도 자기변명과 자기방어를 잘하는 사람들이 있다. 왜 자꾸만 그러는가? 솔직히 다 내려놓지 못해서 그렇다. 교만해서 그런 것이다.

하나님께서는 자기 소유욕을 내려놓지 못하고 교만하게 하나님의 말씀을 타협하려는 바로를 용납하지 않으신다.

> "모세가 애굽 땅 위에 그 지팡이를 들매 여호와께서 동풍을 일으켜 온 낮과 온 밤에 불게 하시니 아침이 되매 동풍이 메뚜기를 불어 들인지라. 메뚜기가 애굽 온 땅에 이르러 그 사방에 내리매 그 피해가 심하니 이런 메뚜기는 전에도 없었고 후에도 없을 것이라"(출 10:13-14)

여기서 '동풍'은 시로코 바람을 의미한다. 이는 초여름 사하라 사막에서 일어나 아프리카에서 지중해를 넘어 이탈리아에 불어오는 뜨거운 사막바람이다. 이 바람을 타고 전무후무한 어마어마한 메뚜기 재앙이 내린다. 상상을 초월하는 어마어마한 대재앙 앞에 바로는 어떻게 하는가?

> "바로가 모세와 아론을 급히 불러 이르되 내가 너희의 하나님 여호와와 너희에게 죄를 지었으니 바라건대 이번만 나의 죄를 용서하고 너희의 하나님 여호와께 구하여 이 죽음만은 내게서 떠나게 하라"(출 10:16-17).

바로는 상황을 모면하기 급급해서 또다시 반복적인 거짓말로 둘러댄다. 이제는 거짓을 일삼는 거짓말쟁이로 전락한다. 무지하고 완고한 바로에게는 이렇게라도 해서 재앙을 일시적으로 모면하는 것이 유일한 방법 같다. 하지만 이런 거짓말의 반복은 점점 돌이킬 수 없는 재앙을 부르고 있다는 것을 바로는 아직 모르고 있었다.

우리도 마찬가지다. 거짓말을 반복하지만 결국 이것이 어마어마한 돌이킬 수 없는 후회를 맞이하리라는 것을 미처 생각하지 못한다. 그저 상황을 모면하기에 급급하다. 그 배후에 계신 하나님의 손길을 기억하고 겸손히 내려놓을 수 있어야 한다. 이 모든 것을 주시는 소유의 근원이 바로 여호와 하나님임을 인정하고 나아가야 한다. 그럴 때 우리는 비로소 먼저 그의 나라와 의를 구할 수 있다(마 6:33). 이 모든 것을 더하시는 하나님의 손길을 확신하라! 그리고 기꺼이 내 소유권을 내려놓으라!

"내가 그리스도와 함께 십자가에 못 박혔나니 그런즉 이제는 내가 사는 것이 아니요 오직 내 안에 그리스도께서 사시는 것이라. 이제 내가 육체 가운데 사는 것은 나를 사랑하사 나를 위하여 자기 자신을 버리신 하나님의 아들을 믿는 믿음 안에서 사는 것이라"(갈 2:20). 날마다 나의 교만과 나의 소유권을 죽이지 않고는 우리는 계속해서 바로와 같은 교만한 거짓말쟁이로 살게 된다. 우리 인생의 주인이신 주님만 바라보고 겸손하게, 그리고 용감히 서도록 하자.

아홉째 재앙
: 당당하게 걸어나오라

여호와께서 모세에게 이르시되 하늘을 향하여 네 손을 내밀어 애굽 땅 위에 흑암이 있게 하라. 곧 더듬을 만한 흑암이리라. 모세가 하늘을 향하여 손을 내밀매 캄캄한 흑암이 삼 일 동안 애굽 온 땅에 있어서 그 동안은 사람들이 서로 볼 수 없으며 자기 처소에서 일어나는 자가 없으되 온 이스라엘 자손들이 거주하는 곳에는 빛이 있었더라. 바로가 모세를 불러서 이르되 너희는 가서 여호와를 섬기되 너희의 양과 소는 머물러 두고 너희 어린 것들은 너희와 함께 갈지니라. 모세가 이르되 왕이라도 우리 하나님 여호와께 드릴 제사와 번제물을 우리에게 주어야 하겠고 우리의 가축도 우리와 함께 가고 한 마리도 남길 수 없으니 이는 우리가 그중에서 가져다가 우리 하나님 여호와

를 섬길 것임이며 또 우리가 거기에 이르기까지는 어떤 것으로 여호와를 섬길는지 알지 못함이니이다 하나 여호와께서 바로의 마음을 완악하게 하셨으므로 그들 보내기를 기뻐하지 아니하고 바로가 모세에게 이르되 너는 나를 떠나가고 스스로 삼가 다시 내 얼굴을 보지 말라. 네가 내 얼굴을 보는 날에는 죽으리라. 모세가 이르되 당신이 말씀하신 대로 내가 다시는 당신의 얼굴을 보지 아니하리이다.

애굽은 태양의 나라였다. 애굽의 신화에 가장 많이 등장하는 것이 태양신인데, 대표적인 태양신으로는 '라' 또는 '레'가 있다. 레는 애굽의 창조신이자 애굽을 통치하는 모든 신 위의 신이고, 이 신의 아들을 바로라고 여겼다. 바로는 태양의 후예였다. 애굽 카이로 북쪽으로 가면 헬리오 폴리스라는 도시가 있다. 헬리오스 하면 태양의 신을 가리키는 말이다. 그래서 헬리오 폴리스는 태양신의 도시, 혹은 태양의 도시다. 여기에는 '아툼'이라고 하는 또 다른 태양신을 가리키는 이름이 있다. 또 상부 애굽에는 '아문'이라고 불리는 태양신이 있었다. 나중에는 아문과 레가 합쳐져서 태양신의 이름을 '아문-레'로 부르기도 했다.

「사자(死者)의 서(書)」, 즉 사후세계를 안내하는 '죽음의 책'이라 불리는 고대의 애굽문서가 있다. 이 책 17장에는 이런 기록이 있다. "나는 아무도 격퇴할 수 없는 신들 가운데 있는 자이다. 그는 누구인가? 그는 태양 원반에 있는 아툼이다." 다른 역본에는 '아툼'이 '레'로 바뀌어 등장하기도 한다.

왼쪽부터 차례로 태양신 라(레), 아툼, 아문. 출처 : 위키백과

  이처럼 바로와 애굽 백성들에게 태양은 영원히 떠오르고 멸망하
지 않는 영원한 빛, 곧 '이터널 선샤인'(eternal sunshine)이었고, 바
로는 이 태양 빛의 정점에서 태양신이 인격화되어 애굽제국 전역을
비추는 살아 있는 빛이었다.

  애굽이 의지해왔던 태양신은 수천 년의 애굽 역사를 통해 입증된
신이었다. 애굽제국의 번영과 풍요가 그 증거였다. 또 외세를 물리치
고 제국의 평화를 가져다주었다고 여겼다. 그 어떤 신도 태양신의 능
력 앞에 감히 덤벼들 수 없었다. 덤벼드는 신마다 처참하게 패하였
다. 태양신이 인격화된 태양의 아들 바로는 애굽제국의 정통과 절대
주권이 돌아가게 하는 제국시스템의 핵심역할을 하는 자로 추앙받았

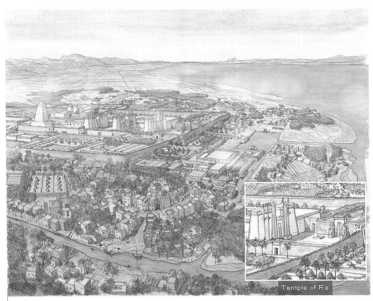
이집트 고대도시 헬리오 폴리스 상상도. 네모 안의 건물이 태양 신전. 출처 : 구글이미지

다. 그런데 이 영원한 태양의 제국에 히브리 노예의 신 여호와가 흑암을 가져왔다.

> "여호와께서 모세에게 이르시되 하늘을 향하여 네 손을 내밀어 애굽 땅 위에 흑암이 있게 하라. 곧 더듬을 만한 흑암이리라. 모세가 하늘을 향하여 손을 내밀매 캄캄한 흑암이 삼 일동안 애굽 온 땅에 있어서"(출 10:21-22).

단순한 어둠이 아니었다. '더듬을 만한 흑암' 이었다. 밤이 어두워도 달빛이 조금만 있으면 더듬지 않는다. 왜? 어둠에 익숙해지면 어느 정도는 보이기 때문이다. 하지만 '더듬을 만한 흑암'은 이것이 불가능한 어둠, 한 치 앞도 보이지 않는 칠흑 같은 절대 암흑을 말한다. 이를 22절은 '캄캄한 흑암'(히. 호쉐크 애펠라)으로 묘사한다. 흑암을 의미하는 히브리어 '호쉐크'는 창조 이전의 흑암(창 1:2)을 가리키는 단어와 같다. '애펠라'는 '짙다'(dense, thick)는 뜻이다. 그동안 영원한 태양의 나라로 여겨졌던 애굽에 창조 이전에나 존재했을 절대 흑암의 공포가 엄습한 것이다. 태양의 나라에 태양이 흑암으로 덮여 꼼짝 못하면 이것은 곧 태양신을 기초로 한 정권의 무력함을 보여주는 것이고, 이는 곧 태양신의 아들 바로의 정치적 위기로 이어진다.

해마다 이때쯤 애굽에는 '캄신'이라 불리는 바람이 한동안 불어 닥친다. '캄신' 바람은 사하라 사막 남쪽에서부터 40도 이상의 고온으로 불어오는데, 때로는 사막의 모래바람이 진하게 불어와 해를 가려 어두컴컴할 때가 있다. 우리나라에 매년 봄이면 찾아오는 황사보다 훨씬 강력하다. 그런데 이 바람이 불다가 고센지역에 이르면 이곳에 있는 산맥에 가로막혀 더 이상 진행되지 못하곤 한다. 캄신바람이 일으키는 어둠은 일종의 자연현상이다.

하지만 본문에 불어닥친 흑암은 이를 넘어선다. 본문의 어둠은 하나님이 보내시는 창세 이전으로 돌아가는 아주 짙은 어둠, 절대 흑암이다. 사람들이 서로 볼 수 없고, 앞을 보지 못해서 자기 처소에서 움직이지 못하고 돌아다닐 수 없을 정도다. 애굽 전역의 활동이 이 흑암으로 정지되었다. 절대적인 어둠이 무려 사흘간이나 계속되었다. 이는 태양신의 아들 바로의 권위가 철저히 무너지는 기간인 동시에 장차 애굽이 이런 창조 이전의 흑암으로 바로가 세운 태양의 후예들이 하나님의 권능 앞에 황폐하게 될 것을 암시하는 기간이다.

반면 한낱 노예에 불과한 히브리인의 땅에서는 이와 대조적으로 태양빛이 밝게 비췄다. 바로는 이런 상태로는 더 이상 태양의 아들이라 추앙받는 왕의 권위를 유지하기 쉽지 않음을 직감했다. 그래서 모세를 다급히 소환해서 마지막 제안을 한다.

> "바로가 모세를 불러서 이르되 너희는 가서 여호와를 섬기되 너희의 양과 소는 머물러 두고 너희 어린 것들은 너희와 함께 갈지니라"(출 10:24).

앞서 장정들만 가라고 허락했던 것을 철회하고, 이제는 어린아이도 다 데려가라고 한다. 단 양과 소는 두고 가란다. 모세는 전에 분명히 남녀노소와 함께 양과 소를 데려가겠다고 했다(출 10:9). 그러나 바로는 관대하게 다 허락하는 척하면서도 양과 소는 허락하지 않았다. 제사를 드리러 가는데 제물이 없으면 어떻게 되겠는가? 양과 소를 데려가지 말라는 것은 제사에 가장 중요한 핵심적인 것을 두고 가라는 것과 같다.

바로는 아마도 이렇게 말할지 모른다. "자, 너희들이 요구한 대로 다 해주지 않았느냐? 나가라. 제물은 필요하면 너희들이 광야로 가다가 들짐승을 잡아서 드리면 되지 않느냐?" 그러나 그렇지 않다. 하나님께 드리는 제물은 가장 좋은, 흠 없고 순결한 것으로 정성껏 준비해야 한다.

"모세가 이르되 왕이라도 우리 하나님 여호와께 드릴 제사와
번제물을 우리에게 주어야 하겠고"(출 10:25).

모세는 "주어야 하겠고"라고 말한다. 이 구절을 영어성경(NIV)은
"You must allow us"라고 번역한다. "왕은 '반드시' 여호와께 드릴
번제물을 허락해주셔야만 합니다"라는 뜻이다. 이스라엘이 가진 가
축으로 광야에 가서 제사를 드리려면 광야에 도착해서도 가축이 건
강하고 흠 없는 상태여야 한다. 그러나 광야길을 가다보면 어떤 것은
병들 수도 있고, 또 어떤 것은 영양상태가 나빠질 수도 있다. 그래서
모세는 이렇게 말한다.

"우리의 가축도 우리와 함께 가고 한 마리도 남길 수 없으니 이
는 우리가 그중에서 가져다가 우리 하나님 여호와를 섬길 것
임이며 또 우리가 거기에 이르기까지는 어떤 것으로 여호와를
섬길는지 알지 못함이니이다 하나"(출 10:26).

"어떤 것으로 여호와를 섬길는지 알지 못한다"라는 것은 광야까
지 가는 동안 어떤 가축이 건강하게 남아 있을지 모른다는 의미다.
바로는 아량을 베풀어 이스라엘 백성들이 광야로 제사드리러 가는
것을 허락하는 모양새다. 그러나 결정적으로 제사에 가장 중요한 제
물을 두고 가라고 한다. 왜 끝까지 치졸하게 이스라엘 백성을 괴롭힐
까? 어떻게든 이스라엘 백성을 애굽제국의 통치 아래 두고 싶어 하
기 때문이다.

바로는 이렇게 항변할 수 있다. "다 가라고 하지 않았느냐? 제물 그까짓 거 갖고 뭐 그러냐? 너희들이 가다가 구하면 되잖아?" 통 크게 허락하는 것처럼 보이는 이런 태도 이면에는 이런 전제가 도사리고 있다. "가서 제사드리고 애굽에 남겨둔 가축이 아쉬우면 다시 돌아와라." 사소한 것 같아 보이는 이 안에 큰 유혹이 도사리고 있는 것이다.

전에 어떤 성도의 코에 뾰루지가 났다. 처음에는 조금 있다가 가라앉겠지 하고 그냥 뒀는데 어느 순간부터 볼 때마다 자꾸 눈에 거슬렸다. 화장실 거울을 봐도 거슬리고 아파트 엘리베이터 거울을 봐도 거슬렸다. 그래서 마침내 뾰루지를 손톱으로 잡아 뜯었다. 좀 아팠지만 마음은 시원했다. 그런데 문제는 그다음부터였다. 뾰루지를 뜯은 자리에서 피가 흐르더니 멈추지를 않았다. 참고 참다가 마침내 병원에 갔다. 그랬더니 당장에 레이저로 수술해야 한다고 했다. 왜 그러냐고 했더니 코끝에는 모든 혈관이 다 모여 있어서 무심코 이런 식으로 코에 상처를 냈다가는 위험하다는 것이었다. 결국 레이저 치료를 받고서야 흐르던 피가 멈췄다. 사소한 것으로 생각했는데 이 작은 뾰루지가 온몸의 혈관과 연결되어 있었다. 바로가 별것 아닌 것처럼 양과 소를 남겨두라고 하는 것에는 이들을 제국의 생태계 안에 붙들어 매려는 유혹이 도사리고 있었다.

어떤 생태계를 선택하느냐는 중요하다. 생각해보라. 내가 주님을 섬긴다고 하면서 기도한다. "주님, 제가 주님을 믿으니 돈 잘 벌게 해주시고 성공하게 해주시며 출세하게 해주세요." "제가 주님을 이렇게 열심히 섬기니까 저도 잘되게 해주세요." 이것은 주님의 생태계에 있는 것이 아니라 맘몬의 생태계에 있는 것이다. 반면 주님의 생태계에 있으면 "주님, 제가 주님을 더 섬기며 영광 돌리기 원합니다. 주님과 더 가까이하기 원합니다. 시간을 주세요. 주님의 뜻을 세상에 드러내기 원합니다. 복음을 전하기 원합니다. 돈을 주세요. 힘을 주세요. 저에게 직위를 주세요." 겉으로 볼 때는 비슷한 것 같지만 깊이 들어가면 소속된 생태계가 다르다.

요즘 갈수록 돈이 최고의 가치가 되어가고 있다. 돈을 정점으로 돌아가는 오늘날의 생태계는 바로를 정점으로 돌아가는 애굽제국의 현실과 크게 다르지 않다. 맘몬의 생태계는 무슨 선택을 하든지 맘몬의 통제와 지배 아래 살아가게 된다. 바로의 생태계 역시 무슨 선택을 하든지 결국 바로의 통제와 지배 아래 살아가는 현실인 것이다. 이렇게 볼 때 바로가 양과 소를 두고 가라는 것은 결국 하나님께 온전히 예배드리지 말고, 다시 바로의 생태계 안으로 들어오라는 교묘한 전략이었다.

우리가 이런 교묘한 제안에 호락호락하게 넘어가지 않으면, 바로는 자신이 가진 제국의 힘과 권세로 우리를 굴복시키려 위협할 것이다. 이것이 제국이 작동하는 문법이다.

"바로가 모세에게 이르되 너는 나를 떠나가고 스스로 삼가 다시 내 얼굴을 보지 말라. 네가 내 얼굴을 보는 날에는 죽으리라"(출 10:28).

얼마나 큰 위협인가? 우리 주변의 강대국들이 하는 행동과 비슷하지 않는가? 이들이 수입 보복조치를 하면서 으름장을 놓는 이유가 무엇인가? 자신들의 생태계에 들어와야지 자꾸 벗어나면 안 된다는 것이다. 왜? 생태계에 들어와야 제국의 영향력 안에 들어가게 되기 때문이다. 생태계를 구축하는 일은 쉽지 않다. 제국이 이런 생태계를 구축하는 데는 그 배후에 거대한 힘이 있었기에 가능했다. 그렇기에 우리가 제국의 생태계 안에 들어가지 않으면 그들은 가진 힘으로 우리를 압박한다. 이에 대해 모세는 어떻게 하는가?

> "모세가 이르되 당신이 말씀하신 대로 내가 다시는 당신의 얼굴을 보지 아니하리이다"(출 10:29).

모세는 당당하게 거부한다. 만약 이전의 모세 같으면 아마 이 말에 가슴이 콩닥콩닥 뛰었을 것이다. 불안해하며 하나님을 원망했을 것이다. "아이고~ 하나님, 이게 뭡니까? 그동안 함께하시는 줄 알았는데 결국 이 모든 재앙으로 제가 얻은 결과는 바로의 거절로 끝나고 말았습니다. 바로가 저에게 앞으로 다시는 내 얼굴을 보지 말라고 하는 말을 들으셨습니까? 다시 보면 죽인다고 협박을 하는데 이젠 다 끝났습니다. 어쩌자고 저를 보내셨습니까?" 충분히 그럴 수 있다.

그런데 본문에서 나타나는 모세는 이전의 모세와 사뭇 다르다. 어떻게 하는가? 바로가 "너 다시는 내 앞에 나타나기만 해 봐. 콱~ 죽여버릴 거야!" 그러자 너무나도 당당하게 대답한다. "네, 걱정하지 마십시오. 절대 보지 않겠습니다. 제가 다시는 바로의 얼굴을 보나 보십시오." 아마 한마디 더 했을지도 모른다. "내가 한 번이라도 얼굴을 보면 손가락에 확 장을 지지겠습니다. 바로 폐하~"

모세의 이런 당당함, 이런 자신감은 어디서 왔을까? 이것은 모세가 그동안 경험한 하나님 말씀의 능력 때문이다. 하나님께서 주신 말씀이 모두 놀랍게 이루어지는 것을 보며 이 말씀을 신뢰하게 되었다. 그러면서 발견한 것이 있다. 그것은 제국의 최정점에 있는 바로의 말은 시간이 갈수록 신뢰할 만하지 못하다는 것이다. 아무리 위협하고 아무리 협박해도 전능하신 하나님의 말씀이 내게 있는 한 두려워할 것이 전혀 없다는 확신이 있었다. 이 확신 때문에 모세는 바로의 교묘한 타협안을 가차 없이 물리칠 수 있었다.

우리가 고민하는 문제의 많은 부분은 사실 내가 어느 생태계 안에서 살아가야 하느냐의 문제다. 바로를 선택하고 그 생태계 안에서 여호와도 섬기며 살 것인지, 아니면 단호하게 바로의 생태계를 거부하고 여호와의 말씀으로 이루어지는 하나님의 생태계를 선택하며 살 것인지의 고민이다. 맘몬의 생태계가 우리를 교묘하게 부르지 않는가? "그래도 소와 양은 놓고 가라. 이것은 타협할 수 있잖아. 몸은 가더라도 마음은 이 생태계에 남겨둬. 주인만 바꾸지 마. 주님을 섬겨. 단 그래도 제일 중요한 것은 뭐니 뭐니 해도 머니(money)야! 머니가 없으면 믿는 것도 다 소용없어." 이것이 맘몬의 생태계에서 들려오는 소리다.

그러나 아무리 좋아 보이고 안전해 보여도 우리는 오직 주님 안에 있을 때 참된 평안과 안식을 누릴 수 있다. 내가 저 사람의 생태계 안에 들어가야 행복할 것이라고 생각하는가? 아니다. 사람의 생태계에 들어간다 하더라도 우리는 보다 근본적으로 하나님의 생태계에 매여 있는 사람으로 살아가야 한다. 이것이 바로 하나님이 우리를 이 땅에서 나그네로 부르신 이유다. "사랑하는 자들아 거류민과 나그네 같은 너희를 권하노니 영혼을 거슬러 싸우는 육체의 정욕을 제어하라"(벧전 2:11).

그렇다. 우리는 나그네다. 행인이다. 나그네란 우리의 참된 시민권이 이곳에 있지 않고 오직 하늘에 있다는 의미다(빌 3:20). 제국의 생태계에 너무 두려워하지 말라. 이것이 아니면, 이 사람이 아니면 큰일 날 것처럼 너무 집착하지 말기를 바란다. 하나님의 생태계로 당당하게 걸어 나오라. 이제 하나님은 도저히 거스를 수 없는 어마어마한 하나님 나라의 권능을 준비하고 계신다. 하나님의 생태계 안으로 들어올 때 우리는 이 능력을 확신하고 경험하며 나아갈 수 있을 것이다.

열째 재앙
: 끝이 아니다, 플랜B가 있다

여호와께서 모세에게 이르시기를 내가 이제 한 가지 재앙을 바로와 애굽에 내린 후에야 그가 너희를 여기서 내보내리라. 그가 너희를 내보낼 때에는 여기서 반드시 다 쫓아내리니 백성에게 말하여 사람들에게 각기 이웃들에게 은금 패물을 구하게 하라 하시더니 여호와께서 그 백성으로 애굽 사람의 은혜를 받게 하셨고 또 그 사람 모세는 애굽 땅에 있는 바로의 신하와 백성의 눈에 아주 위대하게 보였더라. 모세가 바로에게 이르되 여호와께서 이와 같이 말씀하시기를 밤중에 내가 애굽 가운데로 들어가리니 애굽 땅에 있는 모든 처음 난 것은 왕위에 앉아 있는 바로의 장자로부터 맷돌 뒤에 있는 몸종의 장자와 모든 가축의 처음 난 것까지 죽으리니 애굽 온 땅에 전무후무한 큰

부르짖음이 있으리라.

*그러나 이스라엘 자손에게는 사람에게나 짐승에게나 개 한 마리도
그 혀를 움직이지 아니하리니 여호와께서 애굽 사람과 이스라엘 사
이를 구별하는 줄을 너희가 알리라 하셨나니 왕의 이 모든 신하가 내
게 내려와 내게 절하며 이르기를 너와 너를 따르는 온 백성은 나가라
한 후에야 내가 나가리라 하고 심히 노하여 바로에게서 나오니라. 여
호와께서 모세에게 이르시기를 바로가 너희의 말을 듣지 아니하리
라. 그러므로 내가 애굽 땅에서 나의 기적을 더하리라 하셨고 모세와
아론이 이 모든 기적을 바로 앞에서 행하였으나 여호와께서 바로의
마음을 완악하게 하셨으므로 그가 이스라엘 자손을 그 나라에서 보
내지 아니하였더라.*

'플랜B'라는 말을 들어보았는가? 계획을 의미하는 '플랜'
(plan)에 알파벳 'B'가 붙은 단어다. B는 알파벳에서 A에 이은 두 번
째 글자다. '플랜A'라고 하면 원래의 계획을 의미한다. 처음 계획은
종종 틀어지고 실패하기 마련이다. 그래서 계획을 세울 때는 플랜B
도 함께 세우기 마련인데, 여기서 플랜B는 원래의 계획 플랜A가 틀
어지고 실패할 것을 대비한 예비계획을 말한다.

SNS 도구인 트위터(twitter)도 원래의 사업이 틀어져서 다급하
게 마련한 플랜B에서 나온 사업이다.[38] 트위터를 창업한 에번 윌리
엄스는 원래 애플에서 제공하는 팟캐스트와 비슷한 사업을 계획했었
다. 프리미엄 콘텐츠에 맞춤형 광고를 제공하는 사업이 플랜A였다.

이 사업모델은 윌리엄스가 볼 때 완벽해 보였다. 그런데 얼마 후 애플이 팟캐스트 서비스를 무료로 제공하기로 하면서 시장을 독식했다. 이 일로 윌리엄스와 직원들은 큰 충격에 빠졌다. 누가 봐도 완벽해 보였던 그 계획이 6개월 만에 망하게 되었다. 윌리엄스는 당황해하면서 혹시나 하면서 마련했던 플랜 B에 꼬박 1년을 매달렸다. 그렇게 해서 나온 사업이 바로 트위터였다.

미국의 전설적인 창업전문가인 랜디 코미사는 말한다.[39] "플랜A는 거의 항상 실패한다. 왜? 시장에서 검증받지 않은 혼자만의 가정을 사실로 전제하기 때문이다. 그래서 플랜A는 시장에서 먹히지 않는다. 따라서 성공하고 싶다면 실전 경험을 통해 얻은 진짜 정보를 바탕으로 플랜B를 개발하라."

우리 인생에도 플랜A가 좌절되고 그 방향을 플랜B로 틀 때가 있다. 가장 흔한 경우가 언제인가? 대학 입학 또는 대학원 진학이다. 내가 꿈꾸던 학교로 갈 줄 알았는데 현실 앞에 좌절을 겪는다. 그리고 다급하게 플랜B로 옮겨간다. 플랜B는 플랜A만 못한 별것 아닌 실망스러운 것으로 생각할 때가 많다. 그러나 그렇지 않다. 만약 플랜A가 실패했다면 그것은 현실을 잘 모르는 나 혼자만의 공상세계에서 상상으로만 성공한 것에 불과한 것이기 때문이다. 냉정하게 평가하면 플랜A는 현실성 없는 계획으로 실패하기에 딱 맞는 계획이다.

우리의 문제는 플랜A를 세우면서도 이 계획이 실패할 것이란 생각은 잘 하지 않는 데 있다. 그래서 플랜A에 많은 시간과 열정과 에너지를 쏟다가 이것이 좌절되면 큰 충격을 받고 절망한다.

우리는 출애굽기 7~10장에 펼쳐진 여러 재앙을 묵상했다. 하나님이 내리신 재앙마다 큰 충격과 피해가 애굽에 임했다. 이 정도면 이제 바로도 포기하고 하나님의 말씀대로 이스라엘 백성을 광야로 내보내야 하지 않을까 하는 생각이 든다. 하지만 재앙이 계속될수록 바로는 마음이 녹아내리기는커녕 더욱더 강퍅하게 하고 끝까지 하나님의 요구에 저항하며 버틴다. 바로는 흑암 재앙이 닥치자 황급하게 모세를 부르고는 이제 다시는 그의 얼굴을 보지 않겠노라 협박한다.

> "바로가 모세에게 이르되 너는 나를 떠나가고 스스로 삼가 다시 내 얼굴을 보지 말라. 네가 내 얼굴을 보는 날에는 죽으리라"(출 10:28).

매 재앙마다 바로가 항복할 것을 기대했던 모세는 이 말을 듣고 많이 놀랐을 것이다. 더구나 바로는 만약 다시 한 번 자신의 얼굴을 보게 되면 죽게 될 것이라고 협박까지 했다. 이런 것을 보면 실패할 확률이 높고 내 마음대로 잘 안되는 것 중 하나가 관계다. 우리는 누구나 연인, 배우자, 친구, 동료, 자녀 등과의 관계를 좋게, 행복하게 만들어가고 싶지만 이것이 좀처럼 생각대로 되지 않는다. 내 주변 사람이 좀처럼 변하지 않는다. 참 고집스럽고 이기적이다. 이런 사람과 관계하며 플랜A가 틀어질 때 플랜B를 세운다는 것이 쉽지 않다. 한 번 고집부리기 시작하면 어떻게 다가가도 소용없다. 일이야 내 뜻대로 방향을 바꿀 수 있지만 사람은 좀처럼 내 계획대로 따라주지 않는다. 그렇다고 자녀와의 관계, 부모와의 관계, 친척과의 관계를 끊을 수 있겠는가? 우정을 하루아침에 끊겠는가? 그럴 수 없다. 그렇다면 다른 더 좋은 대안이 있는가? 그렇지도 않다. 이런 이유로 우리는 인간관계에서 우리의 플랜A가 무너지면 무척이나 당혹스러워하고 힘들어하는 것이다.

바로를 보라. 하나님이 아홉 번이나 재앙을 내리셔도 고집스럽게 마이 웨이, 자기 방식을 고집하고 있다. 바로는 모세가 기대했던 플랜A를 좌절시키고 있다. 이렇게 고집 센 이유가 무엇인가? 그 핵심에는 자기 소유에 대한 집착, 곧 히브리 노예에 대한 강한 소유욕과 집착이 있다. 이렇게 고집스럽고 완고한 사람을 보면 우리는 질려서 거의 희망을 잃어버릴 지경에 이른다. 바로는 한때 잠깐 변하는 것 같았다. 우박 재앙 앞에 "내가 범죄했다"고 고백하며, "여호와는 의로우시고 나와 나의 백성은 악하도다"(출 9:27)라며 당장에라도 변할 듯이 말했다. 그러나 그때뿐이었다. 재앙이 지나가면 여전히 그대로였다. 왜? 바로의 내면이 변하지 않았기 때문이다.

우리도 마찬가지다. 잠시 좋아지는 것 같고 변하는 것 같지만 여전히 우리는 변하지 않고 완고한 모습 그대로인 경우가 많다. 가만히 살펴보면 우리에게는 바로같이 과거로부터 계속적으로 죄를 반복하는 패턴이 있다. 또 죄에 반복적으로 미혹되는 패턴이 있다. 어렵고 힘든 일이 생기면 잠시 돌이키는 것 같다가도 여전히 동일한 죄의 패턴을 반복한다. 왜 그런가? 우리의 내면 상태가 변하지 않은 채 일과 관계를 지속하기 때문이다.

바로와 같이 완고한 상태로 변하지 않는 사람을 보면 힘들다. 아무리 애써도 변하지 않고 도리어 완고해지는 그 모습 앞에 우리의 한계를 느낀다. 모세가 바로 그런 상태였다. 바로 이때 하나님은 모세에게 하나님이 친히 준비한 플랜B가 있다고 말씀하신다.

"여호와께서 모세에게 이르시기를 내가 이제 한 가지 재앙을
바로와 애굽에 내린 후에야 그가 너희를 여기서 내보내리라.
그가 너희를 내보낼 때에는 여기서 반드시 다 쫓아내리니"(출
11:1).

하나님께서는 이제 그동안에 바로를 괴롭혔던 계획들 말고 전혀
다른 차원의 계획이 있다고 말씀하신다. 이 계획이 실행되면 바로는
이스라엘 백성을 "반드시 다 쫓아낼 것"이라고 말씀한다. 바로가 놀
라고 당황해서 이스라엘 백성을 애굽 땅에서 모두 재빠르게 몰아낼
정도로 강력한 플랜B이다. 플랜B는 플랜A를 기초로 나온다. 그렇게
볼 때 그동안 모세가 하나님의 명령에 지속적으로 순종했던 것이 헛
된 게 아니었다. 바로의 지속적이고 완고한 대응이 헛수고가 아니었
다. 도리어 그것은 하나님의 플랜B를 가져오는 계기가 되었다. "하
나님이여 주의 생각이 내게 어찌 그리 보배로우신지요. 그 수가 어찌
그리 많은지요"(시 139:17).
하나님은 그의 백성을 향해 많은 생각과 계획을 갖고 계신다. 그
수가 어찌 그리 많은지 플랜A만이 아니라 플랜B, C, D, E, F 등 너
무나도 많다. 이 하나님을 신뢰할 수 있기를 바란다. 우리가 생각할
때는 막다른 골목에 이르러 답답하고 끝이라는 생각이 들 수 있지만
하나님은 또 다른 계획을 갖고 우리를 보배롭고 존귀하게 하려 하신
다. 본문 2~3절 말씀을 보라.

"백성에게 말하여 사람들에게 각기 이웃들에게 은금 패물을
구하게 하라 하시더니 여호와께서 그 백성으로 애굽 사람의
은혜를 받게 하셨고 또 그 사람 모세는 애굽 땅에 있는 바로의
신하와 백성의 눈에 아주 위대하게 보였더라"(출 11:2-3).

하나님께서는 그동안의 9가지 재앙을 통해 하나님의 살아 역사
하심과 전능하심을 애굽 전역에 보여주셨다. 애굽 땅에 있는 바로와
그의 신하뿐 아니라 애굽 백성의 눈에 이스라엘 백성이 위대해 보이
게 하셨다. 이를 바탕으로 기꺼이 하나님의 선민들을 위해 호의를 베
풀도록 애굽 백성에게 역사하실 것이다. 그들의 금과 은으로 된 귀한
패물을 하나님의 백성에게 주도록 허락하실 것이다. 그래서 하나님
은 백성들에게 애굽 이웃에게 은금패물을 구하게 하라고 하신다. 이
패물은 나중에 하나님의 성막을 짓는 데 사용된다. 하지만 자신들의
노예들에게 소중한 은금패물을 준다는 것은 쉬운 일이 아니다. 이것
은 하나님의 역사하심이 아니면 불가능하다. 놀라운 것은 이것이 충
동적인 계획이 아니라 미리부터 하나님께서 갖고 계셨던 계획의 일
부라는 사실이다.

"내가 애굽 사람으로 이 백성에게 은혜를 입히게 할지라. 너희
가 나갈 때에 빈손으로 가지 아니하리니 여인들은 모두 그 이
웃 사람과 및 자기 집에 거류하는 여인에게 은 패물과 금 패물
과 의복을 구하여 너희의 자녀를 꾸미라. 너희는 애굽 사람들
의 물품을 취하리라"(출 3:21-22).

하나님께서는 이스라엘 백성이 나갈 때 빈손으로 나가지 않게 하겠다고 말씀하신다. 이들에게 은 패물, 금 패물, 그리고 의복을 구하여 나갈 것이라고 약속하신다. 그렇다면 이런 역사를 이룰 하나님의 플랜B는 무엇인가?

"모세가 바로에게 이르되 여호와께서 이와 같이 말씀하시기를 밤중에 내가 애굽 가운데로 들어가리니"(출 11:4).

'밤중'은 애굽이 가장 연약한 시간이다. 애굽은 태양신 레를 믿고 있었다. 태양은 낮에만 활동한다. 밤에는 레가 활동하는 시간이 아니었다. 하나님은 바로 이때 애굽 땅의 모든 처음 난 것이 죽는 재앙을 내리실 것이다.

"애굽 땅에 있는 모든 처음 난 것은 왕위에 앉아 있는 바로의 장자로부터 맷돌 뒤에 있는 몸종의 장자와 모든 가축의 처음 난 것까지 죽으리니 애굽 온 땅에 전무후무한 큰 부르짖음이 있으리라"(출 11:5-6).

이 말씀은 출애굽기 1장 22절에 나타난 언어를 반영한다.

"그러므로 바로가 그의 모든 백성에게 명령하여 이르되 아들이 태어나거든 너희는 그를 나일강에 던지고 딸이거든 살려두라 하였더라."

히브리 노예들이 너무 갑작스럽게 불어나자, 애굽에서 새로 태어나는 히브리 남자아이는 모두 강에 던져 죽이라고 바로가 모든 애굽 백성에게 명령을 내린 것이다. 또한 이 말씀은 출애굽기 2장 23절을 반영한다.

"여러 해 후에 애굽 왕은 죽었고 이스라엘 자손은 고된 노동으로 말미암아 탄식하며 부르짖으니 그 고된 노동으로 말미암아 부르짖는 소리가 하나님께 상달된지라."

애굽 온 땅에 전무후무한 큰 부르짖음이 있을 것이라는 말씀을 고스란히 반영한다. 이렇게 볼 때 하나님께서 애굽 전역에 처음 난 것들에게 죽음의 재앙을 내리는 것은 단순히 바로의 강퍅한 마음을 따끔하게 혼내는 차원만이 아님을 알 수 있다. 이스라엘의 사내아이를 무자비하게 죽이고 부모들의 피눈물을 쏟게 하였던 바로의 죄악에 대한 심판을 내리는 것이다. 하나님은 앞서 바로에게 "이스라엘은 내 아들 내 장자라"(출 4:22)고 선언하셨다. 그런데 바로는 이런 하나님 장자의 자녀들이 태어나자마자 잔혹하게 살해하였던 것이다.

그동안의 아홉 가지 재앙은 바로가 믿고 의지했던 애굽 신들에 대한 심판인 동시에, 그가 이스라엘 백성들을 잔혹하게 대했던 행위들에 대한 일련의 심판이었다. 마침내 이 모든 악에 대한 최종적인 심판이 다가오고 있었다. 이렇게 볼 때 그동안 내렸던 이런저런 재앙들은 어떻게든 죄를 지은 바로를 돌이키기 위한 하나님 은혜의 초청임을 알 수 있다. 하나님께서 바로에게 기회를 주시려고 은혜를 베푸실 때 이스라엘은 조급해서 하나님보다 앞서 실망하고 좌절했었다.

혹시 아직 내 주변 사람이 변하지 않고 여전히 나를 괴롭게 하는가? 아직 내가 계획했던 것들이 제대로 풀리지 않고 내 주변 사람은 여전히 완고한가? 아직까지는 은혜의 때다. 하나님의 플랜B로 돌입하기 전에 돌이키기 위한 은혜의 부름이 있는 것이다. 이때 우리는 이들을 위해 눈물로 기도해야 한다.

은혜의 부름이 끝나고 심판의 때가 오면 그가 행했던 모든 것이 하나님 앞에 철저하게 심판받는다. 이것을 보여주는 것이 포도원 농부의 비유다(눅 20:9-19, 참조 마 21:33-43, 막 12:1-12). 내용은 다음과 같다.

한 집주인이 포도원을 만들어 농부들에게 세를 주고 다른 나라에 갔다. 시간이 지나 열매를 거둘 때가 되어 종을 포도원에 보냈다. 그런데 농부들은 이 포도원을 소유하고자 하는 욕심에 종을 잡아서 심하게 때리고 빈털터리로 돌려보냈다. 얼마나 충격적인가? 그러나 주인은 침착하게 다시 다른 종을 보냈다. 그러자 이번에는 농부들이 종의 머리에 상처를 내고 능욕하여 돌려보냈다. 주인은 침착하게 종을 다시 보냈다. 그랬더니 이번에는 이 종을 죽여서 보냈다. 그래도 주인은 참고 농부들에게 기회를 주었다. 그리고 계속해서 종들을 보냈다. 그런데 이 농부들은 자신들의 탐욕을 좀처럼 회개하지 않고 마음을 바로와 같이 완고하고 강퍅하게 먹어 계속 주인의 뜻을 거부하며 종들을 때리고 죽였다.

이제는 남은 종이 없었다. 그래서 주인은 마지막 수단을 썼다. 그것은 바로 자기 친아들을 그들에게 보낸 것이다. 그러나 친아들을 보내도 이들은 여전히 완고하여 이렇게 말한다. "이는 상속자니 자 죽이자. 그러면 그 유산이 우리 것이 되리라"(막 12:7). 그러고는 아들을 죽였다. 끝까지 기다리던 주인이 마침내 진노하여 이들에게 와서 이들을 진멸하고 이 포도원을 다른 사람에게 주었다.

바로는 지금 이 마지막 은혜의 기회를 완고함으로 날려버리고 있는 것이다. 심판의 때가 되면 악인은 철저히 망하지만 하나님의 백성은 머리털 하나도 상하지 않게 보호를 받는다.

"그러나 이스라엘 자손에게는 사람에게나 짐승에게나 개 한 마리도 그 혀를 움직이지 아니하리니 여호와께서 애굽 사람과 이스라엘 사이를 구별하는 줄을 너희가 알리라 하셨나니 왕의 이 모든 신하가 내게 내려와 내게 절하며 이르기를 너와 너를 따르는 온 백성은 나가라 한 후에야 내가 나가리라 하고 심히 노하여 바로에게서 나오니라"(출 11:7-8).

바로는 모세를 다시 보면 죽인다고 협박했지만 모세는 더욱 담대하게 하나님의 말씀을 선포했다. 앞으로 이스라엘 백성에게는 그 어떤 사람도, 심지어는 짐승조차도 함부로 그 혀를 놀리지 못할 것이다! 그러나 바로는 하나님의 경고 앞에 아무 말도 하지 않고 침묵으로 일관했다. 회개해야 하는데, 돌이켜야 하는데 끝까지 완고하게 버티고 있는 것이다. 모세는 이런 바로의 반응에 마침내 분노했다. 모세가 이렇게 분노할 정도면 하나님은 얼마나 분노하셨겠는가? 이제 하나님께서 궁극적으로 모든 것을 역전시키실 때가 오고 있다.

누가복음은 이런 역전의 복을 다음과 같이 말씀한다. "너희 가난한 자는 복이 있나니 하나님의 나라가 너희 것임이요. 지금 주린 자는 복이 있나니 너희가 배부름을 얻을 것임이요. 지금 우는 자는 복이 있나니 너희가 웃을 것임이요. 인자로 말미암아 사람들이 너희를 미워하며 멀리하고 욕하고 너희 이름을 악하다 하여 버릴 때에는 너희에게 복이 있도다. 그날에 기뻐하고 뛰놀라 하늘에서 너희 상이 큼이라"(눅 6:20-23).

하나님의 플랜B는 인간의 힘으로 할 수 없는 모든 것을 하나님의 능력으로 역전시키는 계획이었다. 이런 역전으로 결국 하나님께서는 이스라엘을 포기하지 않으시고, 마침내 이들을 귀한 자녀로 삼으셨다.

비록 앞이 막힌 것처럼 보여도 하나님의 자녀에게는 끝이 아니다. 끝처럼 보여도 이어지는 하나님의 플랜B가 있다. 그리고 이것으로 마침내 모든 것이 역전되는 놀라운 은혜가 임하게 된다. 아직 상황에 변화가 없고 내 주변 사람은 여전히 완고하고 강퍅한가? 실망할 것이 아니다. 아직 하나님께서 그들에게 은혜를 베푸시는 기간으로 바라보기 바란다. 그리고 기도해야 한다. "하나님, 정말 힘들고 실망스럽지만 이것이 끝이 아님을 믿습니다. 아직 주님이 주시는 은혜의 기간에 우리를 붙들어주시고, 주님께서 작정하신 때에 이 눈물을 기쁨으로 바꾸시며, 이 핍박과 조롱을 큰 상급으로 바꾸어주옵소서." 이처럼 믿음으로 바라고 인내하며 소망 중에 끝까지 나아가자! "너희 마음의 눈을 밝히사 그의 부르심의 소망이 무엇이며 성도 안

에서 그 기업의 영광의 풍성함이 무엇이며 그의 힘의 위력으로 역사
하심을 따라 믿는 우리에게 베푸신 능력의 지극히 크심이 어떠한 것
을 너희로 알게 하시기를 구하노라"(엡 1:18-19).

[20장 각주] ···

38) 금원섭, "성공을 바라는가? 플랜A, 플랜B… 플랜Z까지 계속 수정하라", 조선일보 위클
리비즈, 2011. 11. 19.
39) 금원섭, 위의 글.

유월절
: 어린 양의

오직 어린 양의 피로

고역이나 소명이냐

소망 안에 버팀목으로 서라

소중한 은혜를 잘 지켜내려면

피로 얻은
구원

오직 어린 양의
피로

여호와께서 애굽 땅에서 모세와 아론에게 일러 말씀하시되 이 달을 너희에게 달의 시작 곧 해의 첫 달이 되게 하고 너희는 이스라엘 온 회중에게 말하여 이르라. 이 달 열흘에 너희 각자가 어린 양을 잡을 지니 각 가족대로 그 식구를 위하여 어린 양을 취하되 그 어린 양에 대하여 식구가 너무 적으면 그 집의 이웃과 함께 사람 수를 따라서 하나를 잡고 각 사람이 먹을 수 있는 분량에 따라서 너희 어린 양을 계산할 것이며 너희 어린 양은 흠 없고 일 년 된 수컷으로 하되 양이나 염소 중에서 취하고 이 달 열나흘 날까지 간직하였다가 해 질 때에 이스라엘 회중이 그 양을 잡고 그 피를 양을 먹을 집 좌우 문설주와 인방에 바르고 그 밤에 그 고기를 불에 구워 무교병과 쓴 나물과 아울러 먹되 날것으로나 물에 삶아서 먹지 말고 머리와 다리와 내장을 다 불에 구워 먹고 아침까지 남겨두지 말며 아침까지 남은 것은 곧 불사르라.

너희는 그것을 이렇게 먹을지니 허리에 띠를 띠고 발에 신을 신고 손에 지팡이를 잡고 급히 먹으라. 이것이 여호와의 유월절이니라. 내가 그 밤에 애굽 땅에 두루 다니며 사람이나 짐승을 막론하고 애굽 땅에 있는 모든 처음 난 것을 다 치고 애굽의 모든 신을 내가 심판하리라. 나는 여호와라. 내가 애굽 땅을 칠 때에 그 피가 너희가 사는 집에 있어서 너희를 위하여 표적이 될지라. 내가 피를 볼 때에 너희를 넘어가리니 재앙이 너희에게 내려 멸하지 아니하리라.

너희는 이날을 기념하여 여호와의 절기를 삼아 영원한 규례로 대대로 지킬지니라. 너희는 이레 동안 무교병을 먹을지니 그 첫날에 누룩을 너희 집에서 제하라. 무릇 첫날부터 일곱째 날까지 유교병을 먹는 자는 이스라엘에서 끊어지리라. 너희에게 첫날에도 성회요 일곱째 날에도 성회가 되리니 너희는 이 두 날에는 아무 일도 하지 말고 각자의 먹을 것만 갖출 것이니라. 너희는 무교절을 지키라. 이날에 내가 너희 군대를 애굽 땅에서 인도하여 내었음이니라.

그러므로 너희가 영원한 규례로 삼아 대대로 이날을 지킬지니라. 첫째 달 그 달 열나흗날 저녁부터 이십일일 저녁까지 너희는 무교병을 먹을 것이요 이레 동안은 누룩이 너희 집에서 발견되지 아니하도록 하라. 무릇 유교물을 먹는 자는 타국인이든지 본국에서 난 자든지를 막론하고 이스라엘 회중에서 끊어지리니 너희는 아무 유교물이든지 먹지 말고 너희 모든 유하는 곳에서 무교병을 먹을지니라.

1592년, 임진왜란이 일어났을 때 일반적으로 조선이 왜구에 대해 전쟁 준비를 제대로 하지 못해 속수무책으로 당한 것으로 알려졌다. 이렇게 생각하게 된 원인 중 하나는 선조 23년 조선통신사 사절단이 일본에 갔다 와서 선조에게 한 보고 때문이다. 사절단 부사였던 동인 김성일이 일본을 둘러보고는 선조에게 "일본이 쳐들어오지 않는다" 라고 보고했다. 이 보고에 기초하여 조선이 전쟁 준비에 태만했다고 여겼다. 하지만 이런저런 역사의 기록을 보면 선조는 이런 김성일의 보고를 심각하게 받아들였을 가능성이 높다.[40] 류성용이 남긴 「징비록」에 따르면 선조는 절박한 위기감을 갖고 전쟁에 대비하기 시작했다. 왜군과의 전투에 대비해서 남쪽지방 산성들을 개축하거나 신축하기 시작했고, 유능한 무장들을 전선에 재배치하였다.

그러나 문제가 있었다. 선조는 물리적으로는 오랫동안 준비했지만 백성의 마음을 잘 이해시키지 못해서 이들의 마음에 전쟁에 대한 각성과 준비가 제대로 되지 않았던 것이다. 한동안 태평세월이 계속되었고 백성들은 전쟁이 일어날 것을 믿지 않는 분위기였다. 그런데 자꾸 전쟁을 대비한 성읍을 쌓는 강제부역에 동원되다 보니 필요성을 절감하기는커녕 쓸데없는 일에 억지로 동원된다며 백성의 원망만 늘었던 것이다. 게다가 선조에게 전쟁이 없을 것이라고 보고했던 김성일은 영남 출신이었는데, 그의 영향력으로 인해 영남지역 관리와 백성들은 전쟁이 일어나지 않을 것이라고 확고히 믿고 있었다.

그런데 아이러니하게 선조가 산성건축에 신경을 제일 많이 쓴 지역이 바로 영남지역이었다. 하드웨어는 철저하게 준비했지만 이 지역의 백성과 병사들은 그 마음에 전쟁 준비가 전혀 되어 있지 않았다. 도리어 전쟁이 일어나지 않을 것이라 확신하고 있었다. 휴먼웨어 측면에서 전혀 준비되지 않았던 것이다. 그러다 전쟁이 터지자 전쟁의 주체가 되어야 할 휴먼웨어인 병사들이 두려움에 사로잡혀 제대로 싸우지도 못하고, 그토록 힘들게 쌓아 올렸던 성읍을 버리고 달아나버렸다. 도망가기에 급급했던 것이다. 이처럼 물리적인 하드웨어를 준비하기 이전에 휴먼웨어의 준비가 훨씬 중요하다. 백성의 마음에 강력한 동기를 부여해서 대비하도록 하는 일이 무엇보다도 중요한 것이다.

이번 장의 본문은 그동안 급박하게 돌아갔던 애굽에 내렸던 아홉 가지 재앙이 끝나고, 마침내 마지막 열 번째 재앙으로 들어가는 관문 역할을 한다. 본격적인 재앙은 12장 29절부터 시작된다. 본문을 포함하는 12장 1~28절까지는 본격적인 열 번째 재앙을 준비하는 도입부다. 하나님께서 곧바로 열 번째 재앙을 내리시지 않고 사전에 철저히 이스라엘 백성을 준비시키는 이유가 무엇인가? 이는 이 재앙이 단순한 벌이 아니라 이스라엘 백성의 정체성을 새롭게 규정하고 새로운 출발점으로 삼기 위한 것이기 때문이다. 마음이 제대로 준비되지 않으면 재앙이 닥쳐도 그동안 애굽에 내렸던 또 다른 재앙 중 하나 정도로만 여길뿐 이것으로 이스라엘이 새롭게 되는 역사가 일어나기는 어렵다고 여긴다.

준비는 마음만 먹어서는 안 된다. 구체적인 행동으로 나타나야 한다. 하나님은 이스라엘 백성에게 구체적인 준비와 형식을 제시하시며, 이 재앙을 통해 하나님이 행하시는 구원역사가 이스라엘 백성의 내면에 깊이 스며들도록 요청하신다. 이 구체적인 준비와 형식이 바로 이스라엘의 3대 절기 중 하나로 알려진 유월절이다. 유월절은 유대력으로 니산월(1월) 14일이며 다음 날인 15일부터 7일간 무교절이 진행된다. 이것을 통칭해서 유월절이라고도 하고 무교절이라고도 한다. 우리가 설 연휴를 지낼 때 설은 하루지만 그 전후로 연휴를 갖는 것과 같다. 하나님께서 이렇게 구체적인 절기를 준비할 것을 명하시는 것은 이스라엘 백성이 유월절의 특별한 성격을 이해해야만 중심으로부터 새롭게 되어 새 출발을 할 수 있기 때문이다.

> "이 달을 너희에게 달의 시작 곧 해의 첫 달이 되게 하고"(출 12:2).

하나님은 애굽에게는 마지막 재앙이 쏟아지는 달을 이스라엘에게 새해 첫 달이 되게 하라고 말씀하신다. 애굽에 내리는 마지막 재앙이지만 이스라엘에는 새 출발이다. 새 출발인 만큼 이를 기념하여 대대로 기억하도록 하는 것이 중요하다.

> "너희는 이날을 기념하여 여호와의 절기를 삼아 영원한 규례로 대대로 지킬지니라"(출 12:14).

이 마지막 재앙의 날을 절기로 삼아 대대로 지키라고 말씀한다. 여기서 '절기'(히. 하그)는 '잔치' '축제'라는 의미와 함께 '예배드린다'는 의미다. 이 마지막 재앙의 날은 재앙으로 끝나는 게 아니라 새롭게 예배로, 축제로 승화되어야 할 날이라는 것이다. 한 번만 하는 게 아니다. "영원한 규례로 대대로" 지켜야 한다. '영원한 규례'는 세대와 세대를 이어 계속해서 지켜야 할 전통과 규칙을 말한다. 유월절의 역사를 절기를 통해 계속해서 재현하며 살아가야 하는 것이다.

그렇다면 도대체 이 유월절에 무슨 사건이 일어났고, 이 사건에 어떤 의미가 있기에 대대로 지켜나가라고 말씀하실까?

첫째로 이 유월절은 이스라엘에게 하나님의 구원역사가 나타난 날이다. 하지만 애굽에게는 대재앙의 날이다. 하나님은 "내가 그 밤에 애굽 땅에 두루 다니며 사람이나 짐승을 막론하고 애굽 땅에 있는 모든 처음 난 것을 다 치고 애굽의 모든 신을 내가 심판하리라. 나는 여호와라"고 말씀하신다.

애굽에서는 모든 장자가 다 죽어가는데 이스라엘의 모든 아들은 죽음의 세력으로부터 생명이 보호되는 역사가 일어난다. 어떻게 일어나는가? 바로 어린 양의 피를 통해 일어난다. 하나님은 먼저 1년 된 흠 없는 수컷 어린 양을 취하라고 말씀한다. 경우에 따라 염소를 취할 수도 있다.

"너희 어린 양은 흠 없고 일 년 된 수컷으로 하되 양이나 염소 중에서 취하고"(출 12:5).

양은 해 질 무렵에 잡는다. 그리고 그 피를 집 좌우 문설주와 인방에 바른다. 문설주는 문을 끼우기 위한 양쪽의 기둥을 말한다. 인방은 두 기둥 사이에 아래위로 가로놓여서 이를 지탱해주는 나무 가림대(doorframe, NIV)를 말한다. 어린 양의 피를 이 양쪽 기둥과 위

아래 문틀에 바르는 것이다.

이 피를 바르는 이유가 무엇인가? 하나님께서 보내시는 죽음의 천사가 이 피를 보고 지나가게 하기 위한 것이다.

"내가 애굽 땅을 칠 때에 그 피가 너희가 사는 집에 있어서 너희를 위하여 표적이 될지라. 내가 피를 볼 때에 너희를 넘어가리니 재앙이 너희에게 내려 멸하지 아니하리라"(출 12:13).

하나님께서 애굽을 칠 때 문설주에 어린 양의 피가 칠해져 있는 집은 그냥 넘어간다는 것이다. 레위기에 따르면 피는 곧 생명을 의미한다. 피를 칠했다는 것은 생명의 값을 치렀다는 것을 의미한다. 장자가 죽어야 할 텐데 어린 양의 피로 그 값을 대신 치렀다. 그래서 죽음의 사자가 이곳을 치러 왔다가 대신 치러진 대속의 피를 보고 넘어가는 것이다. 여기 '넘어간다'(히. 파싸흐)는 단어는 그 위로 '지나간다'(pass over-NIV, NRSV)는 뜻이다. 이를 다른 말로 하면 "간과했다"라고도 표현한다(롬 3:25). 히브리어 '파싸흐'에서 파생한 명사형이 '페싸흐'인데 이것이 '유월절'이라는 명사가 되었다. 유월절은 하나님께서 애굽 온 땅을 사망으로 칠 때 어린 양의 피가 칠해져 있는 이스라엘 백성의 집을 건너뛰고 간과하여 지나간 날이다.

둘째로 유월절은 어린 양의 피를 바르고 죽음으로부터 구원받는 날인 동시에, 죽임당한 어린 양의 살을 나누어 먹는 날이다.

"그 밤에 그 고기를 불에 구워 무교병과 쓴 나물과 아울러 먹되

날것으로나 물에 삶아서 먹지 말고 머리와 다리와 내장을 다
불에 구워 먹고 아침까지 남겨두지 말며 아침까지 남은 것은
곧 불사르라"(출 12:8-10).

어린 양의 고기를 물에 삶아 먹지 말고 불에 구워 먹어야 하는 이
유는 유월절 다음 날 이스라엘 백성이 곧바로 다급하게 출애굽해야
했기 때문이다. 삶아 먹으려면 물을 떠다가 장작불을 때서 끓여야 하
는 과정이 있기 때문에 시간이 오래 걸린다. 그래서 불을 때서 곧바
로 구워 먹으라는 것이다. 게다가 삶으려면 토막을 내야 한다. 유월
절 어린 양은 뼈를 꺾지 않고 통으로 먹는다. 어린 양의 살은 그 피로
구원받은 날 밤에 곧바로 먹어야 한다. 이는 피로 구원받은 백성이
곧바로 어린 양의 살을 먹음으로 생명과 양분을 취해야 함을 의미한
다. 이제부터는 어린 양의 생명으로 살아야 하는 것이다.

셋째로 유월절에는 어린 양의 살과 함께 무교병을 먹어야 한다.
무교병은 누룩이 들어가지 않은 빵을 말한다. 반대로 누룩이 들어간
빵을 유교병이라고 한다. 이것은 누룩, 즉 효모가 들어갔기에 빵이
부풀어 오른다. 반면 무교병은 효모를 넣어 부풀지 않았기에 크래
커와 같이 바삭바삭하다. 맛은 별로 없다.

"너희는 이레 동안 무교병을 먹을지니 그 첫날에 누룩을 너희
집에서 제하라. 무릇 첫날부터 일곱째 날까지 유교병을 먹는
자는 이스라엘에서 끊어지리라"(출 12:15).

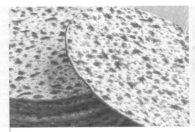

무교병. 출처 : 구글이미지

무교병을 먹는 7일 동안에는 집에서 빵에 넣을 수 있는 모든 누룩을 제거해야 하는데, 이는 다음 구절에서 좀 더 상세히 설명한다.

"첫째 달 그 달 열나흘 날 저녁부터 이십일일 저녁까지 너희는 무교병을 먹을 것이요 이레 동안은 누룩이 너희 집에서 발견되지 아니하도록 하라. 무릇 유교물을 먹는 자는 타국인이든지 본국에서 난 자든지를 막론하고 이스라엘 회중에서 끊어지리니 너희는 아무 유교물이든지 먹지 말고 너희 모든 유하는 곳에서 무교병을 먹을지니라"(출 12:18-20).

무교병이 아닌 다른 빵을 이 기간에 먹는 자는 타국인이든 본국에서 난 자든지 이스라엘 회중에서 끊어질 것이라고 말씀한다. 이스라엘 회중은 단순히 순수한 히브리인을 말하는 것이 아니다. 출애굽할 때 함께 따라나서는 타국인까지를 포함한다(출 12:38 참조). 출애굽한 이스라엘은 여러 민족이 합쳐진 다민족 공동체였다. 이 공동체에서 끊어진다는 것은 출교당해 공동체 안에 들어올 수 없음을 의미한다. 이스라엘 공동체가 순수한 단일민족 공동체가 아니라는 사실은 장차 나타날 새 이스라엘인 교회 또한 온 열방이 주님께 돌아와 한 몸을 이룰 것을 암시하는 표현이다.

넷째로 유월절에는 쓴 나물을 함께 먹는다. 이는 이스라엘 백성이 애굽에서 지냈던 고통스러웠던 삶을 상징한다.

이러한 유월절(무교절)을 절기로 삼아 모든 가족이 함께 모여 만찬을 나누며 이를 대대로 지키라는 것은 유월절에 경험한 은혜로 이스라엘의 근본적인 정체성을 형성할 뿐 아니라 이 정체성을 계속해서 지켜나가라는 말씀이다. 이렇게 절기를 지키는 행위가 결국은 이스라엘을 지켜준다. 여기 예배의 이중적 특징이 나타난다. 내가 예배를 지키지만 동시에 내가 지키는 그 예배가 나를 지켜준다.

유월절 절기는 이스라엘 백성이 자신의 힘으로 구원받은 것이 아니라 오직 어린 양의 피로 구원받은 백성임을 기억하게 한다. 유대인이나 이방인이나 차별이 없다. 오직 어린 양의 피를 의지하기만 하면 모두 구원으로 들어올 수 있다. 이런 백성이라면 누룩이 들어 있지 않은 순전한 빵을 떼며 어린 양의 생명을 나누어 먹어야 한다.

유월절을 묵상할수록 더욱 뚜렷하게 생각나는 분이 있다. 바로 예수 그리스도시다. 구약의 유월절은 장차 다가올 구원역사의 그림자에 불과하다. 이 그림자가 예수 그리스도를 통해 온전한 모습으로 드러난 것이다. "너희는 누룩 없는 자인데 새 덩어리가 되기 위하여 묵은 누룩을 내버리라. 우리의 유월절 양 곧 그리스도께서 희생되셨느니라. 이러므로 우리가 명절을 지키되 묵은 누룩으로도 말고 악하고 악의에 찬 누룩으로도 말고 누룩이 없이 오직 순전함과 진실함의 떡으로 하자"(고전 5:7-8).

이 말씀에 따르면 우리는 '누룩 없는 무교병과 같은 자'이다. 누룩을 '묵은 누룩'이라고도 하고 '악의에 찬 누룩'이라고도 표현하는데 부패와 타락을 상징한다. 이는 거룩한 것과 함께 어울릴 수 없다. 따라서 우리는 이런 누룩이 없는 순전함과 진실함의 떡으로 살아야 한다(레 6:16 참조).

예수 그리스도께서 우리를 위하여 유월절 어린 양으로 희생되셨다. 예수께서 고귀한 피를 흘려 우리 인생의 문설주와 인방에 그 피를 발라주셨고 우리는 그 피로 인하여 죄와 사망의 권세에서 구원받았다. 로마서는 이를 다음과 같이 진술한다. "이 예수를 하나님이 그의 피로써 믿음으로 말미암는 화목제물로 세우셨으니 이는 하나님께서 길이 참으시는 중에 전에 지은 죄를 간과하심으로 자기의 의로우심을 나타내려 하심이니"(롬 3:25).

어린 양의 피로써 우리의 죄를 간과하셨다. 우리 죄를 건너뛰셨다. 우리는 자격이 없지만 우리가 구원받은 것은 오직 어린 양의 귀중한 피 덕분이다. 하나님의 아들 예수 그리스도께서 우리를 대신하여 죄와 사망의 심판을 받으셨다. 우리를 그분의 피로 살리셨다. 이 피로 건짐받은 우리는 서둘러 어린 양의 살을 먹어야 한다. 어린 양 예수 그리스도의 생명력으로 살아야 한다. "나는 하늘에서 내려온 살아 있는 떡이니 사람이 이 떡을 먹으면 영생하리라. 내가 줄 떡은 곧 세상의 생명을 위한 내 살이니라 하시니라"(요 6:51). 더는 죄와 부패의 누룩이 아닌 이것들이 배제된 거룩한 양식을 먹고살아야 한다. 쓴 나물을 먹음같이 날마다 자기 십자가를 지고 예수님의 십자가 고난을 생각하며 걸음걸음 주님과 동행해야 한다.

예수님이 완성하신 온전한 유월절을 상징하는 게 바로 성만찬이다. 예수께서 자신을 마지막 어린 양으로 하나님께 내드리기 전 제자들을 불러서 말씀하셨다. "이르시되 내가 고난을 받기 전에 너희와 함께 이 유월절 먹기를 원하고 원하였노라"(눅 22:15). 그러고는 무교병을 떼면서 말씀하셨다. "이것은 너희를 위하는 내 몸이니 이것을 행하여 나를 기념하라"(고전 11:24). 또 식사 후에 잔을 가지고 포도주를 부으시며 말씀하셨다. "이 잔은 내 피로 세운 새 언약이니 이것을 행하여 마실 때마다 나를 기념하라"(고전 11:25). 그리고 "너희가 이 떡을 먹으며 이 잔을 마실 때마다 주의 죽으심을 그가 오실 때까지 전하라"고 하셨다(고전 11:26). 다른 말로 하면 이 새로운 유월절 만찬 의식을 이스라엘 백성이 그랬던 것처럼 주님이 다시 오실 때까지 대대로 영원히 계속해서 재현해야 한다는 것이다.

예수께서 흘리신 피는 양이나 염소의 피와 같지 않아 단번에 영원한 속죄를 이루었고, 영원히 우리를 구원하고 속죄하시기에 부족함이 없다(히 9:12 참조). 한편 유월절 만찬은 제국의 삶에 자신도 모르게 물들어 있고 부풀어 올랐던 성도들의 삶에 끼어 있는 거품을 제거하라는 초청이기도 했다. 어린 양의 피로 구속받은 성도들이 기억해야 할 몇 가지 중요한 점이 있다.

첫째, 우리는 오직 어린 양의 피로만 죄와 사망의 심판에서 건짐받을 수 있다. 우리의 행위와 공로가 아니다. 우리는 큰 은혜받은 백성임을 확신해야 한다.

둘째, 제국에서 맛보았던 누룩에 대한 미련을 속히 버려야 한다.

이제부터는 예수의 생명을 취하여 살아야 한다. 어린 양의 살을 급히 먹어야 한다. 날마다 매 순간 그분의 생명으로 살아야 한다. 또 누룩 없는 떡 먹기를 즐겨야 한다. 유월절의 패스오버를 경험한 성도는 이제 누룩 있는 떡 먹기를 포기해야 한다. 그러려면 영적 교만과 죄 된 문화의 습관 속에 부풀어 오른 것들이 무엇인지 점검해야 한다. 그리고 이제는 벗어나야 한다. 기꺼이 누룩 없는 떡, 즉 순전함과 진실함의 떡을 먹으며 살아야 한다. 누룩 없는 떡은 맛이 없다. 밋밋하다. 그러나 계속 먹다 보면 달다. 자극적인 맛에 취하지 말아야 한다. 밋밋해 보여도 이 떡이 우리 영혼을 살리고 생명을 살린다. 제국 통치 아래서의 죄와 부패의 습관을 내려놓고 날마다 예수의 보혈을 의지하여 살아가는 성도로 서야 한다.

셋째, 쓴 나물을 먹으며 과거 노예되었던 삶을 기억했던 것처럼 우리도 날마다 나 같은 죄인을 살리신 놀라운 주님의 은혜를 기억하며 살아야 한다. 매 순간 하나님의 은혜를 기억해야 한다. 그렇지 않으면 순식간에 교만해진다.

넷째, 우리에게 생명의 피와 살을 주시고 구약의 불완전한 유월절 제도를 온전하게 하신 예수 그리스도를 신뢰하며 바라보아야 한다. 그분을 이전보다 더 사랑해야 한다.

[21장 각주] ···

40) 송우혜, "[송우혜의 수요 역사탐구] 임진왜란, '준비 없이 맞은 전쟁' 아니었다", 조선일보, 2017. 1. 25.

고역이냐
소명이냐

모세가 이스라엘 모든 장로를 불러서 그들에게 이르되 너희는 나가서 너희의 가족대로 어린 양을 택하여 유월절 양으로 잡고 우슬초 묶음을 가져다가 그릇에 담은 피에 적셔서 그 피를 문 인방과 좌우 설주에 뿌리고 아침까지 한 사람도 자기 집 문 밖에 나가지 말라. 여호와께서 애굽 사람들에게 재앙을 내리려고 지나가실 때에 문 인방과 좌우 문설주의 피를 보시면 여호와께서 그 문을 넘으시고 멸하는 자에게 너희 집에 들어가서 너희를 치지 못하게 하실 것임이니라. 너희는 이 일을 규례로 삼아 너희와 너희 자손이 영원히 지킬 것이니 너희는 여호와께서 허락하신 대로 너희에게 주시는 땅에 이를 때에 이 예식을 지킬 것이라.

이 후에 너희의 자녀가 묻기를 이 예식이 무슨 뜻이냐 하거든 너희는 이르기를 이는 여호와의 유월절 제사라. 여호와께서 애굽 사람에게 재앙을 내리실 때에 애굽에 있는 이스라엘 자손의 집을 넘으사 우리의 집을 구원하셨느니라 하라 하매 백성이 머리 숙여 경배하니라. 이스라엘 자손이 물러가서 그대로 행하되 여호와께서 모세와 아론에게 명령하신 대로 행하니라. 밤중에 여호와께서 애굽 땅에서 모든 처음 난 것 곧 왕위에 앉은 바로의 장자로부터 옥에 갇힌 사람의 장자까지와 가축의 처음 난 것을 다 치시매 그 밤에 바로와 그 모든 신하와 모든 애굽 사람이 일어나고 애굽에 큰 부르짖음이 있었으니 이는 그 나라에 죽임을 당하지 아니한 집이 하나도 없었음이었더라.

밤에 바로가 모세와 아론을 불러서 이르되 너희와 이스라엘 자손은 일어나 내 백성 가운데에서 떠나 너희의 말대로 가서 여호와를 섬기며 너희가 말한 대로 너희 양과 너희 소도 몰아가고 나를 위하여 축복하라 하며 애굽 사람들은 말하기를 우리가 다 죽은 자가 되도다 하고 그 백성을 재촉하여 그 땅에서 속히 내보내려 하므로 그 백성이 발교되지 못한 반죽 담은 그릇을 옷에 싸서 어깨에 메니라. 이스라엘 자손이 모세의 말대로 하여 애굽 사람에게 은금 패물과 의복을 구하매 여호와께서 애굽 사람들에게 이스라엘 백성에게 은혜를 입히게 하사 그들이 구하는 대로 주게 하시므로 그들이 애굽 사람의 물품을 취하였더라.

1961년 12월, 이스라엘 한 재판정에서는 작은 키에 주름진 얼굴을 한 평범한 50대 백인남자의 재판이 열렸다. 이 재판을 취재하기 위해 전 세계의 수많은 언론사가 구름같이 몰려들었다. 도대체 이 남자가 누구이기에 이렇게 관심을 받게 되었을까? 이 사나이의 이름은 바로 아돌프 아이히만이었다. 아이히만은 제2차 세계대전 당시 독일이 점령했던 유럽 여러 지역에 살던 유대인들을 체포해서 아우슈비츠와 같은 포로수용소로 강제이송하는 일을 했던 나치 친위대의 대령이었다.

1945년 독일이 전쟁에서 패망하자 아이히만은 아르헨티나로 도피해가서 신분을 감추고 살았다. 이름도 리카르도 클레멘트로 바꾸었다. 그렇게 15년을 숨어 살았지만 이스라엘의 정보기관 모사드가 집요한 추적 끝에 아이히만의 소재를 찾아냈다. 그리고 마침내 체포하여 이스라엘 전범재판소에 회부한 것이다. 전쟁이 끝난 지 15년이 지났지만 아이히만의 만행은 강제수용소에서 살아남은 100여 명의 증언으로 만천하에 드러났다. 포로를 잔인하게 학살한 죄를 비롯하여 그에게 고소된 죄명은 무려 15가지가 넘었다.

수많은 증언이 끝나자, 재판장은 아이히만에게 변론할 시간을 주었다. 변론 기회를 얻은 아이히만은 이렇게 말했다.

"나는 명령에 따랐을 뿐입니다. 나는 무죄요."

그러자 재판정에는 탄식 소리와 함께 거친 항의가 이어졌다.

"저 자는 인간이 아니야! 어떻게 사람의 탈을 쓰고 저렇게 말할 수 있어!"

그 소리를 들은 아이히만은 이렇게 말을 이어나갔다.

"나는 유대인에 대한 증오나 연민과 같이 사사로운 감정이나 판단으로 행동한 것이 아닙니다. 오직 국가의 명령에 따랐을 뿐입니다. 당시의 보편적인 기준에 충실히 행동했을 뿐입니다."

그러더니 칸트 도덕철학의 전제인 정언명령, 즉 "자기의지의 원칙이 항상 일반적인 법칙의 원칙이 되게 하라"는 구절을 인용하면서 자신은 오직 국가의 보편적인 법의 원칙에 맞게 행동했을 뿐이라고 항변했다.

그 재판정에 있었던 미국 주간지 〈뉴요커〉의 특별취재원 한나 아렌트는 아이히만의 변명을 듣고 충격을 받았다. 그리고는 아이히만을 뛰어넘는 제국의 구조적인 죄의 힘에 대한 예리한 통찰을 담아 「예루살렘의 아이히만」이라는 책을 펴냈다.[41] 아렌트는 아이히만의 사례를 바탕으로 제국의 통제 아래 있는 인간은 여건에 따라 인간성이나 양심이 다르게 나타나는 현실을 고발했다. 아렌트가 고발한 연약한 인간의 특징은 크게 세 가지로 압축된다.

첫째는 인간의 복수성이다. 복수라는 것은 원수를 갚는다는 뜻이 아니라 인간의 정체성이 여러 개라는 뜻이다. 사회적인 현실에 따라, 어떤 현실에 처해 있느냐에 따라 정체성, 인간성, 양심이 달라진다는 것이다. 가정에서, 직장에서, 군대에서 다 달라진다.

둘째는 사유 불가능성이다. 인간은 그 사회의 보편적인 이성을 갖고 사유하는 존재이기에, 그러다 보면 현실을 깊이 생각하지 않고, 그 사회의 보편적 틀을 특별히 벗어나지 않고 그 안에서 살아간다. 그 사회의 보편적 상식에 대해 깊이 고민하고 저항하면 사회로부터 많은 압력과 비난을 초래하기 때문에 처음부터 그 의지를 상실하고 아예 생각을 못 하는 사유 불가능성에 빠진 것이다.

셋째, 이를 통해 그 사회를 지배하게 된 '악의 평범성'이다. 나치는 국가의 명령에 따르면서 아무런 생각이나 저항 없이 모두가 당연하게 여기는 유대인 학살을 자행하도록 했다. 독일군 군복을 입으면 이렇게 하는 게 당연하다고 생각한 것이다. 결국 습관적으로 악을 자행하고 인간으로서 도저히 이해할 수 없는 악을 너무나도 쉽고 흔하게 저지른 것이다. 악한 사회의 구조 속에서 악은 평범한 일상이 된다. 그러나 악의 평범성 속에 살아야 하는 핍박받는 유대인에게 이 평범한 일상은 비참한 고난의 현실이 된다. 이런 악의 평범성은 어느 제국이든 간에 사회, 정치, 문화의 구조 속에서 자리 잡고 있다.

이번 장의 본문에 등장하는 애굽에도 이러한 악의 평범성이 만연했다. 이것을 보여주는 단어가 바로 본문에 나오는 '예식'이라는 단어다.

"너희는 여호와께서 허락하신 대로 너희에게 주시는 땅에 이를 때에 이 예식을 지킬 것이라. 이 후에 너희의 자녀가 묻기를 이 예식이 무슨 뜻이냐 하거든"(출 12:25-16).

여기서 '예식'은 '예배'(service)를 의미한다. 히브리어로는 '아보다'이다. 주목할 점은 이 '아보다'는 출애굽기 시작 부분인 2장 23절에서 다른 말로 번역되었다는 사실이다.

"여러 해 후에 애굽 왕은 죽었고 이스라엘 자손은 고된 노동으로 말미암아 탄식하며 부르짖으니 그 고된 노동으로 말미암아 부르짖는 소리가 하나님께 상달된지라."

여기서는 '고된 노동'이 바로 '아보다'이다. 애굽제국은 히브리 노예를 가혹하게 다루는 것을 일종의 예배, 예식으로 여겼고, 이에 대해 아무런 죄책감이 없었다. 죄로 인해 타락한 제국이 갖는 악의 평범성 아래서 이스라엘 백성은 고된 노동으로 탄식하며 하나님께 부르짖었다. 제국에 악이 만연하고 평범한 상식이 될 때 죄는 절대 그 상태로 정지해 있지 않는다. 죄는 악의 평범성 아래서 더욱 강해지고 넓게 퍼진다. 그리고 어느 순간이 지나면 죄가 그 임계치를 넘게 되고 그곳에 하나님의 심판이 임하게 된다.

본문의 25~26절은 장차 애굽제국이 죄의 임계치를 넘어 하나님의 심판을 받아 멸망할 때 이스라엘 백성에게 일의 새로운 차원이 펼쳐질 것을 암시한다. 그것은 이전의 고된 노동이 이제는 죄의 통치, 제국의 통치에서 자유롭게 되어 새로운 마음으로 드리는 예배가 되는 것이다. 그래서 25절에 보면 하나님께서 이스라엘에게 허락하신 가나안 땅에 이르게 될 때 이 고된 노역이 예배가 될 것이라 말씀한다. 이제부터는 고된 노역이 아니라 이스라엘의 삶 전체가 하나님이 기뻐 받으시는 거룩한 산 제물, 즉 예배가 되는 것이다(롬 12:1 참조). 그런데 이런 일이 일어나기 전, 하나님께서는 악의 임계치에 이른 제국을 심판하는데, 이때 악의 평범성 아래 무감각하게 살던 제국의 백성은 누구나 악에 대한 심판에 처하게 된다.

중요한 점은 제국 아래 살아가는 하나님의 백성은 어떻게 되느냐 하는 것이다. 하나님의 백성도 제국의 제도와 구조 안으로 들어가 있다 보면 사유 불가능성, 즉 별생각 없이 악의 평범성에 함께 휩쓸리기 쉽기 때문이다. 하나님은 이 가운데 그의 백성은 어린 양의 피로 문설주를 바른 집 안에서 온전히 보호될 것을 말씀한다.

"우슬초 묶음을 가져다가 그릇에 담은 피에 적셔서 그 피를 문 인방과 좌우 설주에 뿌리고 아침까지 한 사람도 자기 집 문 밖에 나가지 말라. 여호와께서 애굽 사람들에게 재앙을 내리려고 지나가실 때에 문 인방과 좌우 문설주의 피를 보시면 여호와께서 그 문을 넘으시고 멸하는 자에게 너희 집에 들어가서 너희를 치지 못하게 하실 것임이니라"(출 12:22-23).

제국이 죄의 임계치로 인해 심판받을 때 하나님의 백성도 휩쓸릴 수 있는 두 가지 가능성이 있다. 첫째, 집 문설주에 어린 양의 피를 뿌리지 않는 경우다. 문설주에 피가 없으면 하나님께서 보내는 멸하는 자, 즉 죽음의 천사에 의해 무참하게 멸망당할 것이다. 하나님의 백성이 고센 땅에 따로 모여 산다고 해도 어린 양의 피가 없으면 제국이 멸망할 때 함께 멸망당한다. 둘째, 어린 양의 피를 문설주에 뿌렸더라도 집 밖에 있다면 멸망당한다. 반드시 피를 뿌린 집 안에 들어가 있어야 한다. 피를 의지하지 않고 그냥 혼자 심심하다고 밖으로 나가 돌아다니다 죽음의 천사에게 발각되면 그 자리에서 즉사한다. 결국 어린 양의 피를 뿌린 집 문안에 머물러 있어야 한다.

이것은 죄의 임계치를 향해가는 제국 내에서 성도가 어떤 존재 방식으로 살아야 하는가를 보여준다. 제국은 인간의 타락과 더불어 죄 된 문화와 구조를 형성하였기에 죄에 기반한 영성을 가졌다. 죄 된 영성의 기초는 하나님의 영광을 위한 삶의 방향에서 자기만을 위한 삶으로 돌아선 것이다. 이는 로마서에서 말씀하는 것처럼 이 세상의 피조물들이 허무한 데 굴복하고 썩어짐의 종노릇 하는 것으로 나타난다(롬 8:20-21).

따라서 제국의 통치 아래 죄 된 영성에 기초하여 일하다 보면 우리는 죽음에 이르게 하는 죄성을 노동의 기초로 삼는다. 다른 사람보다 더 많이 소유하고 싶은 시기와 질투, 자신을 입증해 보이려는 교만, 더 많은 쾌락을 얻으려는 탐욕 또는 탐심, 이런 것들을 추구하다 보면 제국은 점점 죄의 버블을 형성하게 되고, 결국 그 버블은 제국 내에 더 이상 수용될 수 없을 정도로 팽창하다가 터지고 만다. 또 자기 스스로 중요한 존재가 되고 싶어 하는 교만한 갈망은 필연적으로 경쟁과 분열과 갈등을 일으킬 수밖에 없다. 이것은 한 개인도 그렇고 한 국가도 마찬가지다. 요즘 미국의 자국중심주의가 초래하는 전 세계의 수많은 긴장과 갈등이 바로 이런 것들이다.

우리는 2008년 월가의 탐욕으로 빚어진 미국발 금융위기를 기억한다. 이 위기는 월가의 세력들이 서로 연대하여 거대한 사리사욕을 추구하려다가 결국 전 세계 경제에 충격을 준 글로벌 경제 위기였다. 이렇듯 제국의 탐욕에 사로잡히면 처음에는 어느 정도 통제가 가능하지만 나중에는 통제를 벗어난다.

출애굽기 4~14장에는 바로의 마음이 '완악하게' 혹은 '완강하게' 되었다는 표현이 모두 20회가 등장한다. 그런데 이 중에서 처음 앞부분 10회는 바로가 스스로 자기의 마음을 완악하게 한 것으로 나타난다. 그런데 나중 10회는 하나님께서 그의 마음을 완악하게 하셨다고 진술한다. 하나님께서 바로의 마음을 완악하게 하셨다는 것은 그의 마음이 돌아올 수 있는 은혜를 거두어가셨다는 뜻이다. 이렇게 되면 스스로 마음의 탐욕을 더는 통제할 수 없게 된다.

우리의 인간관계에서도 그렇지 않은가? 처음에 친구에게 사과하려고 왔는데 자꾸 거부한다. 10번이나 시도하다가 결국 사과하려는 마음을 거둔다. 그리고 냉랭하게 돌아선다. 은혜를 거두어가면 이제는 사과하고 싶어도 사과할 수가 없다.

하나님께서도 바로의 마음을 돌이키기 위해 여러 재앙을 통해 그의 마음을 두드리셨다. 그럴 때마다 바로는 스스로 자기 마음을 강퍅하게 했다. 그러다 나중에는 하나님께서 돌이키도록 허락하셨던 은혜를 거두어가신다. 이따금 이런 말을 하는 사람들이 있다. "세상에서 실컷 재미있게 즐기다가 죽기 전에 예수님 믿고 천국 가야지." 그런데 이게 우리 바람대로 잘되지 않는다. 처음에는 내가 마음을 강퍅하게 하지만 하나님이 돌이킬 수 있는 은혜를 거두어가시면 우리가 스스로 돌이키고 싶어도 돌이킬 수가 없다.

따라서 성도는 점점 죄의 임계점을 채워가는 제국의 풍조 안에서 그 마음을 유순하게 하여 어린 양의 피를 뿌린 집 안에 온전히 머물 수 있어야 한다. 예수님은 양의 문이 되신다. "내가 문이니 누구든지 나로 말미암아 들어가면 구원을 받고 또는 들어가며 나오며 꼴을 얻으리라"(요 10:9).

제국 속에서 성도는 어린 양의 피로 죄 사함을 받고 정결하게 된 하나님의 백성으로 머물러 있어야 한다. 어린 양의 피로 정결하게 되어야 제국이 합리화시키는 복수성과 사유 불가능성과 죄의 평범성을 성령이 주시는 능력과 예리한 양심의 분별력으로 저항할 수 있다. "이것을 너희에게 이르는 것은 너희로 내 안에서 평안을 누리게 하려 함이라. 세상에서는 너희가 환난을 당하나 담대하라. 내가 세상을 이기었노라"(요 16:33).

양의 문 안에서만 우리는 제국의 풍조에 휘둘리지 않고 저항할 수 있다. 제국에서 살아가는 것은 단순히 나의 성공, 출세, 생계를 위해서만이 아니다. 제국 안에서 이미 시작된 하나님의 나라를 확장하며 그 나라의 가치가 얼마나 아름답고 소중한 것인지 보여주어야 한다. 또 하나님의 나라를 이루며 사는 성도는 세상에서 이미 평범해진 죄에 대해서 아니라고 저항할 수 있음을 보여주어야 한다. 더 나아가 제국의 논리에 함몰되어 어린 양의 피를 뿌린 문으로 들어오지 못한 이들을 초대하여 맞이해야 한다. 제국에서 살지만 제국과는 다른 삶의 방식이 있음을 알려주어야 한다. 이럴 때 제국의 통치 아래에서 우리의 일은 고역이 아니라 소명이 된다. 고역의 현장에서 어린 양의 피를 뿌려 그 고역을 소명으로 바꾸어야 하는 것이다.

소명은 꼭 신학을 하고 목회를 해야 이룰 수 있는 것이 아니다. 우리 삶의 현장에 하나님께서 주신 각자의 일을 통해 하나님의 뜻을 드러내면 된다. 소명 없이 제국의 논리에 휘둘리며 살아갈 때 우리의 소명은 변질되어 고된 노역이 된다.

에스더를 보라. 페르시아의 여왕으로 살았지만 제국의 편안함과 안정만을 추구하지 않았다. 에스더는 자신에게 있는 여왕의 직위와 많은 특권이 제국이 부여한 것이 아니라 하나님이 주신 것임을 믿고 있었다. 하나님의 백성이 위기에 처하자 삼촌 모르드개가 에스더에게 말했다. "이때에 네가 만일 잠잠하여 말이 없으면 유다인은 다른 데로 말미암아 놓임과 구원을 얻으려니와 너와 네 아버지 집은 멸망하리라. 네가 왕후의 자리를 얻은 것이 이때를 위함이 아닌지 누가 알겠느냐 하니"(에 4:14).

'자리를 얻다' 는 말은 수동형이다. 자기 노력이 아니라 은혜로 주어진 것이다. 은혜로 주어진 왕후의 자리는 은혜로 주어진 일종의 구원이다. 그런데 은혜로 받은 그 직위를 자기를 위하여 침묵하지 말고 하나님의 백성을 위해 목숨을 걸고 적극 활용하라는 것이다.

분명한 것은 하나님의 은혜를 굳게 붙잡고 끝까지 소명의 자리를 지키고 있으면 하나님의 때에 그토록 견고해 보이던 제국의 정치, 경제, 문화 등 사회 구조가 무너진다는 것이다.

> "밤중에 여호와께서 애굽 땅에서 모든 처음 난 것 곧 왕위에 앉은 바로의 장자로부터 옥에 갇힌 사람의 장자까지와 가축의 처음 난 것을 다 치시매"(출 12:29).

바로부터 옥에 갇힌 죄수의 장자까지, 심지어 가축의 첫 태생까지 모두 다 하나님의 심판으로 무너진다. 이 전무후무한 심판 앞에 바로는 어떻게 반응하는가?

> "밤에 바로가 모세와 아론을 불러서 이르되 너희와 이스라엘 자손은 일어나 내 백성 가운데에서 떠나 너희의 말대로 가서

여호와를 섬기며 너희가 말한 대로 너희 양과 너희 소도 몰아
가고 나를 위하여 축복하라 하며"(출 12:31-32).

앞으로 다시는 모세와 아론을 보지 않겠다던 바로의 공언이 더
이상 지켜질 수 없는 식언이 되고 말았다. 그는 다급하게 명한다. "이
제 너희는 일어나 떠나가라! 그리고 너희가 말한 대로 여호와를 섬기
라!" 여기서 '섬기라'는 말은 히브리어 '아바드'인데 이것은 앞에서
고역을 말할 때 언급했던 '아보다'와 같은 어원에서 나온 말이다. 제
국이 무너지자 바로는 "이제 너희는 더 이상 제국을 위한 고역이 아
니라 너희 하나님을 섬기는 예배자로 설" 것을 명한다. 그러면서 강
조하는 것이 '너희의 말대로'라는 표현이다. 이는 이스라엘의 하나
님께서 요구하신 조건 그대로를 뜻한다.

지금까지 제국의 통치자는 제국이 원하는 조건 아래서 그 방식으
로 섬길 것을 집요하게 요구했다. 아이들은 두고 가라. 가축을 놓고
가라. 광야로 가지 말고 이곳 애굽에서 섬기라. 그런데 이제는 하나
님께서 원하시는 대로 섬기라고 하며 마지막으로 제한했던 양과 소
도 가져가라고 한다. 그러면서 바로는 놀라운 말을 한다. 자신을 위
해 축복하라는 것이다! 무슨 말인가? 제국이 섬기는 우상으로는 복
을 얻지 못한다는 것을 여실히 느낀 것이다. 그렇다. 제국이 섬기는
우상과 권력으로는 복을 얻는 데 한계가 있다.

더 놀라운 점은 이렇게 제국이 죄의 임계점에서 하나님의 심판으
로 무너져 내리자 애굽 백성들은 그동안 자신들이 가졌던 악의 평범
성에 눈을 떴다는 것이다. 그동안 제국 안에서 당연시했던 가치들,

히브리 노예에 대한 우월적인 생각들, 아무 생각 없이 합리화하고 부추겼던 착취와 억압의 구조를 알아채고 이에 대해 반성하기 시작한 것이다. 그래서 말한다.

> "애굽 사람들은 말하기를 우리가 다 죽은 자가 되도다 하고 그 백성을 재촉하여 그 땅에서 속히 내보내려 하므로"(출 12:33).

애굽 사람들은 "이러다 오히려 우리가 다 죽겠다. 그러니 속히 제국에서 나가라"고 재촉한다. 그러자 이스라엘 자손이 모세가 말한 대로 은금패물과 의복을 달라고 요청한다.

> "여호와께서 애굽 사람들에게 이스라엘 백성에게 은혜를 입히게 하사 그들이 구하는 대로 주게 하시므로 그들이 애굽 사람의 물품을 취하였더라"(출 12:36).

'취하였더라'는 '나짤'이라는 히브리 단어로 전쟁에서 승리하여 전리품을 취한다는 의미가 들어 있다. 이것은 어린 양의 피로 제국의 노역 가운데 중심을 지킨 하나님의 백성들이 결국 승리하게 됨을 상징한다.

우리는 제국의 거대한 시스템 아래 살아가며 알게 모르게 죄에 대해 둔감해졌다. 나는 그저 회사에서 시키는 대로 아무 생각 없이 했을 뿐인데 알고 보니 구조적인 커다란 악을 형성하는 데 일조했다. 이처럼 우리가 어린 양의 피로 뿌림을 받고 그 안에 머물지 않으면

우리는 거대한 구조적 소용돌이 속에서 성도의 정체성을 상실하고
만다. 그리고 사회가 요구하는 다양한 복수 정체성을 당연하게 여기
고, 사유 불가능성과 악의 보편성 속에서 우리도 모르게 소명 아닌
고역 속에 신음하게 된다.

지금 내가 하는 일은 고역인가 소명인가? 우리의 일이 노역 아닌
소명으로 하나님의 영광을 드러내는 아름다운 통로가 되기를 기도하
며 나아가자. 우리가 어린 양의 피로 적셔져 거룩하게 우리의 소명을
지켜낼 때 언젠가 제국은 우리를 인정하며 너희가 원하는 대로 하나
님을 섬기며 영광을 돌리라고 시인하는 날이 오게 될 것이다.

[22장 각주] ···

41) 한나 아렌트, 김선욱 역, 「예루살렘의 아이히만: 악의 평범성에 대한 보고서」(서울: 한
길사, 2006).

소망 안에
버팀목으로 서라

이스라엘 자손이 라암셋을 떠나서 숙곳에 이르니 유아 외에 보행하는 장정이 육십만 가량이요 수많은 잡족과 양과 소와 심히 많은 가축이 그들과 함께하였으며 그들이 애굽으로부터 가지고 나온 발교되지 못한 반죽으로 무교병을 구웠으니 이는 그들이 애굽에서 쫓겨나므로 지체할 수 없었음이며 아무 양식도 준비하지 못하였음이었더라.
이스라엘 자손이 애굽에 거주한 지 사백삼십 년이라. 사백삼십 년이 끝나는 그날에 여호와의 군대가 다 애굽 땅에서 나왔은즉 이 밤은 그들을 애굽 땅에서 인도하여 내심으로 말미암아 여호와 앞에 지킬 것이니 이는 여호와의 밤이라. 이스라엘 자손이 다 대대로 지킬 것이니라.

여호와께서 모세와 아론에게 이르시되 유월절 규례는 이러하니라. 이방 사람은 먹지 못할 것이나 각 사람이 돈으로 산 종은 할례를 받은 후에 먹을 것이며 거류인과 타국 품꾼은 먹지 못하리라. 한 집에서 먹되 그 고기를 조금도 집 밖으로 내지 말고 뼈도 꺾지 말지며 이스라엘 회중이 다 이것을 지킬지니라. 너희와 함께 거류하는 타국인이 여호와의 유월절을 지키고자 하거든 그 모든 남자는 할례를 받은 후에야 가까이 하여 지킬지니 곧 그는 본토인과 같이 될 것이나 할례 받지 못한 자는 먹지 못할 것이니라.

본토인에게나 너희 중에 거류하는 이방인에게 이 법이 동일하니라 하셨으므로 온 이스라엘 자손이 이와 같이 행하되 여호와께서 모세와 아론에게 명령하신 대로 행하였으며 바로 그날에 여호와께서 이스라엘 자손을 그 무리대로 애굽 땅에서 인도하여 내셨더라.

금수저, 흙수저 말고 '포수저'라는 말을 아는가? 이는 '포세권'에 사는 사람을 가리킨다. 그렇다면 '포세권'은 무엇인가? '포켓몬'과 '역세권'이 결합한 단어로 포켓몬이 출몰하는 역세권을 말한다. 이는 한때 젊은이들 사이에서 유행하던 '포켓몬 고'라는 게임에 나오는 괴물 캐릭터인 포켓몬이 자주 출몰하는 지역을 가리킨다.[42] 이 게임은 우리가 사는 지역에 가상현실로 포켓몬이 출몰하도록 해서 돌아다니며 이 괴물들을 스마트폰으로 잡아들이는 게임이다. 그냥 볼 때는 건물이고 공원이지만 스마트폰에 설치된 게임 화면을 통해 보면 포켓몬이 숨어서 돌아다니는 것을 찾을 수 있다. 그래서 한동안 추운 겨울 칼바람을 맞으며 스마트폰을 보면서 포켓몬을 찾아다니는 젊은이들이 꽤 있었다. 각자 홀로 스마트폰을 보며 좀비처럼 돌아다녔다.

가상현실은 현실에 존재하지 않는다. 게임 프로그램을 실행시켰을 때 단지 가상으로 나타나는 환영에 불과한 것이다. 그러나 이 게임을 통해 많은 젊은이가 포켓몬 게이머의 시각으로 현실을 다르게 보고 있다. 그것은 게이머가 각자 홀로 돌아다니지만 결국 이 게임을 통해 많은 젊은이가 한 장소에 모이게 된다는 점이다.

혼자 돌아다니면 외롭지 않겠는가? 사실 우리 사회는 점점 외로워지는 사회다. 1인 가구가 비약적으로 증가하고 식사도 혼자 하는 사람이 꽤 많다. 혼밥이라고 하지 않는가? 요즘에는 초등학생들도 편의점에서 혼밥하는 경우가 점점 늘어난다. 그런데 이 게임을 하는 이들은 이 시간만큼은 외롭지 않다. 왜? 비록 혼자지만 게임에서 펼쳐지는 가상현실을 통해 자신의 존재를 새롭게 규정하기 때문이다. 가상현실을 통해 비록 가상이고 일시적이지만 괴물이란 존재와 일정한 형태의 관계를 맺는다. 관계가 일시적이라는 것은 게임이 끝나면 다시 외로워진다는 뜻이다.

이런 가상현실의 시대에 성도의 부르심이 있다. 그것은 외로움이 아닌 고독으로의 부르심이다. 외로움과 고독은 언뜻 생각할 때 비슷한 것 같다. 그러나 기독교 영성의 관점에서는 큰 차이가 있다. 먼저 외로움은 무엇인가? 홀로 있을 때 느끼는 적적하고 쓸쓸한 감정이다. 이 감정이 사람을 참 힘들고 불안하고 고통스럽게 한다. 사람은 관계를 맺으며 살도록 창조된 존재이기 때문이다. 사람은 관계를 통해 친밀함과 우정과 따뜻함과 충만함을 느끼고 싶어 한다. 그런데 사람은 관계를 맺으면서도 외로움을 느낀다. 필사적으로 서로를 사랑하려고 하면서도 결국은 사랑하지 못하는 경우가 점점 많아진다. 외로움에 지쳐 누군가 기댈 사람을 찾지만 기대다 보면 서로를 피곤하고 지치게 만든다. 외로워서 서로 포옹하지만 이 포옹이 상대방을 옥죄고 질식하게 만든다. 이런 과정에서 우리는 서로를 향해 실망하게 된다. 가장 가까워야 할 가족이지만 오히려 가족으로부터 사랑받지 못해서 그 외로움을 더 심하게 느낀다. 가장 가까워야 할 부부이지만 서로에게 사랑받지 못해 그 외로움을 더 심하게 느낀다. 외로워서 서로에게 다가가지만 서로에게 있는 가시에 찔려 더 이상 다가가기를 멈칫거리는 고슴도치 커플이 되는 것이다.

왜 이런 일이 벌어지는가? 우리 인간이 가지고 있는 근원적인 외로움 때문이다. 그것은 사람에게서 충족할 수 있는 것이 아니라 하나님만이 채워주실 수 있다. 하나님만이 채워주실 수 있는 사랑과 위로와 충만함을 사람에게서 충족하려 기대하고 다가가니 힘든 것이다. 그렇다면 어떻게 해야 하는가? 우리는 이 외로움(loneliness)을 고독(solitude)으로 바꾸어야 한다. 고독을 의미하는 영어단어 'solitude'는 '홀로'를 의미하는 'solus'에서 왔다. 고독은 나 자신이 하나님 앞에 단독자로 서는 것이다. 하나님 앞에 홀로 견고히 설 때 거기에서 우리 인생의 든든한 기초가 세워진다. 하나님 앞에 홀로 서는 것은 하나님과의 깊고 신실한 교제를 전제한다.

예수님을 보라. 공생애 사역을 시작하기 전 광야로 가서 40일간 금식하고 기도하며 하나님 앞에 단독자로 서는 연습을 하지 않았는가? 그 후 세례 요한에게 세례를 받자 어떤 일이 일어났는가? 하늘이 갈라지며 성령이 비둘기같이 임하면서 음성이 들렸다. "이는 내 사랑하는 아들이요 내 기뻐하는 자라!" 이 땅에서 많은 사역을 감당하시며 예수님을 붙들어주셨던 음성이 바로 "내 사랑하는 아들 내 기뻐하는 자"였다. 주님은 이 땅에서 사역하며 "하나님의 사랑하는 아들이요 기뻐하는 자"로 섰다. 하나님 앞에 단독자로 충만한 은혜 가운데 서신 것이다.

이후 예수께서 공생애 사역을 하시면서 그 어떤 것에도 흔들리지 않고 끝까지 기쁨과 감사함으로 사역을 감당할 수 있었던 비결이 바로 하나님 앞에 고독한 단독자로 선 것이었다. 물론 사역을 감당하며 외로움을 느낄 때도 있으셨다. "예수께서 이르시되 여우도 굴이 있고 공중의 새도 거처가 있으되 인자는 머리 둘 곳이 없다 하시더라"(마 8:20). 홀로 외로우셨다. 그러나 그럴 때마다 예수께서는 늦은 밤까지, 때로는 이른 새벽에 하나님께 나아가 기도하며 위로부터 오는 위로와 확신으로 사명을 감당하셨다. 이는 우리에게 시사하는 바가 크다.

건강한 가족관계를 원하는가? 먼저 하나님 앞에 나아가 나의 외로움을 끈기 있는 기도와 말씀을 통해 고독으로 바꾸어야 한다. 이것이 나의 삶을 근본적으로 건강하게 세울 수 있는 기초가 된다. 그런 면에서 하나님 앞에 단독자로 서는 것에 대한 용기와 확신이 필요하다. 그럴 때 우리는 상대를 옥죄던 포옹의 팔을 풀어버릴 수 있다. 서로를 지치게 하는 병적인 의존관계를 다시 정립할 수 있다. 상대로부터 내가 기대한 만큼의 사랑과 위로를 받지 못한다 하더라도 실망하거나 미워하지 않고, 도리어 나 자신을 그에게 따뜻한 위로와 격려로 내줄 수 있는 여유가 생긴다.

따라서 성도는 주변의 관계와 더욱 가깝고 친밀해지기 위해 하나님 앞에 홀로서기에 더욱 힘써야 한다. 왜? 상대방을 사랑할 수 있는 힘이나 상대방을 온전히 이해할 수 있는 힘이 나 자신에게 없기 때문이다. 상대를 있는 모습 그대로 받아주고 사랑해야 하는데 이것이 쉽지 않다. 그러려면 나를 온전히 받아주고 사랑하시는 하나님의 은혜가 필요하다. 부부관계도 그렇다. 더욱 친밀하고 가까워지기를 원하는가? 그러려면 조금 멀어져야 한다. 내가 옥죄던 포옹을 풀고, 이제 각자가 외로움을 뚫고 하나님 앞에 단독자로 거룩하게 서는 연습을 해야 한다. 외로운 부부는 서로를 파괴하고 무너뜨리지만 고독한 부부는 서로에게 숨 쉴 공간을 주며 거룩하고 친밀하게 하나님의 뜻을 이루며 살아갈 수 있다. 그래서 결혼의 기초는 거룩이고 더 나아가 거룩한 고독이다.

일본 작가 스기야마 유미코가 쓴 「졸혼시대」라는 책이 번역되어 나오자 우리 사회에 큰 반향을 일으켰다.[43] 졸혼(卒婚)이라는 것은 졸업할 '졸'(卒) 자에 결혼 '혼'(婚) 자다. 졸혼은 2017년에 한동안 네이버 검색어 1위에 오르기도 하였다.[44] 무슨 뜻인가? 사랑스럽고 친밀해야 할 결혼관계로 고통받고 고민하는 이들이 그만큼 많다는 뜻이다. 졸혼이란 단어는 말 그대로 결혼을 졸업한다는 의미다. 그렇다고 이혼하자는 말은 아니다. 엄밀하게 말하면 기존 전통적인 개념의 결혼관계를 새롭게 정의하자는 것이다. 이전에 서로를 구속하고 옥죄던 관계에서 이제 서로가 숨 쉴 수 있는 공간을 주자는 것이다. 각

자가 가진 꿈을 실현하고 서로를 존중해주며 거리를 두면서도 친밀한 우정을 지켜가며 살자는 것이다.

결혼에 대한 전통 관념에 따르면 부부는 함께해야 한다. 하지만 이것이 갈수록 결코 만만치 않다. 대기업 임원이던 이가 은퇴하고 직장생활 내내 벼르고 별렀던 크루즈 여행을 아내와 함께 떠났다. 너무나 즐겁고 좋았다. 그래서 이후에 아내와 골프를 치려고 돌아다녔다. 또 백화점도 같이 갔다. 백화점 화장실에서는 아내의 가방을 들고 기다리기도 했다. 비슷한 자세로 기다리는 남자들과 눈인사를 나누기도 했다. 속으로 '이런 쪽팔림이야말로 진짜 행복 아니겠어?' 하고 생각했다. 그런데 몇 달이 지난 어느 날 아침, 식사를 마치고 아내가 쭈뼛거리며 어렵사리 말을 꺼낸다. "이제 좀 나가 놀 수 없어?" 그동안 자신이 아내와 시간을 같이 보내준다고 생각했는데 알고 보니 아내가 나를 위해 같이 놀아준 것이었다.[45]

무슨 말인가? 서로가 함께 있다고 마냥 좋은 것만은 아니더라는 것이다. 이제는 서로의 삶을 존중해주고 각자의 공간에서 활동할 수 있는 영역이 있음을 인정해줄 필요가 있다는 것이다. 남편은 은퇴하고 외로워하지만 아내는 이미 남편 없는 외로움의 시기를 극복하는 방법을 나름대로 체득했다. 그런데 남편은 이 외로움의 문제를 서로의 관계에서만 해결하려고 이제 걸음마를 떼고 있는 것이다. 영성 신학자 헨리 나우웬은 그의 책 「영적 발돋음」에서 오늘날의 시대를 "외로움에 대한 해결책을 함께 있음에서 찾아야 한다는 환상을 떨쳐버리기가 어려운 시대"로 진단한다.[46] 그래서 우리는 더더욱 마음의 외로움을 고독으로 승화시켜 고독을 품고 살아야 한다. 성도는 외로움이 아니라 주님을 바라보며 고독을 선택하는 사람이 되어야 한다는 것이다. 이 고독이 바로 영적 성숙의 기초가 된다.

부부가 외로움에서 벗어나 고독한 단독자로 하나님 앞에 설 때, 이때 그 가정은 서로를 위해서만 존재하는 것이 아니라 하나님의 영광을 위해 존재함을 인정하고 받아들이게 된다. 서로만 바라보는 것이 아니라 서로를 향한 하나님의 시선까지 바라보고 존중하게 되는 것이다. 이러한 영적 태도가 건강한 가정, 건강한 공동체를 세워가는 중요한 토대가 된다.

이런 면에서 이번 장의 본문에서 이스라엘 공동체를 향한 하나님의 말씀을 깊이 주목해야 할 필요가 있다. 이스라엘은 마침내 바로의 압제에서 벗어나 출애굽에 나섰다.

"이스라엘 자손이 라암셋을 떠나서 숙곳에 이르니 유아 외에 보행하는 장정이 육십만 가량이요"(출 12:37).

이스라엘이 애굽의 도시 라암셋을 떠나 마침내 자유를 얻어 출애굽하게 되었다. 그 숫자가 얼마나 많은지 보행하는 장정, 즉 건강한 성인 남자만 60만 명이었다. 부녀자와 아이들까지 따지면 대략 2~300만 명 정도가 된다. 중요한 것은 그 다음 구절이다.

"수많은 잡족과 양과 소와 심히 많은 가축이 그들과 함께하였으며"(출 12:38).

여기에는 순수한 이스라엘 열두 지파의 후손들만 있었던 것이 아니다. 수많은 잡족, 즉 다양한 이방 민족들도 있었다. 이들은 이스라엘 백성들과 같이 어린 양의 피를 문설주에 바르고 무교병을 먹었을 것이다. 이들이 이스라엘 백성들과 함께 출애굽한 것은 이들 또한 어린 양의 피를 의지했기 때문이다.

본문은 이들이 단순한 해방공동체가 아님을 분명히 보여주고 있다. 첫째로 이들은 무교병을 먹는 공동체였다.

"그들이 애굽으로부터 가지고 나온 발교되지 못한 반죽으로 무교병을 구웠으니(출 12:39).

무교병은 그다지 맛있는 빵이 아니다. 그러나 생각나고 기억하게 하는 빵이다. 이스라엘에게 중요한 것은 '맛있는 빵'을 먹는 것이 아니라 '기억의 빵'을 먹는 것이다. 그리고 이 기억의 중심에는 하나님이 있다. 이 빵을 먹으며 하나님의 구원역사를 개별적으로, 동시에 공동체적으로 기억하는 것이다.

둘째로 이들은 어린 양의 살을 먹는 공동체였다.

"한 집에서 먹되 그 고기를 조금도 집 밖으로 내지 말고 뼈도 꺾지 말지며 이스라엘 회중이 다 이것을 지킬지니라"(출 12:46-47).

이스라엘을 살린 어린 양의 피를 기억하며 그 살을 먹는데, 어린 양의 고기는 집 밖으로 돌리지 말고 구원 얻은 그 집안의 사람들만 먹어야 한다. 또한 뼈를 꺾지 말고 먹어야 한다. 예수께서 십자가를 지실 때 그 뼈가 하나도 꺾이지 않고 돌아가신 것은 우리를 위한 유월절 어린 양이 되어 우리로 어린 양의 피로 생명을 얻고, 어린 양의 살로 살아갈 힘을 얻게 하기 위함이다(요 19:36 참조).

유월절 규례는 이스라엘 백성이 다른 나라와 구별되는 중요한 특징을 지니고 있음을 보여준다. 그것은 이들이 생존과 탈출을 위해 서로를 필요로 하지만 궁극적으로는 하나님의 백성으로 하나님의 영광을 위해 존재하는 공동체로 부름받았다는 점이다. 이를 분명하게 드러내는 것이 바로 할례이다. 할례는 남성의 성기 포피 부분을 잘라내는 것으로 하나님의 언약백성임을 상징하는 중요한 표지다. 할례가 시작된 것은 아브라함 때부터였다(창 17:11-14). 아브라함은 자신만을 위해 사는 존재가 아니라 하나님의 언약을 붙들고 하나님의 영광을 위해 사는 구별된 존재로 부름받아 살았다.

하나님은 이 할례의 표지를 이제는 출애굽하는 이스라엘 공동체 모든 백성, 열두 지파뿐만 아니라 수많은 잡족 모두가 간직하며 살기를 원하셨다.

"너희와 함께 거류하는 타국인이 여호와의 유월절을 지키고자 하거든 그 모든 남자는 할례를 받은 후에야 가까이하여 지킬지니 곧 그는 본토인과 같이 될 것이나 할례받지 못한 자는 먹지 못할 것이니라"(출 12:48).

이런 면에서 이스라엘 공동체는 소속감과 소외감이 동시에 존재한다. 소속감은 무엇인가? 우리 모두가 어린 양의 피로 구원받고 기억의 떡을 먹으며 어린 양의 살로 힘을 얻는 같은 생명을 공유한 공동체라는 점이다. 동시에 소외감은 무엇인가? 우리는 함께 있지만 우리는 서로를 만족시켜줄 수 있는 존재가 아니며 우리의 운명은 서로에게 속하지 않고 우리 너머, 즉 전능하신 하나님의 손에 있다는 것을 인정하는 것이다. 함께 모였지만 서로 기대는 존재가 아니라 함께 격려하며 하나님의 약속에 의지하는 존재인 것이다. 이를 '언약 공동체'라고 한다. 이스라엘은 단순히 스스로의 안정을 위해서 출애굽한 것이 아니라 더 큰 하나님의 언약을 성취하기 위해 부름받은 존재였다.

> "이스라엘 자손이 애굽에 거주한 지 사백삼십 년이라. 사백삼
> 십 년이 끝나는 그날에 여호와의 군대가 다 애굽 땅에서 나왔
> 은즉"(출 12:40-41).

430년은 일찍이 하나님께서 아브라함에게 약속하셨던 기간이다(창 15:13). 따라서 이스라엘 백성은 단순히 열 가지 재앙 이후에 출애굽한 것이 아니라 하나님이 약속하신 바를 성취하고 나왔다. 그리고 이제부터 본격적으로 하나님의 약속을 이루기 위해 행진한다. 이렇게 행진하는 이스라엘 공동체를 41절은 '여호와의 군대'라고 한다.

이스라엘 백성들을 군대의 측면에서 보면 제대로 무장하지도 않은 무력하고 연약한 오합지졸 군대였다. 그러나 하나님의 부르심을

향하여 나아가며 하나님의 손길이 붙들어주는 공동체는 하나님의 군대가 된다. 군대는 그냥 아무런 목적 없이 모인 공동체가 아니다. 전투를 위해 모인 공동체다. 이들은 공동체에서 서로를 든든히 붙들어주지만 이들이 공통적으로 부름받은 목적, 즉 부르심을 향한 거룩한 전투를 위해 든든히 붙들어주는 것이다. 이것이 바로 건강한 공동체의 특징이 되어야 한다.

우리는 모두 가정과 교회를 통해 하나님의 영광을 위해 부름받았다. 아버지의 뜻이 하늘에서와 같이 땅에서도 이루어져가는 하나님의 나라를 위해 부름받았다. 그래서 우리는 그리스도 안에서 서로에게 든든한 소망의 버팀목이 되어 주어야 한다. 버팀목이 되어 주려면 서로에게 병적으로 의지하고 집착하는 것이 아니라 먼저 그리스도께서 부르신 소망 안에 견고히 서야 한다. 나 홀로 고독한 단독자로 주 앞에 서야 하는 것이다. 서로에게 너무 과도하게 의지하려 할 때 우리는 서로를 구속하게 된다. 그러면 너무너무 힘들어진다. 도망가고 싶어진다.

우리는 서로가 먼저 주님께 구속된 존재임을 인정하며 이 땅의 나그네 삶을 살면서 잠시 붙여주신 좋은 파트너로 서로를 격려할 수 있어야 한다. 그래서 우리는 그리스도 안에서 서로를 향해서만 시선을 고정시켜서는 안 되고 우리를 부르시는 주님을 함께 바라볼 수 있어야 한다. 공동체와 가정에 늘 우리 시선의 중심이 되는 주님을 초대해야 한다. 그것이 바로 기도다. 우리는 스스로 기도해야 하고 또 서로를 위해 기도해야 한다. 그럴 때 공동체의 주인되시는 주께서 우리를 붙드시고 온전히 인도해주신다.

하나님께서 내게 허락하신 공동체를 돌아보라. 서로 간의 관계는 어떠한가? 서로를 너무 힘들게 하지는 않는가? 그렇다면 먼저 그 공동체에서 사람에게 온통 쏠렸던 시선을 들어 공동체의 주인되신 주님을 바라보길 바란다. 그리고 우리는 이 공동체에서 떡으로 사는 존재가 아니라 어린 양의 피와 살로 살아가며, 늘 우리에게 주신 은혜와 부르심을 기억하는 부르심의 떡을 먹는 공동체임을 마음에 새겨야 할 것이다. 우리는 하나님 앞에 홀로 서는 고독으로의 부르심이 있는 사람들이다. 이 고독을 기억하고 이전의 관계가 그리스도께서 주시는 소망 안에서 더욱 든든하게 세워지도록 해야 한다.

【 23장 각주 】

42) 정유진, "[왁자지껄 B급 사전] '포세권'에 산다면? 당신은 '포수저'", 조선일보, 2017. 2. 7.
43) 스기야마 유미코, 장은주 역, 「졸혼시대」(서울: 더퀘스트, 2017).
44) 디지털 뉴스국, "네이버 사전 올해 검색 신조어 1위는 졸혼, 2위는?", 매일경제, 2017. 12. 28.
45) 김정운, "[김정운의 클로즈업] 당신, 제발 혼자 나가 놀 수 없어?", 월간조선, 2008. 10.
46) 헨리 나우웬, 윤종석 역, 「영적 발돋움」(서울: 두란노, 1998), 29-33쪽.

소중한 은혜를
잘 지켜내려면

여호와께서 모세에게 일러 이르시되 이스라엘 자손 중에서 사람이나 짐승을 막론하고 태에서 처음 난 모든 것은 다 거룩히 구별하여 내게 돌리라. 이는 내 것이니라 하시니라. 모세가 백성에게 이르되 너희는 애굽 곧 종 되었던 집에서 나온 그날을 기념하여 유교병을 먹지 말라. 여호와께서 그 손의 권능으로 너희를 그곳에서 인도해 내셨음이니라. 아빕월 이날에 너희가 나왔으니 여호와께서 너를 인도하여 가나안 사람과 헷 사람과 아모리 사람과 히위 사람과 여부스 사람의 땅 곧 네게 주시려고 네 조상들에게 맹세하신 바 젖과 꿀이 흐르는 땅에 이르게 하시거든 너는 이 달에 이 예식을 지켜 이레 동안 무교병을 먹고 일곱째 날에는 여호와께 절기를 지키라.

이레 동안에는 무교병을 먹고 유교병을 네게 보이지 아니하게 하며 네 땅에서 누룩을 네게 보이지 아니하게 하라. 너는 그날에 네 아들에게 보여 이르기를 이 예식은 내가 애굽에서 나올 때에 여호와께서 나를 위하여 행하신 일로 말미암음이라 하고 이것으로 네 손의 기호와 네 미간의 표를 삼고 여호와의 율법이 네 입에 있게 하라. 이는 여호와께서 강하신 손으로 너를 애굽에서 인도하여 내셨음이니 해마다 절기가 되면 이 규례를 지킬지니라.

여호와께서 너와 네 조상에게 맹세하신 대로 너를 가나안 사람의 땅에 인도하시고 그 땅을 네게 주시거든 너는 태에서 처음 난 모든 것과 네게 있는 가축의 태에서 처음 난 것을 다 구별하여 여호와께 돌리라. 수컷은 여호와의 것이니라. 나귀의 첫 새끼는 다 어린 양으로 대속할 것이요 그렇게 하지 아니하려면 그 목을 꺾을 것이며 네 아들 중 처음 난 모든 자는 대속할지니라.

후일에 네 아들이 네게 묻기를 이것이 어찌 됨이냐 하거든 너는 그에게 이르기를 여호와께서 그 손의 권능으로 우리를 애굽에서 곧 종이 되었던 집에서 인도하여 내실새 그때에 바로가 완악하여 우리를 보내지 아니하매 여호와께서 애굽 나라 가운데 처음 난 모든 것은 사람의 장자로부터 가축의 처음 난 것까지 다 죽이셨으므로 태에서 처음 난 모든 수컷들은 내가 여호와께 제사를 드려서 내 아들 중에 모든 처음 난 자를 다 대속하리니 이것이 네 손의 기호와 네 미간의 표가 되리라. 이는 여호와께서 그 손의 권능으로 우리를 애굽에서 인도하여 내셨음이니라 할지니라.

우리나라에서 인기 있는 취미생활 중 하나가 바둑이다. 특히 인공지능 알파고와 이세돌 9단의 대국이 벌어진 이후 바둑의 인기가 급상승하였다. 그것은 이세돌 9단이 희망의 1승을 거둔 덕분이었다. 그러고 나서 많은 사람이 인공지능에 져서는 안 된다는 위기감과 관심을 갖고 기원(棋院)을 찾았다. 그런데 얼마 지나지 않아 이 열기마저 시들해졌다고 한다. 그 이유는 알파고가 이세돌 기사와의 대국 이후 한국, 중국, 일본의 최정상급 프로기사들과 60국을 두었는데 전승을 거두었다는 뉴스가 나오면서부터다. 그전에는 그래도 수많은 바둑의 수를 익히고 연마하면 컴퓨터를 능히 이길 수 있다는 소망이 있었다. 그런데 가장 잘 둔다고 하는 세계의 프로기사들이 60국 중 단 1승도 거두지 못하고 패했다고 하자, 사람들은 "인간이 아무리 발버둥쳐봤자 어차피 알파고에 질 텐데 바둑을 배워서 뭐 하나" 하는 회의에 빠지게 되었다는 것이다.[47] 이미 끝이 뻔하고, 이렇게 해봐야 소용없다는 생각이 드니 도전하고 싶은 생각 자체가 들지 않는 것이다.

우리는 종종 인생에 선명한 목적지와 그 결말을 볼 수 있고 알 수 있기를 원한다. 분명하게 알면 매 순간을 통제할 수 있다고 생각하기 때문이다. 하지만 막상 우리가 달려가는 최종 목적지와 결말을 안다고 하면 힘이 빠진다. "어차피 이렇게 될 텐데…" 하면서 쉽게 체념하게 된다. 인생은 영화 예고편과 같다. 예고편을 보면 참 재미있을 것 같고 설렌다. 결말이 궁금하다. 그런데 누군가 결말을 말해주면 어떻게 하는가? 화낸다. 왜 말했냐고 따진다. 왜? 결말을 알고 보면 재미없기 때문이다. 우리 중 어떤 이는 인생 예고편 결말이 궁금하다고 자꾸 물으러 다닌다. 점치고 예언하며 이런 것을 상담해주는 이들을 찾아다닌다. 하지만 하나님께서는 우리 인생을 아주 신비롭게 직조하셨다. "형통한 날에는 기뻐하고 곤고한 날에는 되돌아보아라. 이 두 가지를 하나님이 병행하게 하사 사람이 그의 장래 일을 능히 헤아려 알지 못하게 하셨느니라"(전 7:14).

하나님은 '형통함'과 '곤고함', 이 두 가지를 병행하게 하셔서 사람으로 그 장래 일을 능히 헤아려 알지 못하게 하셨다. 인생이 우리의 통제 안에 들어오지 않게 하시고 알 듯하면서도 모르도록 신비롭게 직조하셨다. 우리는 인생을 다 헤아릴 수 없다. 인생이 신비라는 사실을 인정할 때 우리는 새로운 사실에 눈뜨게 된다. 그것은 신비로운 인생을 잘 살아가려면 통제와 선명한 비전 대신 하나님의 은혜가 필요하다는 뜻이다. 은혜의 본질이 무엇인가? 은혜는 내 인생의 해결책이 나 자신의 한계 안에 있는 것이 아니라 더 큰 외부에서 온다는 것이다.

이를 경영분야에서는 흔히 '융합' 또는 '혁신'이라고 한다. 융합이 무엇인가? 내 것이 아닌 전혀 이질적인 것을 열린 마음으로 받아들이는 것이다. 이때 혁신이 일어난다. 융합의 반대는 순혈주의라고 할 수 있다. 순혈주의는 해답을 내부에서만 찾는 것이다. 반면 융합은 내부만으로는 한계가 있다는 것을 인정하고, 외부의 다양한 것을 받아들이며 여기서 창의적인 돌파구를 찾는 것이다.

할리우드 영화사 중 '이매진 엔터테인먼트'가 있다. 회장이 브라이언 그레이저다. 지금까지 이매진 엔터테인먼트가 만든 영화로 벌어들인 매출이 40억 9,800만 달러, 우리 돈으로 약 4조 7,300억 원이다. 미국 내 영화제작자 중에서 9위다. 할리우드 안에서도 창의적이고 혁신적인 영화사로 손꼽힌다. 오스카상을 받은 〈뷰티풀 마인드〉, 짐 캐리 주연의 〈라이어 라이어〉, 우주탐사 여행 〈아폴로 13〉, 「다빈치 코드」로 유명한 댄 브라운의 소설을 바탕으로 만든 〈인페르노〉, 고래와의 사투를 그린 〈하트 오브 더 씨〉와 같은 영화와 한때 우리나라에 열혈 마니아층을 확보했던 드라마 시리즈 〈24시〉 등을 제작했다.

이렇게 다양한 분야의 영화를 제작할 수 있는 창의성의 원동력이 무엇일까? 여기에는 그레이저 회장이 어릴 때 경험했던 삶의 고난이 큰 자양분이 됐다.[48] 그레이저 회장은 어릴 때 글을 읽지 못하는 난독증이 있었다. 열 살이 됐는데도 책을 읽지 못해서 수많은 F로 성적표를 채웠다. 그럼에도 그레이저는 호기심 천국이었다. 글은 읽지 못하지만 궁금한 것은 많았다. 그러면 어떻게 해야 하는가? 주변 사람들에게 끊임없이 묻고 그들의 이야기를 경청해야 했다. 묻고 듣는 것, 이것이 그의 삶의 토대를 마련한 중요한 방식이었다. 묻는다는 것이 무엇인가? 삶의 자원이 내 안의 것만으로는 충분치 않다는 것을 인정하는 것이다. 듣는다는 것은 무엇인가? 삶의 자원을 외부로부터 받아들인다는 것이다.

묻고 듣는 것은 성도가 은혜의 삶을 유지하는 데 있어서 매우 중요한 방식이다. 이스라엘 정체성의 핵심을 이루는 것으로 알려진 쉐마 말씀인 신명기 6장 4~5절은 이렇게 선포한다. "이스라엘아 들으라. 우리 하나님 여호와는 오직 유일한 여호와이시니 너는 마음을 다하고 뜻을 다하고 힘을 다하여 네 하나님 여호와를 사랑하라." 이스라엘이 제일 먼저 해야 할 일이 무엇인가? '쉐마', 즉 '듣는 것'이다. 왜? 이스라엘 백성의 삶의 해결책은 내부에 있는 것이 아니라 전능하신 하나님께 있기 때문이다. 그래서 이스라엘 백성들은 하나님의 말씀을 먼저 들어야 한다. 이것이 바로 은혜의 삶이자 혁신적인 삶의 방식이다. 이때 성도의 삶은 한계 있는 인생과 하나님의 말씀이 융합되어 창의적인 혁신이 일어나는 기적을 맛보게 된다. 따라서 '들으라'는 말씀은 '은혜를 받고 은혜로 살라'는 말씀과 같다.

하나님의 주권적인 크신 은혜로 이스라엘 백성이 마침내 출애굽을 하게 되었다. 출애굽은 엄청난 은혜가 부어졌기에 가능했던 역사다. 그렇다면 출애굽 이후의 성공적인 삶이 계속되기 위해서는 어떻게 해야 할까? 출애굽 때처럼 지속적인 은혜가 필요하다.

그렇다면 지속적인 은혜 안에 살아가려면 어떻게 해야 할까? 본문은 이 부분을 반복하여 강조한다.

첫째, 중요한 것을 거룩하게 구별하는 삶의 방식을 가져야 한다.

"여호와께서 모세에게 일러 이르시되 이스라엘 자손 중에서 사람이나 짐승을 막론하고 태에서 처음 난 모든 것은 다 거룩히 구별하여 내게 돌리라. 이는 내 것이니라 하시니라"(출 13:1-2).

하나님은 먼저, 이스라엘 자손과 짐승을 막론하고 첫 태생을 하나님께 구별하여 드리라고 하신다. 그냥 구별이 아니다. 거룩한 구별이다. 이는 하나님을 위해 특별히 구별하는 것이다. 첫 태생은 특별한 의미가 있다. 첫째이기에 더 귀하고 많은 기대를 하게 된다. 하지만 하나님은 우리가 소중하게 생각하는 첫 태생에 대하여 이는 '내 것'이라고 못 박는다. 그래서 우리는 중요한 첫 태생을 내 것이라고 생각하지 말고 하나님 것으로 구별해야 한다. 이 같은 말씀은 12절 이하에서 또다시 반복된다.

"너는 태에서 처음 난 모든 것과 네게 있는 가축의 태에서 처음 난 것을 다 구별하여 여호와께 돌리라. 수컷은 여호와의 것이 니라"(출 13:12).

처음 난 것은 다 여호와께 돌리라. 여기서 '돌리라'는 것은 구체적으로 생명의 값을 치르는 것을 뜻한다. 이는 짐승을 제사로 드리고 사람은 생명의 값을 속전으로 드리는 것이다.

"나귀의 첫 새끼는 다 어린 양으로 대속할 것이요 그렇게 하지 아니하려면 그 목을 꺾을 것이며 네 아들 중 처음 난 모든 자 는 대속할지니라"(출 13:13).

나귀의 첫 새끼는 어린 양으로 대속하라고 한다. 당시 나귀는 가사와 농사를 돕는 데 매우 유용한 짐승이었다. 그런 경우라도 나귀를 그냥 사용할 수 없었다. 나귀를 대신할 어린 양을 대속제물로 드려야 했다. 만약 드릴 양이 없으면 나귀의 목을 꺾어 하나님께 드려야 했다. 사람의 경우 목을 꺾을 수는 없다. 그래서 첫째에 대해 속전을 내야 했다. 이를 민수기는 구체적으로 설명한다. "그 사람을 대속할 때에는 난 지 한 달 이후에 네가 정한 대로 성소의 세겔을 따라 은 다섯 세겔로 대속하라. 한 세겔은 이십 게라이니라"(민 18:16).

사람은 은 다섯 세겔로 대속해야 했다. 한 세겔은 오늘날 시세로 그렇게 비싸지 않다. 1.75g이니 다섯 세겔이면 8.75g이다. 은 1g이 요즘 시세로 680원 정도 한다. 이것에 8.75를 곱하면 5,950원 정도가 된다. 그런데 한 세겔을 당시의 단위로 계산하면 규모가 더 커진다. 한 세겔은 노동자의 4일 치의 임금 정도였다. 하루에 약 5만 원이라고 가정하면 약 20만 원 정도가 된다. 이것을 근거로 다섯 세겔이면 약 100만 원 정도이다.

하나님께서 왜 이렇게 반복해서 장자를 자신의 것이라고 하며 속전을 드리라고 하시는가? 그것은 애굽에 임했던 열 번째 재앙 때문이다.

"그때에 바로가 완악하여 우리를 보내지 아니하매 여호와께서 애굽 나라 가운데 처음 난 모든 것은 사람의 장자로부터 가축의 처음 난 것까지 다 죽이셨으므로 태에서 처음 난 모든 수컷들은 내가 여호와께 제사를 드려서 내 아들 중에 모든 처음 난 자를 다 대속하리니"(출 13:15).

하나님께서 애굽의 장자를 치실 때 이스라엘은 어린 양의 피로 구원받았다. 장자가 살아난 것은 누군가의 희생과 피 흘림이 있었기 때문이다. 이렇게 볼 때 하나님께서는 누군가의 대속으로 살아난 장자를 하나님의 것으로, 자신의 소유로 여기심을 알 수 있다. 귀한 핏 값으로 살아나면 이제 자기가 살고 싶은 대로 사는 것이 아니라 귀한 대가를 치른 만큼 값비싼 귀한 생을 살아가야 한다. 하나님께서 대속으로 살아난 첫 태생을 자신의 것으로 여기는 것은 다시 살아난 첫 태생을 통하여 자기만을 위해 사는 것이 아니라 하나님의 영광을 위해 살아갈 수 있도록 하기 위해서다.

놀라운 것은 하나님께서는 이스라엘의 첫 태생만을 장자로 여기시는 게 아니라는 점이다. 하나님은 이스라엘 전체를 그의 장자로 여기신다.

"너는 바로에게 이르기를 여호와의 말씀에 이스라엘은 내 아들 내 장자라. 내가 네게 이르기를 내 아들을 보내주어 나를 섬기게 하라 하여도 네가 보내주기를 거절하니 내가 네 아들 네 장자를 죽이리라 하셨다 하라 하시니라"(출 4:22-23).

하나님께서는 장자 이스라엘을 구원하기 위해 바로의 장자를 대속제물로 삼으신 것이다. 이로 말미암아 이스라엘 전체가 하나님의 소유된 백성이 되었다.

이는 인류를 위해 대속제물이 되신 예수 그리스도의 사역이 어떠한 것인지를 새롭게 조명해준다. 예수님은 하나님의 새 언약 안에 새롭게 세우실 장자 이스라엘을 위해 십자가에 자신의 생명을 드리셨고, 그 대속으로 우리를 그의 소유된 백성, 곧 장자로 삼으셨다. "그러나 너희는 택하신 족속이요 왕 같은 제사장들이요 거룩한 나라요 그의 소유가 된 백성이니 이는 너희를 어두운 데서 불러내어 그의 기이한 빛에 들어가게 하신 이의 아름다운 덕을 선포하게 하려

하심이라"(벧전 2:9).

따라서 속전을 낸다는 것은 첫째의 소유가 내 것이 아님을 인정하는 것이다. 가장 귀한 것이 내 것이 아니라 하나님의 것임을 인정하는 신앙이다. 보통 가장 귀한 것을 내가 소유하다 보면 그것이 내 우상이 되기 쉽다. 그러나 귀한 것일수록 하나님께 내드려야 내가 붙들던 소유의 공간이 비워지고 그곳에 새로운 은혜가 임한다. 우리가 은혜가 필요한 존재임을 인정하고, 하나님의 은혜 안에 살아가려면 반드시 삶의 최우선순위에 해당하는 것을 하나님께 구별하여 내드리는 연습을 해야 한다.

물론 나의 귀한 것을 드리면 손해로 여겨질 수 있다. 그러나 하나님은 우리가 희생한 것을 결코 헛되게 하지 않으신다. 사무엘의 어머니 한나를 보라. 간절히 기도하며 아들을 구하지 않았던가? 그 기도의 응답으로 첫아들을 주시자 어떻게 했는가? 이 첫아들은 나의 것이 아니라 하나님의 것임을 인정하고 젖 뗄 나이가 되자마자 하나님의 성전에 구별하여 드렸다. 아들을 얻었다가 다시 잃은 것이다. 그러나 여기서 놀라운 은혜가 이중적으로 나타난다. 첫째는 하나님께서 한나가 드린 첫아들을 기쁘게 받으시고 이후 그녀의 태의 문을 열어주셔서 세 아들과 두 딸을 더해주셨다. 둘째는 한나의 희생이자 손실이 될 줄 알았던 사무엘이 하나님의 손에 붙들려 이스라엘 백성을 위해 아름답게 쓰임받는 역사가 일어났다. 한나가 소중한 첫째를 내드렸더니 은혜 위에 은혜로 그녀의 삶을 채워주신 것이다.

만약 우리가 은혜 없이 살 수 없는 존재임을 고백한다면 우리는 소중한 것을 따로 구별하여 하나님의 것임을 인정하고 기쁘게 내드리는 연습을 해야 한다. 그럴 때 하나님께서는 내가 구별하여 드린 것을 들어 아름답게 사용하신다. 또 이 모든 것을 우리에게 더하신다 (마 6:33 참조). 우리는 어떻게든 통제 안에 있는 나의 자원은 움켜쥐려 한다. 그런데 움켜쥐면 내 삶이 더 풍성해지는 것이 아니라 더 피폐해진다. 생각해보라. 내가 시간이 많다고 나만을 위해서 사용하다 보면 불필요한 곳에 낭비하는 시간이 얼마나 많겠는가? 시간 중에 가장 귀한 시간은 하나님을 만나는 시간, 하나님을 영화롭게 하는 시간이다. 성도는 일주일에 가장 좋은 시간을 하나님께 바쳐 예배드리는 연습을 해야 한다. 때로 그 시간이 쉬고 싶은 시간, 놀러 가고 싶은 시간일 수 있다. 그러나 내가 거룩하게 구별하여 드린 거룩한 주일을 통해 하나님께서 우리를 찾아오시고 만나주신다.

또 하루의 시작을 먼저 기도와 말씀으로 떼어드려야 한다. 하루의 첫 시간을 먼저 드린 것으로 온종일 하나님의 말씀과 은혜가 우리를 붙들어주시는 역사가 일어난다. 또 하나님께서 주신 것임을 인정하고 수입의 십일조를 구별하여 하나님께 드려야 한다. 소중한 것을 바치면 우리는 아까워할 수 있다. 그러나 하나님께서는 귀하게 바친 우리의 소중한 물질과 시간과 재능과 헌신을 통해 하나님의 온전한 능력을 드러내길 기뻐하신다. 결코 헛되게 하지 않으신다. 하나님께서는 내가 내려놓고 드린 바로 그것을 많은 사람이 하나님께로 돌아오게 하는 아름다운 일에 사용하실 것이다. 우리는 내 삶에 소중한 것을 하나님을 위해 먼저 떼어드리는 삶의 스타일을 만들어가는 데 힘써야 한다.

소중한 것을 먼저 구별하여 떼어놓지 않으면 얼마 지나지 않아

다른 것들이 몰아닥쳐 엉뚱한 것에 삶의 자원을 낭비하게 된다. 그래서 아침에 일어나 그날 해야 할 일을 쭉 적어보고, 그중에서 반드시 해야 할 중요한 일을 우선순위로 선별하는 것이 좋다. 거기에다가 옆에 소요 시간과 마감 시한을 적어놓으면 더 유용하다. 그렇지 않으면 우리는 필연적으로 급한 일부터 하게 된다. 급한 일이란 무작위로 나에게 닥치는 일이다. 따라서 급한 일부터 하다 보면 정작 중요한 일을 하지 못할 때가 있다. 백화점을 보면 가장 중요한 20%의 VIP 고객이 매출의 80%를 차지한다. 음식점도 그렇다. 20%의 메뉴가 매출 80%를 차지한다. 무슨 말인가? 소중한 것을 구별하여 떼어놓는 것은 내 인생의 20%가 아닌 80%를 차지하는 어마어마한 중요성을 갖는다는 것이다. 이것을 하나님께 드린다는 것은 내 인생 전부를 하나님께서 붙들고 인도해주시도록 한다는 의미이기도 하다.

둘째, 은혜를 지켜내려면 은혜를 기억할 삶의 시스템을 만들어야 한다.

"이것이 네 손의 기호와 네 미간의 표가 되리라. 이는 여호와께서 그 손의 권능으로 우리를 애굽에서 인도하여 내셨음이니라 할지니라"(출 13:16).

'이것'은 앞서 말씀하신 첫 태생을 드리는 규례를 말한다. 이 규례를 손의 기호와 미간의 표가 되게 하라는 것이다. 이 표현은 앞서 좀 더 구체적으로 언급한 바 있다.

"이것으로 네 손의 기호와 네 미간의 표를 삼고 여호와의 율법
    이 네 입에 있게 하라. 이는 여호와께서 강하신 손으로 너를
    애굽에서 인도하여 내셨음이니 해마다 절기가 되면 이 규례를
    지킬지니라"(출 13:9-10).

손의 기호라는 것은 손에 일종의 표식을 하는 것이다. 또 미간에
도 한다. 미간은 원래는 눈썹 사이지만 여기서는 이마를 말한다. 어
떻게 미간에 표시를 하는가?

신명기 6장 8절에 보면 "너는 또 그것을 네 손목에 매어 기호를
삼으며 네 미간에 붙여 표로 삼고"라고 말씀하는데, 이스라엘 백성
은 이를 문자적으로 이해했다. 그래서 테필린이라는 것을 만들어냈
다. 테필린은 가로세로 3~4cm 크기로 검은 가죽 상자와 가죽 띠로
구성되어 있다. 상자 안에는 네 개의 성경 구절을 적은 두루마리가
들어 있는데, 이것을 머리와 손목에 각각 매어 부착시킨다. 테필린을
부착한다는 의미는 "하나님의 말씀을 몸에 지니도록 하여 나의 모든
마음과 행동을 하나님의 뜻에 맡기겠습니다"라는 헌신의 표시다. 그
래서 이들은 성경을 읽을 때, 예배를 드릴 때 이 테필린을 착용한다.
늘 하나님의 말씀을 가슴에 새기며 살겠다는 의미다.

또 "여호와의 율법이 네 입에 있게 하라"고 하지 않았는가? 입에
머물게 하려면 가장 좋은 방법이 암송이다. 외우려고 자꾸 되뇌고 말
하다 보면 입술에 머물게 된다. 그래서 유대인은 늘 테필린을 차고
성경을 암송한다. 이것이 유대인의 삶의 방식이 되었다. 수시로 하나
님의 말씀을 암송하고 마음에 새기는 스타일이다.

우리 삶에도 굳어진 라이프스타일이 있다. 퇴근하고 집에 가자마자 텔레비전을 틀어 놓는 것, 밤늦게까지 자지 않는 것, 수시로 SNS를 확인하는 것 등이다. 그런데 어떤 스타일이든지 중요한 것은 하나님의 말씀이 늘 우리 입술에 머물러 있도록 해야 한다는 점이다. 말씀이 머문다는 것은 내 삶을 헤쳐 나가는 지혜, 방법, 힘이 내게 있는 것이 아니라 위로부터 주어지는 은혜에 있다는 사실을 시인하는 행위다.

더 나아가 "해마다 절기가 되면 이 규례를 지킬지니라"고 말씀한다. 절기는 매해 정기적으로 지켜야 한다. 이는 은혜가 머물 수 있는 시공간을 구별함을 뜻한다. 매 주일도 은혜가 머물지만 특별한 날, 특별한 기간에 은혜가 머물도록 특별한 시간을 구별해야 한다. 우리 삶의 시공간이 하나님의 은혜로 시작할 수 있음을, 이전과 다른 삶의 스타일이 있음을 우리는 온몸으로 우리 자녀에게 보여주어야 한다. 이것이 가장 좋은 신앙교육의 기회다. 은혜 없이 살 수 없다. 은혜가 머물 수 있는 삶의 스타일을 지속적으로 만들어가자.

[24장 각주] ....

47) 전현석, "[Why] '어차피 알파고에 질텐데… 바둑 배워서 뭐하나'", 조선일보, 2017. 2. 18.
48) 박정현, "[Weekly BIZ] 호기심 키우는 훈련을 하라… 새 세상이 열리리니", 조선일보, 2017. 2. 18.

홍해를

돌아가는 데는 이유가 있다
막다른 길로 인도하시는 하나님
위기 속에 감추어진 하나님의 능력
고난을 통과한 찬송이 주는 울림

건너다

돌아가는 데는
이유가 있다

바로가 백성을 보낸 후에 블레셋 사람의 땅의 길은 가까울지라도 하나님이 그들을 그 길로 인도하지 아니하셨으니 이는 하나님이 말씀하시기를 이 백성이 전쟁을 하게 되면 마음을 돌이켜 애굽으로 돌아갈까 하셨음이라. 그러므로 하나님이 홍해의 광야길로 돌려 백성을 인도하시매 이스라엘 자손이 애굽 땅에서 대열을 지어 나올 때에 모세가 요셉의 유골을 가졌으니 이는 요셉이 이스라엘 자손으로 단단히 맹세하게 하여 이르기를 하나님이 반드시 너희를 찾아오시리니 너희는 내 유골을 여기서 가지고 나가라 하였음이더라.

그들이 숙곳을 떠나서 광야 끝 에담에 장막을 치니 여호와께서 그들 앞에서 가시며 낮에는 구름 기둥으로 그들의 길을 인도하시고 밤에는 불 기둥을 그들에게 비추사 낮이나 밤이나 진행하게 하시니 낮에는 구름 기둥, 밤에는 불 기둥이 백성 앞에서 떠나지 아니하니라.

마침내 이스라엘 백성이 애굽을 벗어났다. 애굽에 들어간 지 400년 만이다. 역사상 한번도 경험해보지 못했던 강력한 하나님의 능력이 애굽을 타격하자 바로는 충격을 받고 이스라엘 백성을 거의 쫓아내다시피 출애굽을 허락했다. 이제는 가능한 한 빨리 하나님이 허락하신 약속의 땅으로 돌아가는 일만 남았다. 그런데 본문에서 다소 당황스러운 인도하심을 발견한다.

"바로가 백성을 보낸 후에 블레셋 사람의 땅의 길은 가까울지라도 하나님이 그들을 그 길로 인도하지 아니하셨으니 이는 하나님이 말씀하시기를 이 백성이 전쟁을 하게 되면 마음을 돌이켜 애굽으로 돌아갈까 하셨음이라"(출 13:17).

블레셋은 애굽에서 가나안으로 가는 직선 코스에 위치한 땅이다. 그러나 하나님은 블레셋 땅으로 가는 길이 '가까울지라도' 그들을 그 길로 인도하지 않으셨다. 우리는 할 수 있는 한 지름길로 가기를 원하지 돌아가기를 원하지 않는다. 그런데 하나님이 이스라엘을 인도하신 길은 지름길이 아니었다. 가까워도 일부러 인도하지 않으셨다. 왜 그랬을까? 가까운 길은 빠르긴 해도 전쟁이 일어날 가능성이 높은 길이기 때문이다. 이 길로 가다가 다른 부족과 전쟁이 벌어지면 이스라엘 백성의 마음은 순식간에 얼어붙어 출애굽한 것을 후회하고 다시 애굽으로 돌아가려고 할 것을 하나님은 아셨다. 여기 애굽으로 '돌아간다'는 단어는 히브리어 '슈브'다. 슈브는 영어로 'repent', 즉 '회개한다'는 뜻이다. 하지만 여기서 '회개'는 가나안으로 가려는 마음으로부터 돌이켜 원래 노예로 있던 '애굽으로 돌아간다'는 의미다. 그래서 하나님께서는 전쟁이 기다리는 길로 인도하지 않고 일부러 다른 길로 인도하셨다.

이스라엘은 애굽에서도 벗어났는데 블레셋과도 능히 전쟁을 할 수 있을 것이라 여겼을지 모른다. 애굽에서 강력한 하나님의 능력을 보았기 때문이다. 이번 장의 본문 18절 중반에는 이들이 애굽 땅에서 나올 때 "대열을 지어 나왔다"고 말씀한다. '대열을 지었다'(히. 하무쉽)는 영어성경 NIV에 따르면 "Armed for battle", 즉 전쟁을 위해 무장하고 전열을 갖추고 나왔다는 뜻이다. 그러나 무장을 한 것과 실제로 전쟁을 맞닥뜨리는 것은 전혀 다른 문제다. 막상 적군이 함성을 지르고 공격하면 순식간에 공포에 압도되어 무장을 해제하고 얼마든지 도망갈 수 있다. 하나님은 이스라엘의 영적인 상태를 알고 계셨다. 그래서 그들을 다른 길로 인도하셨다. 그러면 다른 길은 어떤 길인가?

"그러므로 하나님이 홍해의 광야길로 돌려 백성을 인도하시매"(출 13:18).

하나님이 인도하신 길은 홍해의 광야길이었다. 당시 애굽에서 가나안으로 가는 길은 크게 3가지 루트가 있었다.

첫째는 동북쪽으로 가는 여행로다. 이 길은 애굽에서 지중해 연안을 따라 가나안에 이르는 가장 빠른 길이다. 이 길은 고대로부터 발달한 길이었고 무역로이자 군사도로이기도 했다. 고대로부터 왕들은 이 길을 통해 정복전쟁을 하러 다녔다. 그래서 이 길을 '왕의 대로'(king's highway)라고 부른다. 왕의 대로를 따라가다 보면 곳곳에 각 지역을 맡고 있는 부족의 수비대가 무장하고 지키고 있었다. 특히 이스라엘이 아직 만나보지 못한 블레셋 민족은 그리스 지역에서 바이킹처럼 약탈을 일삼고, 한때는 애굽과 맞붙을 정도로 아주 강성한 족속이었다. 또 다윗과 골리앗의 이야기에서 아는 것처럼 이들은 덩치도 컸다. 만약 이들과 처음부터 맞붙어 싸웠다면 혼비백산하고 도망갔을지도 모른다.

둘째는 중앙 여행로다. 이 길은 광야를 가로질러 이스라엘 최남단 브엘세바를 통해 가나안의 중앙 산지 쪽으로 들어가는 길이다.

셋째는 가장 먼 길인데 남동쪽으로 내려가서 시내반도 남쪽 끝까지, 오늘날 시내산으로 알려진 지역까지 내려와 돌아서 가나안 동편으로 들어가는 가장 긴 여행로다. 이 길은 그야말로 광야길이자 사막길이다. 중간에 성읍을 찾기도 쉽지 않고 인적이 드문 길이다. 하나님께서는 바로 이 길로 이스라엘을 인도하셨다.

왜 이렇게 멀리 돌아가는 길을 택하셨는가? 빠른 결과보다 중간에 마음을 잃지 않고 지키도록 하기 위해서다. 돌아가면 육체적으로는 힘들 수 있지만 그것보다 마음을 지키는 일이 더 중요했다. "모든 지킬 만한 것 중에 더욱 네 마음을 지키라. 생명의 근원이 이에서 남이니라"(잠 4:23). 마음을 지키지 못하면 생명을 잃어버린다. 그래서 하나님께서는 이스라엘을 돌이키셔서 홍해가 있는 광야길로 돌아가게 하셨다.

여기서 우리는 하나님의 인도하심에 대해 깊이 생각해볼 필요가 있다. 우리를 사랑하시는 하나님은 가장 좋은 길로 우리를 인도하신다. 가장 좋은 길이라고 하면 우리는 항상 지름길을 기대한다. 그것도 큰 성공을 거두는 초특급 지름길을 원한다. 그러나 하나님은 우리를 종종 길게 돌아가는 길, 불편한 길, 낯설고 힘든 길로 인도하신다. 왜 그럴까? 그것이 우리의 마음을 지키고, 하나님께 가까이 나아가 하나님의 은총을 경험하는 가장 좋은 길이기 때문이다. 그럼에도 우리는 길이 기대와 다르면 상당히 힘들어하고 불편해한다.

해마다 새 학년이 시작되기 전, 초등학교와 중학교 선생님들은 꽤 많은 카카오톡에 시달린다고 한다.[49] 어떤 중학교 선생님은 반 학생들로부터 수백 개의 카톡을 받기도 했단다. 왜 그런가? 자기가 원하는 친구랑 같은 반이 되게 해달라는 것이다. "선생님, 제발 누구누구랑 같은 반이 되게 해주세요. 이번에 저 친구랑 떨어지면 저 왕따 돼요. 친한 친구 한 명이라도 제발 같은 반이 되게 해주세요." 새로운 반에 적응해서 새로운 친구를 사귀려고 노력하기보다는 친한 친구와 떨어지지 않으려고만 하는 것이다. 우리는 익숙한 환경을 원하지 다른 환경은 상당히 불편해한다.

교회에서도 새 학기 목장 편성 때 이런 일이 가끔 일어난다. 어떤 이는 "어디든지, 누구에게든지 보내시기만 하면 열심히 사랑하며 섬기겠습니다"라고 하는 반면, "우리 목장 너무너무 좋은데 떨어뜨려 놓지 마세요. 만약 그러면 저 목장 안 나와요. 교회도 안 나올 거예요"라고 절박하게 호소하는 이도 있다. 하나님의 인도하심이 내가 기대한 것과 다르게 나타나면 불안해하며 내 기대와 다르면 절대 안 된다고 꼭 내가 원하는 길로 하게 해달라고 한다. 하지만 기억하라. 낯선 곳에 숨겨진 하나님의 은혜가 있다. 돌아가는 길에 하나님을 더 깊이 체험하는 은혜가 있다.

이스라엘이 지름길을 택했다면 가는 길에는 시원한 지중해 바람이 불어오고, 또 곳곳에 녹지와 수풀이 있어 쉴 만한 그늘도 많았을 것이다. 그런데 광야길은 이런 것들이 전무했다. 오직 뜨거운 땡볕만이 기다리고 있었다. 그러나 땡볕이 쨍쨍한 광야에는 더 놀라운 은혜가 숨겨져 있었다. 바로 구름 기둥과 불 기둥이다.

> "여호와께서 그들 앞에서 가시며 낮에는 구름 기둥으로 그들의 길을 인도하시고 밤에는 불 기둥을 그들에게 비추사 낮이나 밤이나 진행하게 하시니 낮에는 구름 기둥, 밤에는 불 기둥이 백성 앞에서 떠나지 아니하니라"(출 13:21-22).

하나님은 이스라엘을 거의 불가능할 것 같은 광야길로 인도하면서 '불 기둥과 구름 기둥'이라는 놀라운 선물을 준비해 두셨다. 이것을 출애굽기 14장 24절은 '불과 구름 기둥'이라고 표현한다. 불과 구름 기둥은 하나의 기둥을 의미한다. 낮에는 구름 기둥이 되었다가 밤에는 불 기둥이 되었을 수도 있고, 아랫부분은 구름 기둥, 윗부분은 불 기둥일 수도 있다. 어쨌든 광야에서 이스라엘은 낮에는 구름 기둥이 이들 전체를 덮어 땡볕으로부터 보호하는 은혜를 맛보았고, 또 저녁에는 불 기둥이 이들의 밤길을 환하게 비추어주며 그 길을 인도했다. 또 불 기둥의 따뜻한 열기가 광야의 추위로부터 이들을 보호해주었다. 이를 통해 이스라엘은 광야길을 낮이나 밤이나 전천후로 행진할 수 있었다. 본문의 22절은 "불 기둥이 백성 앞에서 떠나지 아니하니라"고 하는데, 이는 하나님의 임재를 상징적으로 말씀하는 것이다.

왠지 돌아가는 것 같고 시간 낭비, 정력 낭비하는 것 같은 때 우리를 그 가운데서도 여전히 붙드시는 하나님을 신뢰하길 바란다. 우리는 지름길로만 너무 빨리 달리려고 하다 보니 주님께서 예비하신 은혜를 발견하지 못하고 그냥 지나칠 때가 참 많다.

어느 성도가 겪었던 일이다. 토요일 오후에 산책가려고 아파트를 나왔는데 핸드폰을 두고 나왔다. 다시 핸드폰을 가져오려고 아파트 현관으로 들어가서 엘리베이터를 탔다. 아파트는 21층인데 이 사람은 18층에 살았다. 빨리 가져올 생각으로 급하게 닫힘 버튼을 눌렀다. 그런데 그 순간 저 멀리 아파트 현관문이 열리는 소리가 들리면서 대여섯 살쯤 되는 사내아이의 소리가 들렸다. "아저씨, 같이 가요!" 그는 핸드폰을 빨리 가져올 생각에만 사로잡혀 그 소리를 듣고도 열림 버튼을 누르지 않았다. 그냥 엘리베이터 문이 닫혔고 18층에 내렸다.

그리고 내릴 때 맨 꼭대기인 21층 버튼을 눌러놓고 내렸다. 그러고는 엘리베이터 입구에 내려가는 버튼을 눌러놓았다. 왜? 핸드폰 가지고 나와 곧바로 내려갈 수 있도록 시간을 벌기 위해서. 그 성도는 재빨리 집에 들어가 핸드폰을 가지고 나왔다. 역시나, 엘리베이터는 예상대로 21층까지 갔다가 18층으로 내려오고 있었다. 여유 있게 다시 엘리베이터를 타고 로비 층으로 내려왔다.

그런데 아까 "아저씨, 같이 가요" 하고 외쳤던 어린아이가 옆에 앉아서 울고 있었다. 왜 그런가 봤더니 아랫도리가 다 젖어 있었다. 아이가 원망 섞인 말투로 "아저씨 때문에 바지에 오줌 쌌잖아요" 하고 소리치면서 눈물을 뚝뚝 흘리고 있었다. 다행인지 불행인지 주변에는 아무도 없었다. 이 성도는 "미안하다"는 말도 하지 않고 못 들은 척, 모른 척하고 그냥 현관을 나와버렸다. 주차장에 있는 차까지 걸으면서 너무너무 부끄러웠다. 자기 외에 다른 사람은 안중에도 없는 이기적인 철면피라는 생각에 마음이 괴로웠다.

우리는 빠른 길로 가기를 늘 원하지만 내가 선택한 빠른 길로 인하여 많은 이가 상처받고 힘들어할 수 있음을 기억해야 한다. 돌아가는 길은 절대 늦은 길이 아니다. 하나님께서 우리로 돌아가게 하신다면 그것은 우리를 곤란하게 하시려는 게 아니다. 그것은 우리로 돌아가며 누리고 느껴야 할 하나님의 은혜를 맛보도록 하기 위함이다.

「리씽크(Rethink): 오래된 생각의 귀환」이란 책에는 우리가 정신없이 빨리 가기 위해서 무시하고 묻어두었던 것들을 다시 돌아보며 그 안에 감추었던 보물 같은 아이디어들을 재발견하는 사례를 소개한다.[50] 대표적인 예로 요즘 점점 부상하는 전기차가 그렇다. 전기차는 이미 1837년에 영국의 로버트 데이비슨이란 기술자가 처음 만들었다. 19세기 말에 당시 미국에 등록된 전기차 수가 3만 대가 넘었다. 어마어마했다. 그런데 20세기 초에 대규모 유전이 발견되면서부터 휘발유 값이 급락했고 전기차 생산은 중단되었다. 그런데 요즘 이 전기차의 가치가 다시 부각되고 있다.

거머리의 사례도 그렇다. 거머리 하면 우리 몸에 붙어 피를 빨아 먹는 해충이라고 생각하지 않는가? 그런데 거머리는 우리 상처에 붙어서 상처를 빨리 아물게 하고 절단된 부분을 접합할 때 빨리 붙도록 해준다. 그래서 2004년에는 미국식약청(FDA)이 그 가치를 인정하여 거머리를 '의료기구'로 승인했다.

우리가 무시하며 아니라고 생각했던 많은 것 속에 오히려 보화가 감추어져 있다. 사실 이스라엘이 돌아가는 길을 선택했기에 요셉의 유골을 더 의미 있게 운반할 수 있었다.

"모세가 요셉의 유골을 가졌으니 이는 요셉이 이스라엘 자손으로 단단히 맹세하게 하여 이르기를 하나님이 반드시 너희를 찾아오시리니 너희는 내 유골을 여기서 가지고 나가라 하였음이더라"(출 13:19).

모세는 출애굽할 때 요셉의 유골을 운반하도록 했다. 이는 요셉이 남겼던 유언 때문이다. "요셉이 그의 형제들에게 이르되 나는 죽을 것이나 하나님이 당신들을 돌보시고 당신들을 이 땅에서 인도하여 내사 아브라함과 이삭과 야곱에게 맹세하신 땅에 이르게 하시리라 하고 요셉이 또 이스라엘 자손에게 맹세시켜 이르기를 하나님이 반드시 당신들을 돌보시리니 당신들은 여기서 내 해골을 메고 올라가겠다 하라 하였더라. 요셉이 백십 세에 죽으매 그들이 그의 몸에 향 재료를 넣고 애굽에서 입관하였더라"(창 50:24-26).

요셉은 마지막 순간에 이스라엘 백성들이 다시 약속의 땅 가나안에 이를 것을 바라보며, 이들이 나아갈 때 자신의 해골을 메고 올라가라고 부탁했다. 자신의 유골을 메고 가라는 유언은 이스라엘 백성이 출애굽할 때 이들로 출애굽은 우연히 일어난 일이 아니라 믿음의 선조가 바라보았던 언약의 비전과 유산이 성취되는 일임을 기억하도록 하기 위한 것이었다. 요셉의 유골을 가지고 나아갈 때 이스라엘은 지금 자신들에게 하나님의 언약 비전이 현재적으로 성취됨을 확신하였을 것이다.

요셉은 애굽에서 죽었을 때 몸에 향 재료를 넣고 입관되었다. 향 재료를 넣었다는 것은 애굽에서 미라 처리를 했다는 뜻이다. 그렇다면 요셉의 유골을 가지고 나올 때는 그냥 나온 것이 아니라 미라를 관에 옮겼을 가능성이 높다. 이렇게 옮기는 것은 광야에서 이동할 때는 감격이고 감사이지만 해양길로 갈 때는 부담이고 짐일 수 있다. 왜? 가는 길마다 적군과 마주하며 싸우고 무서워서 도망가면 요셉의 관을 들고 뛰어야 하는데 부담되지 않겠는가? 게다가 해양길은 습하기 때문에 보존했던 미라가 부패할 가능성도 있다. 하지만 광야길은 이런 염려가 없었다.

이렇게 볼 때 요셉의 유골을 옮기는 일을 위해서도 이들에게는 광야길이 좋은 길이었다. 그래도 빨리 가나안에 도착하는 것이 좋지 않을까? 결코 그렇지 않다. 하나님이 보실 때는 빨리 도착하는 것보다 더 돌고 시간이 걸리더라도 광야에서 거룩해져 가나안 땅에서 거룩한 하나님의 구별된 자녀로 분명한 정체성을 가지고 여호와를 경외하고 사랑하며, 하나님의 말씀에 순종하며 사는 게 훨씬 더 중요하다. 괜히 빨리 갔다가 여차하면 애굽으로 돌아와서 다시 바로의 종으

로 살기 쉽고, 또 설사 우여곡절 끝에 가나안에 도착했다 하더라도
그들은 거룩의 능력을 상실한 채로 애굽에서 히브리 노예로 살았던
것처럼 가나안에서도 노예처럼 살 가능성이 컸다.

이런 면에서 신앙생활의 지름길은 최단거리로 가는 것이 아니라
돌아가는 길이다. 빨리 출세하고, 빨리 성공하고, 빨리 좋은 결과를
얻는 것은 하나님께 그다지 중요하지 않다. 오히려 하나님께서는 빠
른 것보다는 돌아가더라도, 시간이 걸리더라도 하나님을 더 경외하
고 사랑하기를 원하신다. 우리는 인생의 성공 기준을 옮겨야 한다.

요컨대 우리가 원하는 결과를 우리가 원하는 최단 시간 내에 최
고 빠른 방법으로 얻는 것은 도리어 우리를 망치는 일일 수 있다. 비
록 내가 원하는 인도하심은 아니더라도 세상 사람이 부러워하는 성
공은 아니더라도 둘레길로 인도하시는 하나님을 기뻐할 수 있어야
한다. 이때 우리는 전에 맛보지 못했던 신비롭게 감추어진 하나님의
인도하심이 구름 기둥과 불 기둥으로 나타나는 것을 경험하게 될 것
이다. 우리를 가까운 길로 인도하지 아니하는 하나님을 더욱 신뢰하
고 순종하며 나아가야 한다.

[25장 각주] ....

49) 김수경, "[Why] 반 배정 시즌만 되면… 카톡에 쫓기는 담임선생님들", 조선일보,
　　2017. 2. 25.
50 스티븐 풀, 김태훈 역, 「리씽크(Rethink), 오래된 생각의 귀환」(서울: 쌤앤파커스, 2017).

막다른 길로
인도하시는 하나님

여호와께서 모세에게 말씀하여 이르시되 이스라엘 자손에게 명령하여 돌이켜 바다와 믹돌 사이의 비하히롯 앞 곧 바알스본 맞은편 바닷가에 장막을 치게 하라. 바로가 이스라엘 자손에 대하여 말하기를 그들이 그 땅에서 멀리 떠나 광야에 갇힌 바 되었다 하리라. 내가 바로의 마음을 완악하게 한즉 바로가 그들의 뒤를 따르리니 내가 그와 그의 온 군대로 말미암아 영광을 얻어 애굽 사람들이 나를 여호와인 줄 알게 하리라 하시매 무리가 그대로 행하니라.

그 백성이 도망한 사실이 애굽 왕에게 알려지매 바로와 그의 신하들이 그 백성에 대하여 마음이 변하여 이르되 우리가 어찌 이같이 하여 이스라엘을 우리를 섬김에서 놓아 보내었는가 하고 바로가 곧 그의 병거를 갖추고 그의 백성을 데리고 갈새 선발된 병거 육백 대와 애굽의 모든 병거를 동원하니 지휘관들이 다 거느렸더라. 여호와께서 애굽 왕 바로의 마음을 완악하게 하셨으므로 그가 이스라엘 자손의 뒤를 따르니 이스라엘 자손이 담대히 나갔음이라. 애굽 사람들과 바로의 말들, 병거들과 그 마병과 그 군대가 그들의 뒤를 따라 바알스본 맞은편 비하히롯 곁 해변 그들이 장막 친 데에 미치니라. 바로가 가까이 올 때에 이스라엘 자손이 눈을 들어 본즉 애굽 사람들이 자기들 뒤에 이른지라.

이스라엘 자손이 심히 두려워하여 여호와께 부르짖고 그들이 또 모세에게 이르되 애굽에 매장지가 없어서 당신이 우리를 이끌어 내어 이 광야에서 죽게 하느냐. 어찌하여 당신이 우리를 애굽에서 이끌어 내어 우리에게 이같이 하느냐. 우리가 애굽에서 당신에게 이른 말이 이것이 아니냐. 이르기를 우리를 내버려 두라. 우리가 애굽 사람을 섬길 것이라 하지 아니하더냐. 애굽 사람을 섬기는 것이 광야에서 죽는 것보다 낫겠노라. 모세가 백성에게 이르되 너희는 두려워하지 말고 가만히 서서 여호와께서 오늘 너희를 위하여 행하시는 구원을 보라. 너희가 오늘 본 애굽 사람을 영원히 다시 보지 아니하리라. 여호와께서 너희를 위하여 싸우시리니 너희는 가만히 있을지니라.

남아프리카공화국 성공회의 대주교인 데즈먼드 투투와 티베트 불교의 지도자 달라이 라마로 알려진 텐진 가쵸에게는 공통점이 몇 가지 있다. 먼저, 둘 다 노벨 평화상을 수상했다. 투투는 1984

년에, 달라이 라마는 5년 후인 1989년에 수상했다. 둘째, 이들에게는 삶의 소망이 끊어질 정도의 극심한 고난이 있었다. 데즈먼드 투투 대주교는 남아공의 인종차별과 맞서 싸우면서 숱하게 옥에 갇혀 고문당했고, 삶의 소망이 끊어질 정도로 많은 고난을 받았다. 달라이 라마도 마찬가지였다. '달라이 라마'는 '큰 바다와 같은 넓고 큰 지혜를 가진 스승'이라는 의미로 티베트의 국가원수를 가리키는 칭호이다. 1959년 중국이 일방적으로 티베트와의 합병을 발표하자 티베트인들은 반발했다. 이에 중국 공산당은 무려 12만 명의 티베트인을 죽이고 6천 개의 불교사원을 불태웠다. 이후 달라이 라마는 50년이 넘게 전 세계를 떠돌며 망명생활을 하고 있다. 계속되는 고난의 연속이다. 셋째로 이들은 고난으로 둘러싼 막다른 환경 속에서도 이에 압도되지 않고 이 모든 것을 뛰어넘는 기쁨을 발견한 사람들이다. 어떻게 기쁨을 발견할 수 있었을까?

두 사람이 2015년 4월에 만나 자신들이 누렸던 기쁨의 비밀이 무엇인가에 대해 일주일간 대화를 나누었다. 그리고 이것이 책으로 출판되어 나왔다. 「조이, 기쁨의 발견」이라는 제목의 책이다.[51] 이 책에서 밝힌 기쁨의 비밀은 이번 장의 본문을 이해하는 데 도움을 준다. 기쁨의 비밀이 궁금하지 않은가? 이들이 밝힌 기쁨의 비밀 중 중요한 점은 관점을 바꾸는 것이다. 고통과 어려움 속에 처할 때는 왜 나 혼자만 이런 어려움을 겪어야 하느냐고 원망하기 쉽다. 그런데 이런 순간에도 이들은 눈을 들어 자신보다 더 큰 고통을 받는 사람들을 바라보았다. 그들의 고통을 생각할 때 자신의 어려움이 가벼워지는 것을 경험하며 고난을 이겨낼 힘을 얻을 수 있게 되었다. 더 나아가 투투 주교는 이것을 단순히 타인의 시선만이 아니라 신의 시선, 즉 하나님의 시각으로 바라볼 때 자신의 제한된 정체성과 이기심을 초월할 수 있었다고 고백했다.

우리가 신앙생활을 하면서 새롭게 시작되는 차원이 있다. 하나님의 인도하심이다. 그동안은 내 생각과 판단으로 결정했다면 이제부터는 하나님의 뜻을 구하고, 하나님의 인도하심에 순종하며 살아가는 놀라운 경험을 하게 된다. 이 인도하심을 따라가다 보면 고통도 이겨낼 힘을 얻는다. 그런데 우리가 이렇게 살다 보면 이따금 당황스러울 때가 있다. 그것은 하나님께서 분명히 우리를 인도하시는 것은 맞는데, 우리를 막다른 길로 인도하실 때가 있다는 것이다. 그 막다른 길에서는 우리가 상상할 수 있는 모든 가능성이 사라지고 희망도 보이지 않는 것 같다.

우리가 하나님의 인도하심을 따라가는 것은 할 수 있는 한 이런 막다른 길을 피하기 위한 것인데, 오히려 하나님이 우리를 점점 더 어려운 길로 인도하신다면 우리의 마음은 상당히 힘들어진다. 아니, 하나님이 우리 인생을 책임져주고 인도해주신다면 어떻게 이런 길로 인도하실 수 있을까 하는 생각마저 든다. 어떤 이는 심하게 낙담하여 신앙생활을 포기하기까지 한다. 이럴 때 우리는 어떻게 해야 할까? 본문은 이럴 때 우리가 바라보아야 할 것이 무엇인지, 고난 앞에 어떻게 반응해야 할지에 대한 소중한 통찰을 전해준다.

본문 내용을 관찰하기 전에 먼저 본문의 구조를 살펴보면 우리에게 새로운 통찰을 준다. 본문은 크게 세 단락으로 나눌 수 있다. 먼저는 1~4절까지 하나님과 모세와의 관계다. 둘째는 5~9절까지 하나님과 애굽의 주변 환경과의 관계다. 셋째는 10~14절로 모세와 이스라엘과의 관계다. 이 세 부분은 단순한 구분이 아니라 우리가 하나님의 인도하심을 확신하고 갔지만 막다른 길에 부닥쳤을 때 반드시 고려하고 바라보아야 하는 세 가지 차원을 말씀한다.

인생의 막다른 길에 이를 때 우리는 먼저 이 모든 상황을 주관하시는 하나님의 주권을 인식하고 있어야 한다. 둘째, 우리 주변을 둘러싸고 있는 우리를 짓누르고 억압하는 외부환경의 본질적인 측면을 꿰뚫어보아야 한다. 셋째, 이 막다른 길에서 주도적인 영향력을 끼치는 지도자를 원망 서린 눈이 아닌 긍정적인 시선으로 볼 수 있어야 한다. 하지만 우리가 막상 이런 상황에 부닥치면 이 세 부분을 균형 있게 보기란 쉽지 않다. 막다른 길에 있게 되면 일단 우리 자신이 다급하고 불안해진다. 그래서 우리는 하나님을 보지 못하고, 환경에 압도되어 환경의 부정적인 면만 보게 되며, 눈에 보이는 지도자를 원망하고 그에게 탓을 돌린다.

본문 1~2절을 보라. 이스라엘은 하나님의 인도하심으로 방향을 전환해서 비하히롯 앞, 곧 바알스본 맞은편 바닷가에 장막을 쳤다. 비하히롯이란 지명은 '운하' 또는 '수로의 입구'라는 뜻이다. 홍해가 시작되는 바닷가 앞에 장막을 치고 머문 것이다. 여기까지는 분명 하나님의 인도하심이다. 하나님의 구름 기둥과 불 기둥이 밤낮으로 앞서가며 이스라엘 백성을 떠나지 않고 여기까지 인도하였기 때문이다(출 13:21-22). 그런데 곧이어 어떤 일이 일어나는가? 바로가 애굽 군대를 총동원하여 이들을 쫓아온 것이다.

"애굽 사람들과 바로의 말들, 병거들과 그 마병과 그 군대가 그들의 뒤를 따라 바알스본 맞은편 비하히롯 곁 해변 그들이 장막 친 데에 미치니라"(출 14:9).

이런 상황에서 이스라엘은 어떻게 반응하는가?

"그들이 또 모세에게 이르되 애굽에 매장지가 없어서 당신이 우리를 이끌어내어 이 광야에서 죽게 하느냐. 어찌하여 당신이 우리를 애굽에서 이끌어내어 우리에게 이같이 하느냐. 우리가 애굽에서 당신에게 이른 말이 이것이 아니냐. 이르기를 우리를 내버려두라. 우리가 애굽 사람을 섬길 것이라 하지 아니하더냐. 애굽 사람을 섬기는 것이 광야에서 죽는 것보다 낫겠노라"(출 14:11-12).

영어성경에 보면 재미있는 표현이 있다. 크게 세 가지로 분류할 수 있다.

먼저, '때문에'(was it because)라는 표현이다. 백성들은 '애굽에 매장지가 없기 때문에' 우리를 이끌어 내어 죽게 하느냐고 원망한다. 당시 애굽은 파라오의 업적을 기리는 피라미드 공사가 많았다. 전체 토지의 4분의 3을 피라미드 장지로 미리 지정했을 정도다. 그래서 애굽에 매장지가 부족하다는 말이 나올 정도였다. 이스라엘 백성들은 "이것 때문에 우리를 이렇게 끌고 나온 거야? 겨우 이렇게 하자고 나를 이렇게 오라고 한 거야?"라고 원망한다.

둘째, "어찌하여 당신이 이같이 할 수 있느냐"(what have you done)라는 표현이다. "도대체 왜 이러는 거야? 무엇을 한 거야? 어떻게 이럴 수 있어?"라는 뜻이다.

셋째, "이것이 아니냐"(is this not)는 표현이다. "우리가 애굽에서 당신에게 이른 말이 이것이 아니냐? 이르기를 우리를 내버려두라! 우리가 애굽 사람을 섬길 것이다." 이는 다음과 같은 표현으로 볼 수도 있다. "그러게 내가 뭐라고 했어? 내가 전에 그냥 내버려두라고 했지? 우린 그냥 애굽에서 노예로 있겠다니까." 여기 "애굽 사람을 섬기겠다"는 것은 일종의 과장이고 거짓이다. 사실 이스라엘 백성은 이전까지 바로의 폭정 아래 고통당하며 부르짖었고, 속히 구원받기를 간절히 원했었다. 그랬기에 출애굽할 때 기꺼이 따라 나왔다. 그런데 상황이 다급하게 되니까 한때 마음에 염려되어 잠깐 비치었던 부정적인 생각을 과장해서 부풀리고, 마침내 그 과장을 기정사실화해버린 것이다.

지금 이스라엘 백성들은 자신의 현 상황을 두려워하며 모세에게 원망을 쏟아내고 있다. 진실이 아닌 것조차 과장해서 진실이라고 주장하며 차라리 죽는 것이 낫겠다는 극단적인 표현까지 동원하고 있다. 그런데 이 원망을 가만히 들여다보면 여기에 하나님에 관한 언급이 빠진 것을 볼 수 있다. 왜 그들의 표현에 하나님이 빠져 있을까? 부정적인 상상력에 사로잡혀 하나님의 역사하심을 전혀 고려하지 않고 있기 때문이다.

이스라엘의 표현을 살펴보면 '당신'과 '우리'라는 표현이 자주 등장한다. "'당신'이 '우리'를 이끌어 내어 죽게 하느냐." "어찌하여 '당신'이 '우리'를 이끌어냈고 '우리'에게 이같이 하느냐." "'우리'가 '당신'에게 전에 그냥 내버려두라고 하지 않았느냐."

모든 상황에서 하나님이 보이지 않는다. 보이는 것은 당신과 우리뿐이다. 지금 이스라엘은 부정적인 진영논리에 사로잡혀 있다. 쉽게 말하면 우리는 잘못한 것이 없는데 모세 때문에 이렇게 곤란한 상황에 부닥치게 되었다는 것이다. 우리는 의로운데 당신은 잘못됐고 악하다는 것이다. 이처럼 이분법적 진영논리에 사로잡히면 오직 잘못한 상대편과 의로운 우리 편만 보이지 우리 사이에 계신 하나님은 잘 보이지 않는다.

긍정적 상상력을 빼앗아가는 것 중 하나가 진영논리다. 진영논리에 사로잡히면 하나님께서 살아 역사하심에도 불구하고 그 하나님을 신뢰하고 의지하지 못한다. 그리고 가장 가까이 눈에 보이는 지도자를 희생양 삼아 원망과 불평을 쏟아낸다. 이스라엘이 원망을 쏟아내는 환경에는 걱정, 근심과 희망이 교차하고 있다. 바로의 군대가 몰려오고 있지만 동시에 이들을 여전히 인도하시는 하나님의 구름 기둥이 곁에 있다. 그런데 이들은 몰려오는 군대만 보지 하나님의 충만한 임재하심은 보지 못하고 있다.

본문 구조가 이스라엘의 위기상황(5-9절)만이 아니라 하나님의 시선과 하나님과 모세와의 관계(1-4절)에 대한 관점까지 보여주는 이유가 있다. 이는 우리가 진영논리에 사로잡혀 있을 것이 아니라 결국 하나님의 계획을 신뢰하며 나아가야 하기 때문이다. 그렇다면 이런 상황을 바라보는 하나님의 시선은 어떨까?

먼저, 하나님은 이스라엘이 비하히롯, 즉 바닷가 입구에 장막을 치게 하시고는 바로가 어떤 생각을 가질 것인지를 모세에게 알려주신다.

"바로가 이스라엘 자손에 대하여 말하기를 그들이 그 땅에서 멀리 떠나 광야에 갇힌 바 되었다 하리라"(출 14:3).

바로는 바닷가를 등지고 진 치는 이스라엘을 두고 광야에 갇혔다고 생각할 것이다. 광야에 갇히는 것은 고대 근동의 신화와 깊은 관련이 있다. 당시 근동의 신의 권능은 자신이 다스리는 지역에서는 제대로 나타나지만 다른 지역에 가면 힘을 잃고, 원래부터 그 지역을 장악하고 거주하던 다른 신에게 압도당하게 된다. 와이파이와 비슷하다. 어느 일정 지역 안에 있으면 인터넷이 되지만 일정 지역을 벗어나면 신호가 잡히지 않고 다른 신호가 잡히는 것같이 신의 권능도 그렇다. 이스라엘 백성이 광야에 갇혔다는 것은 여호와가 애굽에서는 힘을 발휘했지만 그곳을 벗어나자 힘을 급속도로 잃고 광야의 또 다른 신에게 압도당하고 있다는 것이다.

하나님께서는 이런 바로의 생각 가운데 역사하셔서 이스라엘을 뒤쫓아가도록 하신다. 언뜻 보면 이는 이스라엘의 위기다. 하지만 하나님의 시선에서 이는 위기가 아니고 그 속에 감춰진 놀라운 구원계획이다.

"내가 바로의 마음을 완악하게 한즉 바로가 그들의 뒤를 따르리니 내가 그와 그의 온 군대로 말미암아 영광을 얻어 애굽 사람들이 나를 여호와인 줄 알게 하리라 하시매 무리가 그대로 행하니라"(출 14:4).

하나님은 바로와 그의 온 군대로 말미암아 영광을 얻겠다고 말씀한다. 하나님의 시선에서 막다른 길은 곧 하나님의 영광을 발견하는 곳이다. 또한 이 길은 하나님을 아는 지식으로 충만해지는 곳이다. 그렇다면 우리는 막다른 길에서 어떻게 기도해야 할까? 우리는 먼저 우리의 두려움과 근심을 솔직히 아뢰어야 한다. 하지만 동시에 이곳에서 하나님의 영광을 보게 해주시고, 이것을 통해 우리 인생을 책임지고 갈 길을 인도하시는 하나님을 더욱 깊이 알게 해달라고 기도해야 한다. 위기일수록 드러나야 할 하나님의 영광이 아직 남아 있음을 기억해야 한다. 십자가 끝에 부활의 영광이 있는 것처럼 우리도 끝까지 하나님을 신뢰하면 마침내 놀랍게 드러나야 할 하나님의 영광을 보게 될 것이다.

하나님의 영광을 드러내는 놀라운 계획이 진행되는 가운데 바로는 정탐꾼으로부터 첩보를 듣는다.

"그 백성이 도망한 사실이 애굽 왕에게 알려지매 바로와 그의 신하들이 그 백성에 대하여 마음이 변하여 이르되 우리가 어찌 이같이 하여 이스라엘을 우리를 섬김에서 놓아 보내었는가 하고"(출 14:5).

'도망한 사실'이 알려졌다는 것은 이스라엘이 광야에 갔다가 애굽으로 돌아오는 것이 아니라 겁 없이 아예 저 멀리 남쪽 광야길로 가버렸음을 의미한다. 이스라엘이 "담대히 나갔다"(8절)는 표현 또한 이들이 사흘 길을 광야로 가서 여호와께 제사드리고 오겠다는 경계를 용기 있게 넘어갔음을 뒷받침한다. 이 보고에 이어 정탐꾼은 이스라엘이 비하히롯 앞에서 방향을 틀고 우왕좌왕하더니만 결국 바닷가를 마주 보고 주저앉고 말았다고 보고했던 것 같다.

이 말을 듣자 바로와 그 신하들의 마음이 순식간에 변했다. 아무래도 여호와의 힘이 미치지 않는 곳까지 갔다고 생각한 것이다. '우리가 어쩌자고 저들을 우리를 섬기는 노예로 부리다가 놓아버렸을까!' 억울하고 안타깝고 분한 생각이 들었다.

바로와 신하들은 조금 전까지만 해도 장자들을 다 잃고 나서 이들을 거의 쫓아내다시피 재촉하여 속히 몰아냈다(출 12:33). 그런데 이들이 떠나고 노예 없이 며칠을 살아보니 많이 아쉬웠다. 여기에 히브리 노예들이 광야에서 갈 길을 모르고 비틀거린다는 소식을 듣고는 마음이 순식간에 변했다. "이놈들을 다시 노예로 붙들어야 해!" 조금 전까지 경험했던 하나님의 전능하신 능력에 대한 기억이 순식간에 사라진 것이다. 기억상실증에 걸린 것처럼 바로와 그의 신하들은 마음을 바꾸었다. 마음을 바꾸니 다급해졌다. 더 멀리 가기 전에 한시라도 빨리 이들을 되찾아와야 했다. 그래서 애굽의 군사력을 다 끌어모은다.

"바로가 곧 그의 병거를 갖추고 그의 백성을 데리고 갈새 선발
된 병거 육백 대와 애굽의 모든 병거를 동원하니 지휘관들이

다 거느렸더라"(출 14:6-7).

병거에는 지휘관들이 있다. 병거는 하나에 적어도 세 사람 이상이 타는 중무장 무기였다. 한 사람은 말을 몰고, 다른 한 사람은 방패로 적의 공격을 막고, 또 다른 한 사람은 화살을 쏜다. 당시에는 막강한 국방자산이었다. 고대 근동의 역사기록을 보면 당시 애굽은 평균적으로 200~250대 정도의 병거를 보유하고 있었다. 그런데 바로는 무려 600대나 동원했다.

여기에 하나님의 은밀한 손이 더해진다. 여호와께서 애굽 왕 바로의 변한 마음을 완악하게 하신 것이다(8절). 영적 기억력이 짧으면 위기에 처한다. 이것은 이스라엘도 마찬가지다. 조금 전까지만 해도 열 가지 재앙을 통해 어마어마한 하나님의 능력을 경험하고, 또 지금 눈앞에 보이는 구름 기둥과 불 기둥에도 불구하고 이스라엘은 눈앞에 보이는 600대의 애굽 병거 앞에 모든 영적 기억을 상실했다.

위기의 순간에는 영적 지도자가 중요하다. 영적 지도자는 상상력을 뒤바꾸는 사람이다. 모세는 이스라엘 백성들 앞에 나서서 이들이 잃어버린 하나님에 대한 기억과 하나님을 아는 지식을 회복시키고, 이들의 부정적인 상상력을 뒤바꾸는 사명을 감당한다.

"모세가 백성에게 이르되 너희는 두려워하지 말고 가만히 서서 여호와께서 오늘 너희를 위하여 행하시는 구원을 보라. 너희가 오늘 본 애굽 사람을 영원히 다시 보지 아니하리라. 여호와께서 너희를 위하여 싸우시리니 너희는 가만히 있을지니라"(출 14:13-14).

"두려워하지 말라"(Do not be afraid)는 것은 부정적인 상상력에 압도되지 말고 이를 물리치라는 뜻이다. 하나님께서 그의 백성에게 두려움을 이길 평안을 주실 것이다. 이 평안은 하나님의 능력에서 맛보는 평안이다. 하나님께서 그의 언약백성에게 주시는 선물이 있다. 평안이다. 이 평안은 모든 상황과 우리의 이해를 초월하는 하나님의 평강, 즉 샬롬이다(빌 4:7). 하나님의 평강이 충만하다는 것은 하나님이 능력으로 함께하시고 다스리신다는 증거이다.

하나님께서는 작금의 위기 상황은 이스라엘이 어떻게 손을 쓸 상황이 아니라 하나님께서 이스라엘을 위하여 싸우실 상황임을 선포하신다. 열 가지 재앙을 통해 역사하셨던 전능하신 하나님이 친히 그의 백성을 위해 싸우실 테니 너희는 가만히 있어 하나님의 구원을 보라는 것이다. 여기서 '보라'는 말은 '알라'는 뜻이다. 이스라엘 백성들은 이 일을 통해 하나님을 아는 지식으로 충만하게 될 것이다.

이스라엘은 하나님께서 자신들을 막다른 길로 인도하신다고 생각해 두려워하고 있었는데, 하나님께서는 막다른 길로 인도하신 것이 아니라 하나님의 영광이 드러날 놀라운 은혜와 진리의 현장을 보여주려고 인도하신 것이었다. 막다른 길에서 이스라엘은 도망가는 게 아니라 움직이지 말고 그냥 서서 하나님이 하시는 일을 보고 영광을 돌리면 되는 것이다. 하나님이 왜 우리를 막다른 길로 인도하셔서 보라고 하실까? 그렇지 않으면 우리는 눈에 보이는 대로 멀리 도망가려 하기 때문이다. 이럴 때 우리는 스스로의 힘으로 할 수 있는 수단과 방법만을 생각한다. 애굽에 가서 화친을 청하고 굴욕적인 협상을 하거나 항복하는 것 등이다. 하지만 이런 우리 힘으로 위기를 모면하면 이것은 하나님이 싸우신 전쟁이 아니라 내가 싸운 전쟁이 되고, 그렇게 되면 하나님께 온전히 영광을 돌릴 수가 없다.

하나님이 막다른 길로 인도하시는 것 같을 때라도 우리는 환경에 압도되어 두려워하지 말고 하나님의 계획을 믿음으로 바라보고 신뢰하며 나아가야 한다. 상황만 바라보던 눈을 들어 주를 보아야 한다. 막다른 길일수록 하나님의 영광이 더 놀랍게 드러나는 기적의 현장이 될 것이다. 위기의 막다른 길에 감추어진 하나님의 구원역사를 구하라! 그리고 세상이 알 수 없는 평안으로 흔들림 없이 나아가라!

[26장 각주] ···

51) 달라이 라마, 데스몬드 엠필로 투투 외, 이민영 외 역, 「JOY 기쁨의 발견: 달라이 라마와 투투 대주교의 마지막 깨달음」(서울: 예담, 2017).

위기 속에 감추어진
하나님의 능력

여호와께서 모세에게 이르시되 너는 어찌하여 내게 부르짖느냐. 이스
라엘 자손에게 명령하여 앞으로 나아가게 하고 지팡이를 들고 손을
바다 위로 내밀어 그것이 갈라지게 하라. 이스라엘 자손이 바다 가운
데서 마른 땅으로 행하리라. 내가 애굽 사람들의 마음을 완악하게 할
것인즉 그들이 그 뒤를 따라 들어갈 것이라. 내가 바로와 그의 모든 군
대와 그의 병거와 마병으로 말미암아 영광을 얻으리니 내가 바로와
그의 병거와 마병으로 말미암아 영광을 얻을 때에야 애굽 사람들이
나를 여호와인 줄 알리라 하시더니 이스라엘 진 앞에 가던 하나님의
사자가 그들의 뒤로 옮겨 가매 구름 기둥도 앞에서 그 뒤로 옮겨 애굽
진과 이스라엘 진 사이에 이르러 서니 저쪽에는 구름과 흑암이 있고

이쪽에는 밤이 밝으므로 밤새도록 저쪽이 이쪽에 가까이 못하였더라. 모세가 바다 위로 손을 내밀매 여호와께서 큰 동풍이 밤새도록 바닷물을 물러가게 하시니 물이 갈라져 바다가 마른 땅이 된지라. 이스라엘 자손이 바다 가운데를 육지로 걸어가고 물은 그들의 좌우에 벽이 되니 애굽 사람들과 바로의 말들, 병거들과 그 마병들이 다 그들의 뒤를 추격하여 바다 가운데로 들어오는지라. 새벽에 여호와께서 불과 구름 기둥 가운데서 애굽 군대를 보시고 애굽 군대를 어지럽게 하시며 그들의 병거 바퀴를 벗겨서 달리기가 어렵게 하시니 애굽 사람들이 이르되 이스라엘 앞에서 우리가 도망하자. 여호와가 그들을 위하여 싸워 애굽 사람들을 치는도다.

여호와께서 모세에게 이르시되 네 손을 바다 위로 내밀어 물이 애굽 사람들과 그들의 병거들과 마병들 위에 다시 흐르게 하라 하시니 모세가 곧 손을 바다 위로 내밀매 새벽이 되어 바다의 힘이 회복된지라. 애굽 사람들이 물을 거슬러 도망하나 여호와께서 애굽 사람들을 바다 가운데 엎으시니 물이 다시 흘러 병거들과 기병들을 덮되 그들의 뒤를 따라 바다에 들어간 바로의 군대를 다 덮으니 하나도 남지 아니하였더라. 그러나 이스라엘 자손은 바다 가운데를 육지로 행하였고 물이 좌우에 벽이 되었더라. 그날에 여호와께서 이같이 이스라엘을 애굽 사람의 손에서 구원하시매 이스라엘이 바닷가에서 애굽 사람들이 죽어 있는 것을 보았더라. 이스라엘이 여호와께서 애굽 사람들에게 행하신 그 큰 능력을 보았으므로 백성이 여호와를 경외하며 여호와와 그의 종 모세를 믿었더라.

전에 한 스마트폰 제조회사에서 만든 스마트폰이 큰 주목을 받았다. 스페인 바르셀로나에서 열린 MWC(모바일 월드 콩그레스)에서 무려 31개나 수상했다.[52] 많은 매체가 이제야 우리는 제대로 된 스마트폰을 만났다고 하면서 칭찬을 아끼지 않았다. 그동안 이 회사는 해마다 심혈을 기울여 스마트폰을 만들었지만 번번이 흥행에 좋은 성적을 거두지 못했다. 여러 가지 새로운 기능을 도입해서 주목받기도 했지만 그것도 잠시뿐 흥행으로 이어지지는 못했다. 번번이 실패하다 보니 스마트폰 사업을 포기해야 하는가 하는 고민까지 할 정도였다.

그런데 그런 위기 가운데 이번에 만든 스마트폰은 무엇을 다르게 만들었기에 이렇게 많은 주목을 받게 되었을까? 한마디로 기본기에 충실했기 때문이다. 넓고 잘 보이는 18:9 비율의 화면에, 고성능의 광각 카메라를 앞뒤로 장착했다. 여기에 방수기능을 넣고, 배터리 용량을 늘리고, 30분이면 충전이 50%나 되는 고속 충전기능을 넣었다. 전에는 스마트폰을 분리해서 다른 모듈을 넣게 하는 등 스마트폰 자체를 상당히 복잡하게 만들었었다. 모듈도 여러 가지였다. 그러나 이런 것들을 다 가지고 다닐 수 없었다. 그런데 스마트폰의 개념을 복잡함에서 단순함으로 바꾸고 여기에 집중한 것이다. 위기 속에 복잡한 문제의 해법을 단순한 것으로 돌파한 것이다.

우리 삶에 위기가 찾아올 때 우리는 다각도로 문제를 분석한다. 그러다 보면 우리의 마음도, 생각도 복잡해진다. 결국 해결책도 복잡해진다. 하지만 복잡한 문제일수록 단순화하여 집중할 때 문제 해결의 실마리는 또렷하게 보인다. 복잡한 상황에서 정신을 차리고 보면 그곳에 상황을 해결할 수 있는 출구가 감추어져 있는 경우가 많다.

급하게 물건을 찾을 때 보면 마음이 조급해서 찾으려는 물건이 잘 보이지 않는다. 그런데 여유를 조금만 갖고 주변을 찬찬히 살펴보면 찾으려던 물건이 그 자리에 고스란히 있는 것을 발견하게 된다. 마음이 급해지니 눈앞에 있는 해결책도 잘 보이지 않았던 것이다. 이처럼 상황이 복잡하면 마음도 복잡하고, 마음이 복잡하면 출구가 눈앞에 있어도 잘 보이지 않는다.

이스라엘 백성은 하나님의 놀라운 능력으로 출애굽을 하고 광야 길을 거쳐 마침내 홍해 앞 비하히롯에 도착했다. 그동안 눈앞에 펼쳐지는 하나님의 구름 기둥과 불 기둥의 인도를 따라 여기까지 왔다. 그런데 눈을 들어보니 이게 웬일인가? 저 멀리 먼지 구름을 일으키며 바로가 강력한 애굽 병거 600대와 군사들을 이끌고 이스라엘 진영으로 진격해 오는 것이 아닌가? 이 장면을 보고 이스라엘 백성들은 당황하였고 모세를 향해 원망과 불평을 쏟아냈다.

"그들이 또 모세에게 이르되 애굽에 매장지가 없어서 당신이 우리를 이끌어내어 이 광야에서 죽게 하느냐. 어찌하여 당신이 우리를 애굽에서 이끌어내어 우리에게 이같이 하느냐. 우리가 애굽에서 당신에게 이른 말이 이것이 아니냐. 이르기를 우리를 내버려두라. 우리가 애굽 사람을 섬길 것이라 하지 아니하더냐. 애굽 사람을 섬기는 것이 광야에서 죽는 것보다 낫겠노라"(출 14:11-12).

이렇게 백성들이 모세에게 원망을 쏟아붓는 것은 하나님께 원망을 쏟아내는 것과 같다. 왜냐하면 모세는 하나님께서 보내신 대표자이기 때문이다. 하나님은 이 원망을 자신에게 쏟는 원망으로 여기셨던 모양이다.

"여호와께서 모세에게 이르시되 너는 어찌하여 내게 부르짖느냐. 이스라엘 자손에게 명령하여 앞으로 나아가게 하고" (출 14:15).

하나님은 이스라엘 백성의 부르짖는 원망을 들으시고 그 대표자인 모세에게 왜 내게 부르짖느냐고 말씀하신다. 비록 모세는 원망하지 않았지만 그가 이스라엘의 대표자이기 때문에 하나님은 그가 하나님께 부르짖는 것으로 여기셨다. 이런 것을 보면 중보자의 사명을 감당하는 것이 억울한 면이 있다. 모세는 대표자이기에 이스라엘을 대신하여 책망받고 있는 것이다. 그런데 지금 하나님께서 말씀하시는 것을 보면 이 말씀은 책망이라기보다 응답임을 알 수 있다.

하나님께서는 지금은 원망하며 부르짖을 때가 아니라 "이스라엘 자손에게 명령하여 앞으로 나아가게 할" 때라고 말씀한다. 하나님은 이스라엘의 탄식과 부르짖음을 들으시고 이들의 기도에 응답하고 계시는 것이다. 그 응답은 '행진하라'는 것이다. 하지만 앞은 바다다. 어떻게 바다로 행진하라는 말씀인가? 그런데 하나님은 더 놀라운 말씀을 하신다.

"지팡이를 들고 손을 바다 위로 내밀어 그것이 갈라지게 하
라. 이스라엘 자손이 바다 가운데서 마른 땅으로 행하리라"
(출 14:16).

지팡이를 들고 손을 바다 위로 내밀어 바다가 갈라지게 하라는
것이다. 하나님은 행동하는 기도를 요구하신다. '행동하는 기도'란
부르짖기만 하는 것이 아니라 부르짖으며 행동하는 것을 말한다. 기
도가 우리 행동을 변화시켜야 한다. 바다를 향하여 앞으로 나아가라
는 하나님의 말씀은 여러 가지 복잡한 생각을 일으킬 수 있다. "아니,
바다인데 어떻게 나아가지?" "배를 마련해야 하나?" "말도 안 되는
소리인데?" 하지만 하나님은 손을 내밀면 바다가 갈라질 것이고, 그
가운데 마른땅으로 지나갈 것이라고 하신다.

하나님의 인도하심은 절체절명의 복잡한 위기상황에서 불가능해
보이는 길로 들어가라는 하나님의 기이한 초대로 이어진다. 이런 초
대는 실패하고 망할 것 같은데 놀라운 해법이 숨겨져 있다. 해결책이
보이지 않는 바다로 뚜벅뚜벅 걸어가는 것, 이것이 바로 해법이다.
이런 것을 보면 하나님의 시선과 우리의 시선은 분명히 다르다. 성공
으로 보이는 길이 종종 낭패로 끝나고 낭패로 보이는 길이 놀라운 성
공으로 끝난다.

우리 주변에 무엇이 인기 있다, 이런 사업이 잘된다는 말을 듣고
발 디뎠다가 어려움을 겪는 경우가 있다. 왜 그런가? 잘되는 것처럼
보이는 그때가 끝물이기 때문이다. 그래서 유행을 따라가는 일은 참
위험하다. 하나님께서는 이런 유행과 상관없이 우리를 망하는 길로

인도하시는 것 같다. 이때 우리 마음은 복잡하고 계산도 헝클어진다. 그럴수록 우리에게는 단순히 하나님을 신뢰하는 마음이 필요하다. 하나님께서 모세에게 말씀하신다.

"손을 바다 위로 내밀어 그것이 갈라지게 하라"(출 14:16).

갈라지게 하는 것은 모세의 능력 밖의 일이다. 그런데 하나님께서 손을 바다 위로 내밀어 갈라지게 하라고 하시는 이유는 무엇일까? 하나님을 신뢰한다는 것을 보이도록 하기 위해서다. 하나님을 신뢰하여 손을 내밀면 하나님은 그 믿음을 보시고 바다가 갈라지게 하실 것이다. 나는 단지 순종했을 뿐인데 바다가 갈라진다면 얼마나 놀라운 일인가? 그런데 더 놀라운 일이 있다.

"내가 애굽 사람들의 마음을 완악하게 할 것인즉 그들이 그 뒤를 따라 들어갈 것이라. 내가 바로와 그의 모든 군대와 그의 병거와 마병으로 말미암아 영광을 얻으리니"(출 14:17).

바다가 갈라지면 하나님께서 애굽 사람들의 마음을 완악하게 하신다는 것이다. 하나님이 마음을 완악하게 하신다는 것은 이들에게 은혜를 거두어가셔서 회개하고 돌이키지 못하게 하신다는 뜻이다. 회개의 은혜가 없으면 결코 스스로의 힘으로 돌이킬 수 없다. 은혜가 없으면 자기 속에 있는 죄와 탐욕에 사로잡혀 마음의 죄된 갈망만을 고집스럽게 추구하고 쫓아가게 된다. 바로와 그의 병사들은 누가 말해도 듣지 않을 정도로 아주 고집스럽게 변하여 갈라진 바닷속으로 들어간 이스라엘을 추격할 것이다. 아니, 바닷속으로 들어가는 것이 얼마나 가슴 떨리는 일인데 여기에 추격자를 붙이신다는 말인가?

막다른 골목에 길을 내셔서 이제 새로운 길로 나가나 싶었는데, 여기에 애굽 군대를 뒤따라가게 하신다. 이는 하나님께서 이스라엘을 위기로 몰아가려는 것이 아니다. 도리어 막다른 길에서 출구를 내시려는 것이다. 모세에게 말씀을 마치자 하나님은 먼저 움직이신다.

> "이스라엘 진 앞에 가던 하나님의 사자가 그들의 뒤로 옮겨 가매 구름 기둥도 앞에서 그 뒤로 옮겨 애굽 진과 이스라엘 진 사이에 이르러 서니 저쪽에는 구름과 흑암이 있고 이쪽에는 밤이 밝으므로 밤새도록 저쪽이 이쪽에 가까이 못하였더라"
> (출 14:19-20).

하나님께서 먼저 이스라엘 진을 인도하던 사자를 뒤로 옮겨가게 하시자 하나님의 임재를 상징하는 구름 기둥도 뒤로 움직였다. 그러더니 이스라엘을 추격하는 애굽 군대와 이스라엘 백성의 진영 사이를 가로막고 서서 애굽 군대에는 칠흑 같은 암흑을 보내시고, 이스라엘 진영에는 밝은 빛을 보내셨다. 하나님은 이스라엘 진영이 한밤중의 야구장보다 훨씬 밝은 조명 가운데서 바닷속 길로 들어갈 수 있도록 비춰주셨다. 이스라엘은 밝은 빛 가운데 걸어갔지만 애굽 군대는 칠흑 같은 어둠 속에 앞이 보이지 않아 꼼짝할 수 없었다.

막다른 길에서 하나님의 인도하심으로 출구를 찾아갈 때 경험하는 놀라운 역사가 있다. 그것은 막다른 길에서 새로운 길이 열릴 때 그토록 우리를 위협하는 적군들이 꼼짝하지 못하고 우리를 보지 못한다는 것이다. 그렇게 위협적이고 살기 등등해도 하나님께서 구름 기둥으로 그들의 시선을 가리신다. 우리가 여기 있다는 것조차 보지 못하게 하신다. 이렇게 하나님의 앞서 행하시는 놀라운 역사를 보자 모세는 용기를 얻어 손을 내민다.

> "모세가 바다 위로 손을 내밀매 여호와께서 큰 동풍이 밤새도록 바닷물을 물러가게 하시니 물이 갈라져 바다가 마른 땅이 된지라"(출 14:21).

모세가 손을 내밀자 커다란 동풍이 밤새도록 불기 시작했다. 바닷물이 가운데부터 물러가는데, 물이 다른 곳으로 가는 것이 아니라 물러가면서 벽돌 쌓이듯 쌓이기 시작했다. 물이 쌓이면서 바다 한가운데 물벽이 형성되었다.

> "이스라엘 자손이 바다 가운데를 육지로 걸어가고 물은 그들의 좌우에 벽이 되니"(출 14:22).

이 물벽 사이를 이스라엘 백성이 한밤중에 지나갔다. 장정만 60만 명인 이스라엘 백성이 지나가려면 가운데 물벽으로 이루어진 통로가 꽤 넓어야 했을 것이다. 한밤중에 이 통로를 오직 불 기둥의 밝은 빛을 의지하여 이스라엘은 지나갔다. 빛 가운데 바다 사이를 통과해 지나가면서 바다 물벽 사이로 지나가는 물고기, 상어, 문어, 가오리 등 다양한 해양생물이 보였을지 모르겠다. 지금도 홍해에는 아름다운 물고기가 많다. 이 지역은 뜨거운 지역이라서 바닷물 증발량이 많아 염분이 높고, 산호초가 발달해 있으며, 물고기 색도 진하고 화려한 편이다. 노란색, 붉은색, 자줏빛, 파랗고 노란 줄무늬 색깔 등 아름다운 물고기가 많다. 이 사이를 지나간 것이다. 한밤중에 밝은 빛의 인도로 갈라진 바닷길을 따라 걸으며 좌우에 펼쳐진 아름다운 경치를 바라보며….

한편 흑암 가운데 헤매던 애굽 군사들은 저 멀리 이스라엘 백성들이 밝은 빛 가운데 바닷속으로 걸어가는 것을 보고 겨우겨우 어둠을 뚫고 나왔다. 군대는 이들을 맹추격했다.

"애굽 사람들과 바로의 말들, 병거들과 그 마병들이 다 그들의 뒤를 추격하여 바다 가운데로 들어오는지라"(출 14:23).

이스라엘 백성들이 밤새 홍해를 건너 거의 끝자락에 다다를 무렵이었을 것이다. 애굽은 이들을 추격하기 시작했다. 저 멀리 불그스름한 여명이 보이기 시작했다. 하나님께서는 이토록 집요하게 추격하는 애굽을 그냥 두시지 않고 이스라엘을 위해 싸우셨다.

"새벽에 여호와께서 불과 구름 기둥 가운데서 애굽 군대를 보시고 애굽 군대를 어지럽게 하시며 그들의 병거 바퀴를 벗겨서 달리기가 어렵게 하시니 애굽 사람들이 이르되 이스라엘 앞에서 우리가 도망하자 여호와가 그들을 위하여 싸워 애굽 사람들을 치는도다"(출 14:24-25).

하나님이 애굽 군대 가운데 오셔서 그들의 병거 바퀴를 벗기셨다. 잘 달리던 병거의 바퀴가 빠져 방향을 잃고 갈지자로 가게 되자, 뒤에 오던 병거가 이를 들이받아 바퀴가 빠지고 병거는 엎어졌다. 순식간에 애굽 진영은 혼란에 빠져 더는 전진하지 못했다. 이때쯤 애굽 군대는 정신을 차리고 아차 싶었을 것이다. 처음에는 당당하게 막다른 길로 들어왔지만 갈수록 어렵고 전진할 수 없었다. 점점 잘못 왔다는 생각이 들었을 것이다.

반면 이스라엘 백성은 막다른 길목에서 기적적으로 바닷길이 열렸고, 빛을 보고 평안을 맛보며 홍해 건너편 소망의 출구에 도달했다. 이스라엘은 갈수록 구원의 소망이 강렬해진 반면 애굽은 갈수록 갇히는 느낌이었다. 도망가야겠다고 생각했을지 모르지만 보통 이럴 때가 끝물이다. 아니나 다를까, 26절을 보라.

"여호와께서 모세에게 이르시되 네 손을 바다 위로 내밀어 물이 애굽 사람들과 그들의 병거들과 마병들 위에 다시 흐르게 하라 하시니"(출 14:26).

하나님은 홍해 기적의 마무리를 모세의 손을 통해 이루셨다. 하나님 역사의 특징이 여기에 있다. 하나님은 그 역사의 시작과 끝을 항상 하나님을 신뢰하는 믿음의 종을 통해 이루신다. 모세가 손을 뻗자 그동안 벽돌처럼 쌓여 있던 물이 한 방울 두 방울 툭툭 떨어지더니 갑자기 봇물 터지듯 한꺼번에 무너지며 가운데로 난 길로 쏟아졌다.

"모세가 곧 손을 바다 위로 내밀매 새벽이 되어 바다의 힘이 회복된지라. 애굽 사람들이 물을 거슬러 도망하나 여호와께서 애굽 사람들을 바다 가운데 엎으시니"(출 14:27).

애굽 군사들은 당황하여 도망가려 했지만 이미 늦었다.

"물이 다시 흘러 병거들과 기병들을 덮되 그들의 뒤를 따라 바다에 들어간 바로의 군대를 다 덮으니 하나도 남지 아니하였더라"(출 14:28).

결국 바로와 애굽 군대는 막다른 골목에서 비참한 최후를 맞이하고 말았다.

"이스라엘이 여호와께서 애굽 사람들에게 행하신 그 큰 능력을 보았으므로 백성이 여호와를 경외하며 여호와와 그의 종 모세를 믿었더라"(출 14:31).

이스라엘 백성은 막다른 길에서 역사하시는 하나님을 경험했다. 하나님은 길이 없는 바다에 길을 내시고 출구를 만드셨으며 가는 길 내내 혹여나 길을 잃거나 실족하지 않도록 환한 빛을 비추어주셨다.

힘든 위기의 시간이 다가오고 있는가? 복잡한 상황에 휩쓸려 근심과 걱정으로 초조해하지 말고 단순하게 주님을 바라볼 수 있기를 바란다. 해결책은 복잡하지 않다. 이 모든 상황을 관통하는 하나의 단순한 해결책이 있다. 자극적인 외부환경에 그대로 반응하며 불안해하고 걱정하는 것이 아니라 이 속에 반드시 하나님의 출구가 감추어져 있음을 신뢰하며 나아가야 한다. "이 일을 통하여 반드시 하나님의 능력을 맛보리라!" 이런 소망의 결단이 우리 안에 일어나기를 바란다. 행동하는 기도가 필요하다. 걱정하고 부르짖는 것만이 아니라 손을 내밀어 홍해를 가르고, 행동하는 기도 가운데 바닷길을 걸어가는 결단이 우리에게 있어야 한다. 위기 속에 감추어진 하나님의 능력을 맛보는 하늘 백성으로 살아가자.

[27장 각주] ··

52) 허경구, "G6 올 MWC 최고 제품… 31개 수상", 국민일보, 2017. 3. 3.

고난을 통과한
찬송이 주는 울림

이때에 모세와 이스라엘 자손이 이 노래로 여호와께 노래하니 일렀으되 내가 여호와를 찬송하리니 그는 높고 영화로우심이요 말과 그 탄 자를 바다에 던지셨음이로다. 여호와는 나의 힘이요 노래시며 나의 구원이시로다. 그는 나의 하나님이시니 내가 그를 찬송할 것이요 내 아버지의 하나님이시니 내가 그를 높이리로다. 여호와는 용사시니 여호와는 그의 이름이시로다. 그가 바로의 병거와 그의 군대를 바다에 던지시니 최고의 지휘관들이 홍해에 잠겼고 깊은 물이 그들을 덮으니 그들이 돌처럼 깊음 속에 가라앉았도다.

여호와여 주의 오른손이 권능으로 영광을 나타내시니이다. 여호와여 주의 오른손이 원수를 부수시니이다. 주께서 주의 큰 위엄으로 주를 거스르는 자를 엎으시니이다. 주께서 진노를 발하시니 그 진노가 그들을 지푸라기같이 사르니이다. 주의 콧김에 물이 쌓이되 파도가 언덕같이 일어서고 큰 물이 바다 가운데 엉기니이다. 원수가 말하기를 내가 뒤쫓아 따라잡아 탈취물을 나누리라. 내가 그들로 말미암아 내 욕망을 채우리라. 내가 내 칼을 빼리니 내 손이 그들을 멸하리라 하였으나 주께서 바람을 일으키시매 바다가 그들을 덮으니 그들이 거센 물에 납같이 잠겼나이다. 여호와여 신 중에 주와 같은 자가 누구니이까. 주와 같이 거룩함으로 영광스러우며 찬송할 만한 위엄이 있으며 기이한 일을 행하는 자가 누구니이까. 주께서 오른손을 드신즉 땅이 그들을 삼켰나이다. 주의 인자하심으로 주께서 구속하신 백성을 인도하시되 주의 힘으로 그들을 주의 거룩한 처소에 들어가게 하시나이다.

여러 나라가 듣고 떨며 블레셋 주민이 두려움에 잡히며 에돔 두령들이 놀라고 모압 영웅이 떨림에 잡히며 가나안 주민이 다 낙담하나이다. 놀람과 두려움이 그들에게 임하매 주의 팔이 크므로 그들이 돌같이 침묵하였사오니 여호와여 주의 백성이 통과하기까지 곧 주께서 사신 백성이 통과하기까지였나이다. 주께서 백성을 인도하사 그들을 주의 기업의 산에 심으시리이다. 여호와여 이는 주의 처소를 삼으시려고 예비하신 것이라. 주여 이것이 주의 손으로 세우신 성소로소이다. 여호와께서 영원무궁 하도록 다스리시도다 하였더라.

전에 경기도 판교에 있는 한 기업 본사에서 이색전시회가 열렸다. 그것은 "내 사전에 불가능은 없다"는 유명한 말을 남긴 보나파르트 나폴레옹 1세의 유품을 전시하는 자리였다.[53] 특별히 이 전시회에서 가장 주목받은 유품은 '나폴레옹의 모자'였다. 우리나라 사람이 기억하는 나폴레옹의 이미지가 있다. 나폴레옹이 두 발을 들고 일어선 흰 백마를 타고 붉은 망토를 입고 멋진 모자를 쓴 채로 한 손을 들어 저 멀리 한 방향을 가리키는 모습이다.

이 그림은 자크 루이 다비드라고 하는 신고전주의 화가가 1801년에 그린 〈생베르나르 고개를 넘는 보나파르트〉라는 유명한 작품이다. 이 그림에 나온 바로 그 모자를 전시하는 것이었다. 이 모자를 이 기업의 CEO가 프랑스 파리에서 열린 한 경매에서 188만 4천 유로, 우리 돈으로 25억 8천만 원에 사들였다.

아니, 무슨 이유로 이 모자에 이렇게 많은 돈을 투자했을까? 그 이유는 모자가 주는 상징적인 울림 때문이었다. 이 회사의 CEO는 어릴 때부터 나폴레옹의 도전정신에 매료되었다고 한다. 나폴레옹은 유난히 키가 작아 어릴 때부터 주변 사람들에게 놀림을 받았다. 성인이 되었어도 그 키가 불과 150cm 정도밖에 되지 않았다. 그러나 "내 사전에 불가능은 없다"고 말한 것처럼 불굴의 개척정신으로 꿈을 키워 35세에 황제의 자리에 오르게 된다. 물론 그의 삶 전체에 대한 평가는 다양하다. 그럼에도 이 모자는 그 기업의 CEO에게 불가능에 도전하며 수많은 역경을 이겨낸 나폴레옹의 삶을 상징하는 큰 영감을 주는 모자였던 것이다. 이처럼 삶의 역경이 녹아 있는 물건이나 장소는 우리에게 많은 울림을 준다.

짧지 않은 한국 기독교 역사 가운데 성도에게 가장 큰 울림을 주었던 찬송가가 있다. '나 같은 죄인 살리신'(Amazing Grace)이다. 한국 성도가 가장 사랑하는 찬송가 1위다. 이 찬송은 우리나라뿐 아니라 전 세계 성도들에게 가장 많은 사랑을 받은 찬송가이기도 하다. 전에 독일의 베를린 장벽이 무너질 때 모든 독일 시민이 나와서 떼창을 부른 노래가 바로 이 찬송이었다. 마틴 루터 킹 목사가 '나에게는 꿈이 있습니다'(I have a dream)란 유명한 연설을 하고 함께 부른 찬송도 이 찬송이었고, 넬슨 만델라가 석방될 때 그를 사랑했던 수많은 국민이 나와 함께 부른 찬송도 바로 이 찬송이었다.

이 찬송이 이렇게 큰 울림을 주는 이유는 이 찬송의 가사를 쓴 존 뉴튼의 삶이 주는 울림 때문이다. 그는 1748년 노예상인으로 방탕한 삶을 살았다. 그러던 어느 날, 폭풍우로 배가 좌초될 위기에 처하자 하나님께 은총을 베풀어달라고 간절히 기도했다. 감사하게도 하나님의 놀라운 은혜로 배는 무사히 항구에 도착했다. 죽음에서 살아난 뉴튼은 노예무역을 청산하고 자신의 회심을 담은 찬양을 썼다. 이것이 바로 '어메이징 그레이스' 다. 그러고는 죽는 날까지 목회자로서 복음을 전하며 살았다. 그의 영향을 강력하게 받은 정치인이 있었다. 바로 영국의 노예해방을 이끌어낸 윌리엄 윌버포스다.

이번 장의 본문은 마치 나폴레옹의 모자와 같이, 또 '어메이징 그레이스' 와 같이 우리 삶에 큰 울림을 주는 찬송시다. 그 이유는 이 찬송에는 애굽의 노예였던 이스라엘이 놀라운 은혜로 출애굽하여 홍해를 통과하며 겪었던 수많은 역경을 담고 있기 때문이다. 본문은 출애굽기 내용의 흐름상 1장부터 시작되었던 출애굽 역사가 완성되는 최고의 클라이맥스다. 출애굽기 14장이 하나님께서 홍해를 가르고 이

〈생베르나르 고개를 넘는 보나파르트〉(자크 루이 다비드 作, 1801년)

스라엘을 구원하는 내용이라면 15장은 하나님의 구원역사를 회고하며 놀라운 일을 이루신 하나님을 찬양하며 대단원을 마무리한다. '찬양'이란 무엇인가? 하나님이 그동안 행하신 일을 돌아보며, 그 하나님이 우리의 하나님이 되심을 고백하고, 그 하나님께 자신의 미래를 의탁하는 신앙고백이다.

하나님께서 본문의 찬양을 우리에게 주신 이유가 있다. 이스라엘이 경험했던 하늘의 울림이 오늘날 고난을 통과하는 성도에게도 계속해서 울리기를 원하기 때문이다. 그렇다면 이 시를 통해 우리가 붙들어야 할 울림은 무엇일까? 본문이 한 번에 쉽게 읽히지는 않지만 차분하게 그 안에 담긴 깊은 의미를 살펴볼 필요가 있다.

먼저, 본문 초반에 반복적으로 등장하는 표현이 있다. 그것은 '나'라는 주어이다.

"이때에 모세와 이스라엘 자손이 이 노래로 여호와께 노래하니 일렀으되 내가 여호와를 찬송하리니 그는 높고 영화로우심이요 말과 그 탄 자를 바다에 던지셨음이로다. 여호와는 나의 힘이요 노래시며 나의 구원이시로다. 그는 나의 하나님이시니 내가 그를 찬송할 것이요 내 아버지의 하나님이시니 내가 그를 높이리로다"(출 15:1-2).

1절 초반에는 노래를 드리는 주체가 모세와 이스라엘이다. 그런데 찬송은 '내가 여호와를 찬송하리니'로 시작한다. 찬송이 1인칭 주어로 시작하는 것이다. 이는 집단의 체험을 1인칭 '나'의 체험으로 표현하기 위함이다. 하나님의 구원역사는 이스라엘 민족 전체에게 주어진 민족적 집단 체험이었다. 홍해를 통과한 놀라운 구원의 선물을 경험한 이스라엘 백성들 개개인이 이것을 '나의 구원'으로 받아들이고 고백한 것이다. 그때 비로소 여호와 하나님이 '나의 하나님'이 된다. 그래서 "내가 여호와를 찬송하리니"라고 시작하고서는 2절에서 "여호와는 나의 힘이요 노래시며 나의 구원이시로다. 그는 나의 하나님이시니"라고 고백한다.

하나님의 구원역사는 많은 이에게 주어지지만 이 역사는 '내'가 개인적으로 체험하고 확신하며 고백해야 할 선물이어야 한다. 나의 체험이 되지 않으면 하나님은 내 어머니의 하나님, 아버지의 하나님으로만 그치게 된다.

우리는 묻어가는 것을 참 편하게 생각한다. 그래서 분위기와 대세에 민감하다. 왜? 분위기에 묻어가야 적어도 나쁜 소리를 듣지 않고 무난히 간다고 생각하기 때문이다. 신앙생활도 이렇게 묻어가려는 경향이 있다. 그냥 부모님이 신앙생활하니까 나도 따라다닌다. 그러나 그냥 따라다니기만 하다 보면 하나님은 나의 하나님이 아니라 내 친구, 어머니, 아버지의 하나님으로만 머무른다.

하나님을 '나의 하나님'으로 고백할 수 있어야 한다. 하나님이 나의 하나님이 되지 않으면 부모님의 하나님은 조금 지나면 잊히는 하나님이 된다. 본문 2절 후반부를 보라. "내가 그를 찬송할 것이요 내 아버지의 하나님이시니"라고 고백한다. 나의 하나님을 내 아버지, 내 선조의 하나님과 동일한 하나님으로 고백하는 것이다. 여기서 '내 아버지의 하나님'이란 무슨 의미일까?

"하나님이 그들의 고통 소리를 들으시고 하나님이 아브라함
과 이삭과 야곱에게 세운 그의 언약을 기억하사 하나님이 이
스라엘 자손을 돌보셨고 하나님이 그들을 기억하셨더라"(출
2:24-25).

이스라엘이 출애굽한 것은 선조들이 하나님의 언약을 받았기 때
문이다. 아브라함이 하나님께 언약을 받았고 이삭과 야곱이 이어받았
다. 하나님께서 이스라엘에게 구원을 베푸신 것이 바로 이 언약을 기
억하셨기 때문이다. 하나님을 '내 아버지의 하나님'이라 고백하는 것
은 출애굽을 경험하며 선조들에게 약속하셨던 하나님을 이제는 나의
하나님으로 믿고 의지한다는 뜻이다. 성도들이 해야 할 중요한 사명
은 나의 부모님이 경험하고 만났던 하나님을 내가 개인적으로 만나고
경험하는 것이고, 또 이 하나님을 자녀들이 인격적으로 만나고 경험
하게 해주어야 한다. 학원만 보낼 것이 아니라 하나님을 만나게 해주
어야 한다. 하나님을 만나면 하나님에 대한 태도가 달라진다.

"여호와는 용사시니 여호와는 그의 이름이시로다"(출 15:3).

이 고백에는 이스라엘을 위하여 싸우시는 여호와 하나님에 대한
확신이 담겨 있다. "나를 위하여 싸우시는 강한 용사이신 여호와 하
나님, 나는 그 이름을 부끄러워하지 않습니다. 도리어 확신하고 자랑
합니다." 이런 뜻이다. 성도에게는 이런 확신이 복음 안에서 경험되
어야 한다. "내가 복음을 부끄러워하지 아니하노니 이 복음은 모든

믿는 자에게 구원을 주시는 하나님의 능력이 됨이라. 먼저는 유대인에게요 그리고 헬라인에게로다"(롬 1:16). 내가 살 길은 믿는 자에게 구원을 주시는 하나님의 능력이 계시된 복음을 붙드는 것이다. 그 이름을 확신하고 자랑스러워 할 수 있어야 한다.

이스라엘 백성은 홍해 체험을 통해 용사되신 여호와 하나님의 이름을 확신했다.

"그가 바로의 병거와 그의 군대를 바다에 던지시니 최고의 지휘관들이 홍해에 잠겼고 깊은 물이 그들을 덮으니 그들이 돌처럼 깊음 속에 가라앉았도다"(출 15:4-5).

이스라엘을 그토록 힘들게 하고 집요하게 쫓던 애굽 군사들을 하나님이 어떻게 처리하셨는가? 바다에 던지셨다. 홍해에 잠기게 하셨다. 하나님이 한 번 던지시니 꺼낼 자가 없었다. 결국 깊은 물이 그들을 덮어 돌이 깊음 속에 가라앉는 것처럼 가라앉았다. 여기 '깊음'이란 단어가 연속으로 두 번이나 등장한다. '깊음'(히. 테훔)이란 단어는 창세기 1장 2절을 반영하는 단어다. "땅이 혼돈하고 공허하며 흑암이 깊음 위에 있고 하나님의 영은 수면 위에 운행하시니라."

깊음은 이 세상이 제대로 형성되기 전, 바다 아래 있던 깊은 심연의 어둠을 가리키는 말이다. 하나님이 세상을 질서 있게 창조하기 전, 처음의 상태가 혼돈과 공허 그리고 흑암과 깊음이었다. 하나님께서 바로와 그의 군대를 바다 아래 깊음 속으로 던져넣으셨다. 이는 일종의 창조와 반대되는 역창조의 역사를 일으키셨음을 의미한다.

역창조로 돌아가는 것은 창조 이전의 상태와 같이 혼돈과 공허와 흑암 속으로 들어가는 것을 의미한다. 온 세상을 호령했던 바로도 하나님이 던지시니 창조 이전의 상태로 아무것도 아닌 것으로 돌아갔다.

우리 인생도 하나님의 손에 붙들리지 않으면 이와 같다. 아무리 힘이 세고 세상적인 조건과 여건이 좋아 보여도 얼마 지나지 않아 곧바로 혼돈과 공허와 흑암 속으로 들어가게 된다. 우리가 볼 때 아무리 대단해 보여도 하나님이 보실 때는 아무것도 아닌 것이다. 바로는 자신이 얼마나 위험한 영적 상태에 있는지를 모르고 무모하게 홍해 속으로 덤벼든 것이다. 이스라엘은 출애굽과 홍해 사건을 통해 이것을 체험하고 확신했다. 세상을 다스리는 것은 바로가 아니라 하나님의 전능하신 손길이다.

"여호와여 주의 오른손이 권능으로 영광을 나타내시니이다.
여호와여 주의 오른손이 원수를 부수시니이다"(출 15:6).

'주의 오른손'이 두 번이나 반복된다. '주의'라는 표현은 원문으로 하면 '당신의'라는 2인칭 소유격이다. 직역하면 "당신의 오른손이 권능을 나타내시고 당신의 오른손이 원수를 부숩니다"라는 말씀이다. '당신의'라는 표현을 강조하는 이유는 이 세상을 다스리고 통치하는 근본적인 손이 바로 '하나님의 손길'임을 강조하기 위해서다.

"주께서 주의 큰 위엄으로 주를 거스르는 자를 엎으시니이다.
주께서 진노를 발하시니 그 진노가 그들을 지푸라기같이 사르니이다"(출 15:7).

　여기서 '주의 큰 위엄'은 '당신의 큰 위엄'이라는, '주께서 진노를 발하시니'는 '당신이 진노를 발하시니'라는 의미다. 본문 1~2절은 그 강조가 '나'에 있었다. 이는 이스라엘 전체가 경험하는 하나님이 아니라 '내'가 경험하는 하나님으로 고백하는 것이 중요함을 암시한다. 그런데 지금부터는 모든 강조가 '당신'으로 옮겨가고 있다. 그 하나님을 만나고 나니 오직 주님의 이름을 찬송하고 영광을 높이는 것에 집중되는 것이다. 하나님께 집중하니 그가 이스라엘을 위해 베푸신 놀라운 역사는 장차 이루실 더 큰 능력의 일부에 불과하다는 것을 깨닫는다.

　"주의 콧김에 물이 쌓이되 파도가 언덕같이 일어서고 큰 물이
　바다 가운데 엉기니이다"(출 15:8).

　주의 콧김에 물이 쌓였다! 홍해를 갈라지게 한 것이 하나님의 콧김이라는 것이다. 코로 물이 든 컵에 바람을 보내면 수면이 잠시 흔들린다. 그런데 하나님께서 콧김으로 바람을 보내면 바다가 갈라진다. 그만큼 하나님의 능력이 크시다. 콧김은 하나님이 보내신 일종의 바람, 숨결이다. 하나님의 숨결은 사람에게 들어가면 사람을 살아나게 하는 생명의 근원이 되고(창 2:7), 자연에 불면 자연이 움직이고 순종하는 능력의 근원이 된다. 이 능력 앞에 원수가 아무리 난리를 치고 도발을 해도 소용없다.

"원수가 말하기를 내가 뒤쫓아 따라잡아 탈취물을 나누리라. 내가 그들로 말미암아 내 욕망을 채우리라. 내가 내 칼을 빼리니 내 손이 그들을 멸하리라 하였으나"(출 15:9).

원수는 하나님을 인정하지 않고 세상의 힘을 이용해 자기 인생을 계획하는 사람이다. 그의 머릿속에는 온통 '내가 뒤쫓아 따라잡을 것이다' '저들의 부를 내 것으로 차지하리라' '그들을 이용하여 내 욕망을 채우리라' '내가 멸하리라' 는 생각뿐이다. 이 구절에만 '내가' 하겠다는 표현이 6번이나 등장한다. 이처럼 하나님을 인정하지 않는 사람은 '나' 로 가득 차 있다. 가끔 보면 "하나님을 믿을 바에야 차라리 나를 믿겠다"고 말하는 이가 있다.

어떤 대상을 믿으려면 조건이 필요하다. 무엇보다 믿는 대상이 변치 않아야 한다. 변치 않아야 그런 대상을 신뢰하고 믿음을 줄 수 있다. 그런데 사람은 아침에 다르고 저녁에 다르다. 그러면 믿을 수 있을까? 바로는 스스로를 믿었을지 모르지만 스스로가 너무 자주 변했다. 한 번은 잘못했다고 하고 다른 때는 완악하게 냉대했다. 바로 내면에 다른 바로가 너무 많았다. 우리도 그렇다. 내 안에 내가 너무 많다. 그런데 이런 나를 과연 내가 믿을 수 있을까? 우리는 스스로를 믿기에 너무나도 신실하지 못하다. 그런데 마치 이것저것을 다 할 수 있을 것처럼 계획한다. 이것도 하고 저것도 하고, 이렇게 저렇게 내 욕망을 채우리라! 정복하리라! 그러나 결코 그렇게 되지 않는다.

"주께서 바람을 일으키시매 바다가 그들을 덮으니 그들이 거센 물에 납같이 잠겼나이다"(출 15:10).

하나님의 숨결, 즉 바람이 지나가면 우리의 모든 노력이 너무나도 무력하고 헛되다는 것을 깨닫는다. 결국 이런 우리에게 필요한 고백이 무엇인가?

"여호와여 신 중에 주와 같은 자가 누구니이까. 주와 같이 거룩함으로 영광스러우며 찬송할 만한 위엄이 있으며 기이한 일을 행하는 자가 누구니이까"(출 15:11).

주님 같은 분이 없다는 고백이다. 하나님이 오른손을 들기만 하면 땅이 삼킨다(출 7:12, 민 16:32 참조). 하나님께서 이런 능력의 손으로 이스라엘을 인도하시는 이유가 무엇인가? 주의 거룩한 처소에 들어가게 하기 위해서다.

"주의 인자하심으로 주께서 구속하신 백성을 인도하시되 주의 힘으로 그들을 주의 거룩한 처소에 들어가게 하시나이다"(출 15:13).

여기서 거룩한 처소는 일차적으로는 시내산에서 계명을 받은 이후 장차 세울 성막을 가리킨다. 이 성소는 하나님께서 사랑으로 구속하신 백성을 위한 특별한 장소다. 여기 '구속하다' (히. 가알)는 표현은 경제용어로 '비싼 값을 주고 산다'는 뜻이다. 이스라엘은 하나님이 소중한 값을 지불하고 산 소중한 보석 같은 백성들이다(출 19:5 참조). 거룩한 처소라는 표현은 17절에 다시 반복된다.

> "주께서 백성을 인도하사 그들을 주의 기업의 산에 심으시리이
> 다. 여호와여 이는 주의 처소를 삼으시려고 예비하신 것이라.
> 주여 이것이 주의 손으로 세우신 성소로소이다"(출 15:17).

여기 '기업의 산'에 심을 것은 장차 세워질 거룩한 처소, 즉 성소이며 시온산의 예루살렘 성전을 예고한다. 이는 성막에서 성전으로 고정될 것을 의미하는데, 이 성전의 최종적인 성취는 하나님께서 비싼 값을 주고 사신 친 백성을 성전으로 삼으시는 신약시대의 교회로 성취된다. "하나님이 세상을 이처럼 사랑하사 독생자를 주셨으니 이는 그를 믿는 자마다 멸망하지 않고 영생을 얻게 하려 하심이라"(요 3:16). 하나님은 그의 백성을 사기 위하여 독생자를 값으로 내주셨다. 그 독생자는 하나님의 말씀으로 육신이 되어 우리 가운데 오셔서 장막을 치셨다(요 1:14). 장막을 쳤다는 것은 성막을 쳤다는 뜻이고, 이는 곧 예수 그리스도가 머리 되는 새로운 성전이 세워짐을 뜻한다. 그리스도께서는 십자가의 고난을 이기시고 우리에게 성전이 되어 주셨다.

고난을 통과한 이스라엘 백성이 하나님의 구원하심을 찬양하고, 그의 거룩한 성소를 허락하신 것을 찬양했던 것처럼 우리 또한 고난 가운데 우리를 구원하신 하나님을 찬양하고, 우리에게 거룩한 그리스도의 몸 된 교회를 허락하심을 감사하고 찬양해야 한다. 하나님의 큰

능력이 우리와 함께하신다. 고난 중에도 그의 놀라운 역사를 의뢰하고 경험하며 주님의 빛 된 교회를 놀랍게 이루어가도록 하자. 고난을 통과한 성도의 아름다운 울림이 황홀한 찬송으로 울려 퍼지게 하자.

[28장 각주] ··

53) 권민경, "흥국 하림 회장 '26억 나폴레옹 모자 받자마자 써봤는데'", 한국경제, 2017. 3. 16.

홍해를
통과한

이스라엘,
광야에 서다

홍해 구원, 이후가 중요하다

은혜의 유효기간을 관리하라

하늘 양식으로 살라

노력 중독의 한계에서 벗어나라

계속되는 원망과 짜증, 어떻게 할까

함께 기도의 두 손을 들라

못자리 인생을 꿈꾸라

은혜를 담을 그릇이 있는가

홍해 구원,
이후가 중요하다

바로의 말과 병거와 마병이 함께 바다에 들어가매 여호와께서 바닷물을 그들 위에 되돌려 흐르게 하셨으나 이스라엘 자손은 바다 가운데서 마른 땅으로 지나간지라. 아론의 누이 선지자 미리암이 손에 소고를 잡으매 모든 여인도 그를 따라 나오며 소고를 잡고 춤추니 미리암이 그들에게 화답하여 이르되 너희는 여호와를 찬송하라. 그는 높고 영화로우심이요 말과 그 탄 자를 바다에 던지셨음이로다 하였더라.

모세가 홍해에서 이스라엘을 인도하매 그들이 나와서 수르 광야로 들어가서 거기서 사흘 길을 걸었으나 물을 얻지 못하고 마라에 이르렀더니 그곳 물이 써서 마시지 못하겠으므로 그 이름을 마라라 하였더라. 백성이 모세에게 원망하여 이르되 우리가 무엇을 마실까 하매 모세가 여호와께 부르짖었더니 여호와께서 그에게 한 나무를 가리키시니 그가 물에 던지니 물이 달게 되었더라.

거기서 여호와께서 그들을 위하여 법도와 율례를 정하시고 그들을 시험하실새 이르시되 너희가 너희 하나님 나 여호와의 말을 들어 순종하고 내가 보기에 의를 행하며 내 계명에 귀를 기울이며 내 모든 규례를 지키면 내가 애굽 사람에게 내린 모든 질병 중 하나도 너희에게 내리지 아니하리니 나는 너희를 치료하는 여호와임이라. 그들이 엘림에 이르니 거기에 물 샘 열둘과 종려나무 일흔 그루가 있는지라 거기서 그들이 그 물 곁에 장막을 치니라.

2017년에 국책연구기관인 육아정책연구소가 5세 어린이, 초등학교 2학년과 5학년 등 모두 270명을 대상으로 창의성 검사와 지능검사를 실시한 후 '사교육과 창의성의 상관성'에 대한 연구결과를 발표했다.[54] 결과는 "사교육을 많이 받을수록 새로운 것을 생각하는 능력, 곧 창의성이 떨어질 가능성이 크다"는 것이다. 사교육을 하는 이유가 무엇인가? 학교에서 배우는 것을 잘 소화하고 앞서가기 위해서다. 사교육은 문제를 다르게 생각하기보다 정답을 빨리 알도록 도움을 준다. 물론 사교육의 도움도 필요할 것이다. 그러나 이러한 사교육이 계속되다 보면 궁극적으로 문제 해결능력은 떨어진다. 길게 보면 광야와 같은 우리 인생에 닥치는 수많은 문제 앞에 정답을 찾으려는 무모한 시도를 하다 더 큰 좌절감에 빠질 위험이 있다.

사교육은 심리적으로 인간 내면에 기본적으로 잠재된 '종결 욕구'와 깊은 관계가 있다. 종결 욕구란 문제에 대한 확실한 대답을 원하는 심리적 욕구를 말한다. 우리의 심리는 혼란과 모호성을 싫어해서 가능한 한 빨리 정답을 찾으려고 한다. 복잡하고 불확실한 상황에 부딪치면 이런 상황을 빨리 끝내고 싶은 욕구가 있다. 사람은 애매모호한 문제에 직면하면 불안하고 두려워한다. 이런 시간이 길어지면 스트레스를 받고 견디기 힘들어한다. 이런 문제 앞에 빠르고 명쾌한 정답을 원한다. 여기에 우리 사회의 조급성은 이를 더욱 부추긴다. 우리는 속도전의 민족, 빨리빨리의 민족 아닌가? 우리나라에 유독 사주카페가 많고 점집이 많은 주요한 이유가 부분적으로 여기에 있다. 애매모호하고 난해한 인생의 고민을 재빠르게 한 방에 해결하려하기 때문이다. 종결 욕구가 강할수록 먼저 찾은 해답만을 붙들고 심리적 안정을 찾으려 한다. 하지만 빠르고 명쾌해 보이는 정답들은 도리어 우리 인생의 혁신과 창의성을 저해하고 새로운 돌파구를 찾지 못하게 한다.

미국 싱크탱크인 뉴아메리카의 연구원으로 활동하는 제이미 홈스가 창의력과 혁신을 다룬 「난센스」라는 책을 냈다.[55] 핵심내용은 혁신, 창의력이 센스가 아니라 난센스에서 온다는 것이다. 센스는 합리적이고 타당한 모두가 인정하는 정답을 의미한다. 난센스는 상식적으로 이해되지 않고 애매모호한 명확하지 않은 것이다. 혁신을 위해서는 난센스를 택해야 한다. 그러나 이것이 쉽지 않다. 사람은 단순 명쾌한 정답을 좋아하지 애매모호한 것을 좋아하지 않기 때문이다. 우리가 명쾌한 답을 찾아 결론을 내면 이것을 정답으로 여기기에 다른 가능성을 열린 마음으로 보지 못한다. 우리에게는 불확실성을 인내하며 견딜 수 있는 힘과 지혜가 그리 많지 않다.

이것은 구원문제에 있어서도 마찬가지다. 우리는 예수 그리스도를 우리의 구세주로 믿고 구원을 받는다. 그런데 천국에 갈 수 있다는 확신을 갖고 나면 이제 내 할 일은 다 했으니 이것으로 끝이라고 생각한다. 그러나 우리는 구원을 얻고 난 이후에도 이 땅에서 여전히 수많은 모호함과 불확실성 앞에 직면한다. 그래서 빌립보서 2장 12절은 "두렵고 떨림으로 너희 구원을 이루라"고 말씀한다. 성도는 이미 붙든 구원을 바탕으로 날마다 직면하는 인생의 난해한 문제 앞에 두렵고 떨림으로 나아가야 한다. 기도로 씨름해야 한다. 그런데 우리는 빨리 해결책을 찾아 그것으로 사건을 종결지으려고 한다. 그러다 보니 우리 삶의 모호성과 고난을 정면으로 마주하여 씨름하려 하지 않고 가능한 한 회피하려 한다. 이것이 계속되면 점점 우리 삶에 거룩의 능력은 사라지고 방종이 찾아오기 쉽다.

이런 사실을 아주 극명하게 보여주는 것이 바로 이번 장의 본문 말씀이다. 본문은 이스라엘 백성들이 하나님의 놀라운 구원역사를 요약하는 것으로 시작한다.

> "바로의 말과 병거와 마병이 함께 바다에 들어가매 여호와께서 바닷물을 그들 위에 되돌려 흐르게 하셨으나 이스라엘 자손은 바다 가운데서 마른 땅으로 지나간지라"(출 15:19).

이것이 얼마나 놀라운 일이었던지, 모세는 이스라엘 백성과 더불어 하나님의 구원역사를 힘차게 찬양했고, 이어 모세의 누이이자 선지자인 미리암도 이스라엘의 모든 여인과 더불어 소고를 들고 춤추며 찬양한다.

> "미리암이 그들에게 화답하여 이르되 너희는 여호와를 찬송하
> 라. 그는 높고 영화로우심이요 말과 그 탄 자를 바다에 던지셨
> 음이로다 하였더라"(출 15:21).

이 큰 구원역사로 인해 이스라엘은 그동안 의심하고 불평했던 하나님을 더욱 경외하게 되었고, 그의 종 모세도 신뢰하게 되었다.

> "이스라엘이 여호와께서 애굽 사람들에게 행하신 그 큰 능력
> 을 보았으므로 백성이 여호와를 경외하며 여호와와 그의 종
> 모세를 믿었더라"(출 14:31).

홍해를 건넌다는 것은 불가능에 도전하는 것과도 같다. 이스라엘의 능력으로는 도저히 이룰 수 없던 구원문제가 하나님의 능력으로 해결되었다. 이로써 이스라엘은 여호와 하나님이야말로 이스라엘을 큰 능력으로 도우시는 분이고, 이 하나님을 의지하는 것이 이스라엘의 소망임을 깨닫는다.

그런데 홍해를 건넌 이스라엘이 기쁜 마음으로 모세의 인도를 따라간 뒤에 또 다른 난관에 부딪힌다. 홍해를 건너 본격적인 광야길로 들어간 지 사흘 만에 또다시 하나님을 원망하고 불평하기 시작한 것이다. 그 이유는 물 때문이었다.

"모세가 홍해에서 이스라엘을 인도하매 그들이 나와서 수르 광야로 들어가서 거기서 사흘 길을 걸었으나 물을 얻지 못하고 마라에 이르렀더니 그곳 물이 써서 마시지 못하겠으므로 그 이름을 마라라 하였더라"(출 15:22-23).

하나님께서 분명히 놀라운 능력으로 이스라엘을 물의 위협으로부터 구원해주셨는데 이스라엘은 또다시 물 없는 황량한 광야에서 당황해하고 있다. 앞 장의 홍해와 이번의 광야에는 공통점과 차이점이 있다. 공통점은 둘 다 물에 관한 문제라는 것이고, 이 문제는 이스라엘의 능력으로는 해결할 수 없는 거였다. 이스라엘은 자신의 힘으로 홍해를 가를 수도, 또 광야에서 물을 찾을 수도, 길어낼 수도 없었다. 차이점도 있다. 홍해는 이스라엘을 가로막고 위협하는 혼돈과 공허의 세력을 상징하는 바다였다. 하나님께서는 이 혼돈과 공허의 세력을 가르고 이스라엘을 구원하셨다. 반면 광야에서의 물은 혼돈과 공허의 세력이 아니라 이스라엘에게 반드시 필요한 생수였다는 점이다.

이스라엘은 생수문제를 해결할 수 있는 능력이 없었다. 생수는 만들어낼 수 있는 것이 아니었다. 생수는 오직 발견되어야 하고 은혜로 얻어야만 하는 것이었다. 생수가 없으면 죽지만 그렇다고 자기 힘으로 생수를 확보할 수도 없었다. 생수는 오직 하나님이 주셔야만 얻는 것이었다. 물이라고 아무거나 마실 수 없다. 마라의 물처럼 쓴 물, 독성과 이물이 있는 오염된 물은 마시지 못할 물이다. 결국 이스라엘이 광야에서 직면하는 중요한 도전은 홍해를 건너도 여전히 하나님의 은혜와 기적이 필요하다는 점이다. 그냥 은혜가 아니다. 큰 은혜, 큰 기적이 날마다 필요했다.

이것은 구원에 있어서도 마찬가지다. 우리는 예수 그리스도를 믿어 죄를 용서받고 하나님의 자녀가 되는 큰 은혜를 경험했다. 우리가 하나님 앞에 의롭다고 인정받는다는 것은 정말이지 놀라운 기적이자 은혜이다. 그러나 이것으로 구원이 끝난 게 아니다. 구원 이후에도 여전히 인생이라는 광야를 지나가며 하나님의 은혜가 필요하다.

삶을 위협하는 불확실성과 위협과 모호함에 직면하여 우리가 가장 먼저 보이는 반응이 있다. 그것은 원망이다. 이것은 우리가 할 수 있는 가장 쉬운 반응이다. 원망한다는 것은 우리 삶을 명확하게 결론짓고 싶은 일종의 '종결 욕구'가 있다는 말이다. 문제를 다양한 차원으로 고민하고 씨름하기보다 고민할 필요 없이 이유를 가능한 한 빨리 찾아 탓을 돌리면 끝난다. 이 문제는 모세 때문이라고 단정하면 별로 고민할 필요도 이유도 없다. 그저 비난과 원망을 쏟아내면 된다.

"백성이 모세에게 원망하여 이르되 우리가 무엇을 마실까 하매"(출 15:24).

백성은 원망하고 탓을 돌리면 끝이다. 이런 종결 욕구의 유혹이 우리에게 참 많다. 그토록 꿈꾸던 직장에 들어갔다. 그런데 직장에서 해결하기 어려운 문제에 부딪혔다. 가장 빠르게 할 수 있는 선택이 무엇인가? 원망하고 탓을 돌린 후에 사표를 쓰는 일이다. 요즘에는 사표를 쓸 필요도 없다. 예고 없이 그냥 조용히 사라진다. 나오지를 않는다. 남녀관계에서도 그렇다. 서로 옥신각신 싸우다 보면 이런 생각이 든다. '이렇게 만나서 싸울 바에야 차라리 이젠 그만 보자.' 이런 빠른 결단에는 모든 것을 우리 힘으로 가능한 한 빠르고 명쾌하게 만들고 싶은 일종의 심리적 종결 욕구가 도사리고 있는 것이다.

그러나 우리 삶 자체가 그렇게 명쾌한 것이 아니다. 우리의 삶은 알 듯하다가도 모르겠고 모를 듯하다가도 알 것 같은 불확실성의 연속이다. 그래서 전도서 기자는 우리 인생을 다음과 같이 진술한다. "형통한 날에는 기뻐하고 곤고한 날에는 되돌아보아라. 이 두 가지를 하나님이 병행하게 하사 사람이 그의 장래 일을 능히 헤아려 알지 못하게 하셨느니라"(전 7:14). "하나님이 하시는 일의 시종을 사람으로 측량할 수 없게 하셨도다"(전 3:11).

우리의 삶은 본질적으로 그렇게 명쾌하지 않다. 그런데 우리는 이런 명쾌하지 않은 인생을 명쾌하게 만들려고 무던히도 애쓴다. 내가 꿈꾸는 대로 다 된다면 그것은 정상이 아니다. 도리어 교만해져 하나님이 바라시는 모습으로 빚어지지 못하게 된다. 내가 바라는 인생의 답이 아니면 틀렸다고 생각하고 너무 쉽게 눈앞에 보이는 대상을 원망한다. 어떻게든 빨리 이 상황을 벗어나려고만 한다.

하지만 하나님께서 이스라엘에게 원하시는 모습은 이런 모습이 아니었다. 하나님은 광야에서 펼쳐지는 모호함과 애매함 속에서도 여전히 그의 백성이 하나님을 신뢰하며 바라보길 원하셨다.

"모세가 여호와께 부르짖었더니 여호와께서 그에게 한 나무를 가리키시니 그가 물에 던지니 물이 달게 되었더라. 거기서 여호와께서 그들을 위하여 법도와 율례를 정하시고 그들을 시험 하실새"(출 15:25).

모세는 어떻게 하는가? 여호와께 부르짖었다. 홍해를 건너는 놀라운 기적을 경험한 모세는 이런 상황에서 자신의 지팡이를 물에 내밀 수도 있었다. 지난 열 가지 재앙을 경험하며 나름대로 체득한 노하우가 있었을지도 모른다. 그럼에도 모세는 여전히 하나님께 부르짖는다. '부르짖는다' 는 것은 이 문제 자체의 해결은 하나님께 있고, 나는 이 문제의 해결책을 아시는 하나님과 씨름하겠다는 뜻이다. 모세는 빠른 문제 해결 이전에 하나님과의 관계 해결을 추구했던 것이다. 그랬더니 하나님께서 어떻게 하시는가? 나무 하나를 알려주셨고, 그 나무를 물에 던지니 써서 못 먹던 물이 생수로 변하여 마실 수 있게 되었다. 한 번 먹고 내뱉을 쓴 물을 계속해서 마실 수 있는 물로 바꾸어주신 것이다. 결국 광야에서의 쓴 물을 이전과는 다른 새로운 방법으로 해결할 수 있게 되었다.

보통 첫 번째 큰 성과를 거두고 나면 두 번째는 실패할 가능성이 높다. 첫 번째 성공에 자만해서 변화한 상황을 고려하지 못하고 이를 성공 공식으로 삼아 천편일률적으로 밀어붙이기 때문이다. 전에 스티브 잡스가 애플 컴퓨터 II를 만들어 크게 히트한 후, 애플 III를 내놓았다가 실패하고서 한 말이 있다.[56] "최초에 내놓은 제품이 크게 성공을 거두지만 그 제품이 왜 그렇게 성공했는지를 제대로 이해하지 못할 때 문제가 발생한다. 기업은 야심이 커지고 보다 담대해지며 이런 상태에서 내놓는 두 번째 제품은 실패한다. 두 번째 작품에서 좋은 성과를 낸다면 안정적인 궤도에 오를 수 있을 것이다."

애플사에서 거의 쫓겨나다시피 나온 잡스는 이 경험을 바탕으로 픽스 영화사를 인수했다. 여기서 만든 첫 번째 작품이 〈토이 스토리〉였다. 그 이후로 픽스사는 한번도 실패하지 않고 무려 14개의 작품을 연속으로 흥행 1위에 올려놓았다. 아니, 한 번도 힘든데 어떻게 14번을 할 수 있었을까? 그것은 흥행 이후 성공에 도취되지 않고 그 작품에 대해 '객관적으로 분석하여 실수를 고치고 더 나은 요소들'을 끊임없이 반영하여 새롭게 도전하는 조직문화와 시스템을 갖추었기 때문이다. 이들은 흥행에 계속 성공하면 위험하다고 생각했다. 자신들이 가진 틀에서 벗어나지 못하게 되고, 그러면 곧바로 흥행 참패로 이어질 수 있기에 이 부분을 극도로 예민하게 경계한 것이다. 이들은 성공의 답을 찾고 안주한 것이 아니라 지속적으로 자신의 성공에 의문을 제기하고 자신을 되돌아본 것이다.

하나님께서는 이스라엘 백성에게 도사리고 있는 빠른 종결 욕구가 상당 부분 애굽의 노예생활에서 왔음을 알고 계셨다. 제국의 종결 욕구에 길들어 살았던 것이다. 이들의 내면은 여전히 날마다 눈에 보이는 것과 순간적인 만족에 길든 노예였다. 애굽제국에서의 사고방식과 행위가 결국 내면 깊은 곳에 영적인 질병을 일으키고 있었다. 하나님께서는 이런 그들에게 빠른 종결 욕구에서 벗어나는 새로운 삶의 방식으로 초대하신다. 그래서 이들이 시내산에 갈 때까지 지켜야 할 임시 법도와 율례를 정하여 말씀하신다.

"이르시되 너희가 너희 하나님 나 여호와의 말을 들어 순종하

고 내가 보기에 의를 행하며 내 계명에 귀를 기울이며 내 모든
규례를 지키면 내가 애굽 사람에게 내린 모든 질병 중 하나도
너희에게 내리지 아니하리니 나는 너희를 치료하는 여호와임
이라"(출 15:26).

여기서 하나님은 이스라엘 백성의 상태를 치료받아야 할 상태로
규정하신다. 이스라엘은 하나님의 큰 구원의 능력으로 홍해를 건너
출애굽에 성공했지만 그 내면에는 여전히 익숙한 제국의 사고방식과
가치관이 변화되지 않은 채 고스란히 남아 있었다. 그렇기에 눈앞에
자신들이 기대하는 빠른 결과나 해답이 나타나지 않으면 곧바로 모
세를 원망하고 하나님을 불신했다. 사실 광야를 지나는 이스라엘에
게 정말로 필요한 것은 부르짖음이었다. 광야의 목마름 앞에서는 모
세와 같이 하나님 앞에 씨름하며 부르짖어야 했다. 그럼에도 이스라
엘은 여전히 제국의 방식에 젖어 하나님께 나아가지 않고 현재의 여
건과 상황을 평가하며 불평불만을 쏟아내고 있었다.

하나님께서는 이런 백성에게 필요한 치유책이 무엇인지를 말씀
하신다. 첫째, 듣는 것이다. 제국의 사고방식과 가치관을 내려놓고
하나님의 음성을 귀 기울여 듣는 것이다. 둘째, 순종하는 것이다. 상
황과 여건에 좌우되는 것이 아니라 이것과 상관없이 순종해야 한다.
셋째, 의를 행해야 한다. 의란 하나님과의 바른 관계를 유지하는 행
동을 말한다. 사람을 향한 불평과 원망을 절제하고 하나님과의 바른
관계를 추구하는 삶을 살아야 한다. 그리고 적극적으로 하나님의 계
명을 지켜야 한다. 이것은 삶의 기준이 제국에 있는 것이 아니라 하

나님께 있음을 명시하는 것이다. 이렇게 될 때 이스라엘 안에 자신도 모르게 스며들어 있던 제국의 독이 빠져나가며 치유될 것이다. 이제 이스라엘은 제국의 시스템이 제공하는 확실성과 명쾌함을 내려놓아야 한다.

오늘날 우리가 살아가는 세계화의 제국은 얼마나 종결 욕구를 자극하는가? 사고 싶은 것은 하나님께 부르짖기 전에 당장 클릭 한 번으로 해결할 수 있다. 능력이 안 돼도 신용만으로 끌어당길 수 있다. 당장에 소유하고 해결하는 것으로 자신의 존재를 인정받고 만족을 느낀다. 보고 싶은 것, 듣고 싶은 것을 즉석에서 충족시키며 산다. 그러나 이런 것에 몰두할수록 우리는 광야에서 맛보아야 할 생수를 얻는 삶과는 멀어진다.

하나님은 광야에서 이스라엘에게 물만 주신 것이 아니다. 물을 주시며 그들 안에 있는 고질적인 영적 병폐를 보셨다. 하나님의 구원은 나를 의롭다 부르신 칭의의 구원만으로 끝나지 않는다. 하나님께서는 광야 같은 인생이 아무리 모호하고 애매하더라도 쉽게 좌절하거나 포기하지 않고 주님을 신뢰하며 겸손하게 그분의 음성을 붙들고 나아가는 성화의 구원으로 우리를 인도해주셨다.

예수님은 광야의 시험 후에 산상설교를 하시면서 "구하라. 그리하면 너희에게 주실 것이요 찾으라. 그리하면 찾아낼 것이요 문을 두드리라. 그리하면 너희에게 열릴 것이니"(마 7:7)라고 말씀하셨다. '구하고 찾고 문을 두드리는 것', 이것은 광야를 통과하는 이스라엘 백성들만 행해야 할 것이 아니라 광야 같은 인생을 살아가는 성도가 반드시 붙들어야 할 태도이다. 만약 우리에게 일종의 성공 공식이 자리 잡아 날마다 종결 욕구를 즉각적으로 충족시키며, 더 이상 하나님의 도움이 필요 없다고 생각하게 되면, 그다음부터는 하나님께 구하지 않는다. 하나님의 뜻을 찾지도 않게 된다.

성도는 광야 같은 세상 속에서 단회적 구원으로 만족할 것이 아니다. 겸손하게 주님께 구하고, 주님의 뜻을 찾고, 주님의 문을 두드림으로써 우리 속에 물든 제국의 악한 병폐들을 치유받고 온전해져야 한다. 부르짖으라. 애통하라. 이 마음 없이는 광야에서 원망과 불평을 쏟아내다 하나님과 멀어진다. 다시 눈을 들어 주를 겸손하게 바라보며 부르짖을 수 있어야 한다. 이것이 성도가 추구해야 할 거룩이다.

[29장 각주] ···

54) 김성규, "사교육이 아동의 창의성을 죽인다", 한국교육신문, 2017. 3. 19.
55) 제이미 홈스, 구계원 역, 「난센스: 불확실한 미래를 통제하는 법」(서울: 문학동네, 2017).
56) 위의 책, 249쪽

은혜의 유효기간을
관리하라

이스라엘 자손의 온 회중이 엘림에서 떠나 엘림과 시내산 사이에 있는 신 광야에 이르니 애굽에서 나온 후 둘째 달 십오일이라. 이스라엘 자손 온 회중이 그 광야에서 모세와 아론을 원망하여 이스라엘 자손이 그들에게 이르되 우리가 애굽 땅에서 고기 가마 곁에 앉아 있던 때와 떡을 배불리 먹던 때에 여호와의 손에 죽었더라면 좋았을 것을 너희가 이 광야로 우리를 인도해 내어 이 온 회중이 주려 죽게 하는도다. 그때에 여호와께서 모세에게 이르시되 보라. 내가 너희를 위하여 하늘에서 양식을 비같이 내리리니 백성이 나가서 일용할 것을 날마다 거둘 것이라. 이같이 하여 그들이 내 율법을 준행하나 아니하나 내가 시험하리라.

여섯째 날에는 그들이 그 거둔 것을 준비할지니 날마다 거두던 것의 갑절이 되리라. 모세와 아론이 온 이스라엘 자손에게 이르되 저녁이 되면 너희가 여호와께서 너희를 애굽 땅에서 인도하여 내셨음을 알 것이요 아침에는 너희가 여호와의 영광을 보리니 이는 여호와께서 너희가 자기를 향하여 원망함을 들으셨음이라. 우리가 누구이기에 너희가 우리에게 대하여 원망하느냐.

모세가 또 이르되 여호와께서 저녁에는 너희에게 고기를 주어 먹이시고 아침에는 떡으로 배불리시리니 이는 여호와께서 자기를 향하여 너희가 원망하는 그 말을 들으셨음이라. 우리가 누구냐 너희의 원망은 우리를 향하여 함이 아니요 여호와를 향하여 함이로다. 모세가 또 아론에게 이르되 이스라엘 자손의 온 회중에게 말하기를 여호와께 가까이 나아오라. 여호와께서 너희의 원망함을 들으셨느니라 하라. 아론이 이스라엘 자손의 온 회중에게 말하매 그들이 광야를 바라보니 여호와의 영광이 구름 속에 나타나더라. 여호와께서 모세에게 말씀하여 이르시되 내가 이스라엘 자손의 원망함을 들었노라. 그들에게 말하여 이르기를 너희가 해 질 때에는 고기를 먹고 아침에는 떡으로 배부르리니 내가 여호와 너희의 하나님인 줄 알리라 하라 하시니라.

전에 미국의 한 동화작가가 〈뉴욕 타임즈〉에 기고한 칼럼이 많은 사람에게 애잔한 감동을 주었다. 칼럼 제목은 'You May Want to Marry My Husband'(당신은 아마 내 남편과 결혼하고 싶을 겁니다)였다.[57] 내용은 다음과 같다.

"오늘 당신에게 멋진 남자를 소개하려고 합니다. 바로 제 남편 브라이언 로젠탈입니다. 그는 퇴근길에 장을 봐서 저녁을 만들어주는 로맨티스트이자 집안 곳곳을 손보고 고치는 재주꾼입니다. 또 키 178cm에 몸무게 73kg, 반백의 머리에 갈색 눈을 가졌고, 사랑에 빠지기 쉬운 남자로 나도 어느 날 그렇게 사랑에 빠져들었습니다. 저는 그동안 남편과 26년을 살았고 또 남은 26년을 살기를 바랐지만 이제 살 날이 얼마 없습니다. 강력한 진통제를 맞고 5주째 음식을 제대로 못 먹어 글을 쓰기 어려운 상황이지만 저는 진심으로 남편이 좋은 사람을 만나기 원합니다."

이 글을 쓴 에이미 로젠탈이라 불리는 50대 초반의 여인은 2015년 9월 5일 갑작스러운 통증으로 응급실에 실려갔다가 거기서 말기암 판정을 받았다. 큰 충격 속에 이 여인은 남은 시간 최선을 다해 가족들을 사랑하다 급기야 남편을 위해 이런 글을 써 신문에 기고했던 것이다. 이 칼럼을 쓰고 열흘 후 여인은 사랑하는 남편과 세 자녀를 두고 세상을 떠났다. 어느 날 갑자기 찾아온 질병 앞에 이 여인은 삶의 유한성에 직면하여 어떻게든 자신에게 주어진 한계 내에서 남편에게 도움이 되기를 원하는 애틋한 마음을 가졌던 것이다. 마음 같아선 이러한 유한성을 넘고 싶지만 우리는 한계 있는 인간이기에 이것은 불가능함을 또한 잘 알고 있다. 그래서 우리는 때로 이런 유한성 앞에 미리 포기하고 체념하기도 한다.

얼마 전 남아공에서 13년 동안 식물인간으로 산 마틴 피스토리우스의 이야기를 담은 「Ghost Boy」(유령소년)이란 책이 우리나라에 번역되어 나왔다. 한국 번역본 제목은 「엄마는 내가 죽었으면 좋겠다고 말했다」이다.[58] 주인공은 열두 살 때 원인불명의 병으로 돌연 식물인간이 되었다가 4년 만에 의식을 되찾았다. 그런데 의식을 되 찾고도 100만 명 중의 1명꼴로 앓는다는 감금증후군에 걸려, 의식은 정상이지만 마치 식물인간처럼 몸을 움직이지 못하는 상태로 9년을 지내야 했다. 이 9년의 세월을 마치 의식 없는 식물인간처럼 누워 있 으면서 그는 엄마의 충격적인 탄식을 들었다. "네가 죽었으면 좋겠 어. 네가 죽어야 해!" 몸을 움직일 수만 있다면 그냥 죽고 싶었다. 그 러나 자신은 어떻게도 할 수 없었다. 그러다 '버나'라는 사려 깊은 간병인이 마틴을 담당하면서, 마틴이 눈빛으로 의사를 전달하는 것 을 눈치 채고 그의 재활을 도왔다. 몸은 아직 많이 불편하여 전동휠 체어를 타고 다니지만, 이제는 결혼도 하고 테드(TED) 강연에도 출 연하여 전 세계에 희망을 전하는 사람으로 활동하고 있다.

사람은 참 연약하고 유한한 존재다. 그러나 성도에게는 유한에서 무한으로, 연약함에서 강함으로, 순간에서 영원으로 안내하는 중요 한 것이 있다. 바로 하나님의 은혜다. 연약한 우리는 하나님의 은혜 가 아니고서는 구원받을 수 없고 영원한 생명을 누릴 수도 없다. 그 리고 이 은혜로 매 순간 우리의 한계 상황을 돌파하며 나아갈 수도 있다. 그런데 은혜는 이토록 강력한 것임에도 불구하고 우리에게 부 어지면 그 유통기한이 그리 길지 않다. 은혜가 부어지면 그것이 자동 으로 10년, 20년씩 가는 것이 아니다. 은혜는 날마다 잘 관리하지 않 으면 사흘을 넘기기 어렵다.

이스라엘 백성을 보라. 놀라운 출애굽을 경험하고 그 은혜의 감 격이 얼마나 지속되는가? 단 사흘이다. 출애굽기 15장 22절을 보면 광야에 들어간 지 사흘 만에 그들은 하나님을 향하여 원망을 쏟아낸다. 이들은 하나님의 은혜가 얼마나 소중한 것인지, 이 은혜를 어떻게 관리해야 하는지, 이것이 이스라엘의 생존과 번영에 얼마나 중요한지 아직 제대로 깨닫지 못하고 있다.

이번 장의 본문은 이스라엘 백성이 마침내 하나님의 인도로 엘림이라는 오아시스 마을에 도착하여 물 문제를 해결한 후, 다시 길을 떠나 십계명을 받게 될 시내산으로 가는 중에 일어난 사건을 다룬다.

> "이스라엘 자손의 온 회중이 엘림에서 떠나 엘림과 시내산 사이에 있는 신 광야에 이르니 애굽에서 나온 후 둘째 달 십오일이라"(출 16:1).

이들은 엘림과 시내산 중간에 이르렀다. 날짜로는 출애굽한 지 둘째 달 15일, 즉 한 달하고 15일이 지났으니 45일째 되는 때였다. 엘림에서 가져온 물과 애굽에서 가지고 나온 식량이 거의 다 떨어질 때쯤 되었을 것이다. 아니나 다를까! 이들은 또다시 하나님이 주신 은혜를 망각하고 원망하기 시작한다.

> "이스라엘 자손 온 회중이 그 광야에서 모세와 아론을 원망하여"(출 16:2).

출애굽 이후로 벌써 두 번째 원망이다. 원망을 자꾸 반복하다 보면 습관이 된다. 원망은 은혜를 제대로 관리하지 못할 때 나타나는 가장 대표적인 증상이다. 원망의 내용이 무엇인가?

> "이스라엘 자손이 그들에게 이르되 우리가 애굽 땅에서 고기
> 가마 곁에 앉아 있던 때와 떡을 배불리 먹던 때에 여호와의 손
> 에 죽었더라면 좋았을 것을 너희가 이 광야로 우리를 인도해
> 내어 이 온 회중이 주려 죽게 하는도다"(출 16:3).

이들은 광야에서의 삶이 애굽에서 노예생활을 할 때와 같지 않다
고 원망한다. 애굽에서 이들은 어떻게 살았는가? 고기 가마 곁에 앉
아 고기를 구워 먹었고, 또 떡을 배불리 먹을 때가 있었다. 그런데
이들은 광야길을 가는 동안 가져온 양식을 아껴 먹느라 제대로 배부
르게 먹지도 못했고, 고기는 구경조차 하지 못했다. 그나마 가지고
온 양식도 다 떨어지게 생겼다. 차라리 애굽에서 실컷 먹고 빨리 죽
는 것이 나았는데 이 황량한 광야에 와서 결국 굶어 죽게 생겼다는
것이다.

이 말은 언뜻 듣기에 그럴듯하지만 이는 사실과 거짓이 섞여 있
는 거짓이다. 사실(fact)과 소설(fiction)이 섞여 있는 팩션(faction)인
것이다. 사실과 거짓이 섞여 있으면 무엇이 사실이고, 무엇이 거짓인
지 분별하기 어렵다. 요즘 우리 사회도 이 거짓 뉴스 때문에 골머리
를 앓고 있지 않은가? 전에 언론진행재단에서 진짜 뉴스와 가짜 뉴
스 6건을 뒤섞어 테스트를 했더니 이것을 모두 제대로 분별한 사람
이 전체 응답자의 1.8%밖에 되지 않았다.[59] 그만큼 진짜와 가짜를 섞
으면 분별하기 어렵다. 그래서 사탄은 우리로 원망하게 하려고 미혹

할 때 절반의 진실을 섞어서 유혹한다.

이스라엘 백성은 애굽에 있을 때 고기를 먹었다. 그러나 이들은 단지 먹는 문제로 출애굽한 것이 아니었다. 너무나도 고통스러운 바로의 압제 때문에 하나님께 부르짖으며 애굽에서 나가기를 소망했다.

"여러 해 후에 애굽 왕은 죽었고 이스라엘 자손은 고된 노동으로 말미암아 탄식하며 부르짖으니 그 고된 노동으로 말미암아 부르짖는 소리가 하나님께 상달된지라"(출 2:23).

이들은 너무나도 힘든 노동조건으로 인해 하나님 앞에 탄식하며 부르짖었다. 절규했다. 오죽했으면 그 절규가 하늘에까지 사무쳤겠는가? 그런데 이렇게 힘든 경험은 전혀 언급하지 않고, 오직 그때 고기와 떡 먹었던 일만 생각한다. 그러고는 그 끔찍했던 때를 좋았던 시절인 것처럼 미화한다. 이스라엘이 이처럼 애굽에 있던 때를 그리워하는 이유가 무엇일까? 그것은 그들이 광야라는 혹독한 생존여건을 지나기 때문이다.

추운 겨울에 목욕탕에 가면 뜨거운 사우나에 들어가고 싶다. 그런데 뜨거운 사우나에서 땀을 쭉 빼면 어디로 가고 싶은가? 냉탕에 들어가고 싶다. 하지만 냉탕에 조금 있다 보면 몸이 추워져 다시 사우나에 가고 싶다. 사람이 이렇다. 결핍된 조건이 만족되면 감사해야 하는데, 거기서 또 다른 결핍을 느끼고 그것을 향해 가려고 한다. 이스라엘이 지금 옛날의 애굽을 그리워하는 것은 이들이 그토록 바라던 자유를 맛보았지만 광야에서 또 다른 결핍을 느꼈기 때문이다. 이들은 애굽에서 맛보았던 음식에 대한 결핍을 느끼기 시작했다. 이처럼 사람은 참 간사한 존재다.

이럴 때 우리에게 필요한 것이 있다. 결핍 가운데 더 소중한 것이 무엇인지를 분별하여 붙드는 장기적인 관점이다. 이런 관점이 필요한 이유가 무엇인가? 우리에게 중요하게 느껴지는 결핍은 지금 당장에 충족되어야 할 것처럼 다급하게 다가오기 때문이다. 본문에 나오는 이스라엘 백성들의 불평을 보면 마치 에서를 보는 것 같다. 에서는 당장의 배고픔으로 장자의 명분을 팥죽 한 그릇에 동생 야곱에게 팔아넘겼다. 장자의 명분을 팔아넘기면서 에서가 한 말이 무엇인가? "내가 죽게 되었으니 이 장자의 명분이 내게 무엇이 유익하리요"(창 25:32). "무엇이 유익하리요"는 한때 한국 영화에서 유행했던 명대사이기도 하다. "뭣이 중헌디?" 이런 생각이 들 때는 한번쯤 더 인내하고 생각해야 한다. 충동적으로 저지른 선택은 반드시 후회를 부른다. 당장 급하다고 애굽으로 돌아가 다시 학대와 압제 속에 고기를 먹는 것이 좋겠는가? 아니면 조금 더 인내하며 하나님의 손길을 기다리는 것이 좋겠는가? 성도는 고통 속에서 항상 눈을 들어 멀리 내다보며 조금 더 기다릴 수 있어야 한다.

여기서 좀 더 깊이 생각해야 할 부분이 있다. 이스라엘이 결핍을 느끼는 이유는 단순히 혹독한 광야를 지나기 때문만은 아니라는 점이다. 더 근본적인 원인이 있다. 그것은 이들이 마땅히 버려야 할 애굽에서의 생활방식을 여전히 고수하고 있기 때문에 고통스러운 것이다. 광야에서는 광야에 걸맞은 삶의 방식이 있는데 제국에서의 방식을 놓지 못하고 살아가려니 힘들고 짜증나고 원망이 나오는 것이다.

제국에서의 삶의 방식은 무엇인가? 제국의 방식은 미리 쌓아놓는 것이다. 제국에서는 곡식창고에 양식이 어느 정도 쌓여 있어야 안심한다. 곡식이 떨어져가면 염려한다. 대책을 마련한다. 떨어지는 것에 대해 압박과 스트레스를 받는다. 제국에서는 돈이 떨어지면 부부끼리 싸운다. 제국이 제공하는 기본적인 삶의 수준이 있기 때문이다. 이 정도는 누려야 한다는 기준이 있다.

그런데 황량한 광야로 가니 쌓아놓을 데도 없고, 그나마 있는 것이 다 떨어지면 대책이 없다. 스트레스가 쌓이는 정도가 아니라 암담하다. 광야에서 누려야 할 기본적인 삶의 수준? 그런 것은 없다. 제국처럼 비교할 대상이 없기 때문이다. 광야에서는 생존만 해도 감사한 일이다.

하나님께서는 제국의 왜곡된 삶의 기준을 고수하며 현 상황을 원망하는 이스라엘에게 이제부터 광야에서 적응해야 할 새로운 삶의 기준과 방식을 말씀하신다.

"그때에 여호와께서 모세에게 이르시되 보라. 내가 너희를 위하여 하늘에서 양식을 비같이 내리리니 백성이 나가서 일용할 것을 날마다 거둘 것이라. 이같이 하여 그들이 내 율법을 준행하나 아니하나 내가 시험하리라"(출 16:4).

이제 하나님께서 이스라엘을 위해 하늘에서 양식을 내릴 것을 약속하신다. 날마다 비같이 내리실 것이다. 이스라엘이 이 양식을 얻기 위해 해야 할 일은 없다. 애굽에서처럼 혹독하게 일하거나 노력해서 얻는 양식이 아니다. 이 양식은 오직 하나님께서 선물로 주시는 양식인데, 한두 번 내려주다 마는 것이 아니라 날마다 성실하게 주시는 양식이다. 그런데 이 양식을 거두기 위해 이스라엘이 지켜야 할 계명이 있다. 그것은 날마다 광야로 나아가 필요한 만큼만 거두어야 한다는 것이다. 좀 쌓아두고 2~3일에 한 번씩 나가면 안 되는가? 그렇지 않다. 쌓아두면 그 순간 썩는다. 그래서 쌓아두려는 생각을 내려놓고 날마다 필요한 만큼만 거두어 먹어야 한다. 이런 것을 '일용할 양식'이라고 한다(마 6:11 참조).

일용할 양식을 먹는다는 것은 제국의 방식과 대조되는 삶의 방식으로 살아가는 것이다. 일용할 양식은 주기도문에도 등장한다. 예수님의 로마제국의 삶의 방식이 아니라 하늘 양식으로 살아가야 함을 강조하는 것이다. 제자라면 내 힘과 내 노력, 제국의 자원에만 의존하는 것이 아니라 날마다 은혜를 내려주시는 하나님 앞으로 나아가며 살아가야 한다.

만나를 거두는 규정에는 쌓아둘 것을 명하는 예외적인 경우가 있다. 안식일 전날에는 안식일을 위하여 평소 거두던 양의 두 배를 거두라고 말씀한다. 예배드리는 날, 그날만을 위해 쌓아두는 것은 허락하신다. 이를 제외하고 이스라엘은 날마다 하나님 앞에 나아가 일용할 양식을 얻는 삶의 방식을 따라야 한다.

"여섯째 날에는 그들이 그 거둔 것을 준비할지니 날마다 거두던 것의 갑절이 되리라"(출 16:5).

일용할 만나를 거두는 삶의 방식 아래서 이스라엘은 제국에서처럼 내일 일을 염려하거나 걱정하며 소유와 축적에 대한 압박을 받을 필요가 없다. 왜? 내일 필요한 양식은 하나님이 내일 또 내려주시기 때문이다. 내일 필요는 내일 가서 거두면 된다. 또 하늘 양식을 누가 더 많이 거두었나 비교할 필요도 없다. 많이 가져가도 그날 다 먹을 것이 아니면 필요 없는 낭비다. 그저 오늘 자신에게 꼭 필요한 만큼만 거두면 된다. 그뿐만이 아니다. 하나님께서는 이스라엘 백성이 그토록 그리워하던 고기도 내려주신다.

> "모세가 또 이르되 여호와께서 저녁에는 너희에게 고기를 주어 먹이시고 아침에는 떡으로 배불리시리니 이는 여호와께서 자기를 향하여 너희가 원망하는 그 말을 들으셨음이라. 우리가 누구냐. 너희의 원망은 우리를 향하여 함이 아니요 여호와를 향하여 함이로다"(출 16:8).

하나님은 저녁에는 고기로, 아침에는 떡으로 필요한 것을 늘 내려주셔서 그의 백성을 배부르게 먹이겠다고 말씀하신다. 그동안 제국에서 내 힘과 노력으로 살았다면 이제부터는 하늘 양식으로 사는 것에 익숙해져야 한다. 하늘 양식은 전적으로 하나님의 일하심에 달려 있다. 광야에서 바꾸어야 할 삶의 모드는 날마다 하늘 양식을 내려주시는 하나님께 가까이 나아가 그분을 바라보며 예배하는 것뿐이다. 그래서 9절은 이렇게 말씀한다.

"모세가 또 아론에게 이르되 이스라엘 자손의 온 회중에게 말
하기를 여호와께 가까이 나아오라. 여호와께서 너희의 원망함
을 들으셨느니라 하라"(출 16:9).

이제 더는 제국의 삶의 방식을 붙들지 말고 하나님께 가까이 나
아오라는 것이다. 가까이 나아가니 어떤 일이 벌어지는가?

"그들이 광야를 바라보니 여호와의 영광이 구름 속에 나타나
더라"(출 16:10).

하나님께 가까이 나아가니 광야에서 하나님의 영광을 본다. 이스
라엘 백성에게 익숙해져야 할 삶의 방식이 바로 이것이다. 광야에서
하나님의 영광을 맛보며 사는 것이다. 광야에 숨겨진 하나님의 영광
속으로 날마다 들어가야 하는 것이다.

"내가 이스라엘 자손의 원망함을 들었노라. 그들에게 말하여
이르기를 너희가 해 질 때에는 고기를 먹고 아침에는 떡으로
배부르리니 내가 여호와 너희의 하나님인 줄 알리라 하라 하
시니라"(출 16:12).

이로써 너희는 내가 '너희의 하나님'인 줄 알리라. 다른 민족의
하나님이 아니라 바로 너희의 하나님이라는 것을 알게 될 것이다. 광
야에서의 새로운 삶의 방식을 통해 하나님께서는 이제부터 이스라엘

이 하나님을 아는 지식에서 자라가기를 원하신다.

그런데 본문을 읽을수록 좀 불편한 부분이 있다. 그것은 하나님
께서 이스라엘이 원망함을 들었다는 표현이 계속해서 반복되는 것
이다.

> "여호와의 영광을 보리니 이는 여호와께서… 원망함을 들으셨
> 음이라"(출 16:7).
> "여호와께서… 배불리시리니 이는 여호와께서… 너희가 원망
> 하는 그 말을 들으셨음이라"(출 16:8).
> "여호와께 가까이 나아오라. 여호와께서 너희의 원망함을 들
> 으셨느니라"(출 16:9).
> "내가 이스라엘 자손의 원망함을 들었노라"(출 16:12).

이스라엘 자손의 원망이 계속해서 강조되는 이유가 무엇인가? 이
스라엘 백성의 원망이 영적으로 볼 때 상당히 위험한 수준에 이르렀
기 때문이다. 그러나 하나님은 이런 이스라엘을 아직 징계하거나 벌
주시지 않는다. 게다가 아직 율법이 없기에 징계의 기준도 없다. 율
법은 시내산에 도착해야 구체적으로 받는다. 지금 이들에게 주어진
임시 규례는 무엇인가? 아침저녁으로 나아가 하늘 양식을 거두고 안
식일 전날 두 배로 거두라. 생존을 위한 최소한의 규칙이다. 그럼에
도 하나님은 자꾸만 이스라엘의 원망과 불평을 경고하신다. 제국에
살면서 가장 익숙하게 길들여진 것이 바로 원망과 불평이다. 원망과
불평은 그만큼 선명한 자기 기준이 있다는 말이고, 그 기준에 도달하

지 못할 것에 대한 염려가 있다는 뜻이다. 우리에게도 원망과 불평이 있지 않은가? 그것이 어떤 것인지 스스로 살펴보라. 제국 아래서의 결핍 때문인가? 광야에서 은혜의 결핍 때문인가?

제국의 삶의 방식에 익숙한 채로 광야를 지나는 우리 인생은 염려와 불평을 지혜롭게 다스려야 한다. 그렇지 않으면 하늘 양식으로 사는 복을 제대로 만끽할 수 없다. 예수께서도 이 부분을 깊이 이해하고 말씀하셨다. "그러므로 내가 너희에게 이르노니 목숨을 위하여 무엇을 먹을까 무엇을 마실까 몸을 위하여 무엇을 입을까 염려하지 말라. 목숨이 음식보다 중하지 아니하며 몸이 의복보다 중하지 아니하냐. …너희 중에 누가 염려함으로 그 키를 한 자라도 더할 수 있겠느냐. …그러므로 염려하여 이르기를 무엇을 먹을까 무엇을 마실까 무엇을 입을까 하지 말라. 이는 다 이방인들이 구하는 것이라. 너희 하늘 아버지께서 이 모든 것이 너희에게 있어야 할 줄을 아시느니라. 그런즉 너희는 먼저 그의 나라와 그의 의를 구하라. 그리하면 이 모든 것을 너희에게 더하시리라"(마 6:25-33).

하나님께서 그의 백성으로 광야를 걷게 하신 목적이 바로 이것을 아는 데 있다. '무엇을 먹을까 마실까 입을까'는 이방인, 즉 제국의 삶의 방식을 취하는 이들이 살아가는 태도이다. 성도는 제국의 얽매임을 벗어나 광야 더 깊은 곳으로 나아가야 한다. 광야를 지나면 우리는 다음의 고백을 확신하고 인정하게 될 것이다. "너를 낮추시며 너를 주리게 하시며 또 너도 알지 못하며 네 조상들도 알지 못하던 만나를 네게 먹이신 것은 사람이 떡으로만 사는 것이 아니요 여호와의 입에서 나오는 모든 말씀으로 사는 줄을 네가 알게 하려 하심이니

라. 이 사십 년 동안에 네 의복이 해어지지 아니하였고 네 발이 부르트지 아니하였느니라"(신 8:3-4).

사람은 하나님의 입에서 나오는 모든 말씀으로 사는 존재임을 믿는가? 우리는 광야 같은 인생길에서 제국과는 다른 삶의 방식으로 부름받았다. 은혜를 구하면서도 여전히 제국에서의 삶의 방식과 기준을 고수하고 있다면 우리에게 주시는 은혜의 유효기간은 그리 길지 않을 것이다. 얼마 지나지 않아 원망과 불평이 쏟아져 나올 것이다. 그러나 날마다 우리를 붙드시는 주님의 은혜를 사모하며 이를 굳게 붙들고 나아간다면 40년을 지나도 의복이 해어지지 않고 안전한 역사를 경험할 것이다. 성도는 아주 특별한 삶의 방식으로 부름받은 사람들이다. 이 특별한 은혜를 잘 관리하는 복된 성도로 우뚝 서자.

[30장 각주] ∙∙∙

57) Amy Krouse Rosenthal, "You May Want to Marry My Husband", *The New York Times*, March 3, 2017.

58) 마틴 피스토리우스, 이유진 역, 「엄마는 내가 죽었으면 좋겠다고 말했다」(서울: 푸른숲, 2017).

59) 이해인, "가짜뉴스 vs 진짜뉴스… 1.8%만 정확하게 구별", 머니투데이, 2017. 3. 29.

하늘 양식으로 살라

저녁에는 메추라기가 와서 진에 덮이고 아침에는 이슬이 진 주위에 있더니 그 이슬이 마른 후에 광야 지면에 작고 둥글며 서리같이 가는 것이 있는지라. 이스라엘 자손이 보고 그것이 무엇인지 알지 못하여 서로 이르되 이것이 무엇이냐 하니 모세가 그들에게 이르되 이는 여호와께서 너희에게 주어 먹게 하신 양식이라.

여호와께서 이같이 명령하시기를 너희 각 사람은 먹을 만큼만 이것을 거둘지니 곧 너희 사람 수효대로 한 사람에 한 오멜씩 거두되 각 사람이 그의 장막에 있는 자들을 위하여 거둘지니라 하셨느니라. 이스라엘 자손이 그같이 하였더니 그 거둔 것이 많기도 하고 적기도 하나 오멜로 되어 본즉 많이 거둔 자도 남음이 없고 적게 거둔 자도 부

본문 말씀을 묵상하면 생각나는 찬송이 있다. 찰스 버틀러가 지은 '내 영혼이 은총 입어'라는 곡이다. 버틀러는 평생 파인스트릿 회중감리교회 한 교회만을 출석하며 1,500여 곡을 작사 작곡했다. 이 찬송의 원제목은 'Where Jesus is Tis Heaven'이다. Tis는 시(時)에 많이 사용되는 'It is'의 줄임말이다. 원제목을 우리말로 번역하면 '예수님이 계신 곳이 천국이다'가 된다. 가사를 음미해보자.

내 영혼이 은총 입어 중한 죄짐 벗고 보니
슬픔 많은 이 세상도 천국으로 화하도다.
할렐루야 찬양하세 내 모든 죄 사함받고
주 예수와 동행하니 그 어디나 하늘나라.

3절은 더 감동적이다.

높은 산이 거친 들이 초막이나 궁궐이나
내 주 예수 모신 곳이 그 어디나 하늘나라
할렐루야 찬양하세 내 모든 죄 사함받고

주 예수와 동행하니 그 어디나 하늘나라.

(찬송가 438장)

이스라엘 백성이 애굽에서의 무거운 노역과 고난의 짐을 벗고 마침내 홍해를 건너 광야에 왔다. 인간적인 눈으로 볼 때 광야는 생존의 여건이 결여된 위험천만한 고난의 장소이지만 하나님께서 이곳에 함께 동행하시니 천국이 임했다. 하나님이 먹이고 입히고 기르시는 새로운 양육의 장소가 된 것이다. 이곳에서 이스라엘은 친히 공급하시며 불 기둥, 구름 기둥으로 보호하시는 하나님의 세심하면서도 능력 있는 손길을 매 순간 경험하였다.

이스라엘은 광야에 들어왔지만 이곳에서 전능하신 하나님의 통치를 경험하기 시작했다. 광야에서 하늘 양식을 먹으며 살아가는 황홀한 경험이 시작된 것이다. 그 첫출발은 하늘에서 내리는 만나와 메추라기였다.

"저녁에는 메추라기가 와서 진에 덮이고 아침에는 이슬이 진 주위에 있더니"(출 16:13).

하나님은 저녁에 메추라기를 진 사방에 덮으셨다. 어느 정도로 덮으셨을까? 민수기에서는 이를 다음과 같이 진술한다. "바람이 여호와에게서 나와 바다에서부터 메추라기를 몰아 진영 곁 이쪽저쪽 곧 진영 사방으로 각기 하룻길 되는 지면 위 두 규빗쯤에 내리게 한지라"(민 11:31). 사방으로 하룻길이면 80리, 32km 정도를 말한다.

동서남북 사방으로 하룻길 거리에 메추라기가 두 규빗쯤 내렸다. 한 규빗은 45cm, 두 규빗이면 90cm다. 이스라엘 진영을 중심으로 약 1m 높이로 사방 30km 반경에 쌓인 것이다. 하나님은 바람으로 바다에서부터 메추라기를 몰아서 내리게 하셨다.

지금도 메추라기 떼는 유럽의 지중해와 아프리카의 에티오피아 사이를 철 따라 왕래한다. 특히 봄철에 남풍을 따라 아프리카에서 유럽으로 북상하는 메추라기 떼는 먹이를 넉넉히 먹고 올라와 몸집이 크다. 이 새 떼가 한참을 날다가 극도로 지쳐서 날지 못하고 쉬는 곳이 바로 이스라엘 백성들이 행군하는 시내 반도 지역이다. 만약 하나님께서 이런 메추라기 떼를 거센 바람으로 몰아쳐 내리신다면 이스라엘 백성들은 살아 있는 메추라기들을 손쉽게 잡을 수 있을 것이다. 하나님은 메추라기만 내리신 것이 아니다.

"그 이슬이 마른 후에 광야 지면에 작고 둥글며 서리같이 가는 것이 있는지라"(출 16:14).

아침에 이슬이 사방에 내렸다가 말라가는데 이슬이 마르면서 작고 둥글고 서리 같은 것이 덮인다. 처음 보는 이것은 무엇일까? 다들 궁금해한다.

"이스라엘 자손이 보고 그것이 무엇인지 알지 못하여 서로 이르되 이것이 무엇이냐 하니 모세가 그들에게 이르되 이는 여호와께서 너희에게 주어 먹게 하신 양식이라"(출 16:15).

‘이것이 무엇이냐’는 히브리어로 ‘만후’이고, 여기서 ‘만나’라는 말이 유래했다. 이 ‘만후’, 즉 ‘만나’는 다름 아닌 하나님께서 이스라엘에게 내려 먹게 하신 양식이다. 이것이 어떤 맛일까? 16장 31절은 “희고 맛은 꿀 섞은 과자 같았더라”고 한다.

하늘에서 내린 양식의 이름을 만나라고 한 이유는 이것의 정체를 모르겠다는 의미도 되지만, 다른 한편으로는 이 양식은 지금까지 이스라엘 백성들이 맛보지 못했던 전혀 새로운 양식임을 뜻한다. 전혀 새로운 양식이란 음식의 종류가 새롭다는 것도 포함하지만 더 나아가 지금까지 맛보지 못했던 전혀 새로운 방식의 삶을 의미하기도 한다. 이것은 기존의 노동방식으로는 얻을 수 없는 전혀 새로운 종류의 양식인 것이다. 만나에는 두 가지 특징이 있다. 첫째, 이 양식은 인간의 능력과 노력 여하에 달려 있지 않다. 둘째, 각 사람의 필요에 따라 충분히 먹을 만큼만 먹는 양식이다. 이를 좀 더 구체적으로 살펴보자.

먼저, 만나는 하늘에서 이스라엘 백성 모두에게 내리는 양식이다. 이 양식을 얻는 데는 인간의 특별한 노력과 정성, 또는 능력이 필요하지 않다. 그저 하늘에서 내려주신 것을 감사함으로 받으면 된다. 이는 이스라엘 백성이 그동안 익숙했던 제국에서의 삶의 방식과 정면으로 배치된다. 제국에서는 고된 노동을 해야 얻는다. 열심히 일해서 성과가 좋으면 많이 얻고 일을 제대로 하지 못해 성과를 내지 못하면 적게 얻는다. 자유경제체제 아래 살아가는 우리에게도 꽤 익숙한 방식이다. 그래서 세상 풍조는 다른 사람보다 더 노력하라고 몰아치고 더 많은 스펙과 능력을 쌓을 것을 요구한다. 이를 부추기는 수많은 자기계발서가 나와 있다.

「이기는 습관」「1등 습관」「공부가 제일 쉬웠어요」「시크릿」「1만 시간의 법칙–아웃라이어」「네 안에 잠든 거인을 깨워라」「성공하는 사람들의 7가지 습관」「신뢰의 법칙」「협상의 법칙」「자기 혁명」「40대 다시 한번 공부에 미쳐라」 등등. 이런 수많은 자기계발서에 담긴 내용의 일관된 주장이 있다. 그것은 너의 능력을 더 끌어올려 더 큰 목표와 성공을 달성하라는 것이다. 그래서 오늘날 우리가 살아가는 세상은 자기 계발을 권하는 사회다. 예전에는 자기 계발이 경쟁사회에서 어느 정도 도움이 되는 선택사항이었다면 사실 오늘날은 필수가 되어가고 있다. 이렇게 점점 자신을 무한 경쟁, 무한 노력으로 노예처럼 몰아가다 보면 내면에 과부하가 걸려 다 타버린다.

하늘 만나로 살아가는 이스라엘은 자신을 노예와 같이 혹독하게 몰아갈 필요가 없다. 1만 시간의 법칙을 채우지 않아도 하늘 양식을 먹고사는 데 전혀 지장이 없다. 이기는 습관이 없어도, 다시 한 번 공부에 미치지 않아도, 스펙을 제대로 쌓지 못하더라도, 그 안에 잠든 거인을 깨우지 않고 그냥 더 자게 놔두어도 전혀 지장이 없다. 하나님이 내리시는 양식은 우리의 노력 여하에 좌우되지 않고 날마다 풍성하게 쏟아져 내리는 선물이다. 이스라엘에게 요구되는 노력은 매일 아침 나아가 이미 내린 만나를 거두는 것밖에 없다.

사실 자기 계발이 필요하다고 그만큼 외치는 이유는 우리가 사는 이 세상이 그만큼 치열하고 각박하다는 반증이다. 천국 가서도 자기 계발을 하겠는가? 우리는 이 각박한 세상에서 하나님이 하늘에서 내려주시는 양식을 맛보며 살도록 부름받았다. 하나님의 역사는 날마다 계속되는데 이런 역사를 기쁘게 맛볼 생각은 제쳐두고 내가 더 노력해야 한다고 여전히 자신을 몰아치는 성도가 의외로 많다.

둘째, 이 양식은 각 사람의 필요에 따라 충분히 먹을 만큼만 먹는 양식이다. 무슨 말인가? 이 양식은 쌓아두고 먹는 양식이 아니라 매일의 필요에 따라 필요한 만큼 얻는 양식이다.

"여호와께서 이같이 명령하시기를 너희 각 사람은 먹을 만큼만 이것을 거둘지니 곧 너희 사람 수효대로 한 사람에 한 오멜씩 거두되 각 사람이 그의 장막에 있는 자들을 위하여 거둘지니라 하셨느니라"(출 16:16).

사람 수효대로 한 사람에 한 오멜씩 거두라고 말씀하신다. 여기 한 오멜은 약 2ℓ 정도다. 한 사람에 2ℓ 정도 거두면, 물론 많이 먹는 사람도 있고 적게 먹는 사람도 있겠지만 하루 세 끼 먹는 데 전혀 부족하지 않다.

"이스라엘 자손이 그같이 하였더니 그 거둔 것이 많기도 하고 적기도 하나 오멜로 되어 본즉 많이 거둔 자도 남음이 없고 적게 거둔 자도 부족함이 없이 각 사람은 먹을 만큼만 거두었더라"(출 16:17-18).

호멜로 재보니 사람마다 자기 식사량에 따라 많이 거둔 사람도 있고 적게 거둔 사람도 있다. 그러나 각자 먹을 만큼만 거두었기에 전혀 부족함이 없었다. 하늘 양식은 날마다 각자 필요한 만큼 충분히 거두어 먹을 수 있게 내렸다. 단, 주의 할 점이 있었다.

"모세가 그들에게 이르기를 아무든지 아침까지 그것을 남겨두
지 말라 하였으나"(출 16:19).

아침까지 남겨두면 안 되었다. 그날 내린 양식은 그날 다 먹어야
했다. 우리 같으면 먹다 남으면 냉장고에 넣어 둘 생각을 하고 일부
러 더 많이 확보하려 할지 모르겠다. 그러나 하늘 양식을 취급하려면
절대 쌓아두어서는 안 된다. 하지만 여전히 애굽에서 노예생활을 했
던 방식대로 이스라엘 백성 중에 이 말을 그대로 따르지 않는 이들이
있었다.

"그들이 모세에게 순종하지 아니하고 더러는 아침까지 두었더
니 벌레가 생기고 냄새가 난지라. 모세가 그들에게 노하니라"
(출 16:20).

모세가 분노했다. 이스라엘 백성이 여전히 애굽제국 아래서의 삶
의 방식을 버리지 못했기 때문이다. 하늘에서 내린 양식은 하늘 방식
으로 소비하고 처리해야 하는데 하늘 양식을 제국에서의 방식으로 다
루려한 것이다. 제국에서는 내일 배급이 줄어들지 모르고, 또 내일 몸
이 아파 노역에 나가지 못할 수도 있으니 항상 남겨두고 미래를 대비
했다. 버리지 않고 어떻게든 쌓아두어야 안심이 되었다. 쌓아두는 것
이 든든함을 주었다. 사실 이렇게 쌓아두는 것은 오늘날 우리 삶에 익

숙해진 방식이다. 하늘 양식으로 사는 백성이라면 이제 이런 방식을 내려놓아야 한다. 익숙한 삶의 방식과 이별하는 연습을 해야 한다.

웹툰 〈가우스 전자〉 138화에 보면 '지층'이라는 제목의 만화가 나온다. 아들이 과학책을 보다가 물어본다.

"아빠 아빠, 지층이 뭐야?"

그러자 아빠가 딱딱한 과학적인 설명을 한다.

"음, 지층이란 건 자갈, 모래, 진흙 같은 것들이 여러 세월에 걸쳐 쌓여 서로 성분이 달라 층을 이루는 거야."

그러자 아들이 말한다.

"아빠 설명이 너무 어려워. 좀 더 쉽게 설명해줄 수 없어?"

그러자 아빠가 아들을 데려가서 냉동실 문을 열어 층층이 쌓인 음식물을 보여주며 설명한다.

"제일 밑에 작년 설날 할머니 댁에서 받아온 떡, 그 위가 추석에 외갓집에서 받아온 전이고, 그 위에 언제 먹었는지 모르고 넣어둔 피자, 이렇게 오랜 세월 층층이 서로 다른 흙이 쌓여 있다고 생각해봐!"

우리는 쌓아두는 것에 참 익숙하다. 하지만 쌓아두고 나서 버리지는 못한다. 우리는 매일 집으로 무엇인가를 갖고 들어온다. 그런데 갖고 들어오는 만큼 밖으로는 나가지 않는다. 그러니 집이 점점 좁아진다. 모델 하우스에 나오는 집과 우리 집은 똑같은 집인데 현실은 너무나도 차이가 크다. 왜 그런가? 짐이 너무 많아서 그렇다. 쌓아두기는 좋아하지만 버리는 것은 정말 힘들어한다. 비싼 생삼겹살을 사와서 냉동삼겹살로 만들어두고 그냥 심리 안정용으로 계속 냉동고에 넣어둔다. "그래도 우리 집에는 먹을 고기가 있어." 이거 하나 위안 삼아 그냥 계속 둔다. 그러다 몇 개월 지나면 조금 불안해지지 않는 가? 속으로는 '이제 맛이 갔을 텐데, 너무 오래되어 버려야 하는데' 하면서도 버리지를 못한다.

요즘에는 사람들이 하도 버리지를 못하니까 정리를 전문으로 하는 정리 컨설턴트라는 직업까지 생겨날 정도다. 정리 전문가들이 말하는 비움의 기술이 있다.[60] 우리는 집에 있는 것들을 한없이 쌓아둘 수 없으니 버려야 하는데 중요한 기준을 갖고 버릴 물건을 결정하라는 것이다.

첫째, 필요다. 우리가 물건을 소유하는 것은 어떤 일을 수행하기 위해서인데 그 물건이 지금 내가 하는 일에 필요한 것인가를 살펴야 한다. 여기서 과거의 물건들, 더 이상 상관없는 물건들은 버려야 한다. 배달음식 소스, 전단지, 쇼핑백 등 쌓아두지만 쌓이는 것에 비해 사용할 기회가 거의 없다.

둘째, 시간이다. 사용하기 위한 시간을 낼 수 있어야 한다. 대부분 가정에 가면 아침 식사대용으로 주스를 마시려고 주서기를 구입한다. 그런데 처음 며칠은 사용해도 조금 지나면 공간만 차지하는 장식품으로 전락할 가능성이 높다. 차라리 돈을 주고 갈아놓은 것을 마트에서 사다 먹는 것이 낫다. 주스를 만드는 것, 간단하고 시간을 절약할 줄 알았는데 신선한 재료 사야지, 씻고 다듬어야지, 사용하고 나서 음식물 찌꺼기 처리해야지, 부품들 분리해서 구석구석 씻어야지… 만만치 않다. 또 운동기구! 집에 러닝머신 들여놓고는 처음 며칠하고 나중에는 그저 장식용으로 둔다. 차라리 헬스장에 가는 게 훨씬 낫다. 또 집에 버리지 못하고 쌓아두는 것 중 하나가 화장품 샘플,

액세서리다. 언젠가 써야지, 여행 가서 써야지 하지만 막상 여행 갈 때 되면 이미 유통기한이 지났다.

셋째, 기분이다. 이것은 나에게 설렘을 주는 물건인가? 집어 들어서 딱 3초 안에 나에게 설렘을 주지 않으면 이것은 버려야 할 잡동사니일 가능성이 크다.

넷째, 가치다. 이것은 나의 가치를 빛나게 해주는 물건인가? 가정에 가면 사은품으로 받은 밀폐용기, 배달음식 담았던 일회용 용기도 버리지 못한다. 그릇 수납장에 예쁜 그릇들을 그저 모셔두고 실제로는 이런 용기들을 재활용한다. 가치를 떨어뜨리는 물건이다. 지금 가치 있는 것을 먼저 사용해야 한다.

다섯째, 공간이다. 늘 공간을 고려해야 한다. 이사할 때 베란다 창고에 넣어둔 물건은 선풍기 빼고 다시 꺼내 쓸 일이 없다. 이것들은 대부분 버려야 할 것들이다. 쌓아두지 말고 버리길 바란다.

이런 면에서 성도는 잘 버릴 줄 알아야 한다. 매일매일 뭐 사 가지고 들어오지 말고, 이제는 매일 집에서 한두 가지씩 가지고 나가 버려야 한다. 그래야 우리 삶이 역설적으로 더 풍성해진다. 사는 데 생각보다 그렇게 많은 물건이 필요하지 않다. 전에 홈 인테리어 기업인 한샘이 시스템 옷장을 개발하려고 1,380명을 대상으로 설문조사를 했다. '한 가정 당 몇 벌의 옷을 가지고 있는가?' 조사결과 평균적으로 남자는 125벌, 여자는 185벌을 가진 것으로 조사되었다. 그런데 대부분 이렇게 옷이 많아도 늘 입을 옷이 없다고 생각한다. 이유는? 옷장에 아무리 옷이 많아도 늘 입는 옷만 입기 때문이다. 최근에 산 옷, 편안함을 느끼는 옷, 다른 아이템과 잘 어울리는 옷, 좋아하는

색의 옷, 디자인이 괜찮고 유행에 뒤처지지 않은 옷, 체형의 단점을 커버해주는 옷 등이다.「수납 다이어트」라는 책을 쓴 한 정리 컨설턴트는 남자는 16벌, 여자는 37벌 정도면 충분하다고 한다.[61] 결국 100벌이 있어도 절반도 입지 않는다. 옷도 위에서 말한 다섯 가지 기준을 적용할 필요가 있다. 필요, 현재 입는 옷인가? 시간, 입을 시간이 있는가? 기분, 입었을 때 기분이 좋은가? 가치, 나의 가치를 떨어뜨리지 않는가? 공간, 옷 수납할 장소는 있는가? 그렇지 않으면 집에 여기저기 옷이 너무나 많이 쌓인다. 집에 가서 꼭 한 번 확인해보길 바란다.

가정에 자녀가 있는 사람은 이제 자녀의 장난감을 매일매일 정리해야 한다. 시기에 따라 사용하는 장난감이 다르다. 그 장난감들을 빨리 정리해야 다음 단계에 맞는 것을 구비할 수 있다. 안 그러면 집안이 장난감 백화점이 된다. 신기한 점은 우리나라 각 가정에 아이들 숫자는 줄어드는데 반대로 장난감 시장 규모는 점점 늘고 있다는 것이다. 왜 그런가? 맞벌이가정이 늘면서 아이들과 함께하지 못하는 미안함에 장난감을 더 많이 사주기 때문이다. 그래서 아이들이 순간의 만족을 위해 장난감 중독이 되어 있는 경우가 많다. 떼써서 어떻게든 얻어내고, 잠깐 놀다가 또 떼쓰고, 그러니 집에 하나 가득 쌓인다. 이것도 대폭 줄여야 한다. 또 맞벌이하다 보니 미안한 생각에 음식을 사거나 쇼핑할 때 과하게 사 온다. 한꺼번에 잔뜩 사 가지고 와당장에 먹지 못하니 결국 냉장고로, 냉동고로 들어가서 지층을 쌓는 것이다.

우리는 너무 많이 쌓아두고 산다. 이것은 제국의 삶의 방식이지 하늘 양식으로 사는 방식이 아니다. 광야에서 만나를 쌓아둔 이스라엘 백성의 진영처럼 우리 삶에도 벌레가 생기고 냄새가 나지는 않는가?

성도는 기억해야 한다. 우리는 쌓아두며 사는 존재가 아니라 그날그날 필요한 하늘 양식으로 사는 존재이다! 한번 자신에게 물어보자. 나는 쌓아두며 살아가는가? 버리며 살아가는가? 하늘 양식으로 사는 방식을 훈련하길 바란다. 이 양식은 내 노력으로 얻어지는 게 아니라 은혜로 주시는 것이다. "주여, 우리 삶에 필요한 것보다 더 풍성하게 주신 것을 감사하게 하옵소서!" 이런 마음으로 살아가자.

[31장 각주] ···

60) 윤선현, 「부자가 되는 정리의 힘」(서울: 위즈덤하우스, 2015).
61) 가네코 유키코, 김정명 역, 「수납 다이어트: 깔끔하고 심플하게 사는 비법」(서울: 소울, 2012).

노력 중독의
한계에서 벗어나라

무리가 아침마다 각 사람은 먹을 만큼만 거두었고 햇볕이 뜨겁게 쬐면 그것이 스러졌더라. 여섯째 날에는 각 사람이 갑절의 식물 곧 하나에 두 오멜씩 거둔지라. 회중의 모든 지도자가 와서 모세에게 알리매 모세가 그들에게 이르되 여호와께서 이같이 말씀하셨느니라. 내일은 휴일이니 여호와께 거룩한 안식일이라. 너희가 구울 것은 굽고 삶을 것은 삶고 그 나머지는 다 너희를 위하여 아침까지 간수하라. 그들이 모세의 명령대로 아침까지 간수하였으나 냄새도 나지 아니하고 벌레도 생기지 아니한지라. 모세가 이르되 오늘은 그것을 먹으라. 오늘은 여호와의 안식일인즉 오늘은 너희가 들에서 그것을 얻지 못하리라. 엿새 동안은 너희가 그것을 거두되 일곱째 날은 안식일인즉

그날에는 없으리라 하였으나 일곱째 날에 백성 중 어떤 사람들이 거두러 나갔다가 얻지 못하니라.

여호와께서 모세에게 이르시되 어느 때까지 너희가 내 계명과 내 율법을 지키지 아니하려느냐. 볼지어다. 여호와가 너희에게 안식일을 줌으로 여섯째 날에는 이틀 양식을 너희에게 주는 것이니 너희는 각기 처소에 있고 일곱째 날에는 아무도 그의 처소에서 나오지 말지니라. 그러므로 백성이 일곱째 날에 안식하니라.

이스라엘 족속이 그 이름을 만나라 하였으며 깟씨같이 희고 맛은 꿀 섞은 과자 같았더라. 모세가 이르되 여호와께서 이같이 명령하시기를 이것을 오멜에 채워서 너희의 대대 후손을 위하여 간수하라. 이는 내가 너희를 애굽 땅에서 인도하여 낼 때에 광야에서 너희에게 먹인 양식을 그들에게 보이기 위함이니라 하셨다 하고 또 모세가 아론에게 이르되 항아리를 가져다가 그 속에 만나 한 오멜을 담아 여호와 앞에 두어 너희 대대로 간수하라. 아론이 여호와께서 모세에게 명령하신 대로 그것을 증거판 앞에 두어 간수하게 하였고 사람이 사는 땅에 이르기까지 이스라엘 자손이 사십 년 동안 만나를 먹었으니 곧 가나안 땅 접경에 이르기까지 그들이 만나를 먹었더라. 오멜은 십분의 일 에바이더라.

페이스북 페이지 '오이를 싫어하는 사람들의 모임'을 들어봤는가? 줄여서 '오싫모'라고 한다. 오싫모를 시작한 이 청년은 초등학생 때 급식으로 나온 오이를 먹다가 토한 뒤 '오이 트라우마'가 생겠다고 한다. 그 이후로 오이를 싫어했는데, 오이를 좋아하는 주변 어른들의 핍박과 강요 가운데 이해받지 못하고 억지로 오이를 먹어야 하는 아주 열악한 환경에서 자랐다는 것이다. 그러고는 오이를 싫어하는 사람들의 선언을 발표했다.[62]

- 냉면을 주문할 때 "오이 빼주세요"라고 말할 필요가 없는 세상
- 오이 걱정 없이 마음 놓고 편의점 샌드위치를 살 수 있는 세상
- 김밥의 오이를 젓가락으로 일일이 빼느라 김밥이 흐트러지는 꼴을 보지 않아도 되는 세상
- 학교 급식에 오이가 나와 고통받는 청소년과 어린아이가 더는 없는 세상
- 오이를 싫어하는 사람도 더불어 살아가는 세상

그러면서 다음과 같은 글을 페이지에 게재했다. "세상에는 우리처럼 오이를 싫어하고 먹지 못하는 사람이 많습니다. 그러나 이 세상은 다만 우리를 억누르고 지우려 했습니다. 당연한 듯이 냉면에 오이를 올리고, 당연한 듯이 샌드위치에 오이를 잘게 썰어 넣고, 또 당연한 듯이 김밥에 오이를 집어넣으며 '너희는 참아라. 그렇게 조용히 숨어 지내라'며 우리를 윽박질렀습니다. 그러나 이제 알았습니다. 나만 오이를 싫어하는 게 아니었습니다. 세상이 우리를 갈라놓았고, 우리는 그냥 조용히 파편화되어 이 세상에 존재했던 것뿐입니다."

처음에 이 청년이 페이지를 시작한 것은 주변의 몇몇 친구와 자기 마음을 나누기 위해서였다. 그런데 이 페이지가 개설되자 갑자기

많은 사람이 열광하더니 개설한 지 한 달 만에 가입자가 10만 명에 육박하게 되었다. 수많은 사람이 이 페이지에 가입해서 오이를 먹기 싫은데 먹어야 했던 경험담을 올렸다.[63] 여기서는 사진을 올릴 때 오이 사진은 꼭 모자이크로 반드시 가려야 하는데, 이것을 '오자이크'라고 한다. '아니, 오이가 뭐라고 이렇게 열광하는가' 하는 생각이 들 수도 있다. 그런데 이렇게 많은 사람이 열광하는 것은 다른 한편으로 우리 사회가 다름을 인정하지 않고 획일화하여 강요하는 사회 분위기에 대한 반발에 공감했기 때문이다.

제국이 우리를 한 방향으로 몰고 갈 때 우리는 여기에 반발하기가 쉽지 않다. 그저 그렇게 가야 하는 줄 알고 정신없이 따라간다. 출애굽기는 이런 제국의 방식에 익숙했던 백성에게 새로운 하나님 나라의 삶의 방식을 선언하고 있다. 사람이 고된 노동과 끝없는 노력으로 사는 게 아니라 하늘 양식으로 살아가야 한다는 것이다. 내 힘으로 삶의 자원을 많이 확보하고 쌓아두는 것이 아니라 하나님께서 하늘에서 내려주신 만나와 메추라기를 믿음으로, 감사함으로 거두며 살아야 한다는 것이다. 날마다 일용할 양식만을 거두며 그날에 주신 것으로 자족하며 사는 것이다. 세상에서 이런 방식의 삶을 이야기하면 제정신이 아니라고 한다. 그렇게 살면 굶어 죽는다고, 바보라고 말한다. 하지만 하늘 양식으로 사는 방식은 광야에서 이스라엘이 생존할 수 있는 유일한 방법이기도 하다.

이번 장의 본문은 하늘 양식으로 살아가는 이스라엘에게 다소 파격적인 말씀을 한다.

"여섯째 날에는 각 사람이 갑절의 식물 곧 하나에 두 오멜씩
거둔지라. 회중의 모든 지도자가 와서 모세에게 알리매"(출
16:22).

날마다 일용할 양식을 거두다가 여섯째 날에는 사람들이 평소에
거두던 양식의 갑절, 즉 두 배를 거둔다. 내일 먹을 것까지 거두라는
말씀이다. 왜 그러셨을까?

"모세가 그들에게 이르되 여호와께서 이같이 말씀하셨느니라.
내일은 휴일이니 여호와께 거룩한 안식일이라. 너희가 구울
것은 굽고 삶을 것은 삶고 그 나머지는 다 너희를 위하여 아침
까지 간수하라"(출 16:23).

다음 날이 제 칠 일, 안식일이기 때문이다. 본문은 '휴일'이라고
한다. 내일은 휴일이니 미리 먹을 것을 내일을 위하여 두 배로 거두어
저장해두라는 것이다. 내일 먹을 만나를 미리 요리해서 구울 것은 굽
고, 삶을 것은 삶고, 그냥 그대로 먹을 것은 그대로 간수했다가 먹으
라고 하신다. 아니 하루를 넘기면 썩고 부패하던 만나가 괜찮을까?

"그들이 모세의 명령대로 아침까지 간수하였으나 냄새도 나지
아니하고 벌레도 생기지 아니한지라"(출 16:24).

다음 날 보니 아무 이상이 없었다. 그러면서 말한다.

"모세가 이르되 오늘은 그것을 먹으라. 오늘은 여호와의 안
식일인즉 오늘은 너희가 들에서 그것을 얻지 못하리라"(출
16:25).

여기 우리가 주목해야 할 부분이 있다. 이날은 '이스라엘의 안식
일'이 아니라 '여호와의 안식일'이라는 말씀이다. 이날은 '이스라엘'
이 쉬는 날이기에 만나를 거두지 않는 것이 아니라 '하나님'께서 안
식하는 날이기에 이스라엘도 만나 거두기를 쉬어야 한다는 것이다.
하나님이 쉬시니 만나를 내리는 일도 쉰다. 우리가 아무리 발버둥 쳐
도 만나를 얻을 수 없다. 그러니 하나님께서 쉬실 때 우리도 함께 쉬
어야 한다.

대형마트에서 매장을 운영하는 사업자는 휴일이나 주말에 쉬고
싶어도 쉴 수가 없다. 왜? 마트 전체의 운영방침이 휴일에도 매장을
여는 것이기 때문이다. 그러면 아무리 쉬고 싶어도 할 수 없이 열어
야 한다. 그렇다면 언제 쉴 수 있는가? 마트 전체가 쉬어야 쉴 수 있
다. 마트가 문을 닫으면 아무리 열고 싶어도 문을 열 수 없다. 개인사
업자는 마트에 소속된 사업자이기에 마트의 통제 아래 있음을 인정
해야 한다. 마찬가지로 온 세상을 창조하신 하나님께서 6일을 열심
히 성실하게 일하시고 7일째 쉬셨다. 만약 하나님의 통치를 인정하
고 그의 백성임을 인정한다면 이스라엘도 마땅히 쉬어야 한다.

쉬면서 무엇을 해야 할까? 하나님을 예배해야 한다. 지난 6일간
날마다 성실하게 만나를 내려주신 하나님께 감사하며 찬양해야 한
다. 내 삶이 내 힘으로 살아가는 것이 아니라 하나님의 은혜로 살아

감을 고백하며 감사해야 한다. 이날은 하늘 양식을 거두는 일조차 중단하고 나를 지으시고 구원하시고 인도하시는 하나님을 바라보며 쉬어야 한다. 이런 예배와 쉼이 우리 삶을 풍성하고 복되게 한다.

하지만 이스라엘 백성 중에는 여전히 제국의 삶의 방식을 버리지 못하고 쉬지 않고 일하려는 사람들이 있었다.

"일곱째 날에 백성 중 어떤 사람들이 거두러 나갔다가 얻지 못하니라"(출 16:27).

혹시 오늘도 만나가 내리지 않았을까, 부지런한 새가 먹이를 잡지 않을까 하는 마음으로 이른 아침에 나간 사람들이 있었다. 하나님께서는 일곱째 날에 만나가 없을 것이라고 사전에 분명히 말씀하셨다. 그런데도 불순종하고 나갔다. 그러자 하나님께서 말씀하신다.

"어느 때까지 너희가 내 계명과 내 율법을 지키지 아니하려느냐"(출 16:28).

'율법'은 히브리어로 '토라'다. 하나님께서 광야를 지나는 이스라엘에게 주신 최초의 토라 말씀이 바로 안식일에 쉬라는 말씀이었다. 최초의 토라는 하나님의 주권을 인정하고 그분의 백성임을 인정하는 율법이었다. 하나님의 주권을 인정하지 않고 내 힘과 내 능력을 의지해서 밖으로 나가 만나를 주우려는 모든 시도는 헛되이 끝나고 말았다.

우리는 어떠한가? 할 수 있으면 주일에라도 쉼을 허용하지 않으려 한다. 가만히 있으면 불안하다. 무엇이라도 해야 할 것 같다. 내가 쉬어도 자녀들은 공부하길 원한다. 그래서 오늘날 일 중독, 노력 중독에 빠진 사람이 꽤 많다. 자기계발서의 원조격으로 일컬어지는 책 중에 영국 사람 새뮤얼 스마일즈가 쓴 「자조론」이 있다.[64] 자조(自助)는 영어로 'self-help'이다. 내가 나를 돕는 것, 즉 내 힘으로 서는 것을 뜻한다. 「자조론」의 첫 문장은 이런 말로 시작한다. "하늘은 스스로 돕는 자를 돕는다"(Heaven helps those who help themselves). 어떻게든 내 힘으로 서야만 함을 강조하는 문장이다. 일 중독, 노력 중독의 중심에는 사실 이 사상이 들어 있다. 아무리 쉬라고 해도 그래도 밖으로 나가 만나 부스러기라도 주어야지. 혹시 알아? 다른 사냥감이나 먹을거리를 발견할지?

그런데 하나님께서는 우리가 정신없이 앞만 보며 쉬지 않고 나아가는 것을 멈추고, 우리가 온전히 하나님의 백성임을 인정하며, 내가 오직 하나님의 은혜로 말미암아 사는 존재임을 인정하기 원하신다. 하나님이 멈추시면 우리도 멈추어야 한다. 이것을 알려주기 위해 만나도 멈추는 것이다. 따라서 우리는 안식일에 만나가 멈춘다고 불안해하고 두려워할 것이 아니다. 그동안 하늘 양식을 내려주신 하나님을 신뢰하며 하나님의 멈추심을 인정하고, 나도 하나님의 은혜 안에 안식하며 예배할 필요가 있다.

우리는 그동안 참 열심히 노력하며 살아왔다. 우리가 목표하고 생각하는 대로 꽤 많은 것을 성취했다. 그런데 어느 순간 내 인생이 내 뜻대로 잘되지 않을 때가 있음을 깨닫는 순간이 온다. 그동안 내 뜻대로 다 된다고 생각했는데 이것이 알고 보니 착각이었음을 깨닫는다. 자신이 한계가 있는 존재이고 노력만으로 다 되는 것이 아니라는 것을 비로소 배우고, 더 나아가 내 인생을 주관하는 더 큰 손길이 있음을 깨닫는다.

우리가 온전히 안식하는 데 불안해하는 영역이 있다. 그중 한 영역이 바로 자녀교육이다. 요즘 '저녁이 있는 삶' '쉼이 있는 삶'을 외치지만 중고등학생들은 이런 삶으로부터 당연히 배제된다. 아무리 회사가 주 5일 근무제가 되고 주말에 쉬어도, 우리 청소년들은 절대로 쉬지 못하고 오히려 과거보다 더 가혹한 삶을 살아가고 있다. 만약에 공부를 노동이라고 한다면 대한민국 학생의 학습노동은 주당 평균 70~80시간에 이른다. 보통 노동자의 두 배 이상을 일하는 것이다.

그런데 이렇게 열심히 공부하기는 하는데 학습효율은 많이 떨어진다. 전에 한국 직업능력개발원이 연구 조사한 바에 따르면 우리나라 청소년들의 학습효율화지수는 경제개발협력기구, 즉 OECD 가입국가 30개국 중 24위를 차지했다.[65] 해마다 국제 학업성취도를 평가하는데 우리나라와 비슷한 성적을 거두는 핀란드를 보면 주당 공부시간이 38시간밖에 되지 않는다. 우리나라 청소년의 절반 수준이다. 그런데 우리나라와 비슷하다. 무슨 말인가? 효율적으로 공부하지 못하고 있다는 것이다. 우리 학생들의 공부 수준은 다른 나라들과 비교할 때 거의 혹사 수준이다.

학생들이 이렇게 거의 혹사 수준으로 공부하는 이유가 무엇인가? 모두가 열심히 해서 명문대에 들어가는 것을 절대적인 목표로 삼기 때문이다. 이것이 하나님을 섬기는 것보다 중요한 우상이 되었다. 그 래서 공부 안 하면 큰일 난다는 불안감과 성공에 대한 탐욕을 조장해 서 사회 구조적으로 강요한다. 이런 불안감에 학원들도 주말과 휴일 에 수업을 진행한다. 나오지 않으면 큰 불이익을 받는 구조를 만들게 된다. 그러니 청소년들은 주일에도 학원에 가지 않으면 불안해서 어 쩔 줄을 모른다. 학원도 주말에는 쉬어야 하는데 다른 학원이 경쟁적 으로 문을 여니 안 열 수가 없다. 워낙 경쟁이 치열하다 보니 입시 스 트레스로 건강을 해치고, 머리카락이 빠지며, 심지어는 스스로 목숨 을 끊는 일도 일어난다.

더 심각한 것은 이렇게 청소년 시기에 주일에도 노력을 쏟아붓기 를 습관처럼 하던 청소년들은 대학 입시가 끝나고도 주일을 온전히 지키는 것을 무척이나 아까워하고 인색해한다는 사실이다. 많은 부 모가 고3이 되면 자녀가 예배드리는 것조차 불안해한다. 그래서 공 부한다고 하면 신앙생활에 대한 안식년을 허락해준다. 그러나 그렇 다고 공부효율이 높아지는 것이 아니다. 기억하라! 참된 지혜는 여호 와를 경외하는 것에서 온다. 하나님을 예배하고 온전히 쉬는 게 더 큰 전진을 위해 반드시 필요한데, 이것을 무시하고 고3 동안 예배를 쉬면 대학생 때 신앙을 거의 잃어버리기 쉽다. 고등학생이 되어도, 고3이 되어도 열심히 예배드리고 기도생활을 하도록 돕고 격려해야 한다. 주일을 온전히 쉴 수 있도록 함께 고민해야 한다.

참된 예배가 사라지고 안식이 없는 고3생활을 하고 나면 이후 하 나님 없는 대학생활을 맞이하기 쉽다. 자신이 대학 간 것에 대해 하나 님의 도우심을 전혀 인정하지 않는다. 그저 자신이 열심히 해서 간 줄로 착각한다. 아무리 엄마가 기도를 열심히 했어도, 본인이 직접 하나님을 예배하지 않고 하나님과 관계를 갖지 않았기 때문에 하나님을 인정하지 않는 것이다. 그러니 대학을 가도 하나님을 계속해서 인정하지 않는다. 그리고 이런 태도는 이후 직장생활로 이어지기 쉽다.

전에 청년사역을 할 때 한 청년이 사법고시에 합격했다. 참 기특하지 않은가? 그런데 더욱더 감사한 점은 이 청년이 주일을 온전히 지키며 합격했다는 것이다. 심지어는 임원생활, 청년회장을 하면서 사법고시를 준비했다. 당시 맡았던 청년부가 꽤 컸기 때문에 일도 많았다. 그런데 하나님께 모든 것을 맡기며 열심히 공부하고 예배하며 섬기며 기도했다. 놀라운 점은 이 모든 게 시너지효과를 일으켜 합격하게 되었다는 것이다. 그뿐만이 아니다. 그 와중에 자연스럽게 이 형제를 응원하던 자매와 가까워져 나중에 합격하고 나서 이 자매와 결혼해서 예쁜 아기까지 낳았다.

이 형제는 온전히 예배드리고 섬겨도 잘될 수 있다는 것을 입증해보였다. 물론 임원을 하면서 공부할 때는 끊임없이 스트레스와 갈등이 있었다. 그러나 결국 이런 모습을 통해 그리스도인임을 보여주었다. 우리 하나님이 멈추셨으니 나도 멈춘다! 앞으로도 이런 마음으로 직장생활도 할 것이다. 지금 우리 자녀가 세상 가운데 보여주어야할 것은 우리 자녀도 다른 자녀 못지않게 좋은 대학에 갔다는 것이 아니다. 하나님께서 우리 자녀의 삶과 학업과 친구관계 가운데 붙드시고 역사하시고 인도하심을 드러내야 한다.

하나님께서 만나를 통해 이스라엘에게 알려주기 원하셨던 것이 바로 이것이다. "매일의 삶 가운데서 내가 너희를 돕고 내가 너희를 붙들고 내가 너희를 책임진다. 그러니 아무리 불안해도 멈추고 온전히 나를 바라보고 나만 예배하라! 내가 멈추니 너희도 멈추고 내가 쉬니 너희도 쉬어라. 나를 예배하며 함께 친밀한 관계를 갖자." 하나님께서는 우리 자녀가 어떤 대학에 들어가느냐는 것보다 훨씬 더 중요하게 보시는 게 있다. 그것은 이 자녀가 자기 삶의 주인이 하나님임을 인정하고, 하나님을 경외하며 예배하는 하나님의 친 백성으로 살아가느냐 하는 것이다. 만약 청소년 시기를 지나면서 자녀의 입술에서 이 고백이 사라진다면 우리는 공부와 무관하게 자녀에게 마땅히 가르쳐야 할 신앙을 제대로 전수하지 못한 것이다.

그러나 자녀의 입술에서 "이 힘든 고등학교 시절, 그리고 고3시절, 하나님께서 함께하셨기에 여기까지 왔습니다. 이제 대학생이 되어 하나님을 더욱더 뜨겁게 사랑하며, 더욱더 뜨겁게 예배하길 원합니다"라는 고백이 나온다면 우리는 자녀에게 마땅히 가르쳐야 할 신앙의 유산을 잘 남겨준 것이다. "마땅히 행할 길을 아이에게 가르치라. 그리하면 늙어도 그것을 떠나지 아니하리라"(잠 22:6).

하나님은 온전한 안식일 영성으로 이스라엘이 하늘 양식을 온전히 의지하며 살아가는 백성임을 그들의 마음에 대대로 각인시키길 원하셨다. 그래서 명령하신다.

"모세가 이르되 여호와께서 이같이 명령하시기를 이것을 오멜에 채워서 너희의 대대 후손을 위하여 간수하라. 이는 내가 너희를 애굽 땅에서 인도하여 낼 때에 광야에서 너희에게 먹인 양식을 그들에게 보이기 위함이니라 하셨다 하고"(출 16:32).

하나님은 항아리에 한 오멜, 약 2ℓ의 만나를 담아서 후손을 위하여 대대로 간수하라고 명령하신다. 모세는 이것을 담아 증거판 앞, 즉 언약궤 안에 넣어 간수한다(34절). 원래 만나는 하루가 지나면 썩어야 하는데 하나님께서는 이 만나를 대대로 썩지 않는 만나로 보존하셨다.

우리도 이 만나를 보고 만지고 먹어보고 싶지 않은가? 이 만나가 바로 우리에게 왔다. "내가 곧 생명의 떡이니라. 너희 조상들은 광야에서 만나를 먹었어도 죽었거니와 이는 하늘에서 내려오는 떡이니 사람으로 하여금 먹고 죽지 아니하게 하는 것이니라. 나는 하늘에서 내려온 살아 있는 떡이니 사람이 이 떡을 먹으면 영생하리라. 내가 줄 떡은 곧 세상의 생명을 위한 내 살이니라 하시니라"(요 6:48-51).

이 만나가 바로 우리에게 오신 예수 그리스도다. 우리는 예수 그리스도를 통해 매일매일 일용할 은혜로 살고, 그리스도 없이는 한순간도 살 수 없는 존재임을 고백한다. 더 놀라운 것은 이 떡을 소유한 우리는 함께 부름받은 믿음의 지체들에게 하늘의 만나가 되어 주어야 한다는 점이다. "이제 너희의 넉넉한 것으로 그들의 부족한 것을 보충함은 후에 그들의 넉넉한 것으로 너희의 부족한 것을 보충하여 균등하게 하려 함이라. 기록된 것같이 많이 거둔 자도 남지 아니하였고 적게 거둔 자도 모자라지 아니하였느니라"(고후 8:14-15).

이 말씀은 예루살렘교회 성도들이 기근 가운데 상당히 어려운 상황임을 알고, 그들을 위하여 기꺼이 함께 구제헌금을 하여 그들을 도울 것을 고린도교회 성도들에게 권면하는 말씀이다. 너희의 넉넉한 것으로 그들의 부족한 것을 보충하여 하나님께서 우리 성도들에게 은혜로 주신 것을 서로 균등하게 나눈다고 말씀한다. 그러면서 "많이 거둔 자도 남음이 없고 적게 거둔 자도 부족함이 없이"라는 출애굽기 16장 18절 말씀을 인용한다. 이 말씀은 바로 만나에 관한 말씀이다. 일용할 은혜로 받은 것들을 함께 나눈다는 것이다.

이렇게 나누면 내 것이 없어지는가? 아니다. 또 하나님이 다음 날, 다음 달, 다음 해에 채워주신다. 성도는 만나를 받아 사는 존재일 뿐만 아니라 다른 이에게 만나를 나누는 통로가 되는 존재이다. 그동안 우리는 더 많이 소유하고 성취하기 위해 정신없이 앞만 보고 달려가느라 어느덧 나누는 것을 잊어버렸다. 그러나 주님은 우리에게 하나님이 넉넉히 주신 것으로 지체들과 나눌 것을 말씀하신다. 이제는 우리가 하늘 만나로 이웃에게 내줄 수 있어야 한다. 이런 만나의 삶을 나누며 나뿐만 아니라 이웃의 삶을 충만하게 하는 복된 걸음을 걸어야 한다.

[32장 각주] ···

62) https://www.facebook.com/cucumberhaters/
63) 최수현, "[2030 프리즘] 오이가 싫어서…", 조선일보, 2017. 4. 29.
64) 새뮤얼 스마일즈, 공병호 역, 「새뮤얼 스마일즈의 자조론」(서울: 비즈니스북스, 2005).
65) 이사야, "대선후보, 학원유일휴무 법제화 공약하라", 국민일보, 2017. 4. 30.

계속되는 원망과 짜증,
어떻게 할까

이스라엘 자손의 온 회중이 여호와의 명령대로 신 광야를 떠나 그 노정대로 행하여 르비딤에 장막을 쳤으나 백성이 마실 물이 없는지라. 백성이 모세와 다투어 이르되 우리에게 물을 주어 마시게 하라. 모세가 그들에게 이르되 너희가 어찌하여 나와 다투느냐. 너희가 어찌하여 여호와를 시험하느냐.

거기서 백성이 목이 말라 물을 찾으매 그들이 모세에게 대하여 원망하여 이르되 당신이 어찌하여 우리를 애굽에서 인도해 내어서 우리와 우리 자녀와 우리 가축이 목말라 죽게 하느냐. 모세가 여호와께 부르짖어 이르되 내가 이 백성에게 어떻게 하리이까. 그들이 조금 있으면 내게 돌을 던지겠나이다.

여호와께서 모세에게 이르시되 백성 앞을 지나서 이스라엘 장로들을 데리고 나일강을 치던 네 지팡이를 손에 잡고 가라. 내가 호렙산에 있는 그 반석 위 거기서 네 앞에 서리니 너는 그 반석을 치라. 그것에서 물이 나오리니 백성이 마시리라. 모세가 이스라엘 장로들의 목전에서 그대로 행하니라. 그가 그곳 이름을 맛사 또는 므리바라 불렀으니 이는 이스라엘 자손이 다투었음이요 또는 그들이 여호와를 시험하여 이르기를 여호와께서 우리 중에 계신가 안 계신가 하였음이더라.

하나님의 인도를 따라 이스라엘 백성들이 광야 르비딤 지역에 머무를 때였다. 분명 하나님의 인도하심을 따라왔는데 마실 물이 떨어졌다.

"이스라엘 자손의 온 회중이 여호와의 명령대로 신 광야에서 떠나 그 노정대로 행하여 르비딤에 장막을 쳤으나 백성이 마실 물이 없는지라"(출 17:1).

르비딤 지역은 와디로 알려져 있다. 와디는 광야에 가끔 비가 쏟아질 때 시내를 이루어 물이 흐르지만 비가 오지 않으면 곧 말라버리는 건천이다. 생각해보라. 시냇가에 장막을 쳤는데 그 시내는 마른 땅바닥만 보였다. 가지고 왔던 물은 다 떨어졌다. 그러자 이스라엘 백성은 또다시 모세와 다투고 하나님을 원망한다.

"백성이 모세와 다투어 이르되 우리에게 물을 주어 마시게 하

라. 모세가 그들에게 이르되 너희가 어찌하여 나와 다투느냐.
너희가 어찌하여 여호와를 시험하느냐"(출 17:2).

백성들은 먼저 모세와 다툰다. "아니, 여기까지 인도했으면 물을
계속해서 좀 마시게 해야지. 왜 물이 없어?" 이런 식으로 불평을 쏟
아낸다. 그러자 모세는 이들의 불평이 단순히 눈에 보이는 불평, 곧
물리적 조건이 결여된 것에 대한 불평이 아니라 하나님과의 관계와
관련된 것이라고 말한다. "너희가 어찌하여 여호와를 시험하느냐"라
는 문제 제기는 이를 고스란히 보여준다. 백성의 원망에 대해 모세는
하나님을 신뢰하지 못하고, 오히려 하나님을 의심과 원망의 눈으로
바라보는 것을 경계한다.

그동안 이스라엘 백성은 오직 하나님의 은혜로 말미암아 생존해
왔다. 홍해를 기적적으로 통과했고, 또 통과하자마자 수르 광야에서
사흘 길을 가서 마라에서 물을 얻었다. 하지만 물이 너무 써서 마시
지 못할 정도였다. 이때 모세가 하나님께 부르짖어 기도하고, 하나님
이 지시하시는 나무를 던져 물이 달게 되는 역사를 경험했다.

이스라엘 백성이 애굽에서 고기 먹던 시절을 그리워하자 하나님
은 저녁에는 메추라기로, 이른 아침에는 만나로 그들의 먹을 것을 채
워주셨다. 자, 이 정도 기적을 경험했으면 이제는 하나님을 신뢰하며
어려운 문제가 닥쳐도 그분 앞에 무릎 꿇고 기도해야 하지 않겠는
가? 기도하는 게 자신 없으면 적어도 모세에게 중보기도를 부탁해야
하지 않겠는가? 하지만 이스라엘 백성들은 기도는커녕 원망과 짜증
과 비판을 쏟아내며 돌변했다. 하나님이 자기들을 목말라 죽게 한다

는 극단적인 말조차 서슴지 않고 쏟아냈다.

"거기서 백성이 목이 말라 물을 찾으매 그들이 모세에게 대하
여 원망하여 이르되 당신이 어찌하여 우리를 애굽에서 인도해
내어서 우리와 우리 자녀와 우리 가축이 목말라 죽게 하느냐"
(출 17:3).

이스라엘 백성들은 그동안 하나님이 베푸셨던 수많은 은혜를 싸
잡아서 무시하고, 지금의 상황을 극단적으로 확대해서 말했다. 심지
어 도저히 입에 담을 수 없는 말을 하기 시작한다.

"그가 그곳 이름을 맛사 또는 므리바라 불렀으니 이는 이스라
엘 자손이 다투었음이요 또는 그들이 여호와를 시험하여 이르
기를 여호와께서 우리 중에 계신가 안 계신가 하였음이더라"
(출 17:7).

여호와께서 우리 중에 계신가, 안 계신가? "아니, 하나님이 지금
우리와 함께하시는 거 맞아? 하나님이 우리를 지키고 보호하시는지
모르겠어. 하나님이 우리를 정말 사랑하는 거 맞아?" 이런 식으로 하
나님께 원망을 쏟아낸다. 그동안 하나님의 손길을 맛보았던 경험치
가 쌓였다면 이스라엘은 이 모든 상황을 아뢰는 것이 마땅했다. 하나
님께서 이런 상황으로 인도하신 것은 이럴수록 그의 백성이 하나님
을 더욱 신뢰하여 그분 앞에 나아가 부르짖고 아뢰도록 하기 위한 것

이었다. 하나님은 이스라엘을 구속하기만 한 것이 아니라 그의 참된 백성으로 만들어가기 원하셨다. 그러나 구속받은 후에 참된 백성이 되어가는 것은 생각보다 더뎠다. 모세는 이스라엘 백성의 계속되는 원망과 짜증 같은 부정적인 공격 앞에 너무나도 괴로웠다.

> "모세가 여호와께 부르짖어 이르되 내가 이 백성에게 어떻게 하리이까. 그들이 조금 있으면 내게 돌을 던지겠나이다"(출 17:4).

하나님과 소통하는 법을 모르는 이스라엘 백성이 할 수 있는 가장 원초적인 표현은 원망과 짜증이었다. 갓난아이와 같았다. 아이가 태어나서 욕구 불만을 표현하는 방법이 무엇인가? 울음이다. 짜증이다. 하지만 엄마 아빠는 아이의 울음과 짜증 앞에 왜 우냐고 따지지 않는다. 왜? 아이가 말을 알아듣지 못하기 때문이다. 이 아이가 무엇이 불편한지, 배가 고픈 것인지, 기저귀를 갈아야 하는 것인지, 이런 것들을 유심히 살펴본다. 왜? 아이의 울음은 단순한 울음이 아니라 그 배후에 정당한 욕구에 대한 갈망이 있다는 것을 알기 때문이다. 시간이 지나 아이가 성장하고 말을 하게 되면 욕구 불만을 표현하는 방식이 달라진다. 정확한 의사표현을 한다. 하나님께서는 이스라엘이 이런 성숙한 하나님의 친 백성으로 점점 자라기를 원하셨다. 그런데 이스라엘은 아직도 어린아이처럼 원망과 짜증이 섞인 원초적인 방식으로 자신의 필요를 표출하였다.

영적으로 이스라엘은 하나님과 완전히 새로운 관계로 들어갔다. 이들이 출애굽 이후 홍해를 건넌 것은 과거와 단절하고 하나님과 새로운 혼인관계로 들어간 것과도 같다. 하지만 결혼했다고 해서 곧바로 이상적인 남편과 아내가 되지 않는다. 법적으로는 아내와 남편이지만 남편이 하는 것을 보면 남편은 아직 '남의 편'이다. 내 편이 아니다. 아내는 집에서 욕구 불만으로 원망과 짜증을 쏟아내며 집안일을 하지 않는다. 아내가 아니라 '안 해'다. 자신의 욕구 불만을 통렬하게 표현하고 소통할 줄도 서로 모른다. 그러다 보면 어느새 천국을 이루어야 할 가정이 원망과 짜증이 난무하는 지옥 같은 가정으로 돌변한다. 정말 죽고 싶은 생각이 든다. 모세도 이스라엘의 원망과 짜증으로 죽을 것 같은 느낌을 받았다. 그래서 하나님께 조금 있으면 이스라엘 백성들이 내게 돌을 던지겠다고 탄원한다. 갈 데까지 간 것이다.

하늘에서 만나가 쏟아지고 광야에 메추라기가 쏟아질 때는 광야가 천국이었다. 그런데 천국이 어느 순간 원망과 짜증이 난무하는 생지옥 같은 곳으로 돌변했다. 우리 가정도 한때 젖과 꿀이 흐르는 천국이지 않는가? '허니문'이란 말을 들어보았을 것이다. 결혼은 그야말로 꿀이 흘러나오는 통로였다. 하늘에서 만나와 메추라기가 쏟아지는 현장이었다. 그런데 허니문이 끝나고 어느 순간부터는 집에 꿀이 메마르고, 그다음부터는 광야가 쩍쩍 갈라지는 생지옥으로 변해갔다. 게다가 아이를 낳고 키우다 보면 얼굴에 그림자가 드리우고 눈시울이 붉어진다.

왜 이런 갈등이 일어나는가? 그것은 남편과 아내가 서로를 받아들이는 타이밍과 방식이 달라서 그렇다. 이스라엘이 광야에 들어갈 때를 생각해보라. 하나님은 이스라엘의 하나님이 되어 주실 준비가 되었다. 구름 기둥과 불 기둥으로 이들을 보호하고 지켜주시고, 또 메추라기와 만나를 내려 보내시며, 광야에서 샘물을 공급하실 준비를 하셨다. 그러나 이스라엘은 광야에 들어가면서 당황해했다. 그들은 아직 하나님을 이스라엘의 하나님으로 받아들이고 섬기며 살 준비가 제대로 되어 있지 않았다. 그러니 감사보다는 불평과 불만이 먼저 나온다.

남녀가 결혼할 때 하나님은 누구를 먼저 정서적, 감정적으로 준비시키실까? 아내일까, 남편일까? 아내를 먼저 준비시키신다. 아내는 '여자'에서 신속히 '아내' 될 준비를 하고 결혼생활에 들어간다. 그런데 남편은 아직 '남자'다. '남편' 될 준비를 제대로 하지 못한 채 결혼에 돌입한다. 이스라엘이 하나님의 친 백성이 되기까지 40년의 세월이 걸렸던 것처럼 남자도 남편이 되기까지 시간이 꽤 걸린다. 어떤 경우는 40년이 넘어도 남편이 아니라 남자로 머무는 경우도 있다. 남자가 남편이 되지 않으면 어떻게 되는가? 집에서 또 다른 큰 애가 되든지, 남의 편이 된다.

남자가 남편이 되었다는 기준은 무엇인가? 그것은 관계의 우선순위가 결혼으로 옮겨졌다는 것이다. 애착 관계가 부모에게서 배우자로 옮겨지는 것이다. 결혼식에서 보면 신부 아버지가 신부 손을 잡고 걷다가 남편에게 넘겨주지 않는가? 이것은 이제부터 애착 대상이 부모가 아니라 남편에게로 옮겨진다는 것을 의미한다. 이제부터 가장 소중한 사람은 남편이고 아내라는 뜻이다. 결혼하면 아내는 신랑만 바라보며 사는데 신랑은 아내도 보고 다른 것도 본다. 그래서 결혼하고도 매일 밤에 직장생활을 핑계로 친구들을 만나 늦게까지 놀다가 들어온다. 아직 남편이 아니라 남자다. 또 어떤 남편은 결혼하고 아내보다 컴퓨터 게임에 더 몰두하며 시간을 보낸다. 다른 취미활동을 하기도 한다.

처음에는 아내가 먼저 준비된 상태이기에 신랑을 잘 참아준다. 남자는 이성이 발달해서 사건을 논리적으로 해석한다. 아무 말도 하지 않으면 괜찮은 것으로 단순하게 해석한다. 그리고 이 단순한 논리를 아내와의 관계에 고스란히 적용한다. 아내가 음식을 하면 그 안에 담긴 정성과 사랑에 감사하지 못하고 객관적으로 판단한다. "좀 짜네. 다음에는 소금을 좀 적게 넣어." "너무 다네. 왜 이렇게 설탕을 많이 넣었어?" 음식을 정성껏 준비한 아내의 마음을 읽어주지 못하고 있는 그대로 말한다. 아내가 점점 자신감을 잃고 상처받는다는 생각을 거의 하지 못 한다. 남편이 아내에게 상처주는 아주 쉬운 방법이 있다. 객관적으로 있는 그대로 말하면 된다.

가끔 나에게 찾아와서 아내와의 관계를 토로하는 성도가 있다. "목사님, 있는 그대로 말했을 뿐인데 화를 왜 낸대요?" 당연하다. 그대로 말하면 화를 낸다. 이런 상황에서 아내가 화내면 "아니, 왜 그래? 난 있는 그대로 말했을 뿐인데." 이렇게 말하는 남편이 있다. 이런 말은 정당한 질문이 아니라 아내 속을 뒤집는 발언이다. "당신 많이 힘들고 마음이 아팠구나? 왜 이렇게 힘들어하는지 말 좀 해줄 수 있을까?" 이렇게 말해야 하는데 마음을 읽어주지 못한다. 남편은 정답 소년이다. 늘 정답만 말한다. 그런데 정답이 넘치는 가정에 진짜 답 없는 가정이 많다. 정답은 정서를 메마르게 한다. 절대로 정답이 사람을 성숙시키거나 변화시키지 못한다. 자꾸 아내 요리에 '맵다,

짜다, 싱겁다'를 정직하게 말해보라. 어느 날, 아내가 이렇게 말할 것이다. "나 요리 그만할래. 죽고 싶어!"

어떤 남편은 텔레비전만 켜면 매일 축구다. 축구도 잘 모르는 아내랑 매일 같이 축구만 본다. 또 어떤 남편은 게임 채널만 본다. 아내가 그 프로가 좋아서 보는 줄 아는가? 아니다. 남편을 사랑하기에 참으면서 같이 봐주는 것이다. 그러나 겉으로는 말하지 않는다. 왜? 기분 상하게 하기 싫어서. 속으로 억누르는 것이다. 그것도 모르고 계속 아내도 축구를 좋아하는 줄 알고 본다.

남편이 경각심을 느끼고 빨리 아내의 감정을 읽기 시작하면 회복될 수 있다. 그런데 익숙지 못한 남편이 자꾸 정답만 이야기하면 어느 순간 참을 때까지 참았던 아내가 남편에게 활화산과 같은 분노를 쏟아낼 것이다. 남편의 입장에서 볼 때는 말도 안 되는 사소한 것으로 화내고 꼬투리 잡는 것처럼 느낄 수 있다. '아니, 전에는 끄덕끄덕하고 잘 이해하던 아내가 왜 갑자기 저렇게 여자 헐크가 되었지?' 갑자기 그렇게 된 것이 아니다. 그동안 아내가 참아준 것이다. 왜? 사랑해서, 여자가 아닌 아내이기 때문에.

고린도전서 13장 4절이 말하는 사랑의 첫째 특징이 무엇인가? '언제나 오래 참는 것'이다. 그런데 한계가 있는 인간이기에 더 이상 참지 못한다. 오래 참는 아내는 보통 3년, 5년, 길게는 10년 이상씩 참는다. 대단하다. 그런데 어느 순간부터 참지 못할 때가 온다. 아내의 분노 표출은 다른 한편으로 살고 싶다는 간절한 외침이기도 하다. 이는 하나님이 부부에게 주신 하나 됨의 사명을 찾기 위해 몸부림치는 과정이기도 하다.

그렇다면 제일 먼저 표출되는 몸부림은 무엇인가? '분노'다. 가끔 이렇게 말하는 이가 있다. "저는 원래 소심하고 얌전한 성격인데 더 이상 그렇지 않아요. 남편이 제 마음을 몰라주거나 무시하면 갑자기 화가 나고 주체하기 힘들어요. 막 욕이 튀어나오고 목소리가 커져요." 아내가 화를 내면 남편은 어떻게 반응하는가? "아니, 내가 뭘 잘못했는데?" "난 잘못한 게 없어." 이것은 아직 남편의 뇌 구조가 바뀌지 않아서 그렇다. 뇌 구조를 좀 바꾸어야 한다. 지금 아내가 화내는 것은 잘하고 잘못하고의 문제가 아니라 아내의 마음을 알아달라는 것이다.

두 번째는 서로에게 '매달리는 단계'다. 정서적으로 분리 불안을 경험하는 단계. 분리 불안이 무엇인가? 어린아이가 부모가 자기를 버리고 갈지도 모른다고 느끼는 데서 오는 불안감이다. 부부도 마찬가지다. 화를 내도 해결되지 않으면 매달리기 단계에 빠진다. 이 단계에서는 아내가 남편에게 묻는다. "당신 나 사랑해?" "더 이상 나를 사랑하지 않는 것 같아." "당신 내 편이야?" "어머님과 내가 물에 빠지면 누구를 먼저 구할 거야?" 남편은 어떻게 대답하는가? "아니, 이 사람이 말도 안 되는 질문을 하네." 그러고는 입을 다문다.

그러면 아내는 집요하게 묻는다. "아니, 도대체 왜 대답을 안 하는 거야? 말 좀 해봐." 만약에 대답하지 않으면 더 황당한 말을 한다. "그럴 거면 사업 그만둬. 직장 그만둬." 그러면 남자들은 기운 빠지고 골치가 아파진다. "아니, 회사를 그만두라니, 사업을 접으라니 무슨 소리야? 아니, 내가 지금 왜 이렇게 뼈 빠지게 일하는데, 무슨 소리야?" 사실 아내가 이 정도로 말하면 "여보, 당신 많이 힘들었구나!" 이 한마디면 된다. 그런데 남편은 이때부터 더 소리를 높이며 지금 무슨 말도 안 되는 소리냐고 화를 낸다.

만약 여기서 아내는 남편이 더 이상 자기편이 아니라고 느끼면 결정적인 말을 던진다. "내가 이 집 파출부냐?" 또 남자도 비슷한 말을 한다. "내가 돈 버는 기계냐?" 남편이 아내 편이 되어 주지 않고, 아내가 남편을 인정해주지 않으면 서로가 돈 버는 기계와 파출부로 전락한다. 우리 주변에 파출부랑 같이 사는 남편, 돈 버는 기계랑 같이 사는 아내가 의외로 많다.

이러다 세 번째 단계로 가면 '우울과 절망'에 빠진다. 이때는 세상에 아무도 없는 것 같고 사막에 혼자 서 있는 느낌이 든다. 실패감이 몰려오고 무력감이 몰려와서 삶이 허무하게 느껴지고 의욕을 잃는다.

그러다 네 번째 단계로 가면 '분리'다. 더 이상 배우자가 보기 싫다. 아예 분리시키려고 한다. 애착 요구를 무시하고 억누른다. 집안에 투명 인간이 살고 있다. 말도 섞지 않고 무시한다. 그러나 이때부터 삶의 모든 일이 무력해지고 의미가 없어지고 힘이 빠진다.

이런 갈등에 빠지면 보통 아내는 집요하게 따지고 들어가고 남편은 회피하는 경우가 많다. 그러면 가정에서 오가는 말이 점점 더 부정적이 되어간다. 그도 그럴 것이 우리 정서는 긍정적인 것보다는 부정적인 성향이 더 크기 때문이다. 영화 「인사이드 아웃」을 보면 사람의 정서를 주관하는 다섯 가지 감정이 나온다. 기쁨이(joy), 버럭이(anger), 슬픔이(sadness), 까칠이(disgust), 소심이(fear) 등. 여기에 전문가들은 수치심과 놀람을 추가한다. 이 정서들을 보면 긍정적인 것은 '기쁨' 하나밖에 없다. 소심이와 까칠이는 온건한 부정적 감정이고 버럭이와 슬픔이는 강경한 부정적 감정이다. 그러니 기쁨 하나만으로 우리 전체 정서를 다스리기가 쉽지 않다. 기쁨을 제외한 나머지 정서는 제대로 충족되지 않으면 언제든지 경고 사인을 보낸다. 그러니 우리의 대화는 부정적이기 쉽다.

대화가 부정적으로 흐르면 부부간 악순환의 사이클이 계속되기 쉽다. 아내는 계속 추궁하며 화를 내고 남편은 계속해서 회피한다. 부정적인 대화는 사실 상대방을 상처주려는 말이 아니라 내 편이 되어달라고, 내 마음을 알아달라고 하는 일종의 항의이자 몸부림이다. 그러나 정서적인 친밀감을 파괴하고 상대를 아프게 하는 것이기에 관계를 더더욱 악화시킨다. 이런 대화 패턴으로는 절대 문제가 해결되지 않는다. 부부간 공공의 적은 부정적인 대화방식이다.

그렇다면 어떻게 해야 하는가? 둘 중 하나라도 이런 신호를 읽고 먼저 용기를 내 다가가야 한다. 남편들이여, 용기를 낼 수 있기를 바란다. "괜히 나섰다가 또 욕먹는 건 아닐까?" 그럴지 모른다. 하지만 계속 욕먹으면서 이해하려고 노력하다 보면, 그렇게 해서라도 아내의 정서적 갈망이 충족되면 그다음에는 마른 광야에 다시 생수가 솟고 꽃이 피게 된다. 그래서 부부는 상대방의 부정적인 대화 속에 담긴 신호를 읽어내야만 한다.

아내들이여, 남편이 내 마음을 알아주기를 원하면 부정적인 방식의 대화를 지혜롭게 피해야 한다. 아내는 부정적인 방식으로 대화하면서 남편을 무시한다. 인정해주지 않는다. 사실 당연하다. 내 마음도 몰라주면서 무슨 사업이고, 무슨 직장생활인가? 그러나 그 마음을 분노와 짜증과 원망을 섞어 표현하면 남편은 그런 내 마음을 알아주기는커녕 더 멀리 도망간다.

따라서 대화는 일단 긍정적으로 시작해야 한다. 감사로 시작해야 한다. 속이 부글부글 끓어도 인정할 것과 칭찬할 것을 찾아야 한다. 아내의 인정과 칭찬을 받아야 남편이 돌아와 아내의 마음을 들여다보기 시작한다. 화내면 도망가고 칭찬하고 인정하면 돌아와 나를 돌본다. 본문 5절을 보라.

"여호와께서 모세에게 이르시되 백성 앞을 지나서 이스라엘 장로들을 데리고 나일강을 치던 네 지팡이를 손에 잡고 가라" (출 17:5).

부정적인 원망과 짜증 때문에 너무너무 힘들어서 죽을 것 같은 모세에게 하나님이 무엇이라 하시는가? "나일강을 치던 네 지팡이를 손에 잡고 가라." 이 지팡이는 대적 애굽을 치던 지팡다. 나일강을 피로 물들이던 능력의 지팡이다. 이 지팡이로 대적만 치지 말고, 이제는 내 백성을 위로하고 그 욕구를 부드럽게 채워주라는 것이다.

생각해보라. 내 남편이 그렇게 나쁜 인간인가? 아니다. 아내가 그렇게 나쁜 여자인가? 아니다. 참 좋은 사람이었다. 원래 나쁜 사람은 없다. 단지 나쁜 관계만 있을 뿐이다. 남편도 보라. 능력 있다. 지팡이 들고 나가면 애굽이 꼼짝 못한다. 괜찮은 사람이다. 문제는 지팡이를 밖에 나가서 휘두를 줄만 알았다. 이제는 나일강 치던 그 지팡이를 잡고 신부 이스라엘을 위해 바위를 치고 물을 내야 한다. 중요한 것이 있다. 이런 변화의 행동은 '하나님 앞에서' 행하여야 한다는 것이다.

> "내가 호렙산에 있는 그 반석 위 거기서 네 앞에 서리니 너는 그 반석을 치라. 그것에서 물이 나오리니 백성이 마시리라. 모세가 이스라엘 장로들의 목전에서 그대로 행하니라"(출 17:6).

모세가 나일강을 치던 지팡이를 갖고 반석 위에 서면 하나님이 그 가운데 함께 서겠다고 약속하신다. 모세는 자신에게 원망과 불평을 쏟아붓던 이스라엘 백성을 하나님과의 관계에서 새롭게 바라보아야 했다. 부부도 그렇다. 하나님이 짝지어주신 관계다. 새로운 천국을 이루어가야 한다. 서로의 모나고 부족한 부분을 아름답게 채워주는 관계로 세워가야 한다.

함께 기도의
두 손을 들라

그때에 아말렉이 와서 이스라엘과 르비딤에서 싸우니라. 모세가 여호수아에게 이르되 우리를 위하여 사람들을 택하여 나가서 아말렉과 싸우라. 내일 내가 하나님의 지팡이를 손에 잡고 산꼭대기에 서리라. 여호수아가 모세의 말대로 행하여 아말렉과 싸우고 모세와 아론과 훌은 산꼭대기에 올라가서 모세가 손을 들면 이스라엘이 이기고 손을 내리면 아말렉이 이기더니 모세의 팔이 피곤하매 그들이 돌을 가져다가 모세의 아래에 놓아 그가 그 위에 앉게 하고 아론과 훌이 한 사람은 이쪽에서, 한 사람은 저쪽에서 모세의 손을 붙들어 올렸더니 그 손이 해가 지도록 내려오지 아니한지라.

여호수아가 칼날로 아말렉과 그 백성을 쳐서 무찌르니라. 여호와께

전 세계 디지털카메라의 양대산맥이라고 하면 일본의 캐
논과 니콘을 꼽는다. 스마트폰이 보급되면서 디지털카메라가 사양길
로 접어들 것으로 많은 이가 예측했다. 스마트폰에 내장된 카메라도
그 기능이 상당하지 않은가? 그럼에도 불구하고 이 두 회사가 만드
는 DSLR(Digital Single-Lens Reflex), 즉 디지털 일반 반사식 카
메라 시장은 상당기간 계속해서 성장했다. 그 이유는 DSLR 방식의
카메라는 일반 스마트폰의 카메라로는 도저히 따라잡을 수 없는 고
품질의 사진을 찍을 수 있기 때문이다. 가격도 비쌌거니와 렌즈를 바
꾸어가며 찍기 때문에 렌즈와 같은 주변기기를 판매하면서 두 회사
는 높은 마진을 남기며 성장할 수 있었다.

그러나 최근 상황이 급변했다. 전 세계 DSLR 시장이 4년 만에
반토막이 난 것이다. 원인은 스마트폰에 달린 카메라가 점점 좋아진
것과 함께 DSLR에 들어 있는 반사거울을 없앤 미러리스 카메라가
출시되면서 많은 수요가 미러리스로 몰리게 되었기 때문이다. 반사
거울을 없애면서 카메라가 더 작고 가벼워졌고 동영상 촬영기능도
더 뛰어났다. 결국 이 거대한 시장의 변화와 함께 두 회사는 위기를

맞게 되었다.

　가장 큰 위기를 맞은 회사는 니콘이었다. 니콘은 그동안 계속해서 흑자를 기록하다 2016년에 처음으로 90억 엔, 우리 돈으로 900억 원의 순손실을 기록했다. 이에 회사는 부랴부랴 직원의 10%나 되는 천 명을 희망퇴직시키기로 결정했다. 다른 한편 캐논은 니콘이 이렇게 큰 위기를 겪고 있는 것과 대조적으로 적자는커녕 매출이 2016년보다 18%, 순이익도 20% 이상 증가했다. 이유가 무엇일까?

　그것은 캐논은 DSLR 카메라가 전성기를 구가할 때 앞으로 일어날 패러다임의 변화를 예측하고, 여기서 벌어놓은 돈으로 신사업에 투자하여 업종 전환을 성공적으로 안착시켰기 때문이다.[66] 캐논이 준비한 업종은 상업용 인쇄기, 보안용 화상시스템, 화상진단 의료기기와 같은 분야였다. 그래서 이 분야에 최고 경쟁력을 갖고 있는 여러 회사를 사들였다. 2010년에는 유럽 1위 상업용 인쇄회사인 네덜란드의 오세를 1조 원에, 또 2015년에는 세계 1위 감시카메라 업체인 스웨덴의 액시스를 3조 원에, 또 2016년에는 화상의료 진단장치로 세계 4위인 도시바 메디컬을 7조 원에 사들였다.[67] 전성기 때 자만하지 않고 앞으로의 패러다임 변화를 주목하고 이에 적극적으로 대비했던 것이다.

　우리의 삶에도 그동안 익숙했던 방식에 거대한 변화의 바람이 몰아닥칠 때가 있다. 이럴 때 과거의 방식에만 집착하다 보면 새로운 패러다임에 적응하지 못하고 어려움을 겪기 쉽다. 외부환경의 거대한 변화의 물결 앞에 새로운 미래를 미리 준비할 수 있는 지혜가 있어야 한다. 이것은 광야를 통과하는 이스라엘에게도 마찬가지다.

이스라엘은 그동안 광야에서 하나님의 전적인 보호 가운데 생존할 수 있었다. 낮에는 구름 기둥, 밤에는 불 기둥이 함께했고, 이른 아침에는 만나가 내리고, 저녁에는 메추라기가 내렸다. 생존의 조건이 결여된 바로 그곳에서 생생하게 보이는 놀라운 기적, 그리고 가시적인 하나님의 임재와 인도하심이 있었다. 그럼에도 이들은 하나님이 제공하시는 환경에 불만을 제기하고 원망과 짜증을 거침없이 내뱉곤 했다. 아직 어린아이와 같은 신앙이었다.

그러나 이제 하나님은 이런 이스라엘을 한 차원 더 높은 곳으로 인도하신다. 하나님께서는 이들이 광야에서 익숙해진 신앙 패러다임의 전환을 요구하는 것이며, 이들을 둘러싼 위기의 변화와 연관된 것이었다. 그동안은 주로 내부의 생존문제였다면, 이제는 외부의 대적이 위협하는 상황이었다. 그동안은 위기 앞에 불평과 원망으로 반응했다면, 이제는 위기 앞에 칼과 창을 들고 나아가 싸워야 할 상황이었다. 그동안 하나님의 생생한 가시적 임재와 기적을 경험하며 나아갔다면, 이제부터는 무대 뒤에서 이스라엘을 통해 은밀히 역사하시는 하나님을 믿고 나아가야 했다. 이러한 패러다임의 전환을 알리는 신호탄이 바로 이방민족 아말렉의 침입이었다.

"그때에 아말렉이 와서 이스라엘과 르비딤에서 싸우니라"(출 17:8).

여기서는 단순히 아말렉이 와서 이스라엘과 싸운다고 하지만 신명기는 이 부분을 좀 더 구체적으로 설명하고 있다. "너희는 애굽에서 나오는 길에 아말렉이 네게 행한 일을 기억하라. 곧 그들이 너를 길에서 만나 네가 피곤할 때에 네 뒤에 떨어진 약한 자들을 쳤고 하나님을 두려워하지 아니하였느니라"(신 25:17-18).

아말렉 족속은 이스라엘 백성이 지나가는 것을 보고 호시탐탐 노리다가 공격했다. 이스라엘 행렬 뒤에 쳐진 사람들, 곧 노약자나 어린아이, 그리고 건강이 좋지 않은 사람들을 만만하게 보고 공격한 것이다. 한창 광야를 행진하는데 저 멀리서 비명이 들렸다. 순식간에 긴장감이 돈다. 왜? 지금까지 이스라엘이 홍해를 건넌 이후로 광야에서 이들을 위협한 족속은 없었기 때문이다. 그도 그럴 것이 이스라엘의 하나님 여호와가 홍해를 가르고 애굽의 말 탄 군대를 모두 수장시켰다는 소문이 근동지역에 파다한데, 어떻게 감히 이들을 공격할수 있겠는가? 게다가 그 진영 가까이만 가도 하나님의 구름 기둥과 불 기둥이 함께하는 것을 볼 수 있기에 미리 겁을 먹어 감히 공격하기가 쉽지 않았다.

그런데 아말렉은 호시탐탐 기회를 노리다가 이스라엘의 제일 연약한 행렬을 공격한 것이다. 늑대나 사자가 사냥할 때 보면 가장 연약한 것을 집중 공격한다. 그런 것 보면 아말렉은 야수성이 가득한 상태로 이스라엘을 치고 있음을 알 수 있다. 이 아말렉 족속은 도대체 누구의 후손일까? "에서의 아들 엘리바스의 첩 딤나는 아말렉을 엘리바스에게 낳았으니 이들은 에서의 아내 아다의 자손이며"(창 36:12).

에서의 아들이 첩을 두었는데 이 첩 이름이 엘리바스다. 이 첩이 낳은 에서의 손자가 바로 아말렉이었다. 창세기 36장 15~16절에 보면 아말렉은 후에 에돔의 족장이 되어 나름대로 큰 부족을 형성하였다. 아말렉은 이스라엘의 먼 친척 족속이다. 그런데 이들이 친척 이스라엘을 치는 대적으로 돌변했다. 왜 이들이 이스라엘을 공격했을까? 성경은 분명한 이유를 말씀하지 않는다. 그러나 분명한 것은 이들은 단순한 대적이 아니라는 사실이다. 이들은 과거 이스라엘의 어두운 영적 유산을 볼 수 있게 해주는 역할을 한다. 에서가 누구인가? 야곱, 즉 이스라엘의 형이다. 에서는 하나님께서 주신 장자권을 너무도 가볍게 여겨 팥죽 한 그릇에 팔았다가 야곱을 미워하고 죽이려 했다. 하나님을 경외하지 않고 자기 욕심으로 그동안 익숙했던 자기 성공의 패러다임에 집착하다가 결국 장자의 축복을 받지 못하고 이스라엘을 대적하는 에돔 족속을 이룬 것이다.

이런 모습은 아브라함의 후처 그두라를 생각나게 한다. 창세기 25장 1~3절을 보면 아브라함이 아내 사라가 죽자 정욕을 참지 못하고 후처 그두라를 취해 아들을 낳는데, 그중에 이스라엘을 두고두고 괴롭히는 미디안 족속과 앗수르 족속이 나온다. 사실 이스라엘이 아말렉을 마주하고 있지만 이들은 같은 뿌리에서 나왔다.

하나님께서는 그런 아말렉을 통하여 이스라엘의 어둡고 부정적인 영적 게으름을 보게 하시고, 이것을 신앙생활의 새로운 패러다임을 통해 이겨나가도록 인도하려 하신다.

"모세가 여호수아에게 이르되 우리를 위하여 사람들을 택하여 나가서 아말렉과 싸우라. 내일 내가 하나님의 지팡이를 손에 잡고 산꼭대기에 서리라"(출 17:9).

모세가 여호수아에게 말한다. "사람들을 택하여 나가 적군 아말렉과 싸우라! 나는 하나님의 지팡이를 손에 잡고 산꼭대기에 서리라." 아니, 홍해를 건널 때처럼 모세가 앞서서 지팡이를 잡고 나아가는 것이 더 낫지 않겠는가? 그러나 하나님께서는 이스라엘을 이제부터 새로운 차원의 싸움으로 초대하신다.

자, 드디어 아말렉과의 전쟁이 벌어졌다. 한창 싸우고 있는데 이스라엘이 파죽지세로 아말렉을 몰아붙이며 승기를 잡는다. 이대로 가면 승리하겠다 싶은 확신이 든다. '아말렉도 별거 아니구나!' 하는 생각이 든다. 그런데 한창 싸우는데 쉽게 이길 것 같은 아말렉이 어느 정도 밀리다가 다시 이스라엘로 강하게 저항하며 밀고 들어온다. 만만하게 보았는데 갈수록 강하게 저항하더니 이제는 도리어 이스라엘을 밀어붙인다. 이상하다 왜 이럴까 싶은데 갑자기 이들이 비틀거리며 또 전열이 흩어진다. 또다시 밀어붙여 또 한창 기선을 제압하고 있는데 갑자기 이들이 함성을 지르더니 또다시 강력하게 저항하며 이스라엘을 밀어붙인다. 이상하다. 이길 것 같은데 이겨지지 않고 자꾸 밀린다. 또 밀리다가도 또 전세가 역전된다. 도대체 왜 이럴까? 눈을 들어 저 멀리 산을 보니 모세가 손을 내린 채 쉬고 있었다. 그러다가 지팡이를 잡고 다시 손을 번쩍 든다. 그러자 이스라엘이 다시 힘을 내 용감하게 아말렉을 또다시 밀어붙인다. 이스라엘은 전장에 있으면서 힘과 무기와 전술로 적군을 제압하는 줄 알았는데, 이것 이상의 강력한 무엇인가가 있다는 것을 비로소 직감한다.

"모세가 손을 들면 이스라엘이 이기고 손을 내리면 아말렉이 이기더니"(출 17:11).

모세가 손을 든다는 것은 무엇을 의미하는가? 이스라엘을 위해 중보기도한다는 것이다. 모세가 기도의 손을 드니까 당장이라도 적군을 내쫓을 것처럼 밀어붙이다가도, 너무 힘들어 기도의 손을 내리자 또다시 비틀거리며 밀린다. 여기서 이스라엘은 자신들이 처한 위기를 두 가지 차원에서 보게 된다. 첫째는 삶의 현장에서의 위기다. 치열한 전쟁의 현장에서 눈에 보이는 대적이 우리 삶을 엄습하며 몰아붙이는 위기다. 둘째는 기도의 위기다. 삶의 현장에서의 위기를 눈에 보이는 대로 상식적으로만 이해하고 생각했는데, 알고 보니 기도의 손을 내릴 때 위기가 찾아오고, 다시 기도의 손을 들어 올리자 위기가 서서히 물러가는 놀라운 경험을 한다. 이스라엘은 이 경험을 통해 현장의 위기와 기도의 위기가 연결되어 있음을 깨닫는다.

우리 삶에도 이럴 때가 있다. 내가 계획하고 생각한 것들, 정말 상식적으로 볼 때 틀림없이 잘되어야만 하는 일이다. 그런데 잘 진행되는 것 같다가도 이상하게 무엇인가 하나둘씩 틀어지면서 결국 전체가 뒤틀린다. 그러다 무산될 위기까지 처한다. 이럴 때 어떤 이는 '이상하다 이거 원래 틀림없이 되어야 하는 건데? 이번에는 운이 없었나? 아니면 재수가 나빴나?'라고 생각하기도 한다.

하지만 영적 현실에 눈을 뜬 성도라면 이럴 때 무릎을 꿇고 기도의 두 팔을 들기 시작한다. 치열한 현장에서의 싸움 중에서도 하나님의 보좌 앞에 나아가 두 손을 들고 "주여, 나를 불쌍히 여기소서. 나를 위하여 싸우소서. 전쟁의 승리가 내 힘에 있지 않습니다. 주님의 손에 달려 있습니다. 여기 기도의 두 손을 드오니 주여 나를 위하여 싸우소서!" 하며 치열하게 기도한다. 이 기도가 우리 삶의 현장을 변화시키고 승리를 가져다준다. 치열한 현장에서 기도의 손을 드는 것은 눈에 보이는 것이 다가 아니라 우리의 삶을 주관하시는 하나님의 손 아래 있음을 믿음으로 고백하는 것이다.

예전에 어떤 성도가 스마트폰을 잃어버렸다. 잃어버린 지 며칠째 되는데 그사이에 업무상 확인해야 할 것이 폰 안에 많이 들어 있었다. 며칠을 찾다가 못 찾고 답답해하고 있는데 갑자기 머리에 스치는 생각이 있었다. '그런데 기도는 했니?' 아차, 싶었다. 그래서 그 자리에서 무릎 꿇고 기도했다. "주님, 이거 도저히 제힘으로 못 찾겠습니다. 주님은 어디 있는지 알고 계시니 도와주세요. 예수님의 이름으로 기도합니다. 아멘." 그리고 일어섰는데 갑자기 마음에 피아노를 치며 하나님께 찬양을 드리고 싶은 생각이 들었다. 그래서 피아노 뚜껑을 열고 찬양을 연주하려 하는데 스마트폰이 그 안에 있었다. 깜짝 놀랐다. 이것은 찬양하려고 피아노를 다시 열어보지 않았으면 도저히 찾을 수 없었다. 분명한 하나님의 감동하심이었다. 그러자 생각이 들었다. '아니, 왜 진작에 기도할 믿음이 없었지?'

그렇다. 매일 눈에 보이는 현실 속에서 기도하기가 갈수록 쉽지 않다. 왜? 이 모든 상황을 내 논리와 상식으로 이해하려 하기 때문이다. 문제의 원인도 알고 해결책도 알면 굳이 기도할 필요가 없다. 하지만 이런 것들을 알아도 삶의 문제를 실제로 해결하는 것은 하나님의 능력이 함께해야만 가능하다. 이것을 인정하고 우리는 치열한 싸움의 현장에서 기도의 두 팔을 들어야 한다. 왜? 무엇보다 하나님께서 이 상황을 아시고 이 가운데 도와주길 원하기 때문이다. 그런데 하나님이 잘 보이지 않고 눈에 보이는 것들만 보니 하나님에 대한 기대도 없고 기도하지도 않는다. 따라서 기도의 두 손을 드는 것은 싸움의 현장에 보이지 않게 함께하시는 하나님을 인정하는 행위다.

이것은 가정에서도 마찬가지다. 가정에는 부부만 있는 것이 아니다. 자녀만 있는 것도 아니다. 부부 사이에, 자녀들 사이에 계신 하나님을 인정해야 한다. 이것은 서로를 바라보는 기준을 자기 기준에서 하나님의 말씀으로 옮겨놓는 것이다. 부부관계를 보면 자신과 배우자를 긍정적으로 보느냐, 부정적으로 보느냐에 따라 크게 네 가지로 나눈다.[68]

먼저는 'I'm OK, You are OK' 유형이다. 자기도 긍정적으로 보고 배우자도 긍정적으로 보면 가정이 안정적이다. 그러나 이렇게 보기가 쉽지 않다. 처음에는 그렇게 보다가 점점 상대방에 대한 매력과 호감이 떨어지면서 'I'm OK, You are not OK'로 변한다. '나는 잘하는데 당신은 도대체 왜 이러냐'는 것이다. 이렇게 되면 상대방을 지적하고 비난하고 원망한다. 그리고 반대편의 배우자는 회피하고 도망간다. 자기만 항상 옳고 나는 잘못되었다고 비난하니 같이 있고 싶겠는가? 도망가는 배우자는 'I'm not OK, You are OK'이다. 이런 생각을 갖고 있다 보면 자신이 점점 싫고 미워진다. 다른 한편 자기에 대한 관점이 부정적이다 보니 상대방을 불편하게 하고 어떻게든 꼼짝 못하게 붙들고 늘어진다. 또 여기에 'I'm not OK, You are not OK'가 있다. 이 사람은 '나도 별로 나은 것이 없지만 그런 당신은 뭐가 잘났느냐?'는 식이다. 그러니 상대방과 자신에 대해 늘 분노하고 비판적이고 또 두려움이 많다. 만약 이 관계 사이에 배우자만 바라본다면 갈등은 더 커질 수밖에 없다.

우리 힘으로 갈등을 해결하기가 절대 쉽지 않다. 따라서 주님을 초대할 수 있어야 한다. 그리고 하나님의 말씀으로 나 자신을 바라보고 배우자를 바라볼 수 있는 기준을 삼아야 한다. 기도의 손을 들기 시작할 때 눈에 보이는 배우자의 모습이 다가 아님을 발견하게 된다. 더 나아가 배우자를 향한 하나님의 놀라운 계획과 뜻을 이해할 수 있게 된다.

가정에 우리 부부만 산다면 그 가정의 목표는 행복이 된다. 돈을 많이 벌고, 재미있는 곳을 여행하며, 맛있는 음식을 실컷 먹는 것이 최고 우선순위가 된다. 그러나 가정에 부부만이 아니라 하나님이 계시면 그 가정의 목표는 '거룩'이 된다. 자녀에 대한 목표도 달라진다. 공부를 잘하는 자녀가 아니라 하나님을 경외하는 거룩한 자녀가 된다. 그러니 어떻게 해야 하겠는가? 기도해야 한다. 우리는 이 기도에 대한 확신과 필요성을 자각하고 있어야 한다.

> "모세의 팔이 피곤하매 그들이 돌을 가져다가 모세의 아래에 놓아 그가 그 위에 앉게 하고 아론과 훌이 한 사람은 이쪽에서, 한 사람은 저쪽에서 모세의 손을 붙들어 올렸더니 그 손이 해가 지도록 내려오지 아니한지라"(출 17:12).

80세가 넘은 모세가 혼자 기도의 손을 들으려 하니 힘들다. 오래 버틸 수가 없다. 팔을 들고 싶어도 육체의 한계 때문에 더 이상 할 수가 없다. 그럴 때 어떻게 하는가? 아론과 훌이 한 사람은 이쪽에서 한 사람은 저쪽에서 모세의 손을 붙들어 해가 질 때까지 들어 올렸다. 기도하던 손이 처음에는 모세의 두 손이었지만 나중에는 모두 여섯 개의 손이 하나가 되어 승리의 순간까지 기도하였다.

원래 아론과 훌은 이런 기도에 대한 확신이 없던 사람이었다. 이들은 그저 모세를 수행하고 보좌하기 위해 올라갔다. 그런데 기도하는 사람 모세 곁에서 지켜보니 정말 기도의 능력이 현장에서 나타나는 것이었다. 그러니 가만히 있을 수가 없었다. 함께 모세의 팔을 들어 기도에 동참한다. 함께 협력한 믿음의 기도에 이스라엘은 놀라운 결과를 얻게 된다.

"여호수아가 칼날로 아말렉과 그 백성을 쳐서 무찌르니라"(출 17:13).

해 질 무렵 이스라엘은 마침내 승리했다. 눈으로 볼 때는 칼날로 무찔렀다. 그러나 그 배후에는 분명 기도의 능력이 역사했다. 이스라엘이 기억해야 할 것이 바로 이것이었다. 눈에 보이는 현실에서 보이지 않는 더 큰 현실인 하나님의 손을 확신하고 의지할 줄 아는 믿음이었다. 이를 기념하기 위해 하나님께서는 이스라엘에게 명령하신다.

"여호와께서 모세에게 이르시되 이것을 책에 기록하여 기념하게 하고 여호수아의 귀에 외워 들리라. 내가 아말렉을 없이하여 천하에서 기억도 못 하게 하리라"(출 17:14).

승리를 거둔 후 모세는 단을 쌓았다.

"모세가 제단을 쌓고 그 이름을 여호와 닛시라 하고 이르되 여
호와께서 맹세하시기를 여호와가 아말렉과 더불어 대대로 싸
우리라 하셨다 하였더라"(출 17:15-16).

모세는 하나님의 이름을 여호와 닛시, 곧 승리의 깃발이 되시는
하나님이라고 불렀다. 그러면서 모세는 "여호와가 아말렉과 더불어
대대로 싸우리라"고 하신 말씀을 전한다.

무슨 말인가? 지금 한 번의 전쟁으로 아말렉이 패망한 것이 아니
라는 의미다. 이들은 앞으로 대대로 또다시 이스라엘을 공격하고 괴
롭힐 것이다. 하나님께서 이스라엘이 기억하기를 바라셨던 것이 무엇
인가? 아말렉과 더불어 대대로 싸울 때 오늘 승리한 것처럼 현실만
보는 것이 아니라 현실에 두 발을 디디고 선 채로 두 손을 하늘로 뻗
으라는 것이다. 그래서 지금 이곳에 함께하신 하나님의 영광과 임재
를 구한다면 앞으로 계속해서 승리할 수 있음을 기억하라는 것이다.

기도의 능력을 믿는가? 합심기도와 중보기도의 능력을 믿는가?
아니면 머리로 고민만 하고 마는가? 정말 두 손을 들고 기도한다면
나를 도와 함께 기도해줄 동역자가 있는가? 내 가족은 기도의 동역
자인가? 나는 그들의 든든한 중보자인가? 이제 우리는 삶의 패러다
임을 전환해야 한다. 광야 같은 세상에서 홀로 잘 먹고 평안하게 지

내는 것으로 그칠 게 아니라 함께 기도의 두 손을 들고 대적과 싸워 이기며, 치열한 삶의 현장에서 하나님의 영광을 놀랍게 드러내야 한다. 이런 기도의 능력, 기도의 역사를 삶의 현장에서 회복해야 한다.

【 34장 각주 】 ··

66) 최원석, "신사업 준비한 캐논, 준비 안한 니콘… 7년 후 生과 死 갈림길", 조선일보 위클리비즈, 2017. 5. 13.
67) 위의 글.
68) 박영근, 「말 통하는 세상에 살고 싶다 1」(서울: 씨앗을 뿌리는 사람, 2002), 188-219쪽.

못자리 인생을 꿈꾸라

모세의 장인이며 미디안 제사장인 이드로가 하나님이 모세에게와 자기 백성 이스라엘에게 하신 일 곧 여호와께서 이스라엘을 애굽에서 인도하여 내신 모든 일을 들으니라. 모세의 장인 이드로가 모세가 돌려보냈던 그의 아내 십보라와 그의 두 아들을 데리고 왔으니 그 하나의 이름은 게르솜이라. 이는 모세가 이르기를 내가 이방에서 나그네가 되었다 함이요 하나의 이름은 엘리에셀이라. 이는 내 아버지의 하나님이 나를 도우사 바로의 칼에서 구원하셨다 함이더라.

모세의 장인 이드로가 모세의 아들들과 그의 아내와 더불어 광야에 들어와 모세에게 이르니 곧 모세가 하나님의 산에 진 친 곳이라. 그가 모세에게 말을 전하되 네 장인 나 이드로가 네 아내와 그와 함께

한 그의 두 아들과 더불어 네게 왔노라. 모세가 나가서 그의 장인을 맞아 절하고 그에게 입 맞추고 그들이 서로 문안하고 함께 장막에 들어가서 모세가 여호와께서 이스라엘을 위하여 바로와 애굽 사람에게 행하신 모든 일과 길에서 그들이 당한 모든 고난과 여호와께서 그들을 구원하신 일을 다 그 장인에게 말하매 이드로가 여호와께서 이스라엘에게 큰 은혜를 베푸사 애굽 사람의 손에서 구원하심을 기뻐하여 이드로가 이르되 여호와를 찬송하리로다.

너희를 애굽 사람의 손에서와 바로의 손에서 건져내시고 백성을 애굽 사람의 손 아래에서 건지셨도다. 이제 내가 알았도다 여호와는 모든 신보다 크시므로 이스라엘에게 교만하게 행하는 그들을 이기셨도다 하고 모세의 장인 이드로가 번제물과 희생제물들을 하나님께 가져오매 아론과 이스라엘 모든 장로가 와서 모세의 장인과 함께 하나님 앞에서 떡을 먹으니라.

5월이 되면 농촌에는 한창 모내기를 하거나 이미 모내기를 끝낸 논들을 볼 수 있다. 모내기는 그냥 하는 것이 아니다. 먼저 못자리에서 볍씨를 키워내야 한다. 볍씨를 뿌리고, 이것들이 잘 자랄 수 있도록 수온을 조절하고 싹을 틔운다. 그러고는 모종이 될 때까지 잘 키우고 나서 마침내 이 모종들을 논에 옮겨 심는다. 못자리는 볍씨가 잘 자랄 수 있도록 일종의 안전판 역할을 한다. 모가 논에 잘 뿌리내려 자라기까지 못자리는 필수적이다.

이것은 우리의 인생에서도 마찬가지다. 역사상 큰 업적을 남기는 탁월한 사람도 있지만, 그가 그렇게 훌륭한 업적을 남기기까지 잘 자라 성장할 수 있도록 도운 일종의 못자리 역할을 한 사람도 있다. 헬렌 켈러가 장애인으로 탁월한 업적을 남기기까지 그 뒤에는 앤 설리반 선생이 헬렌 켈러의 못자리 역할을 했다. 에디슨도 천재적인 발명가가 되기까지 그 뒤에서 어머니가 못자리 역할을 했다.

애플컴퓨터를 세운 스티브 잡스도 그랬다. 스티브 잡스는 스티브 워즈니악을 만나서 빛을 발했다. 원래 스티브 잡스는 수줍음이 많은데다 성격도 괴팍하고 변덕스러웠다. 사회성도 많이 떨어졌다. 어떤 회사도 이런 성격의 잡스를 제대로 받아줄 수 없었다. 그런데 워즈니악이 잡스를 보자마자 그 안에 있는 엄청난 능력을 파악했다. 함께 애플이란 회사를 창업하지 않았으면 잡스는 실리콘 밸리를 아예 떠났을지도 모른다. 워즈니악이 잡스의 천재성이 커가도록 도운 일종의 못자리 역할을 했던 것이다. 모세의 인생 가운데도 이런 못자리 역할을 한 사람이 있다. 본문에 등장하는 모세의 장인 이드로다.

"모세의 장인이며 미디안 제사장인 이드로가 하나님이 모세에게와 자기 백성 이스라엘에게 하신 일 곧 여호와께서 이스라엘을 애굽에서 인도하여 내신 모든 일을 들으니라"(출 18:1).

이드로는 출애굽기 2장 18절에는 르우엘, 또 사사기 4장 11절에는 호밥으로도 나온다. 같은 사람을 지칭하는 서로 다른 이름이다. 이드로는 본문에서 진술하는 것처럼 미디안 광야지역에서 여호와 하나님이 아닌 다른 신을 섬기는 제사장이었다. 모세의 생은 이드로를 빼고는 설명이 되지 않는다. 이드로는 절체절명의 위기 가운데 있던 모세에게 결정적인 도움을 주었다.

모세가 애굽에서 살인자로 쫓겨 미디안 광야로 도망왔을 때 이드로는 모세를 받아주었고 자기의 큰딸까지 내주었다. 그러다 모세가 시내산에서 하나님의 부름을 받고 다시 아내와 아들을 데리고 애굽으로 가야한다고 했을 때 이드로는 아무런 반대도 하지 않고 조건 없이 그를 보내주었다. 사실 얼마나 걱정했겠는가? 바로가 포악하다고 하던데, 이런 바로의 추격을 피해서 온 모세가 다시 그곳에 간다는 것은 너무나도 위험하니 가지 말라고 충분히 반대의견을 개진할 수 있었을 것이다. 또 모세가 이드로 집안에 데릴사위처럼 왔기 때문에 전방위적으로 압력을 충분히 행사했을 수도 있었다. 그러나 이드로는 모세를 축복하며 "평안히 가라"는 말과 함께 그를 지지하고 보내주었다(출 4:18).

또 모세는 애굽으로 가다가 하나님의 천사가 나타나 그를 죽이려 할 때 아내 십보라를 통해 자기 아들에게 극적으로 할례를 베풀고서(출 4:24-26) 얼마 지나지 않아 다시 아내와 아들을 장인에게 돌려보냈다(출 18:2-3). 아니, 그 험한 광야를 달랑 딸하고 아이만 보냈다고 하면 분노하지 않았겠는가? 그러나 이드로는 모세를 이해해주었다. 이렇게 찾아온 딸과 손자를 아무 조건 없이 기쁘게 다시 받아주었다. 이런 것을 보면 이드로는 모세를 책망하지 않고 항상 변함없이 존중하며 격려하고 그의 사역에 없어서는 안 될 버팀목이 되어 주었다. 정말 멋진 장인이었다.

그뿐만이 아니었다. 이스라엘이 하나님의 큰 도움을 받아 출애굽을 하여 기적적으로 왔다는 소식을 들었다. 얼마나 기쁘고 감사했겠는가? 이드로는 사위가 이전에 돌려보냈던 아내와 두 아들을 데리고 찾아왔다.

> "모세의 장인 이드로가 모세가 돌려보냈던 그의 아내 십보라와
> 그의 두 아들을 데리고 왔으니 그 하나의 이름은 게르솜이라.
> 이는 모세가 이르기를 내가 이방에서 나그네가 되었다 함이요
> 하나의 이름은 엘리에셀이라. 이는 내 아버지의 하나님이 나
> 를 도우사 바로의 칼에서 구원하셨다 함이더라"(출 18:2-4).

여기 보면 모세의 두 아들 이름이 소개된다. 먼저는 큰아들 게르솜이다. 히브리어 '게르'는 '나그네'라는 뜻이다. '솜'의 어근은 '샴'인데 이는 '거기'라는 뜻이다. 그래서 게르솜하면 '거기서 나그네가 되었다'라는 뜻이다. 또 둘째 아들의 이름은 엘리에셀이다. '엘리'는 '나의 하나님'이란 뜻이고 '에셀'은 어근이 '에제르'로 '도움'이라는 뜻이다. 그래서 '나의 하나님은 도움이시다'라는 뜻이다. 모세의 두 아들이 마침내 이스라엘 공동체로 다시 들어오게 된 것은 이스라엘 공동체가 지닌 특성들을 고스란히 반영한다.

먼저 이스라엘은 나그네 공동체다. 험한 광야를 지나가는 나그네들이다. 그렇기에 하나님의 도움 없이는 지나갈 수 없다. 신약성경은 교회를 나그네로 종종 표현한다. 무슨 말인가? 교회는 이 세상에 속한 기관이 아니다. 오직 하늘에 속한 기관이다. 그리고 하늘 아버지의 도움으로 나아가는 기관이다. 이드로는 이 두 아들을 모세에게

'데리고 옴'(5절)으로써 이스라엘 공동체의 이러한 특징을 다시금 일깨워주고 있다. 본문에 이드로의 행동은 상당히 열정적으로 묘사되고 있다. '데리고 왔다'는 히브리 동사 '보'인데, 이 동사가 5절에도 사용되었다.

> "모세의 장인 이드로가 모세의 아들들과 그의 아내와 더불어 광야에 들어와 모세에게 이르니 곧 모세가 하나님의 산에 진 친 곳이라"(출 18:5).

집을 출발해서 광야에 들어왔다. 광야는 무덥고 힘든 곳이다. 이 곳까지 와서 이드로는 모세에게 말한다.

> "그가 모세에게 말을 전하되 네 장인 나 이드로가 네 아내와 그와 함께한 그의 두 아들과 더불어 네게 왔노라"(출 18:6).

계속해서 왔다는 것을 강조한다. 광야를 통과하여 모세가 있는 곳까지 오는 것이 만만치 않은 일이었음에도 불구하고 사위를 위해 고생을 마다하지 않고 왔다. 장인이 왔다는 소식에 모세는 기쁘게 그를 맞이한다.

> "모세가 나가서 그의 장인을 맞아 절하고 그에게 입 맞추고 그들이 서로 문안하고 함께 장막에 들어가서"(출 18:7).

장인을 맞이하고 그에게 절한다. 입 맞춘다. 그동안의 헌신과 수고에 감사하는 표현이다. 그러고는 장인을 장막으로 모셔 들이고 그동안 모세가 겪었던 하나님의 구원역사를 나눈다.

"모세가 여호와께서 이스라엘을 위하여 바로와 애굽 사람에게 행하신 모든 일과 길에서 그들이 당한 모든 고난과 여호와께서 그들을 구원하신 일을 다 그 장인에게 말하매"(출 18:8).

오늘날 같으면 장인에게는 간단히 인사만 하고 그 후에는 아내와 자녀들을 얼싸안고 재회의 기쁨을 나누지 않을까? 그런데 모세는 장인과 마주하며 깊은 나눔을 갖는다. 왜 그랬을까? 그만큼 장인에게 많은 것을 털어놓고 싶고 이야기하고 싶었기 때문이다. 모세는 장인과 말이 정말 잘 통했다. 그것을 어떻게 알 수 있는가? 모세의 말 이후에 나타난 이드로의 반응을 보면 알 수 있다.

"이드로가 여호와께서 이스라엘에게 큰 은혜를 베푸사 애굽 사람의 손에서 구원하심을 기뻐하여"(출 18:9).

모세가 출애굽 과정에 하나님께서 이루신 기적을 나누고, 또 광야에서 겪었던 고생담과 은혜를 나누자 이드로는 기뻐했다. 그냥 기쁨이 아니었다. 진심어린 기쁨이었다. 사람은 자기 이야기를 듣고 함께 기뻐해주고 함께 공감해주는 사람에게서 힘을 얻는다. 이드로는 모세의 이야기에 공감하며 진심어린 기쁨을 아낌없이 표현했다.

모세가 8절에서 여호와의 구원하심을 말하자 이드로는 이와 동일한 키워드를 이드로는 9절, 10절, 11절에서 반복한다. 9절에서는 "구원하심을 기뻐하여", 10절에서는 "애굽 사람의 손 아래에서 건지셨도다", 11절은 "그들을 이기셨도다"라고 한다. 이드로가 모세의 말을 구절마다 되풀이하여 말하는 것은 그만큼 모세의 이야기에 기쁘게 공감해주었다는 뜻이다. 이드로는 기쁨을 혼자 간직하지 않았고 기꺼이 말로 표현하는 사람이었다.

주변 사람들을 보면 기쁘고 놀라운 하나님의 역사하심을 듣고도, 그저 "그래?" "어쭈구리~" 이러다 마는 이가 의외로 많다. 아니, 도리어 시기하고 기분 나빠서 인상을 쓰는 사람도 있다. 어떤 이는 상대방의 이야기는 그냥 흘려듣고 그다음부터 자기 말만 한다. 자기 자랑만 하고 자기 하고 싶은 말만 한다. 그런데 이드로는 진심으로 기뻐하며 모세를 통해 듣게 된 하나님의 구원역사를 두고두고 말한다. 재탕, 삼탕 계속해서 말한다. 그뿐만이 아니다. 이드로는 모세를 통해 듣게 된 하나님의 구원역사를 자기 신앙으로 고백하고 간증한다.

"이제 내가 알았도다. 여호와는 모든 신보다 크시므로 이스라엘에게 교만하게 행하는 그들을 이기셨도다 하고"(출 18:11).

그리고는 이 깨달음을 물질로 표현한다.

"모세의 장인 이드로가 번제물과 희생제물들을 하나님께 가져오매 아론과 이스라엘 모든 장로가 와서 모세의 장인과 함께 하나님 앞에서 떡을 먹으니라"(출 18:12).

이드로가 집에서부터 끌고 왔던 양과 염소들이 있었던 모양이다. 이것들을 하나님 앞에 가져와 번제물과 희생제물들을 드린다. 번제는 완전히 다 태워드리는 것이고 희생제물은 일부를 하나님께 드리고 나머지는 함께 나누어 먹는 제사다. 본문을 보면 이 희생제물 덕분에 아론과 이스라엘의 모든 장로가 함께 하나님 앞에서 먹었다고 한다. 양과 염소는 지금도 그렇지만 그때도 값비싼 짐승들이었다. 사위의 간증을 듣고 자기의 신앙으로 고백한 후 소중한 가축들을 선뜻 하나님께 드린 것이다.

오늘날 같으면 "어? 이거 순서가 바뀐 것 같은데요?" 하고 따지는 이가 있을지 모르겠다. 그동안 신세 진 모세가 장인을 대접해야지, 어떻게 반대로 장인이 하나님께 자기 소중한 가축을 제사로 드리는가? 하지만 이드로는 자신이 대접받느냐 섬기느냐를 따지지 않았다. 하나님을 위하여, 모세를 위하여 기꺼이 자신의 소유를 내줄 수 있는 사람이었다. 세상의 관점에서 보면 낭비일 수 있다. 하나님께 드리는 낭비는 시간의 낭비와 더불어 물질의 낭비가 함께 가야 한다. 이드로는 이방 제사장 출신이어서 그랬는지 신앙을 거룩한 낭비로 어떻게 표현할 줄 알았다. 장인이 인색하지 않게 아낌없이 드림으로 인해 모세뿐 아니라 이스라엘 공동체가 풍성해졌다.

알고 보니 이것이 이스라엘이 광야에 나와서 하나님께 드린 최초의 희생제사였다. 이스라엘이 출애굽하기 전 바로 앞에 늘 요구했던 것이 무엇인가? 하나님 앞에 희생제사를 드리러 가게 해달라는 것이었다. 그들은 출애굽을 했음에도 지금까지 광야를 지나면서 한번도 하나님께 제사드리지 않았다. 정식 제사는 24장에 가서야 비로소 등장한다. 그런데 이방인이었던 장인 이드로가 선취적으로 이 귀한 제사를 먼저 드린 것이다. 이런 모습을 보면 이드로가 정말 모세의 인생에 든든한 못자리 역할을 감당했음을 알 수 있다.

우리 인생에 이드로와 같은 좋은 멘토, 친구, 또는 믿음의 후원자가 있는 성도는 복이 있다. 더 나아가 우리는 이드로와 같은 하나님의 사람이 다른 이에게 있는 것을 부러워할 것이 아니라 우리 자신이 이런 이드로와 같은 못자리가 되어 내 주변의 지체들에게 기꺼이 자신을 내줄 수 있어야 한다.

누군가에게 못자리가 되어 준다는 것은 쉽지 않다. 이드로 같은 멋진 사람을 찾는 것도 어렵거니와 나 자신이 이드로와 같이 누군가의 못자리가 되어 주는 것은 더더욱 어렵다. 왜 그런가? 우리 자신이 아직 연약하고 성숙하지 못했기 때문이다. 우리가 이드로와 같은 못자리로 준비되는 데 우리를 가로막는 걸림돌은 크게 두 가지다.

첫째, 자기애다. 자기를 사랑하는 마음이다. 자기애는 말세에 두드러지게 나타나는 종말적 특징이다. "너는 이것을 알라. 말세에 고통하는 때가 이르러 사람들이 자기를 사랑하며 돈을 사랑하며 자랑하며 교만하며 비방하며 부모를 거역하며 감사하지 아니하며 거룩하지 아니하며"(딤후 3:1-2).

말세가 되면 사람들은 자기를 지나치게 사랑하게 된다. 자기를 지나치게 사랑하고 자기만 사랑하다 보면 성격에도 이상이 온다. 이런 성격 이상을 '자기애적 성격장애'라고 한다. 자기를 지나치게 사랑함으로 성격 장애가 오는 것이다. 어떻게 올까? 주변 사람을 건강하게 사랑할 줄 모른다. 사랑한다고 하는데 오히려 상대방에게 상처를 주고 수치감과 열등감을 느끼게 한다. 항상 자기 우월감에 사로잡혀 있어서 주변 사람의 마음과 감정에 깊이 공감하지 못한다.

이런 사람들의 특징이 있다. 바로 교만한 눈이다. 하나님이 싫어하시는 6~7가지 죄가 있는데 그중 첫 번째가 바로 교만한 눈이다(잠 6:17 참조). 교만해서 다른 사람을 실족하게 한다. 그리고 다른 이의 말을 제대로 경청하지도 않는다. 건성으로 듣는다. 하나님의 구원하심을 나누어도 "그래?" 한마디 하고 만다. 이드로처럼 "어 그래? 정말 하나님이 구원하셨네! 하나님이 이기게 하셨구나!" 이렇게 두세 번씩 공감하고 인정해주지 않는다. 오히려 "1절만 해라, 모세야. 장인 앞에 교만하게 잘난 자랑만 하지 말고" 하며 깎아내리려 한다. 이런 사람일수록 감사하지 못한다. 오히려 자기가 부당한 대우를 받고 있다고 생각하고 자기 외에는 다른 이나 공동체에 비판적이기 쉽다.

이렇게 자기를 사랑하는 사람의 또 다른 특징은 돈을 사랑한다. 그리고 돈을 자랑한다. 그렇게 돈이 많다고 돈 자랑하면서도 돈에 굉장히 민감하다. 하나님의 나라와 공동체를 위해 기꺼이 내드리지 못한다. 드리지 못할 이유도 가지각색으로 많다. 그리고 주변 사람들에게 별로 감사하지 않는다. 여차하면 자기 자랑하고 자기가 특별하다는 것을 강조하면서 자기 우월함을 과시하고 이웃을 업신여긴다.

오늘날 경쟁적인 입시제도와 교육시스템 안에서 우리는 청소년 때부터 이런 심리를 형성하기 쉽다. 그래서 어떤 목회 상담학자는 "한국 교육과 사회 시스템은 자기애성 성격 장애자를 양산하기에 적합한 역기능 시스템"이라고까지 말한다.[69] 이런 사람은 하나님이 언젠가 반드시 낮추신다. 광야를 통과하며 교만한 눈을 변화시키신다.

둘째, 우리를 가로막는 두 번째 걸림돌은 타인에 대한 극단적인 태도다. 자기애적 성격이 강화되면 성격이 극단적으로 되기 쉽다. 이런 자기애가 강화되면 성격이 극단적으로 되기 쉽다. 자기 마음에 드는 사람은 지나치게 좋아하다가, 그 사람이 조그만 실수나 잘못을 저지르면 지나치게 실망하거나 가치 절하하면서 순식간에 돌아선다. 갑자기 아무것도 아닌 일에 화내고 눈에 살기가 돌면서 입에 거품 물고 덤비는 사람이 있지 않은가? 순식간에 눈이 뒤집히면서 이성을 잃고 아무것도 보이지 않는다. 이런 증상을 '경계선 성격장애'라고 한다.

이드로가 모세의 못자리판이 되어 줄 수 있었던 이유가 무엇인가? 항상 동일하게 신실했기 때문이다. 늘 모세를 따뜻하게 받아주었다. 실수하고 또 처자식을 데려갔다가 다시 되돌려 보냈을 때도 실망하거나 분노하지 않고 그를 긍정적으로 바라보며 이해하고 받아주었다. 그런데 경계선 성격장애가 나타나면 사람과 안정된 애착관계를 유지하는 능력이 현격하게 떨어진다. 사울을 보라. 자기의 탐욕만을 위하다가 하나님의 말씀에 불순종해서 버림받자 자기애적 성격장애에서 강력한 경계선 성격장애의 모습이 드러난다. 다윗에게 사과했다가도 다시 죽이려고 득달같이 덤벼든다. 다윗을 도와주었다고 제사장 일족도 단칼에 다 죽이지 않았는가?(삼상 22:18-19).

자기애적 성격장애가 있는 사람은 기분이 언제 바뀔지 모르기 때문에 그 주변에 있으면 마치 살얼음판을 걷는 것 같다. 그의 기분을 견뎌내기가 참으로 쉽지 않다. 마음에 들 때는 너무너무 가깝고 간이고 쓸개고 다 빼줄 것처럼 온갖 화려한 수사를 늘어놓다가도, 어느 순간 실망하거나 하면 너무나도 싫어한다. 차마 입에 담기 힘든 욕설을 거침없이 내뱉으며 "모 아니면 도"라는 식으로 관계를 맺는다. 극단적이고 왜곡되게 자기만을 사랑하는 이런 사람일수록 돈 때문에 분노하고 시험에 드는 사람이 많다. 이드로처럼 자기의 양과 염소 드리는 것을 아까워한다. 계산한다. 따진다. '아니, 내가 장인이면 대접받아야지. 왜 내가 내 것을 내줘? 하나님께 드리는 건데 왜 장로들과 아론까지 먹게 해야 해?' 아까운 생각, 인색한 생각에 드리지도 못한다.

이런 사람일수록 더욱 변함없는 하나님을 신실하게 붙들고 이드로 같은 성품을 갖출 수 있기를 기도해야 한다. 하나님의 말씀을 날마다 묵상하고 신뢰하며 나아가야 한다. 내가 변덕이 끓어서 하나님께 감사했다가 실망이 되어도, 변함없이 나를 사랑하고 붙드시는 하나님을 날마다 체험하고 기도하며 말씀을 붙들고 나아가야 한다.

이런 모습이 우리 모두에게 조금씩 있지 않은가? 그렇다면 우리는 상대방이 변한다고 비난할 것이 아니라 우리 자신이 먼저 바뀌어야 할 것을 놓고 기도해야 한다. 내가 변하면 내 주변의 사람들이 행복하다. 자신 안에 이런 성격적 걸림돌을 발견할 때 기도하라. "하나님 이런 이기적인 나를 극복하고 못자리 인생으로 쓰임받게 해주세요."

더 나아가 이드로는 우리 인생의 못자리가 되어 주신 예수 그리스도를 예표하는 사람이다. 우리에게 아낌없이 생명을 내주신 예수께서 모든 인류의 못자리가 되어 주셨다. 우리의 죄와 허물을 비난하지 않고 온몸으로 십자가를 받아내 대신 죽어 주셨다. 부족한 우리 인생이 하나님의 생명으로 자라 가도록 못자리가 되어 주셨다. 이제 우리도 이런 못자리 인생을 꿈꾸어야 한다. 지금까지 내가 있어온 것이 누군가의 못자리로서의 헌신과 사랑 덕이었다면 이제 나 자신도 누군가의 이런 못자리가 되어 주어야 하지 않을까? 이제는 못자리 인생을 꿈꾸라!

[35장 각주] ···

69) 이관직, 「관계의 걸림돌 극복하기」(서울: 두란노, 2017).

은혜를 담을
그릇이 있는가

이튿날 모세가 백성을 재판하느라고 앉아 있고 백성은 아침부터 저녁까지 모세 곁에 서 있는지라. 모세의 장인이 모세가 백성에게 행하는 모든 일을 보고 이르되 네가 이 백성에게 행하는 이 일이 어찌 됨이냐. 어찌하여 네가 홀로 앉아 있고 백성은 아침부터 저녁까지 네 곁에 서 있느냐. 모세가 그의 장인에게 대답하되 백성이 하나님께 물으려고 내게로 옴이라. 그들이 일이 있으면 내게로 오나니 내가 그 양쪽을 재판하여 하나님의 율례와 법도를 알게 하나이다. 모세의 장인이 그에게 이르되 네가 하는 것이 옳지 못하도다. 너와 또 너와 함께한 이 백성이 필경 기력이 쇠하리니 이 일이 네게 너무 중함이라. 네가 혼자 할 수 없으리라. 이제 내 말을 들으라. 내가 네게 방침을 가르치리니 하나님이 너와 함께 계실지로다.

너는 하나님 앞에서 그 백성을 위하여 그 사건들을 하나님께 가져오며 그들에게 율례와 법도를 가르쳐서 마땅히 갈 길과 할 일을 그들에게 보이고 너는 또 온 백성 가운데서 능력 있는 사람들 곧 하나님을 두려워하며 진실하며 불의한 이익을 미워하는 자를 살펴서 백성 위에 세워 천부장과 백부장과 오십부장과 십부장을 삼아 그들이 때를 따라 백성을 재판하게 하라. 큰일은 모두 네게 가져갈 것이요 작은 일은 모두 그들이 스스로 재판할 것이니 그리하면 그들이 너와 함께 담당할 것인즉 일이 네게 쉬우리라. 네가 만일 이 일을 하고 하나님께서도 네게 허락하시면 네가 이 일을 감당하고 이 모든 백성도 자기 곳으로 평안히 가리라.

이에 모세가 자기 장인의 말을 듣고 그 모든 말대로 하여 모세가 이스라엘 무리 중에서 능력 있는 사람들을 택하여 그들을 백성의 우두머리 곧 천부장과 백부장과 오십부장과 십부장을 삼으매 그들이 때를 따라 백성을 재판하되 어려운 일은 모세에게 가져오고 모든 작은 일은 스스로 재판하더라. 모세가 그의 장인을 보내니 그가 자기 땅으로 가니라.

한때 마트에서 출시되자마자 날개 돋친 듯 팔려나간 과자가 있었다. '딸기맛 초코파이'다. 하얀 마시멜로 안에 빨갛고 상큼한 딸기잼이 붉은색 파이와 어우러져 개성 있게 출시되었다. 출시 한 달 만에 1,100만 개나 팔려나갔다. 국민 5명 중 1명은 이 제품을 맛본 셈이다. 갑작스러운 인기에 초코파이를 만든 회사는 생산량을 두 배로 늘렸다고 한다. 갑작스럽게 이렇게 큰 인기를 끈 이유가 무엇일까? 물론 맛도 있었겠지만 이 특별한 초코파이가 한정판으로 나왔기 때문이다.

우리는 소중한 것일수록 오래 간직하기 원한다. 그러나 소중한 것은 잘 간직하지 않으면 쉽게 잃어버린다. 살아가면서 매일 절감하는 것 중 하나가 건강의 중요성이다. 건강은 한정판과 같다. 한 번 건강을 선물받았는데 소중하게 다루지 않고 함부로 다루다 보면 어느 순간 건강을 잃고 치명적인 연약함을 겪는다. 시력만 해도 그렇다. 눈이 좋을 때는 당연한 줄 알고 눈을 혹사하다가 나중에 눈이 나빠지고 나면 크게 후회한다. 어떤 이는 어릴 때 안경 쓴 사람이 그렇게 멋있어 보였다고 한다. 그래서 집에 있는 부모님의 안경을 매일 쓰고 멋진 어른처럼 흉내 내다가 눈이 나빠져 크게 후회하기도 했다.

성도에게 정말 소중한 선물이 있다. 바로 하나님의 은혜다. 이것은 세상에서는 얻을 수 없는 하늘로부터만 얻을 수 있는 특별한 선물이다. 죄를 용서받아 영생을 얻고 하나님과의 친밀함을 경험한다. 세상이 알 수 없는 특별한 기쁨과 평안, 감사가 넘친다. 그런데 이 은혜를 대수롭지 않게 여기고 잘 간직하지 못하면 소중한 은혜를 너무나도 쉽게 잃어버린다.

은혜란 단어는 헬라어로 '카리스'다. 이 은혜가 특정한 사람에게 임할 때 이것을 '카리스마'라고 한다. 이 카리스마의 존재를 처음으로 인정하고 정의한 사람이 독일의 사회학자 막스 베버다. 베버는 카리스마를 "한 개인이 보통 사람으로부터 구분되는 어떤 자질, 초자연적이거나 초인간적인, 아니면 그에게 주어진 특별한 예외적인 힘이나 능력과 같은 자질"이라고 정의한 바 있다.[70)]

하나님의 측량할 수 없는 은혜가 모세에게 임했을 때 모세는 강력한 카리스마를 갖춘 인물이 되었다. 모세가 하나님의 명으로 선포하면 그 선포가 곧 기적이 되었다. 만나가 내리고 메추라기가 떨어졌다. 카리스마 있는 지도자의 특징이 있다. 바로 한 사람이 조직 전체를 장악하고 좌지우지한다는 것이다. 카리스마로 인한 비범한 능력이 발휘되니까 무슨 일을 하든지 탁월한 성과가 나타나기 때문이다. 그러다 보니 조직 전체의 일이 다 이 카리스마적 지도자 한 사람에게 집중되고, 결국 조직 전체가 그를 의지하게 된다. 그래서 카리스마적 지도자는 조직 전체를 장악하게 된다.

그러나 이것이 계속되다 보면 카리스마적 지도자에게 일이 너무나도 많이 집중되어 탈진하게 된다. 그렇게 되면 공동체에는 하나님이 지도자를 통해 부어주시는 은혜가 멈추게 된다. 결국 지도자도 흔들리고 공동체도 흔들린다. 카리스마는 강렬한 은혜다. 얻기도 쉽지 않다. 일단 발휘되면 큰 변화와 영향력을 발휘한다. 하지만 그 유효기간은 길지 않다. 한 번 반짝했다 사라지는 경우가 많다. 그렇다면 은혜로 주어지는 카리스마를 오랫동안 지속할 수 있는 방법은 없을까?

이번 장의 본문은 이스라엘의 카리스마적 리더 모세가 너무 지쳐 번아웃되기 직전의 상황을 보도하고 있다.

> "이튿날 모세가 백성을 재판하느라고 앉아 있고 백성은 아침
> 부터 저녁까지 모세 곁에 서 있는지라"(출 18:13).

장인 이드로가 모세를 방문하여 하나님의 큰 구원역사를 듣고 하나님을 찬양한 다음 날, 모세를 보았다. 모세는 이른 아침부터 저녁 늦게까지 수많은 백성을 재판하는 일에 꼼짝없이 붙들려 있었다. 이스라엘도 출애굽할 때는 생존을 위해 정신없이 뛰쳐나왔지만 광야에서의 삶이 어느 정도 안정되다 보니 그 안에서 사람 간의 갈등과 문제가 생기기 시작했다. 그런데 시비를 가리고 이에 대한 하나님의 뜻을 알아보려면 하나같이 모세를 찾는 것이었다. 그도 그럴 것이 이때는 아직 하나님의 율법이 이스라엘에게 주어지기 전이었다. 그러니 무엇이 하나님의 뜻인지 잘 몰랐다. 그렇다면 누구에게 하나님의 뜻을 물어보겠는가? 하나님과 가장 잘 통하는 사람, 모세다. 이스라엘 백성은 이른 아침부터 늦은 저녁까지 온통 모세에게만 찾아와서 시시비비를 가리고 재판을 받았다. 또 모세가 이들의 상황을 듣고 하나님께 아뢰면 하나님이 응답하시고 그분의 뜻을 알려주셨다.

문제는 200만 명이 넘는 백성의 시비를 가리는 일을 오직 모세 한 사람에게만 의존하는 것이었다. 하나님의 은혜는 변함없이 모세에게 임하여 그분의 능력을 나타내지만 모세의 육체는 이 능력을 계속해서 담기에 너무나도 지쳐갔다. 백성들은 모세가 탈진하여 지쳐가는 것은 알았지만 자신들의 억울함을 호소하며 간절하게 재판을 요청하다 보니 모세를 쉬라고 하지도 못했다. 백성들은 모세를 말릴 생각은 하지도 않았고 모세도 쉴 줄 몰랐다. 결국 모세는 점점 쇠약해지고 지쳐갔다. 이런 일이 날마다 계속되니 백성들은 이것이 당연한 것인 줄 여기기 시작했다. 이것을 보고 큰일 났다고 생각한 사람이 바로 장인 이드로였다.

"모세의 장인이 모세가 백성에게 행하는 모든 일을 보고 이르되 네가 이 백성에게 행하는 이 일이 어찌 됨이냐. 어찌하여 네가 홀로 앉아 있고 백성은 아침부터 저녁까지 네 곁에 서 있느냐"(출 18:14).

이드로가 깜짝 놀라 묻는다. "아니, 지금 자네가 백성에게 하는 이 일이 어떻게 된 것인가?" "어떻게 자네 혼자 앉아 백성들의 일을 온종일 다 처리하는가?" "어찌하여 모든 일이 자네 혼자에게 집중되는가?" 백성들은 지쳐가는 모세에게 왜 이런 문제를 제기하지 않았을까? 이런 광경이 백성들에게 익숙했기 때문이다. 처음 출애굽할 때도 모세가 앞장섰고, 홍해가 갈라질 때도 모세가 지팡이로 바닷길을 열어 앞장섰다. 반석에서 물을 낼 때도 모세가 지팡이로 바위를 쳤고, 모든 일에 모세가 앞장섰다. 그러니 모든 일은 당연히 모세 혼자 처리해야 하는 줄 알고 있었다.

익숙한 현실을 낯설게 본 사람은 이드로였다. 또 이를 위험한 신호로 여긴 사람도 이드로가 유일했다. 이드로의 문제 제기에 모세도 어쩔 수 없다는 듯 이렇게 대답한다.

"모세가 그의 장인에게 대답하되 백성이 하나님께 물으려고 내게로 옴이라. 그들이 일이 있으면 내게로 오나니 내가 그 양쪽을 재판하여 하나님의 율례와 법도를 알게 하나이다"(출 18:15-16).

모세는 "백성들이 하나님께 물으려고 자신에게 온다"라고 대답한다. 이 대답에는 하나님의 뜻을 묻고 대답할 수 있는 사람이 모세 자신밖에 없으니 어쩔 수 없다는 체념이 들어 있다. 그러자 장인이 모세에게 충격적인 조언을 한다.

"모세의 장인이 그에게 이르되 네가 하는 것이 옳지 못하도다"
(출 18:17).

네가 하는 것이 옳지 못하도다! 아니 하나님의 뜻을 백성들에게 알려주는 것이 옳지 못하다니, 누가 감히 이런 말을 하나님의 사람이자 카리스마 넘치는 리더인 모세에게 할 수 있겠는가? 여기 '옳지 못하다'는 말은 히브리어 '토브'에서 온 표현으로 '선하지 못하다'는 말과 같다. 여기서 선하지 못한 것은 하나님의 뜻을 알려주는 일을 말하는 것이 아니라 하나님이 부어주시는 은혜를 다른 그릇에 나누어 담지 않고, 모세 혼자 담았다가 나누어주는 행위가 선하지 못하다는 것이다.

카리스마는 한 사람만이 간직하고 있다가는 조만간 잃어버릴 수 있다. 하나님의 특별한 은혜가 한 사람으로부터 흘러나오는 것을 계속해서 유지하려면 이 카리스마를 담는 그릇을 준비해야 한다. 그 그릇이 바로 시스템이다. 우리는 시스템으로 생각하는 것에 참 약하다. 그냥 그때그때 기분에 따라 하기가 쉽다. 시스템은 원칙과 사람을 세워 한 사람의 카리스마가 아니더라도 세워진 원칙과 역할에 따라 하나님의 은혜가 계속해서 흘러갈 수 있는 통로를 만드는 것이다. 시스템이 돌아가도록 하지 않으면 하나님이 세우신 소중한 카리스마적 리더는 무너지기 쉽다.

> "너와 또 너와 함께한 이 백성이 필경 기력이 쇠하리니 이 일이 네게 너무 중함이라. 네가 혼자 할 수 없으리라"(출 18:18).

이렇게 모세 혼자 하다가는 반드시 기력이 쇠하여 결국 이스라엘 백성을 제대로 이끌지 못하고 쓰러질 것이다. 이렇게 되어서는 안 된다. 그러려면 어떻게 해야 할까? 이드로는 모세에게 혼자 일하지 말고 시스템으로 일할 것을 제안한다.

그러려면 첫째, 사람을 세워야 한다.

> "너는 또 온 백성 가운데서 능력 있는 사람들 곧 하나님을 두려워하며 진실하며 불의한 이익을 미워하는 자를 살펴서 백성 위에 세워 천부장과 백부장과 오십부장과 십부장을 삼아"(출 18:21).

모세를 도와 공동체에 하나님의 은혜가 흘러가게 하는 데 적합한 사람, 곧 능력 있는 사람(capable man, NIV)을 세워 은혜의 시스템을 세워야 한다. 이 시스템에 적합한 사람은 하나님을 두려워하고 진실하며 신뢰할 만한 사람이어야 한다. 신뢰는 하루아침에 쌓이지 않는다. 오랜 시간 변함없고 성실할 때 쌓인다. 또 이런 사람은 불의한 이익을 미워하는 사람이어야 한다. 사소한 이익에 민감하다면 이익에 따라 변하기 쉽다. 하나님의 뜻대로 판결할 수 없다. 신뢰할 만한 사람이라면 사소한 이익에 흔들리지 않아야 한다.

이드로는 이스라엘 백성을 열 명, 오십 명, 백 명, 천 명 단위의 소그룹과 중그룹으로 나누고, 훈련된 사람들에게 사역을 위임할 것을 제안한다. 일종의 중간 리더를 세우자는 것이다. 이것이 중요하다. 모세가 하던 일을 좀 더 작은 단위로 이들이 하게 위임해야 한다.

둘째, 이런 사람을 선발하고 나면 이들을 훈련시켜야 한다.

"그들에게 율례와 법도를 가르쳐서 마땅히 갈 길과 할 일을 그들에게 보이고"(출 18:20).

리더를 훈련하는 수단은 하나님의 율례와 법도이다. '율례'란 아직 출애굽기 20장 이하에 선포된 율법은 아니다. 그러나 이스라엘을 향한 하나님의 뜻과 원칙이 담긴 일종의 규례다. 법도(instruction)는 구체적인 설명이다. 이런 것들은 본격적인 율법이 선포되기 전에 주어진 일종의 율법의 그림자들이다. 이것들을 통해 이스라엘 백성은 마땅히 가야 할 길, 그리고 마땅히 해야 할 일을 배우게 된다. 이스라엘은 아직 하나님께 마땅히 해야 할 것조차 제대로 모르고 있는 상황이었다. 어떻게 예배해야 하는지, 어떻게 순종해야 하는지 제대로 모르고 있었다. 여기 중요한 점이 있다. 큰 은혜를 받고 홍해가 갈라지는 것과 같은 큰 기적을 경험했다 하더라도 마땅히 하나님 앞에서 행해야 할 길을 알지 못하는 이가 많다는 점이다. 그래서 우리는 날마다 겸손하게 하나님의 말씀을 듣고 순종하기에 힘써야 한다. 하나님의 말씀을 듣는 자리, 듣는 기회를 놓치지 말아야 한다.

모세는 사람을 세우고 이들에게 이런 하나님의 율례와 법도를 훈련시켰다. 굳이 모세에게 물어보지 않아도 웬만한 것들은 잘 알아서 판단할 수 있도록 해야 했다. 이들이 작은 모세가 되어야 했다.

셋째, 중간 리더들의 역량으로 도저히 판단하기 어려운 일은 모세에게 가져와 결국 분명한 하나님의 뜻을 알도록 한다.

"그들이 때를 따라 백성을 재판하게 하라. 큰일은 모두 네게 가져갈 것이요 작은 일은 모두 그들이 스스로 재판할 것이니 그리하면 그들이 너와 함께 담당할 것인즉 일이 네게 쉬우리라"(출 18:22).

모세가 중간 리더를 세웠어도 도저히 모세가 아니고는 해결하기 어려운 문제들이 발생한다. 그럴 때는 이것을 모세에게 가져가서 해결하도록 한다. 하지만 경험과 지식이 쌓이면 모세에게로 가져가는 일이 점점 적어질 것이다. 이로써 모세는 백성을 이끄는 일에 더 효과적으로 집중할 수 있다.

"네가 만일 이 일을 하고 하나님께서도 네게 허락하시면 네가 이 일을 감당하고 이 모든 백성도 자기 곳으로 평안히 가리라"(출 18:23).

이드로는 이런 리더십의 위임과 분산은 하나님께서도 허락하시는 일임을 재차 반복한다. 이렇게 한 일의 결과는 무엇인가? 먼저, "네가 이 일을 감당하고", 즉 모세는 리더로서 자신의 역할을 더욱 효율적으로 감당할 수 있다. 다음으로 백성들도 평안을 누린다. 모세도 살고 백성도 산다. 따라서 중간 리더를 세우는 일은 광야 여정에서 선택사항이 아니라 반드시 해야만 하는 필수과업이 된다.

하나님의 은혜를 시스템 안에 담는다고 하면 왠지 마음이 불편한 이가 있을지 모르겠다. 하지만 은혜는 나 혼자 받고 마는 것이 아니다. 은혜는 고여 있으면 안 되고 흘러가야 한다. 은혜를 나 혼자만이 아니라 이웃에게 효과적으로 흘러 들어가게 하는 것이 바로 시스템이다. 시스템을 잘 갖추어야 리더가 번아웃되는 것을 방지할 수 있다. 그래서 성숙한 지체는 공동체 안에 있는 시스템을 존중한다. 그 안에 들어와 함께 교회를 세워간다. 나 홀로 신앙생활을 하는 사람들은 자신을 가만히 놓아두라고 하며 시스템 안에 들어오기를 거부한다. 사실 이런 이들을 일일이 챙기다 보면 리더의 사역에 과부하가 걸린다. 어떤 사람은 교회에 다닌 지 1년이 넘어가는데 왜 자신을 아는 척하는 사람이 별로 없냐고 투덜댄다. 시스템 안으로 들어가지 않았기 때문이다. 소그룹 목장이나 구역 안으로 들어갈 수 있어야 한다. 들어가지 않고도 자기에게 관심을 가져주길 바라면 리더들이 계속해서 별도로 신경 쓰고 연락해야 한다. 시스템 안으로 들어가지 않는 것이 공동체에 짐이 될 수 있음을 알아야 한다.

초대교회 때도 이런 비슷한 일이 있었다. 사도행전 6장에 보면 초대교회에 많은 과부가 있었는데 이 과부들은 헬라파 과부와 히브리파 과부로 나뉘어졌다. 그런데 이 두 그룹의 과부들을 구제하는 일의 형평성에 있어 오해의 소지가 발생했다. 사실 구제하는 일은 하나님의 은혜를 나누고 흘려보내는 일이다. 그러나 그것도 전체 시스템 안에서 행정적인 형평성을 고려하지 않고 내키는 대로 하면 분란이 생길 수 있다. 헬라파 과부들이 히브리파 사람을 원망하며 또한 사도들에게 행정적 부담을 주었다.

초대교회에서는 사도들이 기도하고 말씀을 연구하며 설교하고, 또 행정적인 일과 구제를 다 담당했었다. 이런 어려움이 일어나자 사도들이 고백한다. "우리가 하나님의 말씀을 제쳐 놓고 접대를 일삼는 것이 마땅하지 아니하니 형제들아 너희 가운데서 성령과 지혜가 충만하여 칭찬받는 사람 일곱을 택하라"(행 6:2-3). 그렇게 해서 세워진 사람들이 바로 초대교회의 일곱 집사다. 성령과 지혜가 충만한 이유는 이 일을 감당하기 위해서는 하나님의 은혜를 알아야 하고, 그 은혜가 공동체 주변의 지체들에게 흘러들어 가려면 지혜가 있어야 하기 때문이다. 신앙생활을 처음 시작할 때는 말씀 듣는 것으로 시작한다. 그런데 이 말씀을 통해 하나님의 은혜가 내 삶에 흘러들어오면 공동체를 섬기며 그 시스템 안에서 봉사하기 시작한다. 이를 통해 지체들에게 하나님의 은혜가 흘러들어간다. 신앙생활은 나 혼자 하는 것이 아니다. 공동체 안에서 중간 리더들의 격려를 받고 함께 시스템으로 움직여야 한다. 은혜는 받기도 어렵거니와 받아도 혼자만 간직하면 잃어버리기 쉽다. 수련회나 부흥회 때 받은 은혜는 일주일이 지나면 다 쏟는다. 소중한 은혜를 너무 쉽게 잃어버린다. 은혜는 함께 나누며 흘러보낼 때 더 풍성해질 수 있다.

이제 혼자 은혜받고 감사했던 신앙생활에서 공동체의 축복의 통로로 쓰임받을 수 있기를 바란다. 나는 교회 공동체에서 작은 예수가 되어야 한다. 나에게는 은혜를 담을 그릇이 있는가? 개인적인 시스템과 교회 공동체의 시스템이 함께 가야 한다. 함께 아름다운 예수 그리스도의 향기가 나는 공동체를 이루어가기에 힘써야 한다.

【 36장 각주 】 ···

70) 막스 베버, 박문재 역, 「프로테스탄트 윤리와 자본주의 정신」(서울: 현대지성, 2018).

시내산 에서의

언약백성으로의 부르심

하나님을 직접 만난다면?

언약 체결

언약백성으로의
부르심

이스라엘 자손이 애굽 땅을 떠난 지 삼 개월이 되던 날 그들이 시내 광야에 이르니라. 그들이 르비딤을 떠나 시내 광야에 이르러 그 광야에 장막을 치되 이스라엘이 거기 산 앞에 장막을 치니라. 모세가 하나님 앞에 올라가니 여호와께서 산에서 그를 불러 말씀하시되 너는 이같이 야곱의 집에 말하고 이스라엘 자손들에게 말하라. 내가 애굽 사람에게 어떻게 행하였음과 내가 어떻게 독수리 날개로 너희를 업어 내게로 인도하였음을 너희가 보았느니라. 세계가 다 내게 속하였나니 너희가 내 말을 잘 듣고 내 언약을 지키면 너희는 모든 민족 중에서 내 소유가 되겠고 너희가 내게 대하여 제사장 나라가 되며 거룩한 백성이 되리라. 너는 이 말을 이스리엘 자손에게 선할지니라.

모세가 내려와서 백성의 장로들을 불러 여호와께서 자기에게 명령하신 그 모든 말씀을 그들 앞에 진술하니 백성이 일제히 응답하여 이르되 여호와께서 명령하신 대로 우리가 다 행하리이다. 모세가 백성의 말을 여호와께 전하매 여호와께서 모세에게 이르시되 내가 빽빽한 구름 가운데서 네게 임함은 내가 너와 말하는 것을 백성들이 듣게 하며 또한 너를 영영히 믿게 하려 함이니라.

모세가 백성의 말을 여호와께 아뢰었으므로 여호와께서 모세에게 이르시되 너는 백성에게로 가서 오늘과 내일 그들을 성결하게 하며 그들에게 옷을 빨게 하고 준비하게 하여 셋째 날을 기다리게 하라. 이는 셋째 날에 나 여호와가 온 백성의 목전에서 시내산에 강림할 것임이니 너는 백성을 위하여 주위에 경계를 정하고 이르기를 너희는 삼가 산에 오르거나 그 경계를 침범하지 말지니 산을 침범하는 자는 반드시 죽임을 당할 것이라.

그런 자에게는 손을 대지 말고 돌로 쳐죽이거나 화살로 쏘아 죽여야 하리니 짐승이나 사람을 막론하고 살아남지 못하리라 하고 나팔을 길게 불거든 산 앞에 이를 것이니라 하라. 모세가 산에서 내려와 백성에게 이르러 백성을 성결하게 하니 그들이 자기 옷을 빨더라. 모세가 백성에게 이르되 준비하여 셋째 날을 기다리고 여인을 가까이 하지 말라 하니라.

잭 안드라카는 어릴 적 친구들에게 따돌림을 많이 받았다. 그때 이런 잭을 늘 위로하고 가까이서 격려했던 사람이 이웃집 테드

아저씨였다. 테드는 잭에게 큰 위로와 희망이었다. 잭은 테드를 삼촌처럼 따르며 가까이 지냈다. 그러던 어느 날, 테드가 췌장암에 걸렸다는 소식을 들었다. 얼마 지나지 않아 테드는 췌장암으로 사망하고 말았다. 잭은 큰 충격을 받았다. 어떻게 이렇게 늦게 발견될 수 있는가? 잭은 열두 살의 어린 나이였지만 도저히 이해할 수 없었다. 알고 보니 췌장암을 진단하는 방법이 정확하지 않았다. 왜 그럴까? 잭은 인터넷을 검색해봤다. 수많은 논문을 인터넷에서 검색해 읽고 고민하고 파고들었다. 알고 보니 췌장암에 걸렸을 때 우리 인체 내에 변화하는 단백질이 무려 8,000개나 되었다. 이렇게 많은 변화를 감지하려니까 검사가 늦고 부정확했던 것이다. 잭은 이 단백질 중에 초기에도 변화가 나타나고 췌장암에서도 계속적으로 변화가 나타나는 단백질을 찾아내기로 결심했다. 그래서 고등학교에 있는 과학 실험장비로 4,000번의 실패를 거듭하며 마침내 췌장암의 발병 초기와 말기에 동일하게 높이 나타나는 '메소텔린'이란 단백질을 발견하는 데 성공했다.

그러면 어떻게 이 단백질을 조기에 발견할 수 있을까? 이 고민을 하며 잭은 학교 생물수업 시간에 몰래 탄소 나노튜브에 대한 논문을 읽다가 탄소 나노튜브에 메소텔린을 감지하는 항체를 입히면 가능할 것이라는 혁신적인 아이디어를 떠올렸다. 그는 아이디어를 현실화하기 위해서 전 세계 췌장암 관련 전문가 200명에게 자신의 연구 여정을 밝히면서 편지를 보냈다. 그런데 199명이 거절하고 딱 한 사람에게서 연락이 왔다. 미국의 명문대 중 하나인 존스홉킨스대 교수가 그를 대학 연구실로 초청했다. 잭은 연구실에서 7개월 동안 500편 이상의 논문을 읽으면서 매달린 끝에 2012년 마침내 진단키트 개발에 성공했다. 연구에 매달린 지 2년 만이었다. 그는 15세에 마침내 기존 췌장암 진단키트보다 168배나 빠르고 400배나 정확한 획기적인 진단 키트를 발명하는 데 성공했고, 이 발명으로 2012년 인텔 국제과학기술 경진대회에서 최우수상을 받았다.[71] 잭은 TED 컨퍼런스 강연에서 4,000번의 반복적인 실험 동안 거의 미치기 직전이었노라고 고백했다.[72] 그럼에도 나이 어린 청소년이 이토록 극한까지 자신을 밀어붙이며 매달린 이유가 무엇이었을까? 바로 자신을 사랑해주고 격려해주었던 테드 아저씨에 대한 사랑 때문이었다.

이스라엘이 출애굽해서 마침내 시내산까지 왔다. 이스라엘 백성이 여기까지 올 수 있었던 것은 하나님의 포기하지 않는 사랑 때문이었다. 이스라엘은 출애굽을 시도할 때부터 하나님을 원망하고 모세에게 불평을 쏟아냈다. 바로가 이스라엘 백성을 데려가게 해달라는 모세의 청을 거절하고 백성의 노역을 더 무겁게 부과하면서부터 이스라엘은 연일 불평불만을 쏟아냈다. 이런 원망은 홍해를 기적적으로 건너고 나서도 계속되었다. 홍해를 건넌 지 채 삼 일도 되지 않아 물이 없다고 불평했다. 애굽에서 먹던 고기가 없다고 원망했다. 계속되는 원망과 불평에도 불구하고 이들이 마침내 시내산까지 오게 된 이유가 무엇일까? 이는 전적으로 하나님의 크신 자비하심과 사랑 때문이다. 인간적으로 보면 진작에 포기했다. 그럼에도 하나님은 이스라엘을 결코 포기하지 않으셨다. 이번 장의 본문은 하나님께서 이런 불평불만 가득하고 신실하지 못한 이스라엘을 업어 키웠다고 말씀한다.

"내가 애굽 사람에게 어떻게 행하였음과 내가 어떻게 독수리
날개로 너희를 업어 내게로 인도하였음을 너희가 보았느니
라"(출 19:4).

독수리가 새끼에게 나는 훈련을 시킬 때 종종 그 새끼를 업는 경
우가 있다. "마치 독수리가 자기의 보금자리를 어지럽게 하며 자기
의 새끼 위에 너풀거리며 그의 날개를 펴서 새끼를 받으며 그의 날개
위에 그것을 업는 것같이 여호와께서 홀로 그를 인도하셨고 그와 함
께한 다른 신이 없었도다"(신 32:11-12). 독수리는 어린 새끼에게 먹
이만 가져다주다 새끼가 어느 정도 크면 나는 훈련을 시킨다. 나는
것은 주로 떨어지는 훈련을 통해 익히게 한다. 처음에는 새끼들이 둥
지에 있지 못하도록 보금자리를 어지럽게 하면서 새끼들을 둥지 밖
으로 나가게 한다. 그리고 밀쳐내기도 한다. 새끼들은 화들짝 놀라
둥지 밖으로 떨어져 날갯짓을 하기 시작한다. 처음에는 못 난다. 그
럼에도 새끼는 죽을 듯 살 듯 바둥거리며 사력을 다해 날갯짓을 한
다. 거의 바닥에 떨어질 때가 되어야 어미는 아래로 내려와 새끼를
날개로 안전하게 받아 업어 올린다. 아무리 높은 곳에서 떨어져도 어
미의 날개로 새끼를 업으면 안전하다.
하나님께서는 바로의 압제에서 이스라엘을 건져내고 홍해의 깊
은 바다를 지나오게 할 때 이들을 업어 오셨다고 말씀한다. 특별한
사랑과 보호의 손길이 함께했음을 말씀한다. 태평양을 혼자 헤엄쳐
서 건널 수 없다. 하지만 비행기를 타면 안전하고 편안하게 건너올
수 있다. 이스라엘이 출애굽하여 홍해를 건너고 광야를 지나온 것은

스스로의 힘으로 노력해서 온 것이 아니다. 잘해서 그런 것도 아니다. 오직 하나님의 은혜로 된 것이다. 생각해보라. 아기가 엄마 등에 업혀 있다. 땡깡을 부린다. 울고불고 난리를 친다. 발을 구른다. 온몸을 비틀고 눈물 콧물을 다 쏟는다. 심지어 엄마 등을 물기까지 한다. 그래도 소용없다. 엄마가 기분 나쁘다고 아기를 내동댕이치겠는가? 결코 그렇지 않다. 끝까지 아기를 등에서 안전하게 보호한다.

이스라엘도 마찬가지다. 중요한 것은 이들을 이렇게 업어서 어디로 데려왔느냐 하는 것이다. 이스라엘이 광야를 지나 도착한 곳은 시내산이었다.

> "이스라엘 자손이 애굽 땅을 떠난 지 삼 개월이 되던 날 그들이 시내 광야에 이르니라. 그들이 르비딤을 떠나 시내 광야에 이르러 그 광야에 장막을 치되 이스라엘이 거기 산 앞에 장막을 치니라"(출 19:1-2).

하나님께서는 3개월에 걸쳐 애굽에서 홍해를 건너 광야를 통과하여 마침내 시내산 앞까지 이스라엘을 인도하셨다. 물론 시내산이 최종 목적지는 아니다. 최종 목적지는 약속의 땅 가나안이다. 하지만 본문은 하나님께서 이들을 업어 시내산이나 가나안으로 인도하셨다고 진술하지 않는다. 하나님께서는 이들을 업어 '내게로' 인도하셨다고 말씀한다(4절). 무슨 말인가? 이 모든 광야에서의 여정이 결국 하나님께로 더 가까이 나아가는 과정이었다는 것이다. 하나님은 어떻게 하시려고 이스라엘을 하나님께로 인도하셨을까?

"세계가 다 내게 속하였나니 너희가 내 말을 잘 듣고 내 언약을
지키면 너희는 모든 민족 중에서 내 소유가 되겠고"(출 19:5).

하나님께서 이스라엘을 자신에게로 인도하신 것은 자신의 소유
로 만들기 위해서다. '소유'는 히브리어로 '세굴라'다. 세굴라는 개인
의 가치 있는 소중한 소장품을 의미한다. 이것을 '보물'이라고도 한
다. 하나님은 이스라엘을 모든 민족 중에 특별한 하나님의 보물로 삼
기 위해 자신에게로 인도하신 것이다. 보물로만 그치지 않는다.

"너희가 내게 대하여 제사장 나라가 되며 거룩한 백성이 되리
라. 너는 이 말을 이스라엘 자손에게 전할지니라"(출 19:6).

제사장은 하나님과 사람 사이를 중재하는 역할을 한다. '제사장
나라'는 제사장의 역할, 즉 하나님과 열방 사이를 중재하는 역할을
하는 나라를 의미한다. 제사장 나라는 열방을 하나님께로 인도하여
하나님의 말씀을 선포해야 할 사명이 있다. 이는 이스라엘이 존재하
는 이유이기도 하다. '제사장 나라'라고 할 때 '나라'는 히브리어 '맘
라카'로 왕국(kingdom)을 의미한다. 왕국은 왕이 통치하는 나라다.
하나님은 이스라엘을 왕이신 하나님이 통치하는 특별한 제사장 나라
로 부르셨다. 이는 신약시대 예수님께서 선포하신 '하나님 나라'의
부르심으로 이어지고 완성된다(벧전 2:9 참조).
　이 왕국은 또한 거룩한 백성이 될 것이다. 거룩하다는 것은 구별
되었다는 뜻이다. 이런 역할을 하려면 이스라엘은 다른 나라와 같아

서는 안 된다. 달라야 하고 구별돼야 한다. '백성'은 히브리어 '고이'로, 영어로 'nation'이라 번역한다. 민족, 혹은 단일민족으로 이루어진 나라라는 뜻이다. 특별한 목적과 사명을 가졌기에 거룩하게 세워질 것이다. 거룩한 민족이라고 하면 단일민족 같은 느낌이 들지만 단일민족으로만 구성되지는 않았다. 출애굽기 12장 38절에 보면 수많은 잡족이 섞여 있었다. 그러나 이들을 민족으로 부르는 이유는 이들이 출애굽의 역사와 만나와 메추라기 같은 동일한 하나님의 놀라운 기적의 은혜로 엮여져 민족 정체성을 형성했기 때문이다.

하나님은 이스라엘 백성을 이런 거룩한 백성으로 삼으시려고 이스라엘에게 새로운 언약 체결을 제안하신다. 이번 장의 본문은 19장부터 시작해서 24장까지 이어지는 언약 체결식의 서문 부분이다. 주목할 것은 본문이 고대 근동에서 종종 행해졌던 조약과 상당히 유사한 형태를 갖고 있다는 점이다. 고대에는 두 가지 조약이 있었다. 동등조약과 종주권조약이다. 동등조약은 서로 동등한 두 나라 간의 조약이고 종주권조약은 동등하지 않은 당사자 간의 조약이다. 지위가 높은 왕을 '종주'라고 하고 약소 군주는 '봉신'이라고 한다. 이 계약은 모두 6단계의 형식을 갖는다.[73]

첫째는 서문으로 종주가 자신이 누구인지를 밝힌다.

둘째는 역사적 서문인데 이 부분은 당사자 사이에 있었던 역사를 나열하고 특별히 종주는 자신이 봉신에게 베푼 은혜를 강조한다.

셋째는 계약조항으로 봉신이 따를 구체적인 의무조항을 나열한다.

넷째는 문서를 공탁하는 것이다. 이 문서를 합의한 장소에 잘 보관하여야 한다. 그뿐만이 아니다. 정기적으로 낭독해서 공동체의 모든 사람이 언약의 내용을 기억할 수 있도록 해야 한다.

다섯째는 증인 명부다.

여섯째는 축복과 저주다. 언약을 잘 지키면 복을 받을 것이지만 이를 저버리거나 배신하면 저주가 내릴 것이다.

이렇게 볼 때 오늘 본문은 이러한 계약을 체결하기 위한 부름이다.

첫 단계는 하나님의 언약 제안이다(3절).

둘째 단계로 하나님께서는 4절을 통하여 짧은 역사적 서언을 말씀하신다.

셋째 단계는 봉신의 의무조항으로 하나님의 말씀을 잘 듣고 지키라고 요약한다. 이것은 뒤에 20장부터 23장까지 십계명과 여러 율법으로 나온다.

넷째 단계로 축복의 내용이 나온다. 내 말을 듣고 내 언약을 지키면 내 소유가 되고 제사장 나라가 되며 거룩한 백성이 될 것이다(5-6a절).

하나님께서 이스라엘 백성에게 이상의 언약 제안을 하시자 모세가 내려와 이스라엘의 대표인 장로들을 불러 이를 설명해준다. 그러자 백성들이 응답한다.

"백성이 일제히 응답하여 이르되 여호와께서 명령하신 대로 우리가 다 행하리이다. 모세가 백성의 말을 여호와께 전하매" (출 19:8).

백성들이 모두 조약을 맺겠다고 응답한다. 그러자 모세는 다시 하나님께로 나아가 백성들이 하나님이 제시하시는 조약을 받아들였다고 전달한다. 그러자 하나님께서는 언약 체결식을 위해 백성들을 준비시키도록 하신다.

"여호와께서 모세에게 이르시되 너는 백성에게로 가서 오늘과 내일 그들을 성결하게 하며 그들에게 옷을 빨게 하고"(출 19:10).

여기서부터 이스라엘은 새로운 차원으로 준비된다. 지금까지는 모든 것이 하나님의 크신 은혜로 주어졌다. 구원하여 광야로 인도하시고 하나님의 보물로 계약을 맺자고 먼저 제안하셨다. 이제부터는 이스라엘은 이에 합당한 반응을 준비해야 한다. 합당한 반응이란 바로 이스라엘의 성결함, 거룩에 대한 준비다. 이틀을 거룩하게 준비하고 삼 일째 하나님 앞에 나아가 언약을 체결하는 것이다.

"모세가 산에서 내려와 백성에게 이르러 백성을 성결하게 하니 그들이 자기 옷을 빨더라. 모세가 백성에게 이르되 준비하여 셋째 날을 기다리고 여인을 가까이하지 말라 하니라"(출 19:14-15)

'성결하게 하다'(히. 카다쉬)는 단어는 '정결하게 하다' '거룩하게 구별하다' '자신을 거룩하게 나타내 보이도록 하다' '거룩하게 선포하다' 등의 의미가 있다. 이러한 뜻을 고찰해보면 거룩이 단순히 구별된 상태를 넘어 관계적 개념임을 보여준다. 자신을 거룩하신 하나님 앞에 설 수 있도록 거룩하게 준비하는 것이다. 여기 여인을 가까이하지 않는 것도 이런 측면에서 이해할 수 있다. 사람이 얻을 수 있는 큰 기쁨 가운데 하나인 성적 즐거움을 하나님을 만나는 큰 즐거움을 위해 절제하는 것과 같다. 생각해보라. 내일이 결혼식이다. 그런데 결혼식 전날 전에 사귀었던 남자친구를 만나서 이제 마지막이라고 에버랜드 놀러가면 되겠는가? 자신의 마음과 중심을 정결하게 준비시켜야 한다. 이것이 자신을 거룩하게 구별하는 것이다.

이제 이스라엘은 하나님과 언약백성으로서의 조약체결을 받아들임으로써 관계의 새로운 차원으로 들어간다. 이제부터 하나님의 봉신으로, 하나님의 거룩한 백성이자 제사장 나라로, 하나님의 보석답게 서는 것이다. 결혼을 앞둔 신부면 신부답게 준비해야 한다. 내일모레가 결혼식인데 미팅하고 남자와 놀러가겠는가? 준비가 중요하다.

여기 언약백성의 중요한 두 가지 부르심이 있다.

첫째, 큰 은혜로의 부르심이다. 이스라엘이 하나님의 언약백성이 될 수 있었던 것은 전적인 하나님의 은혜다. 이스라엘의 힘과 능력으로 도저히 출애굽할 수 없는 것을 하나님께서 은혜로 업어오셨다. 우리는 흔히 구원받으려면 열심히 노력해야 한다고 생각한다. 우리도 모르게 배어 있는 공로의식이 있다. 어떤 사람은 내가 구원받을지 아닐지 우리는 지금 모른다고 한다. 죽어봐야 안다고 한다. 그리고 지금 여기서 열심히 해야 조금씩 거룩해지고 그러다 이렇게 노력한 거룩으로 하나님 앞에 의롭다 함을 받는다고 생각한다.

그러나 결코 그렇지 않다. 내 힘과 노력으로 서려고 하는 것은 자기 의다. 우리가 하나님 앞에 언약백성으로, 의인으로 부름받은 것은 내 의가 아니라 하나님이 우리에게 주신 의다. 이것을 바로 '하나님의 의'라고 한다. "너희는 그 은혜에 의하여 믿음으로 말미암아 구원을 받았으니 이것은 너희에게서 난 것이 아니요 하나님의 선물이라. 행위에서 난 것이 아니니 이는 누구든지 자랑하지 못하게 함이라"(엡 2:8-9). "하나님이 죄를 알지도 못하신 이를 우리를 대신하여 죄로 삼으신 것은 우리로 하여금 그 안에서 하나님의 의가 되게 하려 하심이라"(고후 5:21). 하나님은 우리를 하나님의 의로 삼기 위해 큰 은혜를 베푸셨다. 구약을 가리켜 옛 언약이라고 한다. 마찬가지로 신약의 언약은 새 언약인데, 이 언약은 바로 예수 그리스도의 피를 통해 맺어진 언약이다(고전 11:25).

둘째, 이 큰 은혜에 대한 우리의 응답으로서 부르심이다. 이 큰 은혜를 받았으면 우리는 은혜받은 자녀답게, 새 언약의 백성답게, 하나님의 자녀답게 거룩하게 서야 한다. "그러나 너희는 택하신 족속이요 왕 같은 제사장들이요 거룩한 나라요 그의 소유가 된 백성이니 이는 너희를 어두운 데서 불러내어 그의 기이한 빛에 들어가게 하신 이의 아름다운 덕을 선포하게 하려 하심이라"(벧전 2:9).

구약의 백성에게 약속하신 하나님의 언약이 예수 그리스도 안에서 성취되었다. 그러면 어떻게 살아야 하는가? 택하신 족속답게, 왕 같은 제사장답게, 거룩한 나라답게 살아야 한다. 주의할 점은 우리가 이루어가야 할 거룩은 하지 않으면 구원에서 멀어지는 공적이 아니라 이미 구원받은 백성의 합당한 반응이어야 한다는 것이다.

노벨상 수상식에 초대되었다. 그러면 어떻게 하겠는가? 운동복

차림에 슬리퍼를 신고 가겠는가? 아니다. 전 세계 유명인사들이 오는데 잘 차려입고 가야한다. 마찬가지로 언약백성은 거룩한 옷을 입고 살아야 한다. 그것이 마땅한 바다. "그러므로 사랑을 받는 자녀같이 너희는 하나님을 본받는 자가 되고 그리스도께서 너희를 사랑하신 것같이 너희도 사랑 가운데서 행하라. 그는 우리를 위하여 자신을 버리사 향기로운 제물과 희생제물로 하나님께 드리셨느니라. 음행과 온갖 더러운 것과 탐욕은 너희 중에서 그 이름조차도 부르지 말라. 이는 성도에게 마땅한 바니라"(엡 5:1-3).

우리의 거룩은 공로가 아니다. 어마어마한 구원을 얻은 자의 마땅한 반응이 되어야 한다. 우리를 큰 은혜로 구원해주신 하나님을 이전보다 더욱 사랑해야 한다. 언약백성은 시간이 갈수록 신실하게 하나님을 더욱 사랑함으로 거룩해져야 한다. 이런 성도로 설 수 있기를 함께 힘쓰자.

[37장 각주] ....

71) 최인준, "창의성도 수많은 실패에서 얻어져요", 조선일보, 2017. 5. 30.
72) www.ted.com/talks/jack_andraka_a_promising_test_for_pancreatic_cancer_from_a_teenager
73) 메레디스 G. 클라인, 김의원 역, 「성경의 권위의 구조」(서울: 크리스천다이제스트, 1994), 25-84쪽.

하나님을
직접 만난다면?

셋째 날 아침에 우레와 번개와 빽빽한 구름이 산 위에 있고 나팔 소리가 매우 크게 들리니 진중에 있는 모든 백성이 다 떨더라. 모세가 하나님을 맞으려고 백성을 거느리고 진에서 나오매 그들이 산기슭에 서 있는데 시내산에 연기가 자욱하니 여호와께서 불 가운데서 거기 강림하심이라. 그 연기가 옹기 가마 연기같이 떠오르고 온 산이 크게 진동하며 나팔 소리가 점점 커질 때에 모세가 말한즉 하나님이 음성으로 대답하시더라.

여호와께서 시내산 곧 그 산 꼭대기에 강림하시고 모세를 그리로 부르시니 모세가 올라가매 여호와께서 모세에게 이르시되 내려가서 백성을 경고하라. 백성이 밀고 들어와 나 여호와에게로 와서 보려고 하

다가 많이 죽을까 하노라. 또 여호와에게 가까이하는 제사장들에게 그 몸을 성결히 하게 하라. 나 여호와가 그들을 칠까 하노라.

모세가 여호와께 아뢰되 주께서 우리에게 명령하여 이르시기를 산 주위에 경계를 세워 산을 거룩하게 하라 하셨사온즉 백성이 시내산에 오르지 못하리이다. 여호와께서 그에게 이르시되 가라. 너는 내려가서 아론과 함께 올라오고 제사장들과 백성에게는 경계를 넘어 나 여호와에게로 올라오지 못하게 하라. 내가 그들을 칠까 하노라. 모세가 백성에게 내려가서 그들에게 알리니라.

아카데미상 수상경력의 영화감독이자 극작가인 우디 앨런은 이런 말을 남겼다.[74] "결혼은 세 개의 반지로 요약된다. the engagement ring(약혼반지), the wedding ring(결혼반지), and the suffer ring(고통의 반지)." 신랑, 신부가 결혼할 때 평생 사랑하겠다고 맹세하지만 우리는 자신이 말하는 것의 의미가 무엇인지 모를 때가 많다. 신앙생활에서도 마찬가지다. 하나님을 믿고 사랑하겠다고 하면서도 우리는 종종 "어떻게 하면 하나님을 만날 수 있을까" 하는 질문을 한다. 하나님을 '만난다'는 것이 이해하기 어려울 때가 있다. 그렇다면 어떻게 하면 하나님을 만날 수 있을까?

이번 장의 본문은 하나님이 인간에게 직접 나타나서 만나주시는 장면을 기록한 흥미진진한 말씀이다. 한 사람에게만 나타나신 것이 아니라 모든 이스라엘 백성에게 나타나 집단으로 만나주신다. 그동안 이스라엘이 하나님을 만나 그의 뜻을 아는 것은 주로 모세를 통해

서였다. 하나님은 항상 모세를 대언자로 세워 하나님의 뜻을 전하셨다. 하지만 모세는 혀가 둔해서 말을 잘 못했다. 오늘로 말하자면 언어치료가 좀 필요한 사람이었다. 그래서 항상 아론에게 하나님의 말씀을 전달해주었고, 그러면 아론은 모세의 듣기 어려운 말을 잘 알아들어 백성들에게 전해주었다. 모세와 아론을 통해 전해진 하나님의 말씀은 이스라엘 백성들이 이해할 수 있는 틀 안에서만 받아들여졌다. 말씀이 이해되지 않으면 하나님을 불신했고, 도리어 불평과 원망을 쏟아내기도 했다. 사람에게 하듯 반응했던 것이다.

본문에는 그동안 모세와 아론을 통해 말씀하셨던 하나님이 실제로 어떤 분인가를 직접 나타내 보이신다. 하나님을 직접 만난다고 할 때 어떤 기대를 가질 것 같은가? 아마도 청아한 천사들의 합창소리가 들리면서 광채 가운데 한 형체가 나타나 "사랑하는 내 딸아, 사랑하는 내 아들아!" 이렇게 말씀하시고, 그러면 우리는 그 모습을 보고 눈망울에 눈물을 가득 머금고 "아! 하나님, 정말 당신이셨군요!" 하며 감격하지 않겠는가? 하나님을 만난다면 이런 모습을 상상하기 쉽다.

그러나 본문은 이런 기대와는 사뭇 다른 모습을 보여주고 있다.

"셋째 날 아침에 우레와 번개와 빽빽한 구름이 산 위에 있고 나팔 소리가 매우 크게 들리니 진중에 있는 모든 백성이 다 떨더라"(출 19:16).

하나님께서 이스라엘 백성들을 이틀 동안 거룩하게 준비시킨 후, 셋째 날 아침 마침내 나타나신다. 하나님은 우레와 번개를 치며 나타나신다. "우르릉 쾅쾅" 하는 소리가 사방을 진동시킨다고 상상해보라. 얼마나 가슴이 철렁 내려앉겠는가? 게다가 번개도 여기저기 번쩍인다. 그런 중에 빽빽한 구름(thick cloud), 즉 아주 짙은 구름이 산 위에 임하고 심히 큰 나팔소리가 사방에 울려 퍼진다. 본문의 '나팔소리'는 영어성경(NIV)에 'trumpet blast'라고 번역했다. 'blast'는 강력한 무엇인가가 발사되어 빠르게 날아가는 것을 묘사하는 단어다. '트럼펫'(히. 쇼파르)은 양각 나팔을 의미한다. 따라서 매우 큰 나팔소리는 큰 확성기를 틀어놓은 것처럼 사방에서 크게 울려 퍼지는 뿔 나팔 소리를 묘사한다. 사방에 짙은 구름이 끼고 맑은 하늘은 순식간에 어두컴컴해졌다. "우르릉 쾅쾅" 하는 천둥소리와 여기저기서 "번쩍 번쩍" 하는 번개, 그 가운데 강력하게 울려 퍼지는 "부부~" 하는 양각 나팔소리를 상상해보라. 반응이 어떨까?

본문은 하나님의 현현에 대한 백성들의 반응을 '다 떨더라'고 한다. 여기서 '떤다'(히. 하라드)는 공포에 두려워 떠는 것을 의미한다. 어마어마한 하나님의 위엄 있는 임재 앞에 두려워 벌벌 떨었던 것이다. 세상에서 그 어떤 것으로도 이런 두려운 임재를 경험해보지 못했다. 이스라엘은 그런 가운데 세상과 전적으로 다른 하나님의 거룩하심과 영광을 경험할 수 있었다.

이런 하나님의 임재는 그동안 이스라엘이 막연하게 생각했던 하나님의 모습이 아니었다. 이스라엘 가운데 다가오는 하나님 현현의 징조 앞에 이스라엘은 새하얗게 질려 벌벌 떨고 있었다. 하나님을 만나면 그분이 어떤 분인지 알고 이해할 것 같았는데 알고 보니 착각이었다. 하나님은 도저히 이해할 수 없는 분이었다. 사람의 이해 안에 담기에는 통제를 벗어나는 위험천만한 하나님이었다. 이스라엘은 하나님의 현현을 직접 체험했지만 그분이 어떤 분인지 도무지 알 수 없었다. 다만 그분의 임재 앞에 두려워할 뿐이었다.

이런 두려운 임재 앞에 모세는 다가오시는 하나님을 맞이하려고 진에서 나와 산기슭으로 나아간다. 백성들은 산기슭에 서서 하나님이 시내산에 임재하시는 것을 본다.

"시내산에 연기가 자욱하니 여호와께서 불 가운데서 거기 강림하심이라. 그 연기가 옹기 가마 연기같이 떠오르고 온 산이 크게 진동하며"(출 19:18).

시내산 전체에 구름이 자욱하게 껴 있는데 그 가운데 강렬한 불이 임한다. 그리고 그 가운데 하나님께서 임재하신다. 여기 보면 그 연기가 옹기 가마 연기같이 떠올랐다고 한다. 옹기 가마는 뜨거운 불을 때어 고열로 도자기를 굽는 가마다. 보통 낮게는 700℃, 높게는 1,250℃까지 올라간다. 이 정도의 강렬한 불을 때면 가마 위로 뜨거운 연기가 피어 오른다. 시내산에 하나님 임재로 연기가 옹기 가마처럼 올라간다는 것은 꼭대기에 하나님의 불이 임해서 위로 불타오르면서 주변의 진한 구름이 그 불의 열기에 빠르게 위로 올라가는 모습을 묘사하는 것이다. 언뜻 보면 마치 화산이 폭발하며 화산재 구름과 불을 함께 뿜는 모습이다.

이런 가운데 하나님이 임재하자 시내산 꼭대기뿐 아니라 백성들이 서 있는 기슭과 주변 온 지역이 크게 진동하며 흔들린다. 얼마나 무섭겠는가? 안 그래도 크게 들렸던 양각 나팔 소리가 점점 더 크게 울려 퍼진다. 이스라엘 백성들은 벌벌 두려움에 떤다. 이때 하나님이 모세를 부르신다.

"여호와께서 시내산 곧 그 산 꼭대기에 강림하시고 모세를 그리로 부르시니 모세가 올라가매"(출 19:20).

하나님은 모세가 올라오자, 백성들에게 경고의 말씀을 하신다.

"여호와께서 모세에게 이르시되 내려가서 백성을 경고하라. 백성이 밀고 들어와 나 여호와에게로 와서 보려고 하다가 많이 죽을까 하노라"(출 19:21).

"모세야, 백성들이 나를 직접 보지 않도록 해라. 그러다 많이 죽을 것이다." 심지어 백성을 대표하는 제사장들조차도 성결하게 하라고 말씀하신다.

"또 여호와에게 가까이 하는 제사장들에게 그 몸을 성결히 하게 하라. 나 여호와가 그들을 칠까 하노라"(출 19:22).

하나님을 직접 보면 얼마나 좋을까 기대했는데, 하나님께서는 이 백성이 하나님께 나아와 직접 보지 않도록 경고하라고 하신다. 그렇다면 지금 이들이 경험하는 것은 강력한 하나님의 임재의 징조만을 경험한 것이다. 만약 하나님을 직접 본다면 이들은 연약한 육체로 하나님의 거룩한 임재의 영광을 견뎌내지 못하고 죽을 것이다. 왜? 바로 이들의 죄 때문이다. 죄가 있는 한 하나님의 거룩한 임재를 견뎌낼 수 없다.

이사야 6장에는 하나님 보좌를 날아다니는 천사의 환상이 나온다. 주목할 점은 하늘의 천사조차도 하나님을 직접 뵙지 못하고 날개로 그 얼굴을 가린다는 것이다. "스랍들이 모시고 섰는데 각기 여섯 날개가 있어 그 둘로는 자기의 얼굴을 가리었고 그 둘로는 자기의 발을 가리었고 그 둘로는 날며"(사 6:2). '스랍'은 하나님을 가까이 섬기는 천사들임에도 날개 둘로는 얼굴을 가리고, 둘로는 발을 가리고 남은 두 날개로만 난다. 왜? 천사조차도 불완전하고 연약하여 하나님의 강렬한 거룩과 영광의 임재를 감당할 수 없기 때문이다. 이런 면에서 감히 다가갈 수 없는 하나님의 임재를 한낱 우상으로 만들어 버리는 행동은 얼마나 천박한 행동인가! 그래서 하나님께서는 이스라엘로 우상, 곧 하나님의 유사 형상을 새기거나 만들지 말라고 경고하신다.

거룩한 임재 가운데 하나님께서는 이스라엘 백성에게 직접 말씀하신다. 이스라엘은 하나님의 음성을 직접 듣게 되었다. 우리도 하나님의 음성을 직접 듣고 싶은 마음이 있지 않은가? 그런데 이 음성 앞에 이스라엘 백성들은 어떤 반응을 보이는가?

"모세에게 이르되 당신이 우리에게 말씀하소서. 우리가 들으리이다. 하나님이 우리에게 말씀하시지 말게 하소서. 우리가 죽을까 하나이다"(출 20:19).

하나님의 직접적인 음성을 듣자 이스라엘 백성들은 죽을 것 같았다. 그 위엄 있는 목소리가 선포되자 온 존재가 떨리고 흔들렸으며 감당하지 못했다. 야외 라이브 콘서트 같은 곳에서 큰 스피커 소리만 들어도 온몸이 흔들린다. 하나님의 음성은 이것과 비교할 바가 아니었다. 인간은 하나님과의 직접적인 만남을 견뎌낼 수 없다. 백성들이 하나님의 음성을 직접 듣자 도저히 견뎌낼 수 없었고, 결국 모세라는 중보자를 필요로 했다.

하나님의 말씀은 단순히 우리 귀에 들리는 차원을 넘어선다. 창세기에 따르면 이 말씀은 세상을 창조한 권능의 말씀이다. 이 말씀을 날 것 그대로 우리 인간이 들으면 견뎌낼 수 없다. 그래서 하나님께서는 우리에게 직접 말씀하시지 않고 우리에게 세 가지 차원으로 말씀하신다.

첫째, 기록된 말씀이다. 하나님의 말씀을 성경에 기록해주셔서 우리가 직접 그 말씀을 읽고 그의 뜻을 알도록 하셨다. 우리는 마음을 새롭게 하여 날마다 이 말씀을 읽으며 하나님의 뜻을 알기 위해 힘써야 한다.

둘째, 선포된 말씀이다. 하나님께서는 모세를 통하여 그분의 말씀을 전하셨다. 이와 마찬가지로 하나님께서는 말씀의 종, 택하신 설교자를 통해 기록된 하나님의 말씀을 선포하게 하신다. 그래서 우리로 하나님의 말씀을 예배의 자리에서 보다 더 생생하게 듣도록 하신다. 연약한 인간의 입술을 통해 하나님이 말씀하시지만 인간의 입술을 통했다고 그 권위와 진실성이 약화된 것은 아니다. 하나님이 예레미야와 같은 선지자를 세우며 이렇게 말씀하신다. "보라. 내가 내 말을 입에 두었노라!" 그래서 말씀의 종을 통해 선포한 말씀 가운데 역사하신다.

셋째, 말씀이 육신이 되어 우리 가운데 오시는 차원이다. 바로 하나님의 아들이자 말씀이신 예수 그리스도다(요 1:1-3,14, 잠 8:22-23,29-30). 우리는 하나님의 말씀을 따라가다 보면 결국 예수 그리스도를 만나게 되어 있다. "오직 이것을 기록함은 너희로 예수께서 하나님의 아들 그리스도이심을 믿게 하려 함이요 또 너희로 믿고 그 이름을 힘입어 생명을 얻게 하려 함이니라"(요 20:31). 결국 우리가 하나님을 만나는 주요한 통로는 하나님의 말씀이다. 이 말씀이 우리의 존재와 영혼에 변화와 충격을 준다. 사람의 말이 아니라 하나님의 영이 역사하는 말씀인 것이다. 성령께서 말씀 가운데 역사하신다는 사실이 중요하다. 왜냐하면 하나님은 영이시기에 우리는 눈으로 하나님을 볼 수 없고 육체적으로 하나님을 만날 수 없기 때문이다.

우리가 생각할 때 영이라고 하면 물질세계 안에 있는 잘 보이지 않는 또 다른 물질로 생각하기 쉽다. 그러나 영은 물질이 아니다. 하나님은 피조세계에 있는 물질, 에너지, 파장 등 그 어떤 것도 아니다. 이 피조세계에는 하나님과 견줄 만한 그 어떤 것도 없다. 그런 면에서 하나님은 이 세상과 전적으로 다른 영이신 분이다. 영은 이 물질세계의 그 어떤 것으로도 규정할 수 없는 하나님의 본질이다. 이 영이신 하나님이 갖고 있는 속성이 몇 가지 있다. 먼저는 편재성이다. 하나님은 온 세상에 가득하고 충만하시다. 어디든지 계신다. 둘째,

영원성이다. 하나님은 시간을 초월해 과거와 현재와 미래를 보신다. 영원하다는 것은 시간 안에서 계속 계신다는 말이 아니라 시간을 초월해서 계신다는 뜻이다. 셋째, 비가시성이다. 하나님은 우리 눈으로 볼 수 없다.

이런 전적으로 다른 하나님의 속성으로 인해 우리는 직접 하나님께 나아갈 수 없다. 그렇기에 하나님께서 친히 우리를 만나주기 위해 말씀으로 오신 것이다. 사람은 처음 지음받을 때 하나님의 숨결, 하나님의 호흡을 받아 생령이 되었다. 그래서 영이신 하나님이 선포하신 그 말씀을 듣고 그 말씀을 붙들 때에 우리 영혼이 진동하고 변화되고 충격을 받는다. 이것이 우리가 날마다 말씀 안에 머물러야 하는 이유다. 말씀이 우리 존재 안에 머무르게 하는 것을 '묵상'이라고 한다.

시편 1편은 복 있는 사람을 오직 여호와의 율법을 즐거워하여 그의 율법을 주야로 묵상하는 자로 소개한다(시 1:2). 우리가 이 말씀을 즐거워하며 묵상할 때 성령께서 말씀을 통해 역사하신다. "보혜사 곧 아버지께서 내 이름으로 보내실 성령 그가 너희에게 모든 것을 가르치고 내가 너희에게 말한 모든 것을 생각나게 하리라"(요 14:26). 말씀이 우리 안에 머물 때 우리는 성령의 음성을 듣는다. 말씀 없는 상태에서 자꾸 직접 들리는 음성을 들으려 하다 보면 우리는 다른 영이 역사하는 음성을 듣기 쉽다(고후 11:4, 갈 1:8 참조). 혼자 기도하고 직접 듣는 이들을 주의해야 한다. 위험하다. 혹여나 나에게 그런 음성이 자꾸 임하더라도 들리는 소리를 따라가지 말고, 말씀 안에서 분별하고 말씀을 붙들고 절제하며 제어해야 한다.

성령께서는 우리가 기도하고 찬양할 때도 역사하시지만 주님의 말씀을 선포하고 듣고 배우고 나누는 그 현장에서도 크게 역사하신다. 이 가운데 성령의 역사를 경험하면 우리의 영혼이 변화되고 그다음부터는 신기하게도 하나님의 존재에 대해 강렬한 확신을 갖게 되고 의심이 사라진다. 이후로 말씀이 내면에 꿈틀거리며 살아 역사하시는 경험을 하게 된다. 이때부터 기도가 믿음으로 생생하게 살아나고 기도가 생생한 만큼 생생한 응답을 경험한다. 이런 하나님 앞에 예배하는 자들은 영과 진리로 해야 한다(요 4:24).

자, 우리가 이 땅을 살아가는 동안 어떻게 하나님을 만날 수 있을까? 직접 만나겠는가? 아니다. 직접 만난다면 우리 존재가 그 광대하고 놀라우신 분의 임재를 견뎌내지 못한다. 직접 말씀하시면 들을 수 있겠는가? 존재의 떨림과 두려움으로 제대로 감당할 수 없다. 그래서 하나님께서 우리에게 말씀으로 찾아오셨다. 이 말씀을 귀히 여기고 이 말씀이 늘 우리 안에 머물러 있게 하여 그 안에 역사하는 하나님의 능력을 깊이 체험하자.

[38장 각주] ···

74) 한현우, "[Why] 결혼하는 아들에게 아버지가", 조선일보, 2017. 6. 1.

[부 · 록]

출애굽기 는 이런 책이다

출애굽기는 어떤 책인가?

출애굽기의 구성과 흐름

출애굽기의 핵심 주제

출애굽기와 모세오경과의 관계

출애굽기와 율법

출애굽기의 구조

* * * * *

I. 출애굽기는 어떤 책인가?

출애굽기는 문자 그대로 '이스라엘 백성이 애굽으로부터 탈출한 기록'이다. '출애굽기'란 제목은 히브리어 성경을 헬라어로 번역한 70인역 성경에 붙인 '엑소더스'(exodus)에서 유래했다.[75] 지금도 헬라어를 사용하는 그리스에 가면 수없이 볼 수 있는 표지판이 '엑소더스'다. 흔히 볼 수 있는 곳 중 하나가 주차장이다. 들어가는 입구에는 '에이스호도스'로, 출구는 '엑소도스'로 표시해 놓았다. 헬라어 '호도스'는 길을 뜻한다. 전치사 '에이스'는 '안으로'(~into)를, '엑크'는 '~로부터 벗어나서'(from)를 의미한다. 따라서 '엑소도스'는 지금 있는 길로부터 벗어나서 나가는 것이고, '에이스호도스'는 들어가는 것이다.

흥미롭게도 출애굽기는 애굽에서 나오는 '출(出) 애굽' 이전에 야곱의 아들들이 애굽으로 들어가는 '입(入) 애굽'의 역사를 먼저 보도한다. "야곱과 함께 각각 자기 가족을 데리고 애굽에 이른 이스라엘 아들들의 이름(들)은 이러하니"(출 1:1). 여기 나오는 '이름'은 히브리어 '쉠'의 복수형인 '쉐모트'로, 정확하게는 이름들을 뜻한다. 그렇다면 무슨 이름들일까? 바로 애굽으로 들어간 이스라엘 아들들의 이름들이다. 그래서 히브리 성경의 원래 제목은 '이름들'이란 뜻의 '쉐모트'였다. 하지만 '쉐모트'보다 '엑소더스'가 더 많은 사랑을 받고 오늘날 우리가 읽는 출애굽기의 제목으로 자리 잡은 것은 그만큼 출애굽 사건이 출애굽기의 성격을 잘 반영해주기 때문이다.

하지만 출애굽 이야기는 출애굽기 전체(1-40장)의 3분의 1 정도(1-15장)만을 차지하고 있을 뿐이다. 이스라엘은 출애굽을 한 이후 광야를 지나(15:22-18:27), 시내산에 이르러 하나님과 언약을 체결하고(19:1-24:11), 이후 성막을 건설한다(24:12-40:38). 이러한 출애굽 전체의 내용을 볼 때 출애굽기의 주제는 단순히 애굽에서 벗어나는 것만이 아님을 알 수 있다. 출애굽기를 성막 건설과 하나님의 영광이 임재하는 사건까지 놓고 볼 때 우리는 비로소 출애굽기가 말하는 바를 통전적으로 볼 수 있다.

그것은 하나님이 그의 백성들을 '바로의 소유에서, 하나님의 소유된 백성'으로, '바로의 노역에서 하나님을 섬김'으로, '하나님의 부재에서 하나님의 충만한 임재'로, '하나님을 아는 지식에서 하나님을 예배함'으로 나아가도록 인도하시는 손길이다.[76] 이러한 과정 중에 출애굽기는 하나님이 광야에서 그의 백성을 어떻게 돌보시는지, 하나님의 백성에게 주신 율법은 어떤 것인지, 시내산에서 체결한 언약은 무엇이며, 금송아지 사건으로 이것이 어떻게 깨지고 또다시 회복되는가를 소상하게 보도하고 있다. 출애굽기는 구원의 서정을 밟아가는 성도에게 커다란 용기와 소망을 주는 신앙의 보고(寶庫)이다.

II. 출애굽기의 구성과 흐름

출애굽기는 이스라엘 백성이 머물렀던 장소에 따라 크게 세 부분으로 나눌 수 있다.[77]

1. 애굽 (1:1-15:21)
2. 광야 (15:22-18:27)
3. 시내산 (19-40장)

이를 중심으로 각 장소에서 일어난 사건과 그 의미를 살펴보자.

1. 애굽에서 (출 1:1-15:21)

* 성취되는 언약

출애굽기의 첫 시작은 이스라엘의 아들들이 하나님의 구속사적 인도하심 가운데 애굽에 들어가는 것으로 시작한다(창 46장 참조). 이스라엘 자손들이 애굽에 들어가서 처음부터 어려움을 겪은 것은 아니었다. "이스라엘 자손은 생육하고 불어나 번성하고 매우 강하여 온 땅에 가득하게 되었도다"(1:7). 도리어 애굽에서 하나님의 창조명령(창 1:28)을 충만하게 성취했다. 동시에 이는 아브라함과 맺은 언약을 성취하는 것이기도 했다(창 12:1-3, 15:5, 17:4-7).

그러나 이러한 구속사의 성취 여정에 문제가 발생했다. 요셉을 알지 못하는 새 왕이 일어났기 때문이다(1:8). 새 왕이 요셉을 알지 못했기에 그 왕은 세계적인 대기근에서 요셉과 함께하며 애굽을 구원하셨던 하나님도 몰랐다. 이스라엘의 고통은 이 지점에서 시작한다. 바로가 하나님을 아는 지식이 없었던 것이 근원적인 문제였다. 알지 못함으로 인해 발생했던 문제는 하나님을 아는 지식을 얻어야 해소될 수 있다.[78]

하나님을 아는 지식이 결여된 왕은 생육하고 번성하는 이스라엘을 위협으로 여겼다(1:10). 그래서 이들을 노예로 삼고 무거운 강제노역의 짐을 지워 번성을 저지하려 한다(1:11). 그러나 하나님을 모르는 왕의 권력은 하나님의 언약 성취를 막을 수 없었다. 이스라엘은 학대를 받을수록 더 퍼져나갔다(1:12). 자신의 뜻과 권력으로 하나님의 말씀을 억누를 수 없음을 본 바로는 깜짝 놀라 더욱 무거운 부역을 부과했다. 급기야는 히브리 산파에게 애굽에서 태어나는 이스라엘의 모든 사내아이를 죽일 것을 명령한다. 그러나 여기서 문제가 발생한다. 히브리 산파에게는 하나님을 알고 그분을 두려워하는 지식이 있었다(1:17). 하나님을 경외하는 지식을 가진 산파는 태어나는 사내아이를 살려주었고, 바로는 하나님의 말씀을 억제하는 데 실패했다.

하나님을 모르는 애굽 왕의 포악함이 더해가는 가운데 장차 이스라엘을 구원할 모세가 태어난다. 그는 하나님의 신비로운 손길로 애굽 왕가에서 양육받는다. 하나님을 모르는 애굽 왕은 자신도 모르는 사이에 하나님이 택한 구원자를 자신의 집에서 기르게 된 것이다. 장성한 모세는 어느 날 노역현장에서 히브리 동족을 구하려고 애굽 사람을 죽이고는 광야로 도망간다. 모세는 자기 힘으로 동족을 구할 수 없는 연약함을 처절하게 깨닫는다. 하나님은 그의 신비로운 구속사의 섭리 가운데 광야에서 은둔하던 실패자 모세를 40년 만에 다시 부른다.

* 하나님의 기억하심

그러는 사이 하나님을 모르던 애굽 왕은 죽고, 하나님을 모르는 또 다른 왕 바로가 일어난다. 하나님을 몰랐기에 이스라엘은 점점 고된 노동으로 몰려가고 이들은 마침내 하나님을 향하여 탄식하며 부르짖기에 이른다(2:23). 주목할 점은 하나님께서 이들의 고통 소리를 들으시고 "아브라함과 이삭과 야곱에게 세운 그의 언약을 기억"하셨다는 사실이다(2:24). 하나님의 '기억하심'은 이스라엘이 출애굽하는 결정적인 계기가 된다(6:5). 하나님은 이 기억을 바탕으로 이스라엘 자손을 보셨고 그들의 처지를 '아셨다'(2:25). 이스라엘이 하나님의 아신 바 되었다는 사실이 중요하다. 하나님의 아심은 그의 구원하심으로 연결되기 때문이다.

하나님은 모세를 부르고, 내가 반드시 너와 함께 있겠고, 출애굽의 역사를 이룬 후 이 산에서 하나님을 섬기(예배하게)게 하겠다고 약속하신다(3:12). 이는 출애굽기의 중심 주제를 예고한다. 임마누엘 하나님의 영광스러운 임재와 하나님이 임재하시는 정한 처소에서 예배할 것을 예고하는 것이다. 이는 모세가 출애굽을 위해 끊임없이 바로에게 요구한 사항인 동시에(5:3, 8:1,26-27, 10:9,25-26), 장차 하나님이 성막 완공을 통해 이룰 충만한 임재하심에 대한 예고편이다(40:34-38).

* 여호와를 아는 지식

모세는 하나님의 부르심에 순종하여 바로 앞에 서서 이스라엘을 애굽에서 내보내 하나님을 예배하게 하라는 말씀을 전한다. 이때 바로는 모세에게 "여호와가 누구이기에 내가 그의 목소리를 듣고 이스라엘을 보내겠느냐. 나는 여호와를 알지 못하니 이스라엘을 보내지 아니하리라"(5:2)고 답한다. 여기서 바로의 하나님 인식과 출애굽 사이의 밀접한 관계가 드러난다. 바로가 출애굽을 허락하지 않은 것은 여호와 하나님이 어떤 분이신지 몰랐기 때문이다. 그가 만약 하나님이 어떤 분인지 알았더라면 결코 자신과 제국을 죽음으로 몰고 갈 게임을 하나님과 하려 하지 않았을 것이다.[79]

바로의 거부로 시작된 열 가지 재앙은 하나님을 알아가기 위한 과정이라고 할 수 있다. 이 과정 중에 사용된 '알다'(히. 야다)라는 동사는 열 가지 재앙을 촘촘히 엮는 주요한 매듭이다(5:2, 6:7, 7:5,17, 8:10,22, 9:14,29, 10:2,7, 11:7, 14:4,18). 그렇다면 열 가지 재앙을 통하여 여호와를 알게 되는 역사는 누가 경험할까? 먼저, 바로다(7:17, 8:10,22, 9:14). 둘째, 애굽 사람들이다(7:5, 14:4,18). 셋째, 이스라엘 백성들이다. 이들이 열 가지 재앙을 통해 하나님을 알아야 하는 이유는 후손들에게 대대로 하나님을 아는 지식을 전하기 위함이다(10:2).

그렇다면 이들이 알게 되는 하나님 지식은 무엇인가? 그것은 참된 하나님이 여호와인 줄 알게 되는 것이고, 여호와 하나님 같은 이가 없는 것을 알게 되는 것이며(8:10), 온 천하에 여호와와 같은 자가 없음을 알게 되는 것이고(9:14), 세상이 다 여호와께 속했음을 알게 되는 것이다(9:29, 19:5).

이런 면에서 열 가지 재앙은 그동안 애굽제국이 참 신으로 믿었던 애굽의 여러 신의 무력함을 만천하에 드러내 여호와만이 참된 하나님을 밝히는 과정이기도 하다. 열 가지 재앙과 관련된 애굽의 신들은 아래의 도표와 같다.[80]

이스라엘 백성은 열 가지 재앙을 통과하며 하나님의 큰 능력을

재앙	애굽 신
1. 나일강	하피 : 나일강의 신
2. 개구리	헤케트 : 개구리 머리의 여신
3. 이	케프리, 혹은 셋 : 사막과 모래폭풍의 신, 게브 : 대지의 신
4. 파리	케프리
5. 가축 전염병	아피스 : 황소 신
6. 독종	세크메트, 아몬-레
7. 우박	누트 : 하늘의 여신, 슈 : 하늘을 떠받치는 신, 테프누트 : 습기의 여신
8. 메뚜기	세네헴
9. 흑암	아몬-레 : 태양 신
10. 장자의 죽음	바로의 장자

맛보고 여호와를 경외하며 여호와와 그가 보낸 종 모세를 믿게 되었
다(14:31).

*바로의 완악함

열 가지 재앙이 진행되는 동안 바로는 때로 회개하기도 했지만
대부분의 경우 마음을 완악하게 하여 모세의 제안을 거부했고, 나중
에는 하나님께서 그의 마음을 강퍅하게 하기도 했다. 바로의 완악함
을 어떻게 이해하는 것이 좋을까? 출애굽기 본문에 바로의 완악함을
나타내는 주체를 분류하면 다음과 같다.

① 바로의 마음이 주어인 경우 (7:13,14,22, 8:19, 9:7)
② 바로가 주어인 경우 (8:15,32, 9:35, 13:15)
③ 바로와 그 신하들이 주어인 경우 (9:34, 14:5)
④ 하나님이 주어인 경우 (4:21, 7:3, 9:12, 10:1,20,27, 11:10,
   14:4,8, 14:17)

열 가지 재앙이 전개되면서 처음에는 바로의 마음 상태가 완악한
경우가 자주 등장한다(7:13,14,22, 8:19, 9:7,35). 그러던 것이 바로
가 능동적으로 자기 마음을 완악하게 한다(8:15,32, 13:15). 그는 적
어도 다섯째 재앙까지는 스스로 마음을 완악하게 하였다. 주변에 있
던 신하들도 동조하여 함께 완악하게 하였다(9:34, 14:5). 그러나 여
섯째 재앙부터는 하나님이 그의 마음을 완악하게 하시는 일이 종종
일어난다(9:12, 10:1,20,27, 11:10, 14:4,8, 14:17). 때로는 하나님이

그의 마음을 완악하게 하시면, 그 스스로도 완악하게 하고, 신하도 함께 완악하게 하기도 했다(9:34-35).

하나님은 여섯째 재앙 때까지는 바로가 스스로 강퍅하게 했던 마음을 내려놓고 회개할 기회를 주셨다. 자기 의지로 자신의 마음을 완악하게 했던 바로는 이후로 적어도 두 차례, 즉 일곱째와 여덟째 재앙 때 자신의 범죄를 회개할 기회를 얻기도 했다(9:27, 10:16-17). 그러나 바로는 재앙이 물러가면 곧바로 자신의 회개를 없었던 일로 하고 회개에 합당한 열매 맺기를 거부했다. 결국 그는 하나님의 감동과 권고를 끝까지 거부하고 완악하게 하다가 스스로 마음을 통제할 수 없는 데까지 이르게 되었다.

2. 광야에서 (출 15:22-18:27)

이스라엘은 기적적으로 홍해를 건넌 후 광야로 깊숙이 '사흘 길'을 진행한다(15:22). '사흘 길'은 이스라엘이 시내산에서의 모든 일을 마치고 다시 광야로 들어갈 때도 사용되었는데(민 10:33 참조), 사흘은 이전의 사건이 종결되고 새로운 사건으로 들어감을 알리는 표현이다(출 3:18, 5:3 참조). 광야에서의 여정은 크게 다섯 가지 이야기로 구성되어 있다.

① 마라의 물 이야기(15:22-27)
② 만나 이야기(16장)
③ 맛사와 므리바의 물 이야기(17:1-7)

④ 아말렉과의 전쟁 이야기(17:8-16)

⑤ 이드로의 방문으로 이스라엘이 효율적인 조직으로 갖추게 되는 이야기(18장)

광야에서 이스라엘이 씨름했던 가장 큰 문제는 물이었다. 광야 마라에서 나온 물이 써서 마실 수 없었고 갈증을 해갈하기 어려워지자 이들은 모세를 원망했다(15:24). 광야에서 자주 등장하는 표현이 '불평하다'(히. 룬)는 단어다. 이들은 하나님의 놀라운 능력으로 구원받았지만 생존의 조건이 열악해지자 불평하고 원망하기 시작했다(15:24, 16:2,7-8, 17:3).

흥미로운 것은 하나님이 애굽에 내린 첫 재앙이 나일강이 피로 변한 재앙이었다는 점이다. 애굽이 하나님의 타격으로 처음 겪은 어려움이 바로 물 문제였다. 이들은 물이 피로 변해 마실 수 없었다. 또 마지막 타격으로 죽음을 맞은 곳이 홍해 바다였다. 이처럼 애굽은 물로 심판이 시작되고 물로 심판받아 멸망한다. 반면 이스라엘은 홍해의 물로부터 구원을 얻었다. 하나님이 홍해의 물을 밤새 동풍으로 마르게 하시고 이스라엘을 건너가게 하여 구원하셨다. 이스라엘의 구원자로 부름받은 모세도 어릴 때 갈대상자(히. 테바, 방주)에 담겨 물에서 건짐을 받은 자였다. 이처럼 애굽에서의 구원은 물로부터 구원받은 사례로 빈번하게 등장한다.

이스라엘이 출애굽의 구원을 경험하고 또다시 맞닥뜨린 문제 역시 물 문제였다. 이스라엘은 수르 광야를 지나며 물을 얻지 못해 고생했다. 하지만 본문을 자세히 살펴보면 수르에서 얻지 못했던 물을 마라에서 얻게 되었고, 마라의 물이 써서 마시지 못했지만 하나님의 능력으로 쓴 물이 단물이 되었다(15:25). 그리고 여기서 더 나아가 물 샘 열둘과 종려나무 일흔 그루가 있는 엘림에 이르러 풍성한 물을 얻게 된다. 이스라엘이 물 없는 광야에서 물을 얻고, 그 물이 단물이 되고, 더 나아가 풍성한 물을 얻는 데까지 나아간 것이다. 이렇게 볼 때 광야는 생존의 조건이 결여된 절망의 장소가 아니라 황량한 그곳에서 점차 풍성하게 베푸시는 하나님의 은혜를 경험하는 장소로 변하게 된다(요 2:1-12 참조).

광야는 하나님께서 이스라엘을 낮추고 시험하는 특별훈련 장소다. 신명기 8장은 이를 다음과 같이 요약한다. "네 하나님 여호와께서 이 사십 년 동안에 네게 광야길을 걷게 하신 것을 기억하라. 이는 너를 낮추시며 너를 시험하사 네 마음이 어떠한지 그 명령을 지키는지 지키지 않는지 알려 하심이라. 너를 낮추시며 너를 주리게 하시며 또 너도 알지 못하며 네 조상들도 알지 못하던 만나를 네게 먹이신 것은 사람이 떡으로만 사는 것이 아니요 여호와의 입에서 나오는 모든 말씀으로 사는 줄을 네가 알게 하려 하심이니라"(신 8:2-3).

하나님은 광야에서 먹을 것이 없어 불평하는 이스라엘에게 만나를 내려주셨다. 그러나 제한 없이 무작정 내려주시지 않고 이른 아침에 매일 먹을 만큼만 거두도록 하셨다. 이렇게 하신 이유가 무엇인가? 하나님께서 이같이 하신 것은 이스라엘 백성들이 하나님의 법을 준행하나 아니하나 '시험'하기 위해서라고 말씀한다(16:4). 이러한 시험은 이어지는 17장의 르비딤 반석에서 물을 내는 사건과 아말렉과의 싸움에서 검증된다. 더 나아가 이스라엘은 18장에서 모세의 장인 이드로의 방문으로 더욱 조직을 갖추고 모두가 함께 공동체의 짐을 나누어지는 데까지 나아간다.

이런 광야의 여정을 통해 이스라엘은 하나님을 아는 지식에 한 발 더 가까이 나아갔다. 여호와가 이스라엘의 하나님인 줄 더욱 생생하게 알게 되었고(16:6,12), 이드로를 비롯한 주변 이방인들도 여호와를 알게 되었다(18:11). 이렇게 볼 때 이스라엘이 하나님에 대해 지속해서 알아가는 과정은 애굽을 벗어나서도 계속됨을 볼 수 있다.

3. 시내산에서 (출 19-40장)

시내산에서 일어난 이야기는 첫째, 언약 체결과 율법(19:1-24:11)에 대한 내용과 둘째, 성막(24:12-40:38)에 대한 내용으로 나눌 수 있다. 본문을 관찰하면 오른쪽 표와 같은 이중 구조가 내용을 자연스럽게 구분한다.

먼저, 언약 체결과 율법 단락은 시작과 끝 단락이 "모세가 모든 말씀을 백성들에게 진술하니 백성들이 모두 다 행하겠다고 응답했다"는 진술로 전체(19:1-24:11)를 감싸고 있다. 하나님과 맺을 언약 체결의 조건을 진술하고 이것을 받아들이는 내용이 이 단락의 핵심내용인 것이다. 이어지는 성막 단락은 구름이 덮이고 하나님의 영광이 머무르는 것으로 전체(24:12-40:38)를 감싸고 있는데, 시작 단락(24:12)은 시내산에, 끝 단락은 성막에 머무르는 것으로 진술한다. 이는 시내산에 머물던 하나님의 영광이 성막을 완공함으로써 이스라엘 백성 가운데 거하게 됨을 나타낸다. 그 내용을 좀 더 구체적으로 살펴보자.

구 분	시작 단락	끝 단락
언약 체결과 율법 (19:1 -24:11)	**[19:7-8]** 〈 개역개정 〉 7. 모세가 내려와서… 그 모든 말씀을 그들 앞에 진술하니. 8. 백성이 일제히 응답하여 이르되 여호와께서 명령하신 대로 우리가 다 행하리이다. 〈 ESV 〉 7. Moses came and called the elders of the people… all these words that the Lord had commanded him. 8. All the people answered together and said, "All that the Lord has spoken we will do."	**[24:3,7]** 〈 개역개정 〉 3. 모세가 와서 여호와의 **모든 말씀**과 그의 모든 율례를 **백성**에게 전하매 그들이 한 소리로 응답하여 **이르되** …여호와께서 말씀하신 모든 것을 우리가 준행하리이다. 7. 그들이 이르되 여호와의 모든 말씀을 우리가 준행하리이다. 〈 ESV 〉 3. Moses came and told the people all the words of the LORD and all the rules. …all the people answered with one voice and said, "All the words that the LORD has spoken we will do."(7절, 동일)
성막 (24:12 -40:38)	**[24:15-18]** 〈 개역개정 〉 15. **구름이 산을 가리며** 16. **여호와의 영광이 시내산에 머무르고** 18. **모세는 구름 속으로 들어가서** 〈 ESV 〉 15. and the cloud covered the mountain 16. The glory of the Lord dwelt on Mount Sinai 18. Moses entered the cloud and went up on the mountain	**[40:34-35]** 〈 개역개정 〉 34. **구름이** 회막에 **덮이고 여호와의 영광이** 성막에 **충만하매** 35. **구름이** 회막 위에 덮이고 **모세**가 회막에 **들어갈 수 없었으니** 〈 ESV 〉 34. Then the cloud covered the tent of meeting and the glory of the Lord filled the tabernacle 35. Moses was not able to enter the tent of meeting

1) 언약 체결과 율법 (19:1-24:11)

*언약 체결을 위한 준비 (19장)

마침내 이스라엘 자손이 시내산이 있는 시내 광야에 이르렀다. 출애굽한 지 3개월 만이었다. 이곳에서 하나님은 그의 백성과 언약 체결을 준비하신다. 왜 시내산인가? 그것은 하나님이 모세를 부르면서 하셨던 약속 때문이다. 하나님은 모세와 함께하실 것을 약속하며 그가 이스라엘 백성을 애굽에서 인도하여 이 산으로 와서 하나님을 예배할 것이라 약속하셨다(3:12). 그 약속이 마침내 성취되었다. 그뿐만이 아니다. 모세와 함께하겠다는 하나님의 약속은 이제 이스라엘 전체에게로 확장된다(출 29:45-46, 40:34-38).

하나님은 이스라엘 백성에게 언약 체결을 제안하신다. "내가 애굽 사람에게 어떻게 행하였음과 내가 어떻게 독수리 날개로 너희를 업어 내게로 인도하였음을 너희가 보았느니라. 세계가 다 내게 속하였나니 너희가 내 말을 잘 듣고 내 언약을 지키면 너희는 모든 민족 중에서 내 소유가 되겠고 너희가 내게 대하여 제사장 나라가 되며 거룩한 백성이 되리라. 너는 이 말을 이스라엘 자손에게 전할지니라" (출 19:4-6).

하나님은 먼저, 이스라엘에게 베푸신 큰 구원의 은혜를 말씀하신다. 둘째, 언약에 충실할 것을 요청하신다. 셋째, 언약에 충실할 때 주어질 복을 말씀하신다. 이스라엘이 신실한 언약백성이 되면 이들은 하나님의 '보물'(히. 세굴라)이 되고, 제사장 나라와 거룩한 민족이 될 것이다.

여기서 하나님이 맺으려 하시는 언약의 특징을 살펴보자.

첫째, 하나님은 언약을 맺기 전, 먼저 압도하는 은혜로 출애굽의 구원을 베푸셨다.

둘째, 언약을 통하여 이스라엘은 단순한 자유인이 아니라 하나님과 더욱 특별한 관계로 초대받는다. 이스라엘은 언약관계를 통하여 하나님의 특별하고 값진 소유이자 구별된 민족이 되어 제사장 나라의 사명을 감당하게 된다.

셋째, 언약을 준수하는 것은 하나님의 구별된 백성으로서의 존재 양식이며, 이를 준수함으로 성별된 백성임을 드러낸다.

넷째, 이스라엘은 언약을 통하여 거룩한 백성이 되고 거룩한 제사장 나라가 될 것이다. 이는 이스라엘이 장차 땅의 모든 나라와 족속에게 전해질 복을 중계하는 역할을 맡았음을 의미한다.

다섯째, 이 언약은 본질적으로 아브라함에게 맺으셨던 언약을 계승한다. 하나님은 아브라함을 복으로 삼고 땅의 모든 족속이 그로 말미암아 복 얻을 것을 약속하셨다(창 12:1-3, 17:5-6). 신실하신 하나님은 이 약속을 이제 언약백성 이스라엘을 통하여 성취하려 하신다.

*시내산의 삼중구조

하나님께서 이스라엘과 언약을 체결하기 위해 이스라엘의 접근을 허용하실 때 3단계에 걸쳐 허용하시는 것을 볼 수 있다. 먼저, 하나님은 백성이 모세와 함께 산기슭에 오는 것을 허용하신다(19:17). 하지만 백성들이 하나님께 나아가는 것은 여기까지였다. 하나님은 경계를 침범하는 자는 반드시 죽임을 당할 것이라고 엄중히 경고하셨다(19:12, 21-23). 둘째, 산기슭에서 하나님께 더욱 가까이 나아가지만 산꼭대기까지 갈 수 없는, 기슭과 정상 사이의 지역이다(24:1, 9-11, 13). 이곳을 하나님의 발아래로 묘사하기도 한다(24:10). 여기에는 하나님이 특별히 허락한 사람들, 즉 아론과 그의 자녀 나답과 아비후(이들은 24장에서 제사장으로 위임받는다), 이스라엘 장로들, 모세의 시종 여호수아 등이 제한된 시간 동안만 다가갈 수 있었다. 셋째, 시내산 꼭대기다. 이곳은 하나님이 친히 강림하신 곳이고 오직 모세만 올라갈 수 있는, 모세에게만 허용된 곳이었다(19:20).

이러한 삼중 구조는 언약 체결식 이후에 건설될 성막의 구조와 유사한 면을 보여준다. 성막은 성막 뜰, 성소, 지성소로 구분된다. 성막 뜰까지는 이스라엘 백성이 갈 수 있고, 성소는 제사장이, 지성소는 대제사장만이 들어갈 수 있다. 이렇게 볼 때 시내산은 성막이 완공되기 전에 예비적인 성소의 역할을 감당하는 곳이라 할 수 있다.[81]

하나님께서 이스라엘을 시내산에서 만나실 때 두 가지 방식을 요구하신다.

첫째, 그냥 있는 모습 그대로 오지 말고 옷을 빨고 성결하게 준비하여 나아올 것을 요구하신다(19:10). 성결함 없이 함부로 하나님을 만날 수 없다. 만약 그랬다가는 치명적인 타격을 받아 죽음에 이를 수 있다.

둘째, 하나님이 요구하시는 때와 방법으로 만나야 한다. 하나님은 이스라엘 백성이 이틀간 자신을 성결하게 하고 삼 일째 만나주신다. 하나님을 만나기 전 이들은 거룩하게 하나님의 목전에 나아가 시내산에 강림하시는 하나님을 기다려야 한다. 모세가 시내산 꼭대기에 들어가서 하나님의 영광의 구름 안으로 들어갈 때는 무려 6일 동안을 기다렸다가 일곱째 날에 하나님의 부름을 받아 하나님을 만나게 된다.

이처럼 하나님을 만나려면 거룩함과 함께 하나님이 정하시는 때와 방법으로 하나님이 허락하실 때 만날 수 있다. 하나님을 만나는 것은 분명 거룩한 특권이지만 이에 따르는 거룩의 의무와 절차를 충실히 이행해야 한다. 이는 신약시대의 성도에게도 유사하다.

신약시대의 성도는 예수 그리스도의 피를 통하여 단번에 하나님께 나아갈 수 있는 특권을 얻었다. 이전처럼 성소와 지성소 사이를 가로막던 휘장이 예수 그리스도의 십자가로 제거되었고, 이제는 예수의 피를 힘입어 지성소에 나아갈 담력을 얻게 되었다(히 10:19). 구약시대에 비해 더 큰 특권이다. 그러나 이런 특권에 따르는 더 큰 거룩의 의무를 결코 가볍게 여겨서는 안 된다.

성도는 "마음에 예수의 피로 뿌림을 받아 악한 양심에서 벗어나고 성령의 정결케 하심을 받아 참 마음과 온전한 믿음으로 소망을 굳게 잡고 서로 돌아보아 사랑과 선행을 격려하며 교회로 모이기에 힘써야" 한다(히 10:22-25). 예수 그리스도의 언약의 피로 거룩하게 하나님을 만나는 성도가 다시 죄를 범하는 것은 예수의 피를 부정하게 여기고 성령을 욕되게 하는 것과 같다(히 10:26-29). 따라서 성도는 성결함으로 준비하고 마땅히 행해야 할 거룩의 책무를 결코 가볍게 취급해서는 안 된다.

＊십계명과 율법 (20-23장)
하나님께서 시내산 꼭대기에 임하시고 마침내 이스라엘 백성을

언약백성 삼으시기 위한 율법을 선포하신다. 이 율법은 먼저 십계명이고(20:1-17), 둘째는 십계명의 원리를 구체적인 삶의 현장 가운데 적용한 율법 조항들이다(20:22-23:33). 이를 '언약의 책'이라고도 한다.

차이가 있다면 십계명은 하나님께서 이스라엘 백성에게 직접 선포하신 율법이고, 언약의 책은 모세를 통해 간접적으로 주어진 율법이다. 언약의 책이 간접적으로 주어진 이유는 하나님의 직접적인 임재를 맞닥뜨린 이스라엘 백성들이 그 영광과 임재의 무게를 견뎌낼 수 없었기 때문이다. 십계명의 말씀을 직접 들은 이스라엘 백성들은 이렇게 직접 듣다가는 죽을 수 있겠다는 두려움이 엄습했다. 그래서 하나님이 직접 말씀하시지 말고 모세를 통하여 말씀해 달라고 간곡히 요청한다(20:18-21).

십계명 내용의 핵심은 하나님의 언약백성이 하나님과 사람과의 관계에서 드러내야 할 거룩한 삶의 방식이다. 언약백성은 하나님을 모르는 이방백성과 구별되어야 한다. 그것은 바로 우상을 배격하고 여호와를 참된 하나님으로 인정하고 섬기며 이웃을 내 몸과 같이 사랑하는 것이다(마 22:37-40). 이것을 이스라엘의 다양한 삶의 정황에서 보다 구체화하여 진술한 것이 바로 언약의 책이다.

* 시내산언약 체결식 (24장)

모세는 이스라엘 백성에게 하나님의 모든 율례를 낭독한다. 그러자 백성들은 이를 준행하겠다고 약속한다. 그리고 모세는 이 모든 말씀을 기록한다. 다음 날 이른 아침 산 아래에 제단을 쌓고, 이스라엘 열두 지파대로 열두 기둥을 세우고 소를 잡아 번제와 화목제를 드린다. 소의 피를 양푼에 담아 반은 제단에 뿌리고 기록한 언약의 책을 가지고 백성에게 다시 한 번 낭독한다. 언약의 책에 기록된 말씀을 들은 백성은 다시 한 번 "우리가 여호와의 모든 말씀을 준행하리라"고 약속한다. 이 약속을 받고 모세는 남은 피를 백성에게 뿌리며 "이는 여호와께서 이 모든 말씀에 대하여 너희와 세우신 언약의 피"라고 선언한다. 그리고 이스라엘의 지도자, 곧 모세와 아론과 그의 두 아들 나답과 아비후, 그리고 이스라엘 장로 70인이 산기슭에서 위로 올라가 언약의 식사를 먹고 마신다. 이로써 하나님과 이스라엘 사이의 공식언약이 체결되고, 이스라엘은 하나님의 공식적인 소유가 된 언약백성이 된다.

2) 성막 (24:12-40:38)

성막은 하나님께서 그의 언약 백성과 함께하기 위한 거처다. 이상적으로는 언약 체결 이후 성막이 세워지고 하나님의 영광이 언약 백성들과 함께하는 것으로 끝나야 한다. 그러나 문제가 발생한다. 모세가 시내산 꼭대기에서 성막 건설에 대한 하나님의 상세한 설계도를 받는 40일의 기간 동안 이스라엘 백성은 모세의 부재를 견디지 못하고 금송아지를 만들어 섬긴 것이다. 이는 하나님이 친히 들려주신 십계명 제1, 2계명을 정면으로 위반한 것이었다. 결국 모세가 받은 돌판은 깨지고 이스라엘과 맺었던 언약은 취소된다. 이것이 다가 아니다. 이스라엘은 하나님의 진노로 진멸할 위기에 처한다(32:10). 이 위기 속에 모세는 생명을 건 중보기도로 하나님의 진노를 돌이키고, 하나님과 이스라엘은 다시 언약을 맺는다(34장). 이후 성막은 마침내 완공되고 하나님의 영광이 그 위에 충만하게 머문다.

이러한 흐름에서 성막의 단락은 크게 세 부분으로 나뉜다.

① 성막 건설에 대한 상세한 지침을 받는 부분 (25-31장)
② 이스라엘이 금송아지를 숭배하는 사건 (32-34장)
③ 실제로 성막을 건설하여 완공하는 장면 (35-40장)

*성막을 관통하는 키워드

성막 단락 전체를 관통하는 중심 키워드 중 하나는 '돌판'이다(24:12, 25:16,21, 31:18, 34:1,4, 40:20). 이를 '증거판'이라고도 한다(31:18). 돌판은 하나님이 친히 써주신 언약의 말씀, 곧 십계명을 기록한 판이다(34:28). 십계명 돌판이 성막 전체를 관통하는 주요 키워드인 이유는 이것이 성막의 가장 거룩한 지성소의 증거궤 안에 둘 중요한 언약의 증거이기 때문이다(25:16,21). 하나님은 증거판이 담긴 언약궤 위에 있는 속죄소 위에서 이스라엘을 만나주시겠다고 약속한다(25:22).

성막 단락 전체를 관통하는 또 다른 중심 키워드는 '영광'이다(24:16-17, 29:43, 33:18,22, 40:34-35). 모세가 돌판을 받기 위해 시내산에 올라갔을 때 여호와의 영광이 머무르고 있었다. 이스라엘이 금송아지를 숭배하고 언약이 무효화되어 멸망할 위기에서 모세는 생명을 건 중보기도를 하며 하나님께 "주의 영광을 보여달라"고 간구한다(33:18). 하나님의 영광을 체험한 모세는 다시 두 번째 돌판을

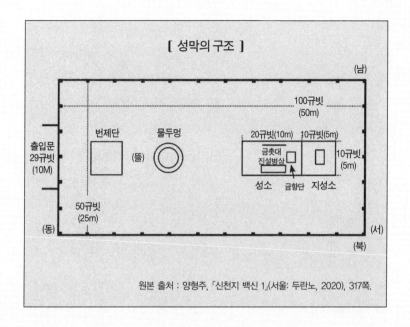

[성막의 구조]

(남)

100규빗
(50m)

출입문
29규빗
(10M)

번제단

물두멍

(뜰)

20규빗(10m) 10규빗(5m)

금촛대
진설병상

성소

금향단

지성소

10규빗
(5m)

50규빗
(25m)

(동)

(서)

(북)

원본 출처 : 양형주, 「신천지 백신 1」(서울: 두란노, 2020), 317쪽.

받고 내려온다. 언약이 끊어지지 않고 갱신된 것이다. 그리고 마침내 하나님의 영광은 이스라엘이 완공한 성막 가운데 내려오신다.

성막 단락의 핵심에 돌판과 하나님의 영광이 관통하고 있다는 것은 "아버지께 예배하는 자는 영과 진리로 예배"(요 4:23)해야 한다는 예수님의 말씀과 밀접한 관계가 있다. 성도는 하나님께 나아갈 때 거룩한 성령의 임재와 함께 언약의 말씀을 붙들어야 한다.

*성막 건설지침 (25-31장)

성막 건설 본문에는 다양한 성막 기구가 등장한다. 이 중에서 가장 먼저 언급되는 게 돌(증거)판을 담는 증거궤와 지성소다(25:10-

22). 그다음이 성소에서 사용하는 기구들인 진설병상(25:23-30), 메노라 등잔대와 부속 기구들이다(25:31-40). 그다음에 이어지는 것이 성막 전체를 덮는 막과 벽들이다(26장). 다음으로 성막 뜰에서 일어나는 번제를 위한 번제단, 성막 뜰 기둥과 벽 등이다(27장). 그다음이 제사를 집례하는 제사장의 복장과 판결 흉패다(28장). 그 외에 기타 분향 제단과 놋 물두멍, 거룩한 향기름과 거룩한 향에 관한 말씀이다(30장). 이러한 진술의 방향은 '안에서부터 밖으로' '중요한 것에서 사소한 것으로' 진행됨을 볼 수 있다.[82]

*금송아지 숭배 사건 (32-34장)

모세가 시내산에서 성막에 대한 구체적인 지침을 받아 내려올 때 이스라엘 백성은 성막을 지을 준비가 전혀 되어 있지 않았다. 도리어 이들은 모세가 시내산에 머무르는 40일 동안 그의 부재를 견디지 못하고 아론에게 자신들을 인도할 신을 요구한다(32:1). 이러한 요구는 십계명 제1, 2계명을 정면으로 위반하는 것이었다. 게다가 이스라엘 백성들은 하나님께서 직접 말씀하시는 십계명을 모두가 함께 두려움과 떨림으로 듣고, 이를 준행할 것을 거듭 약속한 바 있다(20:19, 24:3,7, 참조 19:7-8). 모세의 부재에 두려움과 영적 갈증을 느낀 이들은 모세를 가리켜 "이 모세"라는 거리감을 둔 경멸적 표현과 함께 그가 "우리를 애굽 땅에서 인도하여 낸 사람"이라는 참람한 표현을 사용한다. 이는 하나님이 십계명을 선포하시면서 "나는 너를 애굽 땅, 종 되었던 집에서 인도하여 낸 네 하나님 여호와니라"는 말씀을 정면으로 부인하는 것이다(20:2). 이스라엘을 인도하여 낸 이는 모세가 아닌 하나님이시다! 하나님은 이 표현을 모세에게 들려주시면서 "네가 애굽 땅에서 인도하여 낸 네 백성이 부패하였도다"(32:7)라고 책망하신다.

이스라엘은 금 고리를 부어 조각칼로 새겨 송아지 형상의 우상을 만들고, 이것이 애굽 땅에서 이스라엘을 인도하여 낸 신이라고 선언한다. 그러고는 다음 날을 절기로 선포하고 그 앞에서 화목제를 드리고 먹고 마시며 일어나 뛰놀았다(32:6). 이는 앞서 시내산에서 체결했던 언약식(24:1-11)을 패러디한 것으로, 이제는 금송아지와 새로운 언약이 체결되었음을 보여준다. 이러한 행위는 여호와를 저버리고 더 이상 자신이 여호와 하나님의 백성이 아님을 선언하는 행위와 다름없었다. 결국 이들의 행동은 하나님의 격노를 유발했고, 이들은 진멸될 위기에 처한다(32:20).

이에 모세는 무려 세 차례(32:11-14, 31-32, 33:12-17)에 걸친 생명을 건 중보기도로 하나님의 진노를 돌이킨다. 중보기도가 어떤 식으로 진전되어가는지 본문 해설과 함께 추적해보는 것은 우리에게 많은 유익을 준다.

모세의 목숨 건 중보기도는 마침내 하나님과의 언약을 다시 체결하는 감사한 결과를 가져온다. 하나님은 모세에게 다시 돌판 둘을 준비하게 하고 그곳에 친히 율법을 써주신다(34:1, 4, 28). 그리고 이스라엘 백성과 다시 언약을 체결하신다(34:10-28).

*성막 건설 (35-40장)

성막 건설 단락은 앞서 하나님께서 모세에게 주셨던 성막 건설지침(25-31장)을 그대로 실행했음을 진술하는 단락이다(35-40장). 물두멍을 제작하는 본문(30:17-21)의 경우 제작에 관한 내용은 과감히 생략하고, 놋 재료의 출처에 대한 간략한 진술로 대체하는(38:8) 약간의 차이가 있기는 하지만, 대체로 본 단락은 성막 건설지침을 그대로 실행하는 것을 보도한다. 주목할 점은 성막 건설이 하나님의 창조 역사를 반영한다는 것이다. 이는 다음과 같은 특징으로 나타난다.[83]

첫째, 성막 건설 단락이 일곱 번에 걸친 하나님 말씀의 선포로 이루어진다는 점이다. 성막 건설지침 단락에는 "여호와께서 모세에게 말씀하여 이르시되"라는 구절이 7회에 걸쳐 등장한다(25:1, 30:11, 17,22,34, 31:1,12). 이러한 칠중 구조가 실질적인 성막 건설 단락에도 반영되며, 제사장의 옷을 제작하는 과정(39:1,5,7,21,26,29,31)에도 사용되고, 성막 완공과 봉헌 장면에는 "여호와께서 모세에게 명령하신 대로 되니라"는 구절이 일곱 번이나 반복된다(40:19,21,23, 25,27,29,32). 이러한 칠중 반복은 하나님의 칠 일간의 창조역사(창 1:1-2:3)를 반영한다(창 1:7,9,11,15,24,30, 2:1).

둘째, 성막 건설의 주된 지향점이 안식일에 대한 규례로 향하고 있다는 점이다. 성막 건설지침 단락에 칠중으로 등장하는 "여호와께서 모세에게 말씀하여 이르시되"라는 표현(25:1, 30:11, 17,22,34, 31:1,12)이 마지막 일곱 번째로 등장하는 단락이 안식일 규례에 관한 단락임을 주목하라(31:12-17). 언약의 갱신 이후 실질적인 성막 건설 단락(35-40장)에서 제일 처음 등장하는 것이 바로 안식일 규례다(35:1-3). 이는 성막의 최종 목적이자 주요 목적이 여호와 하나님의 임재 안에서 안식하시는 것임을 상징한다. '안식일의 주인'(마

창세기(ESV)	출애굽기(ESV)
하나님이 **지으신(made)** 그 **모든(all)** 것을 보시니(saw) 보시기에 심히 좋았더라 (1:31). 천지와 모든 만물이 다 **이루어지니라(were finished)**(2:1). 하나님이… 하시던 일을… **마치시니(had done)**(2:2). 하나님이 그 일곱째 날을 **복되게 하사(blessed)**(2:3).	모세가… **모든(all)** 일을 보니(saw)… 여호와께서 명령하신 대로 **되었으므로(done)** (39:43). 성막 곧 회막의 모든 역사를 **마치되(was finished)**(39:32). 모세가… 역사를 **마치니(finished)**(40:33) 모세가 그들에게 **축복하였더라(blessed)**(39:43).

12:8)이신 예수께서 "수고하고 무거운 짐 진 자들아 다 내게로 오라. 내가 너희를 쉬게 하리라"(마 11:28)고 초대하신 말씀을 기억할 필요가 있다.

셋째, 성막이 하나님의 창조역사를 반영하는 것은 창조본문(창 1:1-2:3)과 성막 건설의 완성본문(출 39:32-40:38)을 대조할 때 보다 뚜렷하게 드러난다.

이렇게 볼 때 성막 건설은 하나님의 새 창조역사에 비견될 수 있다. 이제 이스라엘은 언약 체결을 통해 하나님의 새로운 백성으로 창조되었고, 성막을 통해 하나님을 예배하고 만나며 하나님의 임재 안에 참된 안식을 경험할 수 있다(29:45-46). 성막은 제2의 에덴동산과 같은 역할을 하게 되었다. 차이가 있다면 이스라엘 백성들이 어디를 가든지 함께 머물 수 있는 움직이는 에덴동산, 즉 모바일 에덴(Mobile Eden)이다. 이는 성막이 아브라함의 언약을 성취하는 매개체일 뿐만 아니라 에덴동산의 원형을 회복하는 창조언약의 회복임을 나타낸다.

Ⅲ. 출애굽기의 핵심 주제

이상으로 살펴본 출애굽기의 핵심 주제를 요약하면 다음과 같다.

1. 신실하신 하나님, 성취되는 언약
2. 하나님을 아는 지식
3. 유월절과 하나님의 구원역사
4. 출애굽, 광야, 성막으로 이어지는 구원여정
5. 언약백성으로의 부르심
6. 이스라엘의 불평, 원망, 우상 숭배
7. 생명을 건 중보자 모세
8. 하나님의 영광과 임재(임마누엘)
9. 새 창조의 모형, 성막
10. 십계명과 율법

Ⅳ. 출애굽기와 모세오경과의 관계

출애굽기는 모세오경 안에 들어 있다. 앞서 살펴본 것처럼 창세기와 밀접한 관계가 있고, 창세기에서 예고했던 언약을 이어서 성취하는 과정을 담고 있다. 그렇다면 나머지 레위기, 민수기, 신명기와는 어떤 관계가 있을까? 신명기는 이스라엘의 광야생활을 회고하며 앞으로 들어갈 가나안 땅을 전망하는 출애굽기, 레위기, 민수기의 종

출애굽기			레위기		민수기		
25-31장	32-34장	35-40장	1-16장	17-27장	1-10장	11-25장	26-36장
성막 건설 지침	금송아지 숭배 언약 갱신	성막 건설 완공	제사장 규례	정결 규례 (회중 전체)	1세대		2세대
					진영 배치 행진 준비	실패와 소망	약속의 땅을 바라보며
시내산에서					광야에서		모압 평지 (22-36장)

합적인 요약과 전망을 담고 있다. 따라서 여기서는 출애굽기와 레위기, 민수기와의 관계에 집중하도록 하겠다.

출애굽기 25장부터 시작되는 성막 건설지침은 40장에 성막이 완공되는 것으로 끝나지만 이어지는 레위기는 성막을 섬길 제사장의 구체적인 제사 규례(1-16장)와 하나님께 나아가기 위해 자신을 성결하게 해야 할 이스라엘 백성들의 정결 규례(17-26장)로 이어진다. 이로써 이스라엘 백성이 어떻게 성막에 나아가야 할지를 갖추게 된다. 더나아가 민수기는 성막 완공 후 그들 삶의 구체적인 현장에서 정결함을 유지하기 위해 어떻게 머물고 나아가야 하는지에 대해서 상세한 진영 배치를 기록한다(1-10장). 성막은 정주할 때, 그리고 이동할 때모두 하나님이 요구하시는 방법에 따라야 한다. 이러한 지침 후에 비로소 민수기에서는 이스라엘 진영이 시내산을 떠나 이동을 시작한다. 이를 도표로 나타내면 위의 표와 같다.[84]

시내산을 중심으로 출애굽기에서 여호수아까지의 구조를 장소중심으로 대조하면 다음 쪽의 표와 같다.

출애굽기		레위기	민수기			신명기	여호수아
1:1-15:21	15:22 -18:27	19-40장	1-27장	1-10장	11-21장	22-36장	1-34장 / 수1-3장	4-24장
애굽	광야	시내산		광야	모압 평지		가나안

V. 출애굽기와 율법

모세오경에서 발견되는 율법은 크게 십계명(출 20:1-17), 언약법
(출 20:22-23:33), 제사장법(출 25장-레 16장), 정결법(레 17-26장)
의 네 단락이다.[85] 이스라엘이 하나님과 언약을 체결할 때 하나님은
이스라엘에게 출애굽기 20~23장의 비교적 간단한 율법을 주셨다.
그러나 출애굽기 25장부터 성막 건설지침과 함께 주어지는 제사장법
은 무려 레위기 16장까지 확장되는 거대한 율법 단락을 이룬다. 이렇
게 율법이 길게 확장되는 이유가 무엇인가? 그 핵심에 시내산에서 일
어난 금송아지 사건(출 32-34장)이 자리 잡고 있다. 금송아지 사건
이후 성막 완공지침은 반복되면서 제사장법으로 확장 연결된다(출
35장-레 16장).

구약학자 세일해머는 처음에는 단순했던 언약법전(출 20-23장)
이 아론을 비롯한 제사장이 사명을 잘못 감당함으로 세밀하고 엄격
하게 확장된 제사장법으로 다시 제시되었음을 관찰한다.[86] 이렇게 확
장된 제사장법 다음에는 이스라엘 회중의 거룩함을 지키고 유지하기
위한 정결법이 들어온다. 주목할 것은 제사장법과 정결법 사이에 이

스라엘이 염소 우상들에게 희생제사를 드리는 이야기가 놓여 있다는 사실이다(레 17:1-9).[87] 이스라엘 백성이 성막을 저버리고 진영 밖에서 희생제사를 드린 것이다. 이러한 관찰은 구속사의 흐름 가운데 갈라디아서 3장 19절을 반영한다. "그런즉 율법은 무엇이냐. 범법하므로 더하여진 것이라. 천사들을 통하여 한 중보자의 손으로 베푸신 것인데 약속하신 자손이 오시기까지 있을 것이라."

출애굽기는 믿음의 부족으로 율법이 더해지는 장면을 보여주고 있다. 아브라함이 하나님을 믿으니 하나님이 이를 그의 의로 여기셨던 것처럼(창 15:6) 하나님은 이스라엘 백성을 구원하며 하나님의 신실하심과 성취의 능력을 믿고 따르기를 원하셨다. 모세는 하나님의 부르심을 듣고 믿지 못하고 여러 차례 망설이다가 믿음의 결단을 했다. 하나님은 믿음으로 결단한 모세를 이스라엘 백성과 바로에게 보내셨다. 이것은 하나님을 믿도록 하기 위함이었다(출 4:1,5,8,9,31, 14:31, 19:9). 모세의 다섯 번에 걸친 망설임과 주저함을 보셔서 그랬는지 애굽에는 열 번에 걸친 재앙을 내리셔서 이스라엘 백성들로 하나님의 능력을 믿도록 하셨다.

이스라엘 백성들은 하나님의 언약을 믿고 그 언약을 이루실 것을 신뢰해야 했다. 그리고 그 언약에 대한 믿음은 하나님이 요구하시는 언약백성의 행동 양식인 십계명과 언약법전의 요구에 대한 순종으로 드러내야 했다. 그러나 이스라엘은 하나님을 신뢰하기보다 상황의 변화에 더욱 민감했다. 생존의 여건이 결여된 광야에서 지키고 붙드시는 하나님을 신뢰하지 못하고 불안해하며 원망하고 불평했다. 언약을 체결하고도 모세의 부재가 계속되자 십계명을 저버리고 금송아지를 만들어 따랐다. 결국 믿음의 부족으로 인해 언약이 파기될 위기에까지 처한다. 이러한 이스라엘의 불신앙과 불순종에 율법이 더해진 것이다.

VI. 출애굽기의 구조

출애굽기의 내용을 장소와 함께 고려하여 대략적으로 구분하면 다음과 같다.[88]

1. 출애굽으로의 부르심 (1:1-15:21)
2. 홍해 이후 광야에 서다 (15:22-18:27)
3. 시내산에서의 언약 체결 (19:1-24:18)
4. 성막 건설지침 (25-31장)
5. 금송아지 사건과 모세의 중보기도 (32-34장)
6. 성막 완공과 하나님의 영광 (35-40장)

75) 송병현, 「엑스포지멘터리 출애굽기」(서울: 국제제자훈련원, 2011), 32-33쪽.

76) 박철현, 「출애굽기 산책」(서울: 솔로몬, 2014), 16쪽.

77) 빅터 P. 해밀턴, 박영호 역, 「출애굽기」(서울: 솔로몬, 2017), 29쪽.

78) 박철현, 「출애굽기 산책」, 37쪽.

79) 위의 책, 100쪽.

80) 위의 책, 112쪽.

81) 위의 책, 181쪽.

82) Nahum M. *Sarna, Exodus The JPS Torah Commentary*, Philadelphia: The Jewish Publication Society, 1991, p.9.

83) 박철현, 「출애굽기 산책」, 232-236쪽.

84) 도표는 양형주, 「큐티진: 출애굽기」(의왕: Young2080) 2016. 5. 개론 부분의 도표를 수정 확장한 것이다.

85) 존 H. 세일해머, 김윤희 역, 「모세오경신학」(서울: 새물결플러스, 2013), 62쪽.

86) 위의 책, 66쪽.

87) 위의 책, 67쪽.

88) 이러한 구조를 기초로 본서에는 해설의 분량을 고려하여 해설을 전개하였다. 하지만 해설의 분량을 고려하다 보니 문단 구분이 위의 구분과 일치하지 않을 때도 있음을 밝혀둔다.